教育部区域和国别研究基地浙江师范大学非洲研究中心
教育部、浙江省省部共建非洲研究与中非合作协同创新中心
教育部中国—南非人文交流研究中心
外交部中非智库10+10合作伙伴计划中方智库
浙江省2011协同创新中心、浙江省新型重点专业智库
研究成果

Annual Report on the Development of Africa

非洲地区发展报告
2018—2019

李雪冬　刘鸿武　主编

中国社会科学出版社

图书在版编目（CIP）数据

非洲地区发展报告.2018－2019／李雪冬等主编.—北京：中国社会科学出版社，2020.12

ISBN 978－7－5203－8359－2

Ⅰ.①非⋯ Ⅱ.①李⋯ Ⅲ.①经济发展—研究报告—非洲②政治—研究报告—非洲 Ⅳ.①F140.4②D74

中国版本图书馆 CIP 数据核字（2021）第 072922 号

出 版 人	赵剑英
责任编辑	张　林
特约编辑	宋英杰
责任校对	王　龙
责任印制	戴　宽

出　　版	中国社会科学出版社
社　　址	北京鼓楼西大街甲 158 号
邮　　编	100720
网　　址	http://www.csspw.cn
发 行 部	010－84083685
门 市 部	010－84029450
经　　销	新华书店及其他书店

印刷装订	三河弘翰印务有限公司
版　　次	2020 年 12 月第 1 版
印　　次	2020 年 12 月第 1 次印刷

开　　本	710×1000　1/16
印　　张	26.75
插　　页	2
字　　数	453 千字
定　　价	148.00 元

凡购买中国社会科学出版社图书，如有质量问题请与本社营销中心联系调换
电话：010－84083683

版权所有　侵权必究

《非洲地区发展报告》编纂委员会

编　　委　（以姓氏笔画为序）

王世廷	王　珩	王逸舟	朱威烈	刘中民
刘青建	刘贵今	刘鸿武	许孟水	杨立华
杨　光	杨洁勉	李伟健	李绍先	李智彪
吴志成	吴锋民	张永宏	张宏明	张忠祥
陈明昆	罗建波	郑孟状	钟伟云	贺文萍
贺　萌	秦亚青	顾建新	徐伟忠	徐　步
徐　辉	郭宪纲	黄剑辉	黄梅波	梅新林
蒋国俊	舒运国	舒　展	楼世洲	

主　　编　李雪冬　刘鸿武

编　　辑　宛　程　黄金宽　武　卉　李雪冬　欧玉芳

目　录

前　言

在困难重重中携手构筑更加紧密的中非命运共同体 ………… 刘鸿武（3）

第一篇　非洲地区发展总体趋势与特征

非洲国别与国际政治报告（2018—2019） ……………… 宛　程（13）
非洲地区经济和民生发展总趋势（2018—2019） ……… 黄金宽（21）
非洲社会文化发展总体趋势（2018—2019） …… 武　卉　纪华溪（29）
中国与非洲地区关系发展总体趋势（2018—2019） ……… 李雪冬（35）

第二篇　政治与国际关系发展态势

非洲地区社会安全风险报告（2018—2019） …… 谷红军　金　博（45）
特朗普对非洲发展政策评析
　　——以"电力非洲倡议"为例（2018—2019） ………… 马汉智（54）
南苏丹发展报告（2018—2019） ……… 姜恒昆　王状状　纪华溪（69）
莫桑比克政治发展报告（2018—2019） ………… 陈　彪　林　晨（83）
加纳新课程改革及其政治反响与公众
　　反应 …………………………… 胡艺婷　Frank Agyei　姜亚洲（93）

第三篇　经济与民生发展态势

非洲金融业发展报告（2018—2019）……………… 黄梅波　胡佳生（105）
非洲大陆自由贸易区发展报告（2018—2019）………… 孙志娜（119）
西非区域贸易发展报告（2018—2019）………………… 刘爱兰（129）
非洲债务问题发展报告（2018—2019）…………… 黄梅波　梁群群（138）
肯尼亚信息与通信技术产业年度发展报告
　（2018—2019）………………………………… 张　哲　玄　国（151）
略论近年来越南与非洲的经贸关系 …………………… 甘振军（163）

第四篇　社会与人文发展态势

非洲智库发展与中非智库合作报告
　（2018—2019）………………………………… 王　珩　王丽君（179）
南非减贫发展报告（2018—2019）……………………… 刘钊轶（191）
南非汉语教育发展报告（2018—2019）………………… 赖丽华（205）
西非地区非物质文化遗产保护发展报告
　（2018—2019）…………………………………………… 王燏嬏（217）
尼日利亚汉语教学事业发展现状及发展困境研究报告
　（2018—2019）…………………………………………… 黄长彬（229）
非洲水资源年度发展报告（2018—2019）……………… 张　瑾（240）
南苏丹油气投资风险报告（2018—2019）………… 金　博　谷红军（249）

第五篇　中国与非洲地区关系发展态势

中非经贸合作发展报告（2018—2019）………………… 刘诗琪（263）
中国对非洲国家贷款报告（2018—2019）……………… 黄玉沛（278）
中国与乌干达经贸合作发展报告（2018—2019）……… 杨　璨（299）

中非人文交流发展报告（2018—2019） ………… 王　珩　王丽君（313）
中非安全合作报告（2018—2019） ……………………… 宛　程（327）
中部非洲环境法律制度的发展与中国投资风险
　　防范 …………………………………… 张小虎　王朝乾（336）

第六篇　非洲年度专题数据汇编

非洲经济领域相关数据 ……………………………………………（357）
非洲社会领域相关数据 ……………………………………………（397）

前　言

在困难重重中携手构筑更加紧密的中非命运共同体

刘鸿武

[内容摘要] 2019 年是落实 2018 年中非合作论坛北京峰会成果的开局之年。这一年，中非自身都面临着不小的发展压力，非洲在稳定与动荡交织的复杂环境中踌躇前行，中国则顶着全球经济增长放缓、贸易保护主义升温的外部压力艰难发展。在这样的"时代之问"下，双方依然为携手构筑更加紧密的中非命运共同体交上了一份合格的答卷。峰会闭幕一年多来，商务部、外交部会同各相关单位，抓紧推进各项举措落实工作并取得积极进展。峰会成果落实协调人会议审议通过了成果文件《联合声明》，就下阶段合作思路达成了重要共识。在一系列政策与文件的指引下，中国连续 11 年保持非洲最大的贸易伙伴国地位，尽管对非投资大幅下降，但投资合作更加多元化，投资方式也更加丰富。中国非洲研究院的成立，标志着中非人文交流特别是中非共同研究进入一个新的阶段。面对 2020 年日益肆虐的新冠肺炎疫情，中非携手抗疫，不仅取得了惠及双方的成就，也给世界树立了国际合作新标杆。

一 稳定与动荡交织依然是非洲发展面临的复杂环境

整体稳定、局部动荡是非洲政治与安全局势近年的主要特点，地区政治、经济与文化正是在这样的环境中踌躇前行。本年度，非洲的安全问题依然严峻。其中，恐怖主义的全面扩散将整个非洲大陆笼罩在阴影之中；除此之外，局部地区武装冲突激化，反政府势力加剧，军事政变时有发生；不仅如此，社会治安问题导致的恶性安全事件也对非洲国家的社会治理能力提出了严峻的挑战。相比恐怖主义所造成的局势动荡，非洲本年度的政治局势总体保持了稳定。政权更替是本年度非洲本土政治进程中的显著事件，包括法定选举程序内的政权更替，这一结果在非洲多数国家得以实现，标志着非洲政治体制趋于稳定；除此之外，也出现了统治者被民众发动的政治运动赶下台的事件，例如统治苏丹长达 30 年之久的巴希尔被迫下台。无论如何，这些政权更替都在国内和国际两个层面导致了一系列的联动效应，例如莫桑比克总统大选和议会选举的成功举行，表明了政党政治在该国的发展，而政权的更替在加纳则推动了新政府进行教育改革，而之后教育改革这一议题本身也成为执政党和在野党进行政治博弈、争取民众支持的重要领域；在国际层面，巴希尔的下台使国际刑事法院对巴希尔下达的逮捕令的执行重新成为可能。

在稳定与动荡交织的内部环境下，由于外部环境较为平稳、出口增加、内需扩大、基础设施建设不断发展，2018 年和 2019 年的经济增长水平维持了 2017 年来的较高水平。2019 年，非洲的经济增长率稳定在 3.4%，与 2018 年持平，高于世界平均水平 2.5%。相比 2017 年的 3.6% 有一定回落，但仍保持在较高的水平。总体而言，非洲地区资源丰富，劳动力供应充裕，发展潜力巨大。2018 年，全球经济增长速度最快的 10 个国家中，5 个来自非洲国家，分别为利比亚、卢旺达、南苏丹、埃塞俄比亚及科特迪瓦。2019 年，利比亚、埃塞俄比亚、科特迪瓦、卢旺达和塞内加尔经济发展速度在非洲保持前列，增长率均高于 7%。非洲本年度经济发展领域的另一重大事件是大陆自由贸易区的成立和运行。2018 年 3 月，44 个非洲国家在卢旺达首都基加利签署了《非洲大陆自由贸易区协议》，标志着非洲大陆自由贸易区正式成立。这意味着非洲经济一体化取得了里程碑式的进展，或将形成覆盖 12 亿消费者、国内生产总值达 2.5 万亿美元的统一市场，成为自世界贸易组织成立以来全球包含人口和成员国数量最多的自由贸易协议。非洲大陆自由贸易区 2019 年 5 月 30 日生效，7 月 7 日开始正式实施。自贸区协议实施后，非洲大陆自由贸易区 44 个成员国之间的进出口货物贸易将实现自由化，零关税、零配额，自由流通。非洲大陆自由贸易区协议的实施将给非洲区域带来一系列积极影响，首先，自贸区将极大地促进非洲各国之间的贸易往来、互通有无、优势互补；另外，由于非洲44个国家形成了一个统一的大市场，这极大地增强非洲市场对外资的吸引力，有利于非洲各国吸引外资。尽管非洲经济在复杂的内外部环境中表现出了较强的韧性，但外债问题依然严峻，债务风险趋于上升。根据国际货币基金组织2019年10月《撒哈拉以南非洲地区经济展望》报告显示，2018年撒哈拉以南非洲地区政府债务占国内生产总值的比例为49.0%，预计2019年该地区负债率将达到50.2%，2020年上升到50.4%。受到原材料超级周期结束、经济增长和出口收入放缓以及利率上涨等因素影响，非洲债务风险正在提升，非洲国家偿债压力不断增加。

尽管非洲经济保持了稳定的增长势头，但社会发展依然乏力，突出表现为贫困仍是非洲各国亟须采取更加有效方式应对的难题。非洲大陆是目前唯一未能实现联合国千年发展目标的大陆，仍有超过3.3亿人为极贫人口，比20世纪90年代增加了18%。有学者曾预测，到2030年，撒哈拉以南非洲地区仍将有3亿多人处于贫困状态。目前，世界28个最贫穷国家中有23个是非洲国家，部分非洲国家的贫困率甚至超过30%。贫困人口比例居高不下仍是非洲社会面临的困境，减贫依旧是非洲各国面临的艰巨任务。可以说，全球能否成功消除贫困，将在很大程度上取决于非洲在该问题上是否可以取得持续进展。为实现全面发展，非洲各国作出了各种尝试与努力，近年来，保护与开发传统文化越发受到非洲各国政府的重视。非洲社会已逐步融入现代化进程，但是非洲大陆仍然保存有众多历史悠久的传统遗风及文化遗产。非洲文化不仅以其鲜明的个性闻名于世，非洲对人类文明进程作出的贡献也是毋庸置疑的。非洲文化不仅具有独特的文化价值，近年来其经济价值也因吸引越来越多来自世界各地的游客纷至沓来而逐步彰显。可以说，独特的民族文化是非洲的一张名片，同时也是颇具潜力的经济新引擎。如何在做好文化遗产的传承与保护的同时，最大限度地激发其经济价值，实现非洲文化保护与开发并行发展是非洲各国目前正在追求的发展目标之一。

二　中非合作论坛北京峰会成果落实初显成效

2018年9月3日，以"合作共赢，携手构建更加紧密的中非命运共同体"为主题的中非合作论坛北京峰会在中国举行，这是一个迈向新时代的中非合作重大举措，影响广泛而深远。在峰会开幕式的主旨讲话中，习近平主席全面阐述了中国加强对非关系的新政策、新主张，宣布了中国对非务实合作的新行动、新举措，并提出未来三年和今后一段时间将重点实施"八大行动"，从而不仅把中非全面战略合作伙伴关系提升到历史新高度，给发展中国家的南南合作指明新的前进方向，也为处于十字路口的全球化进程和世界政治经济发展注入新动能，带来新希望。峰会闭幕一年多来，商务部、外交部会同各相关单位，按照一国一策原则，抓紧推进各项举措落实工作并取得积极进展。

经中非双方商定，中非合作论坛北京峰会成果落实协调人会议于2019年6月24日至25日在北京举行。习近平主席向会议发来贺信，王岐山副主席集体会见非方代表团团长，中共中央外事工作委员会办公室杨洁篪主任出席欢迎活动并会见部分与会非洲国家外长，国务委员兼外长王毅出席会议开幕式，会见了所有与会非洲国家外长。中非合作论坛各成员单位负责人也同非方代表积极会晤、对接。论坛54个非方成员近400位代表出席，其中包括25位外长。中非双方共举行多双边活动40余场，气氛热烈友好。会议审议通过了成果文件《联合声明》，就下阶段合作思路达成重要共识，双方一致认为，要坚持构建命运共同体的根本方向，坚持中非共建"一带一路"的发展路径，坚持平等开放的合作精神，决心以更高质量合作，造福中非人民。会议期间以及稍后在湖南举行的首届中非经贸博览会期间，中非双方签署各类合作协议200余项。

2019年，中国已连续11年保持非洲最大的贸易伙伴国地位。2019年以来，世界经济增长持续疲软，发达经济体和新兴经济体经济增长普遍减速。这一年里国际大宗商品价格宽幅震荡，除了铁矿石价格大幅上涨，国际油价、国际粮价、大豆、豆油、棉花、有色金属和煤炭价格均较上年下降。在这样的国际背景下，中国政府加大逆周期调节、积极实施"六稳"政策，总体实现了外贸发展的总体平稳与稳中提质。2019年，虽然中国对美、日等主要贸易伙伴出口下降，但对新兴经济体出口增速较快，这也从中国对非洲出口的增加上得以体现。但在出口方面，受国际大宗商品需求不振影响，非洲对中国出口减少。从具体数据来看，2019年中国与非洲国家进出口总额约为2087.01亿美元，较2018年的2041.93亿美元小幅增长了45.08亿美元，同比增长2.2%。这是继2018年之后，中非双边贸易总额再次突破2000亿美元大关。其中，中国对非出口约1132.02亿美元，较之2018年的1049.11亿美元增长了82.91亿美元，同比增长7.9%；自非进口约954.99亿美元，较之2018年的992.82亿美元减少了37.83亿美元，同比下跌3.8%。从2000—2019年中非贸易数据来看，除了2014年、2015年和2019年以外，中国对非出口和自非进口均实现了同趋势增、减，即基本实现了同增、同减的变化步调。

相比双边贸易稳步增长，中国对非投资却大幅下降。商务部等部门联合发布的《2019年度中国对外直接投资统计公报》数据显示，2019年，中国流向非洲的投资为27.1亿美元，同比下降49.9%，占当年中国对外投资流量的2%。主要流向刚果（金）、安哥拉、埃塞俄比亚、南非、毛里求斯、尼日尔、赞比亚、乌干达、尼日利亚等国家。2019年末，中国对非投资存量443.9亿美元，占比2%，主要分布在南非、刚果（金）、安哥拉、赞比亚、埃塞俄比亚、尼日利亚、加纳、阿尔及利亚、津巴布韦、肯尼亚、坦桑尼亚、毛里求斯、苏丹、莫桑比克、埃及等。从存量行业的情况看，中国对非直接投资的行业高度集中，排名前5位的行业依次为建筑业、采矿业、制造业、金融业、租赁和商务服务业，合计占比85.4%。

不过，伴随着2019年中非经贸博览会的举办和中非"八大行动"的逐步落实，中非政治互信和合作机制正进一步增强，中国对非洲投资合作也更加多元化，投资方式将更加丰富，对非投资合作将实现平稳健康发展。中国对非洲投资合作除了传统的建筑、采矿、制造、农林、房地产等领域，正逐渐拓宽至贸易、制造业、互联网和旅游业；除了国有企业以外，越来越多的民营企业也开始参与进来并受益。

人文交流方面，习近平主席在2018年的中非合作论坛北京峰会开幕式讲话中提出，重点实施对中非合作"八大行动"；并宣布"中国决定设立中国非洲研究院，同非方深化文明互鉴"。为落实这一重要举措，2019年4月9日，中国非洲研究院成立大会暨中非合作与人文交流学术研讨会在北京举行。国家主席习近平致贺信，对中国非洲研究院成立表示热烈祝贺。他在贺信中表示，在2018年召开的中非合作论坛北京峰会上，中非双方一致决定构建更加紧密的中非命运共同体，实施中非合作"八大行动"。设立中国非洲研究院是其中人文交流行动的重要举措。希望中国非洲研究院汇聚中非学术智库资源，增进中非人民相互了解和友谊，为中非和中非同其他各方的合作集思广益、建言献策，为促进中非关系发展、构建人类命运共同体贡献力量。来自中国以及莫桑比克、南非等20多个非洲国家的专家学者，围绕"一带一路"倡议与中非经贸合作、中非文明互鉴与人文交流等议题展开充分探讨。教育部长江学者、浙江师范大学非洲研究院院长刘鸿武教授在题为《命运共同体视域下的中非共享知识体系的建构》的演讲中表示，实现习近平主席的殷切希望，建构有特色的"中国的非洲学"，支持和鼓励非洲学者建构"非洲的中国学"，是当代中国学人的时代使命。中国政府原非洲事务特别代表刘贵今认为，中国非洲研究院的成立标志着，中非人文交流特别是中非共同研究进入一个新的阶段。中非之间加强交流，加强互动，加强了解，这样能够为了中非共同的利益，向前推进我们双方的合作。非盟人力资源与科技委员安杨表示，中国非洲研究院的成立将进一步强化中非双方在学术研究、能力建设等多个领域的合作。这个研究院将成为中非双方互利共赢的一个典范，有助于中非合作的持续开展。

三 在携手抗疫中构筑更加紧密的中非命运共同体

2020年突如其来的新型冠状病毒引发了世界范围内的疫情。疫情在非洲大陆蔓延时，中非双方除以自己的方式奋起抗击疫情，同时充分发挥中非友好合作的优良传统，携手抗击疫情，加强医疗合作，分享防疫经验，增强政策协调。中国根据非洲国家的实际情况持续提供了大量的人道主义物资援助，大力推进相关物资的复工复产。同时，中国还通过市场化途径为非洲国家采购抗疫物资提供充足货源，为非洲国家打赢这场疫情提供坚强后盾。

在全球抗击新冠肺炎疫情的重要时刻，中国和非盟轮值主席国南非、中非合作论坛共同主席国塞内加尔共同发起、以视频方式举行了中非团结抗疫特别峰会。习近平主席在峰会的主旨讲话中指出："中方将继续全力支持非方抗疫行动，继续向非洲国家提供物资援助、派遣医疗专家组、协助非方来华采购抗疫物资。中方将提前于年内开工建设非洲疾控中心总部，同非方一道实施好中非合作论坛框架内'健康卫生行动'，加快中非友好医院建设和中非对口医院合作，共同打造中非卫生健康共同体。中方承诺，新冠疫苗研发完成并投入使用后，愿率先惠及非洲国家。"

中非合作抗疫，智库也发挥了引领和疏导舆论、增进团结的示范作用。为准确研判非洲疫情趋势，凝聚共识，并为双方合作抗疫提供智力支持，2020年4月17日，由浙江师范大学非洲研究院、南非非洲研究院、尼日利亚国家政策与战略研究所、尼日利亚中国研究中心联合主办了"抗击新冠疫情与中非合作"国际视频会议暨六种语言的《中非紧密团结抗击新冠疫情联合倡议书》发布会在线上举行。来自中国和南非、尼日利亚、埃及、肯尼亚、马里、坦桑尼亚、索马里、布基纳法索、马达加斯加、埃塞俄比亚、南苏丹、赞比亚、喀麦隆、突尼斯14个非洲国家，30家学术机构，60位中非知名学者、智库领袖和媒体代表出席了视频会议。与会人员形成了以下三个方面的共识：非洲当前疫情形势严峻，暴露出非洲脆弱的公共卫生体系与基础设施，同时也暴露出非洲国家脆弱的治理能力与经济危机；中国、非洲携手抗疫是中非双方应对全球危机，实现互利共赢的最有效方式；后疫情时代，如何构建新的社会秩序与恢复经济？唯有团结一致，重新审视国际合作，增强科技与人文交流，才能构建更加紧密的人类命运共同体，实现全人类的共同繁荣与发展。

中国的这些务实及时举措，对提升非洲国家抗击疫情的信心与能力，促进非洲国家经济复苏和民生改善具有重大意义。中非合作有效提升了中非抗疫成效，惠及中非双方，也给世界树立了国际合作新标杆。

本报告自2011年启动编纂以来，得到学术界同行的关心支持，浙师大的许多研究者也参与其中，围绕着每年度的研究报告编纂工作逐渐形成了关注非洲大陆发展趋势和提供资政建议的学术团队，一批年轻学人也得以成长起来。从本卷开始，编纂工作交由李雪冬博士领衔的年轻团队继续推进，成员包括武卉、王严、欧玉芳、黄金宽、宛程。我希望也相信，在大家的共同努力下，本报告将百尺竿头更进一步，为21世纪第三个10年的中非合作关系，提供更有意义的学术成果与资政智慧。

第一篇

非洲地区发展总体趋势与特征

非洲国别与国际政治报告(2018—2019)

宛 程

[**内容摘要**] 本年度,非洲仍然面临着较为严重的安全问题,尤其是恐怖主义在非洲大陆的扩散。除了萨赫勒地区、非洲之角的安全形势仍然不容乐观之外,恐怖主义势力向南部非洲,尤其是在莫桑比克的扩散尤为值得关注。除此之外,大国也加强了在非洲的地缘政治竞争,美国等西方国家不断抹黑中非合作成果,而俄罗斯也通过军事技术和防务合作试图重返非洲大陆。在本国政治发展方面,本年度大部分非洲国家都经受住了大选年的考验,实现了政权的平稳更替,但是依然面临着较为严重的族群冲突和国内经济增长问题。

一 恐怖主义与非洲地区安全

非洲长期以来一直是动荡不安的大洲,2018—2019年度,非洲的安全问题依然严峻。其中,恐怖主义的全面扩散将整个非洲大陆笼罩在阴影之中;除此之外,局部地区武装冲突激化,反政府势力加剧,军事政变时有发生;不仅如此,社会治安问题导致的恶性安全事件也对非洲国家的社会治理能力提出了严峻的挑战。

当前,非洲遭遇恐怖主义危害最为严重的是萨赫勒地区和非洲之角。非洲之角的暴恐活动主要同索马里青年党有关。由于该组织向"基地"组织领导人宣示效忠(先是前任领导人奥萨马·本·拉登,在拉登于2011年被美国海豹突击队击毙后继而是其接任者艾曼·扎瓦赫里)并与之结盟，因而在国际反恐领域中该组织被认为是"基地"组织全球圣战网络的重要分支。实力强盛之时，索马里青年党曾占据首都摩加迪沙。但是在2006—2011年国际社会的反恐努力下，该组织势力范围已经退出摩加迪沙，但仍然盘踞在索马里西部和南部，并以乡村和部落区为根据地，招募武装人员。2019年1月17日，青年党袭击肯尼亚首都韦斯特盖特购物中心；2019年12月21日，青年党在索马里首都摩加迪沙发动汽车炸弹袭击，造成超过90人伤亡。在暴恐袭击频发的同时，随着2013年"伊斯兰国"在叙利亚和伊拉克的崛起并向外部扩张，部分青年党成员改旗易帜，投入"伊斯兰国"麾下，这无疑加剧了东非之角地区安全环境的进一步复杂化。这种情况也并未随着"伊斯兰国"在地面战场上的失败而有所改善。

同非洲之角相比，萨赫勒地区的安全局势更为严峻，暴恐活动带来的威胁也更为严重。在当前萨赫勒地区，恐怖主义活动主要有两个热点地区，第一个是马里北部，第二个是尼日利亚北部。其中，马里北部的暴恐活动主要是马里图阿雷格人的第四次反叛（2012年至今）同域外（主要是马格里布地区）恐怖组织向萨赫勒地区转移相结合的结果。20世纪90年代初，马里北部邻国阿尔及利亚发生了内战，在内战后伊斯兰势力被驱逐出阿尔及利亚。与此同时马里发生的第三次图阿雷格人反叛活动（1990—1996）造成了马里北部的散乱和安全环境的恶化，为马格里布地区伊斯兰武装运动的转移提供了契机。在向萨赫勒地区转移的过程中，马格里布伊斯兰武装势力开始向恐怖组织转型，并催生了"基地"组织马格里布伊斯兰分支机构等多个极端暴恐组织。之后这些组织逐渐萨赫勒化，并以马里北部为中心在萨赫勒地区和马格里布地区进行跨境暴恐活动。在图阿雷格人数次反叛活动和全球圣战组织暴恐活动的相互作用下，不仅萨赫勒地区目前安全环境急剧恶化，成为世界恐怖主义动荡弧的末端，而且还成为相邻的萨瓦纳和乍得湖地区各恐怖组织的避难所。相对于马里北部的情况，尼日利亚北部的暴恐活动少了外部因素的介入，主要是本土恐怖组织"博科圣地"造成的。"博科圣地"进行暴恐活动的一个鲜明特点是只要反对自己主张的一概袭击，不仅袭击军队警察等国家强力部门，也袭击平民；不仅袭击基督教信仰者，也袭击穆斯林。与此同时，伴随着暴恐活动发生的是抢劫和劫持人质等有组织犯罪现象。除此之外，在"伊斯兰国"向该地区渗透的作用下，"博科圣地"也发生了分裂，部分成员宣布成立"西非省",向"伊斯兰国"宣示效忠,剩下的成员继续留在原有的框架内继续活动。

在萨赫勒地区,恐怖活动同有组织犯罪活动相伴而行,是值得关注的现象。除了上文中提及抢劫、劫持人质等现象之外,毒品走私和贩运活动同暴恐活动之间的关联尤为值得关注。源自南美和亚洲地区的可卡因经过既存的走私通道流入欧洲的过程,不仅能够为恐怖组织提供资金,也滋生了地方政府的腐败,从而极大地增加了反恐斗争的难度。

上述受暴恐活动危害的地区和国家基本上都有反恐诉求,但一些个别现象值得注意。第一,非洲之角的厄立特里亚。由于长期同埃塞俄比亚不睦,厄立特里亚试图将恐怖活动当作地缘政治竞争的工具,来挫败埃塞俄比亚。有证据表明,在非盟驻索马里部队抓获的青年党成员中,发现厄立特里亚公民,以及厄政府在背后支持青年党势力。第二,在马里北部的众多暴恐势力,他们诉求不同。例如,其中,阿扎瓦德民族解放运动希望将北方的基达尔、加奥和廷巴克图三个大区从马里分裂出去,独立为图阿雷格人为主体的阿扎瓦德共和国。以"安萨尔军"为代表的伊斯兰极端暴恐组织希望将马里融入更为广泛的"伊斯兰国"。西非"圣战"和"认主独一"运动希望保持马里目前领土范围的完整性,但是与此同时希望马里成为一个彻底的"伊斯兰国"。这些不同的态度也造成了国际反恐合作的分歧。例如,法国主张优先打击伊斯兰圣战组织,而马里则坚持优先打击图阿雷格人反叛势力。第三,尼日利亚政府内部部分出身北方的穆斯林高层官员,出于国内政治竞争的目的,对北方的恐怖组织持同情态度。

除了萨赫勒和非洲之角地区之外,近年来恐怖主义势力向南部非洲地区的扩张这一新问题尤为值得关注。以南非和安哥拉为首的南部非洲地区,总体安全形势较为稳定,武装冲突和恐怖主义袭击事件较少发生,主要威胁是恶性社会治安事件。但是近年来恐怖主义势力逐渐向南部非洲地区扩散,尤其是莫桑比克的安全局势遭到严峻挑战。从 2017 年开始,发生在德尔加多角省的恐怖袭击逐年增多,恐怖分子使用炸药、砍刀和枪支等致命武器袭击村庄、人民,以及毁坏车辆等。2019 年,不仅恐怖袭击数量急速增长,恐怖袭击的范围也逐渐扩大。截至 2019 年底,在德尔加多角省的帕尔马(Palma)、普莱亚莫青波阿(Mocimboa da Praia)、马克米亚(Macomia)、楠加迪区(Nangade)、齐桑加(Quissanga)、姆东贝(Muidumbe)、梅卢克(Meluco)、伊布(Ibo),以及姆埃达(Mueda)等地区，皆发生过恐怖袭击。2017 年恐怖分子在德尔加多角省共发起了 6 次袭击；2018 年发起了 60 次恐怖袭击（其中上半年 18 次，下半年 42 次）；2019 年，1 月至 6 月共发起 69 次袭击，7 月至 11 月 22 日共发起 94 次袭击。恐怖分子设置路障，多次与莫桑比克安全部队发生冲突。

其中莫桑比克出现新的极端组织"圣训捍卫者"（Ansar al – Sunna）尤为值得关注。该组织主要活跃在德尔加多角省，且以此为根据地向周边村落地区扩张，除此之外该组织也活跃于莫桑比克同南非的交界地区。尽管目前仍然活跃于非洲南部地区，但是该组织已经同全球性恐怖主义网络建立了联系，尽管没有向"伊斯兰国"宣示效忠并与之结盟，但是有证据显示该组织同"伊斯兰国"存在着合作关系。该组织极有可能在"伊斯兰国"的指导下策划从北向南将势力扩张到整个莫桑比克，甚至是越过国境至更南部的非洲大陆。

二 大国在非关系

近年来，大国在非洲的竞争和博弈逐渐加剧，在 2018—2019 年度表现得尤为明显。一方面是美国以军事和非军事的手段为抓手，在非洲扩展自身的影响力和话语权，也试图通过上述手段不断地限制中国在非的影响力。这具体表现为中国的非洲政策不断地遭到西方国家的指责，甚至是攻讦。随着近年来中美两国在全球各领域的竞争和博弈日趋激烈，以美国为代表的西方国家加大了对中国总体外交政策的攻击力度，中国的对非政策遭抹黑的程度尤为严重。2018 年 6 月 18 日，美国国务卿蓬佩奥在底特律经济俱乐部的演讲中就指出，要将中国驱逐出非洲，让非洲走上"美国模式"。不仅是在总体上攻讦中国对非政策，西方国家还炮制出中国对非的"新殖民主义""债务陷阱"等论调来抹黑中国对非政策和外交活动。具体到中非安全合作领域，西方大国不愿意看到中国在非投入军事力量或设立军事基地，更不愿看到中国打破西方长期主导非洲安全合作框架的局面，因此近年来西方大国都加强了在非的军事力量存在。

2018—2019 年度，特朗普政权继续以"电力非洲倡议"为支柱，推行其对非政策。特朗普提出 2.0 版本"电力非洲倡议"。2018 年第四届电力非洲峰会期间，美国国际开发署提出"电力非洲倡议 2.0 版"——《电力非洲：2030 年输电网发展路线图》。相比于奥巴马的 1.0 版本，2.0

版本的"倡议"更加强调输配电系统建设、优化非洲投资环境、增强美国私营企业在非洲竞争力。由于1.0版本单纯强调发电而忽视了输配电系统建设，导致发电量过剩和区域间的供需失衡。2.0版本突出更广泛的电力跨区域贸易，更好保护美国企业利益。

使用天然气发电推进"电力非洲倡议"是特朗普版本的突出特色。2017年起，特朗普开始利用天然气推进"电力非洲倡议"。2018年"倡议"相继发布了《电力非洲：2030年天然气路线图》《电力非洲：南部非洲天然气路线图》。特朗普在非洲推进天然气发电，而不是奥巴马时期强调的太阳能等清洁能源。究其原因，天然气相比清洁能源能够带来更多的收益以及美国在天然气领域具有绝对优势是特朗普政府推出新版本倡议的原因。根据报告，美国可借该项目向非洲出口液化天然气，若贸易进展顺利，每年可盈利超50亿美元。

美国国际开发金融公司为"电力非洲倡议"的"'全政府'路径"注入新内容。2018年10月5日，特朗普签署了《善用投资促进发展法案》（简称"BUILD法案"）。根据法案，为了增强发展融资能力，美国将成立一个新的联邦机构——美国国际开发金融公司（IDFC）。美国国际开发金融公司将结合海外私人投资公司（OPIC）和美国国际开发署发展信贷管理局的职能，推出新型金融产品，从而更好地将私人资本引入发展中国家。新机构的设立使美国在发展中国家进行投资有更大灵活性。

特朗普强调"电力非洲倡议"背后的商业模式与中国在非洲的利益密不可分。21世纪以来，随着中非关系的持续增温，美非关系中的"中国因素"不断增加，非洲成为中美博弈的平台。中美在非洲的博弈不仅体现在物质层面，如贸易、投资的多少，还体现在各自发展模式在非洲的话语权和吸引力。特朗普的"电力非洲倡议"突出强调私营企业的作用，并将其置于商业模式创新的高度来强调，说明了美国欲从战略高度重塑美国在非洲的经济和安全框架，强化美国对非的塑造力和影响力。

最后值得注意的是特朗普政府版本的"电力非洲倡议"具有以下几个方面的特点：第一，遏制中国影响力的意图明显，具有极强的排他性；第二，以优化投资环境的名义干涉非洲国家内政；第三，经济方面鼓吹私有化，为欧美国家占领非洲电力市场创造条件；第四，运营模式存在问题，可持续性存疑。

另一方面，各大国在非各领域竞争加剧，尤其是俄罗斯重返非洲尤为值得关注。未来，中国在非洲遭遇的大国竞争会日趋激烈，这其中既包括新兴的印度、巴西、土耳其等国家对非洲的投入越来越多，也包括日本、俄罗斯等传统强国在不同领域同非洲关系的日益密切。具体到安全合作领域，未来中国在非会遭到俄罗斯的强有力挑战。2019年10月在俄罗斯索契举办的"俄罗斯—非洲峰会暨经济论坛"的召开，是俄罗斯自苏联解体以来以其继承国身份宣示重返非洲的高调声明。不仅在会议期间，俄罗斯与非洲30多个国家签订了安全防务协定，俄总统普京也直言不讳地宣称俄罗斯将会继续参与制定加强非洲大陆安全以及保障地区安全的战略。除了官方表态之外，俄主流学者也积极支持俄罗斯以防务为抓手积极实施对非战略。

三　非洲本土政治进程

政权更替是2018—2019年度非洲本土政治进程中的显著事件。在非洲本年度的政权更替中，包括了法定选举程序内的政权更替，这一结果在非洲多数国家得以实现，标志着非洲政治体制趋于稳定；除此之外，也出现了统治者被民众发动的政治运动赶下台的事件，例如统治苏丹长达30年之久的巴希尔被迫下台。无论如何，这些政权更替都在国内和国际两个层面导致了一系列的联动效应，例如莫桑比克总统大选和议会选举的成功举行，表明了政党政治在该国的发展，而政权的更替在加纳则推动了新政府进行教育改革，而之后教育改革这一议题本身也成为执政党和在野党进行政治博弈，争取民众支持的重要领域；在国际层面，巴希尔的下台使国际刑事法院对巴希尔下达的逮捕令的执行重新成为可能。

2019年10月，莫桑比克举行了总统选举，莫桑比克解放阵线领导人、时任总统纽西击败其他三位总统候选人，成功且以高票连任总统。虽然在总统选举过程中，一些投票站出现操纵选举的现象，一些地方也爆发了抗议选举结果的事件，但总体上来说这次选举进行得公正平稳。而这种局面的获得同纽西总统与长期以来的政治对手取得和解是分不开的。2019年8月1日，莫解阵党领导人莫桑比克总统纽西与莫桑比克主要反对党莫抵运党领导人奥苏福·莫马德（Ossufo Momade）在戈隆戈萨国家公园（Gorongosa National Park）签署《和平与和解协议》（Permanent Ceasefire Agreement），结束了两党长达数十年的敌对状态。戈隆戈萨地区作为反动武装的发源地,曾是莫抵运党反抗武装的据点,和解协议的签订表明此举将解决历史遗留的暴力问题,成为和平与生物多样性的守护者。

2019年9月,加纳教育服务部与国家课程评估委员会推行新课程改革,范围包括幼儿园至小学六年级。本次加纳的课程改革是由政党轮替推动的。长期以来,加纳政府由新爱国党和全国民主大会党两个政党轮流执政。在此情况下,执政者会趋向于通过政治手段利用公共机构来确保短期利益,即提出适当的国家发展理念以保持执政地位,由此使加纳的课程随着政党轮替而不断发生变化。本次新课程改革则由2016年重握权柄的新爱国党实施。在选举期间,该党就提出了"推动就业:为所有人创造机会和财富"的宣言,提出将推动加纳教育从应试向降低文盲率、塑造品格及价值观、培养能进行批判性思考的公民转变,同时该党重新定义了基础教育,承诺在执政后将开始向加纳人民提供免费高中教育,同时开展新的课程改革,2019年实施的课程改革实始于此。但是,新政府推动实施的课程改革却遭到了在野党和加纳民众的一致反对,这也使教育领域成为政治角力的牺牲品。因此,如何实施更适合本国国情的、让全民受惠的教育制度,让教育不再沦为政治角力的工具,成为摆在加纳政治发展进程中的一项亟待解决的议题。

2019年4月,巴希尔政权在民众持续的抗议浪潮中崩溃,也让巴希尔逮捕令的执行问题迎来重大转机。2009年3月4日和2010年7月12日,国际刑事法院以时任苏丹总统巴希尔在达尔富尔地区犯下五项反人类罪、两项战争罪和三项种族灭绝罪为由,先后对其发出两份逮捕令。但是由于巴希尔长期统治苏丹,在国内成为垄断政治和军事权力的独裁者,在非洲地区也积累了相当的人脉,苏丹政府极力抵制国际刑事法院的逮捕令,而整个非洲也并不愿意配合国际刑事法院采取行动,甚至是支持其决定。但是巴希尔的倒台使国际刑事法院对他发出逮捕令的执行情况出现了转机。目前,苏丹各方势力已无意且无力阻止国际刑事法院追究巴希尔在达尔富尔地区所犯罪行。苏丹过渡政府出于迎合民众诉求、推进国内和平进程的需要,很可能将已成为众矢之的的巴希尔移交国际刑事法院审判。

自南苏丹各方签署恢复和平协议以来,国内安全局势有所改善,政治和解也取得重大突破,但南苏丹未来和平进程仍然面临诸多困难。贫穷和战乱是制约南苏丹发展的最关键因素,如何摆脱贫穷让经济持续复苏,以及落实安全安排让国内实现彻底的和平,是目前南苏丹过渡政府的主要任务。如果安全安排仍然持续陷入停滞，国际社会也可能对南苏丹的未来彻底失去信心，制裁和停止援助很可能会在南苏丹和平进程陷入困境时接踵而来，冲突各方很可能会再次因为分歧重蹈 2016 年组建过渡政府失败的覆辙。此外，经济复苏放缓也会进一步恶化南苏丹早已岌岌可危的经济状况，导致社会分裂不断加剧，族群之间为了争夺资源的冲突愈演愈烈，内战很可能会在经济崩溃的时候再次爆发。目前，南苏丹正处于"命运"的十字路口，这些问题能否解决决定了南苏丹是迎来持久的和平，还是再次陷入内战和冲突的深渊。

作者简介
宛程，浙江师范大学非洲研究院助理研究员。

African Countries and International Politics（2018 – 2019）

Author：Wan Cheng, assistant research fellow from the Institute of African Studies at Zhejiang Normal University.

Abstract：This year, Africa is still facing serious security problems, especially the proliferation of terrorism in the African continent. In addition to the security situation in the Sahel region and the horn of Africa, the spread of terrorist forces in southern Africa, especially in Mozambique, deserves special attention. In addition, the big powers have also strengthened their geopolitical competition in Africa. The United States and other western countries have continuously discredited the achievements of China – Africa cooperation, while Russia has tried to return to the African continent through military technology and defense cooperation. In terms of their own political development, most African countries have withstood the test of the election year this year and realized the steady change of political power, but they still face serious ethnic conflicts and domestic economic growth problems.

非洲地区经济和民生
发展总趋势（2018—2019）[*]

黄金宽

[**内容摘要**] 2018年和2019年，非洲经济增长稳定在3.4%左右，虽比2017年稍有回落，但仍高于世界平均增长水平，整体经济形势平稳向上。非洲大陆自由贸易区的建立和运作推动着非洲经济一体化向深层次发展，并将给非洲内部经济发展带来巨大动力。尽管在金融、债务等问题上仍面临较大问题，但总体形势向好。非洲各国继续为摆脱贫困和促进民生作出努力，其中基础设施建设和互联网发展较为迅速。中国作为非洲重要的投资国和贸易国在非洲经济和社会发展中扮演越来越重要的角色，影响力不断提升。

2018—2019年非洲经济发展保持稳定增长态势。在政治局势持续改善的背景下，非洲大陆自由贸易区的建立和运作推动着非洲经济一体化向深层次发展。包括撒哈拉以南国家在内的非洲财政收支和国际收支形势也有一定好转。但是受全球贸易摩擦升温、贸易保护主义抬头、石油价格变动等影响，非洲经济发展面临诸多不确定性。2020年全球新冠肺炎疫情暴发，导致部分非洲国家面临更为严峻的问题。

---

[*] 本文所述内容为本书第三篇"经济与民生发展态势"各文的整理与归纳。

一　非洲地区经济发展概述

由于外部环境较为平稳、出口增加、内需扩大、基础设施建设不断发展等原因，2018年和2019年的经济增长水平维持了2017年来的较高水平。2019年，非洲的经济增长率稳定在3.4%，与2018年持平，高于世界平均水平2.5%。相比2017年的3.6%有一定回落，但仍保持在较高的水平。总体而言，非洲地区资源丰富，劳动力供应充裕，发展潜力巨大。2018年，全球经济增长速度最快的10个国家中，5个来自非洲国家，分别为利比亚、卢旺达、南苏丹、埃塞俄比亚及科特迪瓦。2019年，利比亚、埃塞俄比亚、科特迪瓦、卢旺达和塞内加尔经济发展速度在非洲保持前列，增长率均高于7%。

人口方面，根据非洲开发银行的《非洲统计年鉴》显示，2018年非洲总人口为12.862亿，人口增长维持在较高的水平。其中尼日利亚人口1.959亿，埃塞俄比亚1.075亿，埃及9904万。2018年年度人口增长率最高的国家为尼日尔（3.9%），第二位是赤道几内亚（3.6%）。安哥拉、乌干达、刚果（金）、布隆迪、坦桑尼亚、马里、乍得、赞比亚、冈比亚等国的人口增长率也都维持在3%以上。随着经济的发展，城市人口比重逐年上升，2018年城市人口大约为42.5%。

与人口增长、城市化水平增加相对应的是工业化水平尤其是制造业发展水平较低、就业不足。非洲劳动力预计到2030年增加近40%。非洲的劳动年龄人口预计将从2018年的7.05亿增加到2030年的10亿。非洲劳动力，以目前的速度增长，每年需要创造约1200万个新的就业机会阻止失业率上升。如果目前的趋势继续下去，只有一半的新劳动力可以就业，而且大部分的工作将在非正规部门。这意味着近1亿的年轻人没有工作。在非洲经济快速增长的同时，就业没有得到同步的增加。工业化尤其是制造业的发展是快速创造就业机会的重要途径。非洲经济过多地将劳动力分配于服务行业，限制了制造业的增长。此外，企业发展在非洲受到很大限制。政治腐败、缺乏监管环境、基础设施不足等严重限制了企业的发展。[①]

---

① 数据来源：African Economic Outlook 2019, p. 45。

这一时期另一重大事件是非洲大陆自由贸易区的成立和运作。2018年3月，44个非洲国家在卢旺达首都基加利签署了《非洲大陆自由贸易区协议》，标志着非洲大陆自由贸易区正式成立。这意味着非洲经济一体化取得了里程碑式的进展，或将形成覆盖12亿消费者、国内生产总值达2.5万亿美元的统一市场，成为自世界贸易组织成立以来全球包含人口和成员国数量最多的自由贸易协议。非洲大陆自由贸易区协议2019年5月30日生效，7月7日开始正式实施。自贸区协议实施后，非洲大陆自由贸易区44个成员国之间的进出口货物贸易将实现自由化，零关税、零配额，自由流通。非洲大陆自由贸易区协议的实施将给非洲区域带来一系列的积极影响，首先，自贸区将极大地促进非洲各国之间的贸易往来、互通有无、优势互补；其次，由于非洲44个国家形成了一个统一的大市场，这极大地增强了非洲市场对外资的吸引力，有利于非洲各国吸引外资。[①]

非洲外债问题依然严峻，债务风险趋于上升。根据国际货币基金组织2019年10月的《撒哈拉以南非洲地区经济展望》报告显示，2018年撒哈拉以南非洲地区政府债务占国内生产总值的比例为49.0%，预计2019年该地区负债率将达到50.2%，2020年上升到50.4%。受到原材料超级周期结束、经济增长和出口收入放缓以及利率上涨等因素影响，非洲债务风险正在上升，非洲国家偿债压力不断增加。2020年全球新冠肺炎疫情暴发，非洲将面临较大的经济困境，预计后期部分非洲国家的债务问题会较为严峻。

二 非洲地区经济和民生发展特征与趋势

（一）非洲大陆自贸区启动和发展

2018年3月，44个非洲国家签署《非洲大陆自由贸易区协议》。此后，分别有三批国家陆续签订了此协议，截至2019年12月，非洲已经有54个国家签署了协议。《非洲大陆自由贸易区协议》于2019年5月30日正式生效。非洲大陆自由贸易区协议的内容包括货物贸易、服务贸易、争议解决、投资、知识产权和竞争政策等。非盟委员会主席法基表示，自贸

---

① 驻几内亚使馆经商处：《非洲大陆自由贸易区2019年5月30日生效，7月7日开始正式实施》，http：//gn.mofcom.gov.cn/article/jmxw/201905/20190502860158.shtml。

区协议的生效使拥有 12 亿人口、经济总量达 2.5 万亿美元的自贸区逐渐成为现实。据非洲进出口银行数据，目前非洲国家之间的贸易额仅占其总贸易额的 15%，到 2022 年，预计这一比例会增加到 52%。① 根据非盟的决定，非洲大陆自贸区秘书处将设在加纳首都阿克拉，韦凯尔·梅内任秘书长。

非洲发展银行在非盟总部举行的《2019 年非洲经济展望》发布会上，高度评价非洲大陆自贸区，认为其将为非洲国家带来收益。报告认为，过去 20 年，在非洲经济一体化的推动下，边境通关措施导致的贸易障碍已显著降低。如进一步取消目前实施的双边关税将使非洲区域内贸易增加 15% 以上。② 就非洲大陆自贸区发展而言，具有很多独特的优势。如非洲大陆自贸区覆盖 12 亿人口，市场规模庞大；非洲大陆自贸区的国内生产总值总和达到 2.5 万亿美元，体量不小前景广阔；非洲近年来经济增速较快，世界上经济增长最快的前 10 个经济体中，有 7 个在非洲。这些都是促进自贸区发展的重要原因。

当然，自贸区的发展也面临诸多挑战。第一，非洲存在一些不利于自贸区发展的因素，如市场分散、国民经济规模小、过度依赖初级商品出口、工业化水平低、生产能力不足、出口基础薄弱等。第二，自贸区与区域经济共同体之间有着矛盾法律关系。这些区域经济共同体组织形成一个复杂、相互交织的网络，在成员国、任务和规则方面存在重叠，有的甚至相互矛盾。第三，成员国之间的利益冲突不断。自贸区成立以来，成员国由于外交争端、安全问题、健康预防和经济利益等实施排外行为、关闭边境以及非关税壁垒的情况有所增加，导致进入实施阶段的非洲大陆自由贸易区协议增加了诸多变数，减缓其执行速度。

（二）移动互联网和数字经济发展迅速

根据 IDC 的数据推断，2018 年非洲有 58% 的人拥有手机，而 PC 和平板电脑的使用率分别为 11% 和 5%。非洲互联网的发展正经历着跳过

---

① 驻肯尼亚使馆经商处：《非洲大陆自由贸易区协议 5 月 30 日正式生效》，http：//ke.mofcom.gov.cn/article/jmxw/201906/20190602870995.shtml。

② 驻非盟使团经商处：《〈2019 年非洲经济展望〉高度评价非洲大陆自贸区效益》，http：//africanunion.mofcom.gov.cn/article/jmxw/201902/20190202833738.shtml。

PC 互联网时代直接进入移动互联网时代的跨越式发展。移动网络已经成为大多数非洲互联网用户主要的联网方式。造成这一现象的主要原因是，移动上网设备（主要是手机）的价格更为低廉，并且移动宽带网络基础设施的建设成本比固定宽带更低。据 Hamilton Research 数据显示，截至 2018 年 6 月，非洲地区处于运营中的光缆里程达到 93.6 万公里，另有 13.3 万公里的光缆正在铺设中。非洲光纤网络近年一直处于稳步增长之中，而这一切离不开参与各方的持续努力。非洲陆地光缆项目主要的资金提供方包括世界银行和非洲发展银行等机构，以华为、中兴和中国电信等为代表的中国公司在项目实施方面扮演着重要的角色。[1]

非洲在移动互联和数字经济时代可以大有作为。物联网、云计算、大数据和数据分析、机器人和 3D 打印技术等新一代信息技术的运用也给非洲带来了难得的机遇。非洲大陆自贸区可以通过制定有关电子商务和数字贸易的政策使非洲成为云计算服务、数据处理和数据存储方面的全球参与者。此外，非洲还有人口结构方面的优势，目前非洲 35 岁以下的人口占 60%，作为世界上人口最年轻的地区，具有明显的人口优势。非洲人口的年轻化结构有利于在互联网和数字经济时代培养新的生活和消费习惯，有利于互联网和数字经济产业的发展。

中国的企业深度参与了非洲的移动互联和数字经济的发展。如智能手机制造方面，中国的传音品牌手机在非洲占有重要地位，2018 年占据非洲智能手机市场份额的三分之一。中国互联网企业阿里巴巴在非洲的数字经济发展中起到重要作用。它重点做"三件事"，即培训当地人才、推广非洲产品、普惠技术分享。事实上，阿里巴巴很早就在非洲开展业务，不但将其优势的进出口电商平台业务带到了非洲，还积极推进 eWTP（电子世界贸易平台）在非洲落地。通过阿里巴巴国际站、天猫国际等平台，阿里巴巴正在为非洲企业搭建一个通往全球市场的平台和通路。目前天猫国际上有来自摩洛哥、埃及、阿尔及利亚、毛里求斯和南非等非洲国家的近百个品牌的进口商品。未来，阿里巴巴还将帮助非洲建立当地的数字经济生态体系。[2]

---

[1] 《阿里巴巴助力非洲拥抱数字经济》，中国产业经济信息网，http://www.cinic.org.cn/zgzz/xw/449569.html。

[2] 数据来源：《非洲新经济白皮书（2019）》，第 101 页。

(三) 金融行业继续发展，债务问题依然严重

非洲金融业整体规模仍然较小，效率低下，竞争力较弱。非洲金融市场融资难。银行作为非洲主要融资渠道，寡头垄断现象严重，利率高。而非洲资本市场落后，监管过严，全球化程度低。但总体而言，非洲金融业的前景光明，整体呈现出向好的趋势。2018—2019年非洲经济稳定增长，高于世界平均水平。其中东非保持着非洲大陆增长最快地区的领先地位，2019年的平均增长率估计为5.0%。第二是北非，增长率为4.1%。非洲的经济增长，使得金融等行业也得到良好发展。移动支付、伊斯兰金融等在非洲发展较快，成为未来趋势。数字化金融是未来发展重点方向。在撒哈拉以南的非洲地区，高达21%的成年人拥有移动货币账户，远高于世界平均水平。

非洲债务风险趋于上升。自2018年以来，受国际经济形势影响，非洲国家的债务压力变得更大，在美元升值冲击下，南非等国货币出现了较大幅度的贬值；受大宗商品价格波动的影响，全球流动性收紧力度加大，非洲一些资源出口国外债偿付能力下降。根据国际货币基金组织《撒哈拉以南非洲地区经济展望》报告显示，2018年撒哈拉以南非洲地区政府债务占国内生产总值的比例为49.0%，在撒哈拉以南非洲的低收入和发展中国家中，有7个国家陷入债务困境。原材料超级周期结束、经济增长和出口收入放缓、利率上涨等因素对非洲国家债务偿还影响较大。据英国全球债务研究机构Jubilee Debt Campaign报告，全球债务问题最严重的20个国家中有8个是非洲国家。非洲国家的平均偿债率总体呈上升趋势，其中2017年撒哈拉以南非洲国家的平均偿债率达到12%，2018年为14%。通过非洲债务率和偿债率，可以看出非洲国家偿债能力下降，存在较高的债务风险。

(四) 中国对非洲发展影响持续增加

2018年9月中非合作论坛北京峰会圆满召开，中国提出在推进中非"十大合作计划"基础上，今后重点实施"八大行动"。这一提议表明了中非全面加强各领域务实合作的坚定决心，也体现了中非优势互补、互利共赢的合作理念。近年来，中非经贸合作不断深入，中国对非投资持续增长。中非经贸合作表现为以下几个特征。一是贸易合作稳中向好。2018

年中非贸易额达到 2042 亿美元，同比增长 20%，中国已经连续 10 年成为非洲第一大贸易伙伴国。二是基础设施合作亮点纷呈。中国企业积极参与非洲基础设施建设，近年来在轨道交通、港口、航空、电力等领域实施了一大批重大项目。中国将帮助非洲通过打造海陆空运输线路的经济走廊，助推非洲交通网络的通达，提升非洲物流效率和出口能力。三是产业投资深度融合。截至 2018 年底，我国在非洲设立的各类企业超过了 3700 家，对非全行业直接投资存量超过 460 亿美元。四是新兴合作领域方兴未艾。中国金融机构和跨境电商等在非洲加速发展。[1]

中国对非投资额不断增加，对非洲经济产生重要影响。2003 年以来，中国对非投资流量平均年增长超过 45%。截至 2018 年年底，中国在非投资存量超过 460 亿美元，是 2000 年的近 70 倍。其中国家开发银行是对非洲投融资的主力合作银行。截至 2018 年年底，国家开发银行累计参与非洲 43 个国家近 500 个项目，提供了融资额超过 600 亿美元，支持基础设施、能源矿产、交通、电信、农业等领域一大批重点项目。在对非投资合作当中，中国坚持不附加政治条件，着力为非洲国家解决债务可持续问题，提升内生发展的能力。

中国的投资对非洲脱贫意义重大。据统计，中国是非洲基础设施建设最重要的承建方和融资方。项目承建方面，2018 年 6 月前开工、金额在 5000 万美元以上的 482 个项目中 160 个项目由中国企业承建，占比 33.2%，排名第一，主要集中在交通运输行业；项目融资方面，由中国出资的项目占比 18.9%，排名第二。在东非区域，中国建设项目占 54.7%，融资项目占 25.9%，双双排名第一。《东非人报》指出中国对非投资及制造业发展对非洲脱贫的重要性。麦肯锡公司的报告《世界下一个工厂：中国投资如何重塑非洲》认为来自中国的资金有效地帮助非洲工业发展，而发展制造业是非洲各国摆脱贫困的唯一途径。这绝不是"新殖民主义"，因为这些工厂雇用的绝大多数工人为当地工人，而不是来自中国的劳工。[2]

---

[1] 驻非盟使团经商处：《国新办召开发布会介绍中非经贸合作及首届中非经贸博览会有关情况》，http://africanunion.mofcom.gov.cn/article/jmxw/201906/20190602870480.shtml。

[2] 驻肯尼亚使馆经商处：《评论：工业化是非洲发展的必经之路》，http://ke.mofcom.gov.cn/article/jmxw/201905/20190502859809.shtml。

作者简介

黄金宽，男，博士，浙江师范大学非洲研究院讲师，主要从事非洲经济史和殖民史等方面的研究。

General Trend of Economic and Livelihood Development in Africa (2018 – 2019)

Author：Huang Jinkuan, male, Ph. D, lecturer in Zhejiang Normal University, his main research fields include economic history of Africa and colonial history of Africa.

Abstract：In 2018—2019, Africa's economic growth was stable at about 3.4%, slightly lower than that in 2017, but still higher than the world average growth level. The overall economic situation is stable and upward. The establishment and operation of the African Continental Free Trade Area has promoted the in – depth development of African economic integration, and will bring tremendous impetus to the internal economic development of Africa. Although there are still major problems in financial and debt issues, the overall situation is improving. African countries continue to make efforts to get rid of poverty and promote people's livelihood, among which infrastructure construction and Internet have developed rapidly. As an important investor and trading country of Africa, China has played an increasingly important role in Africa's economic and social development, and its influence has continued to increase.

非洲社会文化发展总体趋势
(2018—2019)

武 卉 纪华溪

[内容摘要] 2018—2019 年，非洲大陆社会文化发展总体稳定向好，但仍面临着重重困境。在社会发展层面，贫困仍是摆在非洲各国面前、亟须采取更加有效方式应对的难题。一方面，非洲极贫人口总量仍然巨大，是世界上最贫穷的大陆；另一方面，非洲也是世界贫富差距最为严重的地区之一。如何加快减贫进程，同时让经济发展带来的福利惠及更多民众是当前及未来相当长时间内非洲社会发展面临的艰巨任务。在文化层面，非洲传统文化的保护与开发近年来越发受到非洲各国政府的重视。在做好文化的保护和传承工作的前提下，开发利用其经济价值为经济增长寻找新引擎，作为一种新的发展思路正在被非洲各国所认同。本年度，中非人文交流和智库合作继续加深，在深入贯彻落实 2018 年中非合作论坛北京峰会提出的"八大行动"计划过程中打造文化共兴的中非命运共同体。

一 贫困仍是非洲社会面临的巨大困境

进入 21 世纪，非洲经济始终保持较快增长势头，成为世界经济发展最快的地区之一。但经济增长并没有带来民生的迅速改善，非洲大陆是目前唯一未能实现联合国千年发展目标的大陆，仍有超过 3.3 亿人为极贫人口，比20世纪90年代增加了18%。有学者曾预测，到2030年，撒哈拉以南非洲地区仍将有3亿多人处于贫困状态。①据联合国相关人口统计数据显示，预计到2050年非洲人口将达到24亿，其中有26个国家的人口将至少翻一番。到2100年，非洲总人口将达到41亿，占世界总人口的三分之一以上。预计从2017年到2100年，至少有6个非洲国家的人口将增加至目前人口的5倍以上。②人口快速增长让非洲成为"最年轻的大陆"，同时也是贫困人口最多的大陆。目前，世界28个最贫穷国家中有23个国家在非洲，部分非洲国家的贫困率甚至超过30%。贫困人口比例居高不下仍是非洲社会面临的困境，减贫也依旧是非洲各国面临的艰巨任务。可以说，全球能否成功消除贫困，将在很大程度上取决于非洲在该问题上能否取得持续进展。

除了贫困人口基数巨大之外，贫富差距逐步拉大也是非洲目前面临的严重问题。世界银行2016年发布《崛起及贫困的非洲》报告指出，全球贫富差距最大的前10个国家中有7个位于非洲，特别是博茨瓦纳、莱索托、纳米比亚和南非等南部非洲国家。③南非是世界上贫富差距最大的国家之一，也是非洲严重的贫富差距现象的缩影。在本年度的报告中，《南非减贫发展报告》就南非贫困问题的现状、最新的减贫政策、减贫政策落实过程中的问题和难点以及对未来减贫工作的建议展开叙述。在过去7年时间里，南非全国经济状况出现了严重恶化，经济发展在衰退与停滞间摇摆，实际失业率持续走高。外资引入大幅减弱，为国家创造重要财富与就业岗位的国企公司纷纷进入事实性破产，土地资源重组的具体实施也没有实际突破。在多种社会财富发动机失灵的状况下，为了兑现减贫目标而进行的整体投资已经开始变为国家的施政负担。与此同时，在过去20年间，南非政府也一直试图通过一系列举措来解决这些贫困、失业和越发严重的不平等问题，包括一系列的"造血型"减贫政策和"扶助型"减贫

---

① 侯丽：《非洲国家减贫任重道远》，中国社会科学网，http://sky.cssn.cn/hqxx/201910/t20191030_5023121.shtml，2019 – 10 – 30。访问日期：2020 – 3 – 13。
② United Nations Department of Economic and Social Affairs Population Division: "*World Population* 2017", https://esa.un.org/unpd/wpp/publications/Files/WPP2017_Wallchart.pdf.
③ 商务部：《世界银行调查显示非洲经济增长与贫富差距扩大并存》，http://www.mofcom.gov.cn/article/i/jyjl/k/201603/20160301286586.shtml，2016 – 3 – 30。访问时间：2020 – 3 – 13。

政策。在南非目前高失业率和贫困的情况下，通过对弱势群体的支持和关怀创造就业机会来减轻贫困无疑是非常有意义的，而且总体而言，"服务弱势群体"政策对减轻贫困和改善弱势群体的生活都有极大的帮助，同时还能为社区提供新的就业机会，值得在全社会乃至非洲各国借鉴推广。

二　非洲文化保护与开发并行发展

非洲社会已逐步融入现代化进程，但是非洲大陆仍然保存有众多历史悠久的传统遗风及文化遗产。非洲文化不仅以其鲜明的个性闻名于世，非洲对人类文明进程作出的贡献也是毋庸置疑的。非洲文化不仅具有独特的文化价值，近年来其经济价值也因吸引越来越多世界各地的游客纷至沓来而逐步彰显。可以说，独特的民族文化是非洲的一张名片，同时也是颇具潜力的经济新引擎。如何在做好文化遗产的传承与保护的同时，最大限度地激发其经济价值，实现非洲文化保护与开发并行发展是非洲各国目前正在追求的发展目标之一。

在本年度地区发展报告的社会文化篇目中，《西非地区非物质文化遗产保护发展报告（2018—2019）》详细介绍了西非地区当前非物质文化遗产的传承与保护工作，西非各国通过召开遗产保护相关会议、建立培养非遗保护工作机制、推进非遗申报和非遗目录编撰等形式开展相关保护实践。与此同时，西非各国在保护文化遗产的同时注重将其转化为经济增长的新动力。随着遗产旅游与文化旅游的蓬勃发展，非物质文化遗产作为某一特定社区的代表性文化，已经成为促进社区发展的有效途径。文化遗产与经济发展，将成为西非各国实现经济可持续发展，摆脱贫困的有效模式。因此，政府机构出台旅游文化产业计划，鼓励旅游文化产业投资，开发和保护旅游文化资源，进一步为社会经济发展作出贡献。

目前，非洲的文化遗产保护工作虽然取得了很大的成绩，但相较世界其他地区，保护实践还处于基础阶段，也还存在很多问题。例如，非遗保护法律法规和政策体系还不完善；对非物质文化遗产的梳理和研究有待加强，对其价值与意义挖掘不够充分，缺乏必要的理念和理论指导；普查和统计制度尚不健全；社区参与程度不高，社会力量参与的深度和有效性有待提高。

三 新时代中非人文交流更加密切

以"合作共赢,携手构建更加紧密的中非命运共同体"为主题的中非合作论坛北京峰会于2018年9月3日至4日在北京举行,此次峰会意义重大,中非人文交流合作也因此迈上新台阶、进入新时代。中国国家主席习近平在2018年中非合作论坛北京峰会开幕式上的主旨讲话《携手共命运,同心促发展》中提出,中非双方应携手打造文化共兴的中非命运共同体。促进中非文明交流互鉴、交融共存,为彼此文明复兴、文化进步、文艺繁荣提供持久助力,为中非合作提供更深厚的精神滋养。扩大文化艺术、教育体育、智库媒体、妇女青年等各界人员交往,拉紧中非人民的情感纽带。为此,双方开展实施人文交流行动。中国决定设立中国非洲研究院,同非方深化文明互鉴;打造中非联合研究交流计划增强版;实施50个文体旅游项目,支持非洲国家加入丝绸之路国际剧院、博物馆、艺术节等联盟;打造中非媒体合作网络;继续推动中非互设文化中心;支持非洲符合条件的教育机构申办孔子学院;支持更多非洲国家成为中国公民组团出境旅游目的地。

在2018年中非合作论坛北京峰会框架下,本年度双方在人文交流领域取得丰硕成果。作为"八大行动"中"人文交流行动"首项任务,中国非洲研究院于2019年4月9日正式成立,其将为同非洲各国深化文明互鉴、加强治理和发展经验交流架起更高层次的平台,同时也为中非共同推进"一带一路"合作,共同建设面向未来的中非全面战略合作伙伴关系,共同构筑更加紧密的中非命运共同体提供智力支持和人才支撑。在减贫领域,"中非合作论坛——减贫与发展会议"于2019年11月28日至29日在乌干达首都坎帕拉举行,来自中国、非洲国家和国际组织的150多名代表与会,交流减贫和发展经验。中方通过"一带一路"倡议与非洲国家共享减贫经验,希望积极推进中非政策沟通、设施联通、贸易畅通、资金融通、民心相通,为非洲的发展振兴开辟新的空间,提供新的动力。①在推动非洲就业,尤其是年轻人就业方面,中国宣布继续实施"非洲人

---

① 《"中非合作论坛——减贫与发展会议"聚焦非洲减贫》,新华网,http://www.xinhuanet.com/world/2019-11/29/c_1125291126.htm,2019-11-29。

才计划"。2018年中非合作论坛北京峰会上宣布，中方将在非洲设立10个鲁班工坊，向非洲青年提供职业技能培训；为非洲提供5万个中国政府奖学金名额，为非洲提供5万个研修培训名额，邀请2000名非洲青年来华交流。中国企业也积极支持非洲青年创业。

在孔子学院方面，非洲是全球孔子学院中发展最快并且最具活力的地区。截至2019年6月，中国已在44个非洲国家设立了59所孔子学院和41个孔子课堂，成为非洲学生学习中文的重要平台。非洲第一所孔子学院——肯尼亚内罗毕大学孔子学院建立于2005年12月，14年来，累计注册学生15000多名。[1]孔子学院的快速发展是中非双方近150所大学、教育机构通力合作、责任共担的成果。近年来，也有越来越多的非洲本土教师加入了孔子学院教师队伍。2004年至今，中方已经向非洲各国派出数千名孔子学院院长、教师和志愿者，他们同非洲当地孔子学院管理者一道，推动孔子学院从零开始、发展壮大。根据国家汉办的数据显示，2004年至今，非洲孔子学院已经累计培养培训了各类学员140多万人。除语言教学外，孔子学院还开设武术、职业教育、中医等不同种类的课程，开展"汉语桥"等形式多样的文化活动、学术讲座，让走进孔子学院的非洲民众在学习汉语、改变自身命运的同时，也了解到了一个更加真实、立体、全面的中国。[2]目前，孔子学院已成为我国对非汉语教学的重镇，推动了非洲汉语教学事业的发展。在本年度地区发展报告的社会文化篇目中，《尼日利亚汉语教学事业发展现状及发展困境研究报告（2019）》及《南非汉语教育发展报告（2019）》分别以尼日利亚和南非作为国别案例介绍了我国对非汉语教学事业的发展现状及面临的困境。通过探讨对非汉语教育发展实践的启示与经验，来更好地指导我国在"一带一路"背景下的国家语言规划，推动新时期中非人文交流与教育合作。

作者简介

武卉，浙江师范大学非洲研究院助理研究员；

---

[1]《非洲第一所孔子学院，14年累计注册学生15000多人》，国际在线，http://news.cri.cn/20190808/11986ba2 - b2ea - fae8 - 93b6 - 751086a9db71.html，2019 - 8 - 8。访问日期：2020 - 3 - 13。

[2] 包亮、徐丽华：《孔子学院：用教育助力中非命运共同体建设》，光明网，http://theory.gmw.cn/2018 - 09/13/content_31149702.htm，2018 - 9 - 13。访问日期：2020 - 3 - 13。

纪华溪，浙江师范大学非洲研究院硕士研究生。

Main Trend of African Social and Cultural Relations (2018 – 2019)

Authors: Wu Hui, assistant research fellow from the Institute of African Studies at Zhejiang Normal University. Ji Huaxi, Postgraduate student at the Institute of African Studies, Zhejiang Normal University, China.

Abstract: In 2018 – 2019, the social and cultural development of the African continent has been generally stable and improving, but it is still confronted with numerous difficulties. At the level of social development, poverty remains a challenge that African countries urgently need to address in a more effective manner. On the one hand, Africa still has a large number of extremely poor people, making it the poorest continent in the world. On the other hand, Africa is also one of the regions with the most serious gap between rich and poor in the world. How to accelerate the process of poverty reduction and make the benefits of economic development reach more people is an arduous task facing African social development at present and for a long time to come. In terms of culture, the protection and development of Africa's unique culture has been paid more and more attention by African governments in recent years. On the premise of protecting and inheriting culture well, developing and utilizing its economic value can find a new engine for economic growth. As a new development idea, it is being recognized by African countries. This year, people – to – people and cultural exchanges and think tank cooperation between China and Africa have continued to deepen. In the course of implementing the eight Major Initiatives proposed at the 2018 Beijing Summit of the Forum on China – Africa Cooperation (FOCAC), China and Africa will build a community of shared future featuring cultural prosperity.

中国与非洲地区关系发展总体趋势(2018—2019)

李雪冬

[内容摘要] 2018—2019 年，中非各领域合作关系保持了良好的发展势头，主要表现为政治关系平稳快速发展、双边贸易稳步发展、人文交流与合作继续向纵深发展、安全合作有效推进。尤其是 2018 年 9 月召开的中非合作论坛北京峰会，推进了中非各领域交流合作，深化了中非全面战略合作伙伴关系。中非关系在全面快速发展的同时，也面临着诸多方面的挑战，主要包括：贸易不平衡、贸易商品结构单一等依旧深刻影响中非经贸关系的发展；非洲分散化的恐怖主义活动、频发性局部军事冲突等突出和平问题继续影响中非安全合作的深化拓展。对此，中非双方应继续同心同向、守望相助，走出一条特色鲜明的合作共赢之路。

一 中非关系发展现状

2018—2019 年，中非各领域关系继续顺利推进，特别是 2018 年 9 月召开的"中非合作论坛北京峰会"，全面阐述了中国加强对非关系的新政策、新主张，宣布了中国对非务实合作的新行动、新举措，把中非全面战略合作伙伴关系提升到历史新高度，给发展中国家的南南合作指明了新的前进方向，也为全球化进程和世界政治经济发展注入新动能。① 从 2019 年的发展情况看，峰会积极效应明显释放，中非关系呈现强劲发展势头。

（一）中非政治关系平稳、快速发展

2019 年是中非关系史上极不寻常的一年，是开启中非合作新时代的一年。在政治领域，突出表现为中非各级领导互访频繁，传统友谊进一步深化。

第一，中国外长继续保持开年首访非洲的传统，凸显非洲在中国外交中的重要位置。2019 年 1 月 2 日至 6 日，国务委员兼外交部部长王毅对埃塞俄比亚和非盟总部、布基纳法索、冈比亚、塞内加尔进行正式访问。王毅在埃塞俄比亚会见记者时表示："中国外长每年首次出访都来非洲，这一做法已延续了 29 年，成为中国外交的一个优良传统，我们在用行动表明，中国坚持将非洲置于中国外交全局的重要位置，加强与非洲及广大发展中国家合作，始终是中国外交的首要目标……此访的主要目的就是按照习近平主席提出的真实亲诚理念和正确义利观，同非洲国家沟通对接，共同做好北京峰会成果落实工作，推动双边关系和中非全面战略合作伙伴关系不断向前发展。"②

第二，非洲高层领导频繁访华，彰显对发展与我国关系的高度重视。仅 2019 年 1 月，就先后有塞拉利昂外长及埃及、赤道几内亚、喀麦隆三国的总统陆续访华。4 月 24 - 25 日，埃塞俄比亚总理阿比、莫桑比克总统纽西、肯尼亚总统肯雅塔、埃及总统塞西分别访华，国家主席习近平在人民大会堂分别会见了各位国家元首。非洲领导人访问中国，一方面体现了两国政治关系友好，更彰显了中非传统友谊得以保持与深化。正如习近平在会见埃及总统时所强调的："总统先生来华出席第二届'一带一路'国际合作高峰论坛，不仅体现了埃及积极参与共建'一带一路'的真诚意愿，也代表着非洲国家寻求互利共赢、实现共同发展的普遍呼声……中国感谢非洲人民对中国的信任，我们支持非洲和平安全与可持续发展倡议

---

① 刘鸿武：《2018 年北京峰会推动中非命运共同体建设迈向新高度》，《非洲研究》2018 年第 2 卷，第 3 页。
② 《中国外长连续 29 年每年首访来非洲 王毅：用行动表明将非洲置于中国外交重要位置》，参见新华社网站 http：//www.xinhuanet.com/world/2019 - 01/03/c_1123944829.htm，2019 - 1 - 3。访问日期：2020 - 5 - 10。

和非洲一体化进程，愿同埃方加强对非三方合作，共同促进非洲基础设施建设。"①

（二）中非贸易稳步发展、后劲较足

自 2000 年中非合作论坛首次启动以来，中非双边贸易就一直稳步发展。在中非合作论坛机制下，中非提出了各项提升贸易合作的措施，注重发挥中国比较优势、契合非洲战略需求。例如，2015 年的"贸易和投资便利化合作计划"和 2018 年的"贸易便利行动"等。2019 年 4 月，第二届"一带一路"国际合作高峰论坛在北京举行，同年 5 月，《非洲大陆自由贸易区协议》正式生效。这是在 2019 年里中非贸易合作领域内发生的两件大事，都为中非贸易合作带来更多发展红利。事实上，《非洲大陆自由贸易区协议》与"一带一路"倡议高度契合，未来在《非洲大陆自由贸易区协议》、"一带一路"倡议和中非合作论坛机制的三重保障下，中非贸易将继续走远、走深、走实。

从贸易量来看，2019 年中国与非洲国家进出口总额约为 2087.01 亿美元，较 2018 年的 2041.93 亿美元小幅增长了 45.08 亿美元，同比增长 2.2%。这是继 2018 年之后，中非双边贸易总额再次突破 2000 亿美元大关。其中，中国对非出口约 1132.02 亿美元，较之 2018 年的 1049.11 亿美元增长了 82.91 亿美元，同比增长 7.9%；自非进口约 954.99 亿美元，较之 2018 年的 992.82 亿美元减少了 37.83 亿美元，同比下跌 3.8%。从 2000 年至 2019 年中非贸易数据来看，除了 2014 年、2015 年和 2019 年以外，中国对非出口和自非进口均实现了同趋势增、减，即基本实现了同增、同减的变化步调。

2019 年以来，世界经济增长持续疲软，发达经济体和新兴经济体经济增长普遍减速。这一年里国际大宗商品价格宽幅震荡，除了铁矿石价格大幅上涨，国际油价、国际粮价以及大豆、豆油、棉花、有色金属和煤炭价格均较上年下降。在这样的国际背景下，中国政府加大逆周期调节、积极实施"六稳"政策，总体实现了外贸发展的总体平稳与稳中提质。2019 年，虽然中国对美、日等主要贸易伙伴出口下降，但对新兴经济体

---

① 《习近平会见埃及总统塞西》，参见外交部网站 https：//www.fmprc.gov.cn/web/zyxw/t1657913.shtml，2019-4-25。访问日期：2020-5-10。

出口增速较快,这也从中国对非洲出口的增加上得以体现。但在出口方面,受到国际大宗商品需求不振影响,非洲对中国出口减少。但总的来说,中非经贸合作在2019年总体保持了平稳态势。

(三) 中非人文交流机制更成熟、领域更宽泛

其一,传统领域人文交流深入开展。第一,教育合作不断推进。教育合作是中非人文交流的重要组成部分。2019年6月26日,"中非教育合作与人文交流"研讨会举办,浙江师范大学非洲研究院中非教育合作研究中心揭牌,这是高校进一步深化中非教育合作与人文交流研究,对接"一带一路"建设,助推中非关系发展和浙非战略合作的又一重要举措。[①]职业教育方面,中国在非洲建设的"鲁班工坊"为非洲青年提供了学历教育和职业培训机会;黄河水利职业技术学院赞比亚大禹学院培养了非洲急需的本土技术型人才。第二,文化交流异彩纷呈。为更好对接《非盟文化和创意产业行动计划》的需求,中方积极支持非洲国家加入丝绸之路国际剧院、博物馆、艺术节等联盟,鼓励中非双方开展思想对话和沟通,共同推动国际汉学和非洲研究的发展。南非政府宣布将每年的9月17日定为"南非中文日",以推进中南双方通过语言交流加强两国人民之间的相互理解。第三,地方交流不断拓展。地方交流一直是中非合作不可或缺的部分,2019年10月11日在杭州举行的首届浙江省国际友城媒体合作传播论坛,与会者共同探讨了媒体格局和舆论生态深刻变革形势下,全球媒体面临的机遇挑战、承载的时代使命。

其二,新兴人文交流领域不断拓展。中非在人文交流中不断开辟新的领域,近年来在科技、旅游、媒体、智库、影视等领域的合作不断加强,并积极落实中非合作论坛的项目,对接"一带一路"发展,加快推进中非命运共同体的建设。第一,科技合作受到关注。习近平主席在中非合作论坛北京峰会上提出中方将继续推进实施"一带一路"科技创新行动计划和"中非科技伙伴计划2.0",重点围绕改善民生和推动国家经济社会发展的科技创新领域,并与非方合作推进实施"非洲科技和创新战略",

---

① 浙师大非洲研究院:《"中非教育合作与人文交流"研讨会顺利召开 浙江师范大学非洲研究院中非教育合作研究中心成立》,http://ias.zjnu.cn/2019/0627/c6141a294161/page.htm,2019-6-27。访问日期:2020-5-10。

帮助非方加强科技创新能力建设。2019年5月14日，由科技部国际合作司、外交部非洲司和湖北省科技厅共同主办的"非洲青年科技人员创新中国行"活动是《中非合作论坛—北京行动计划（2019—2021年）》确定的内容之一，也是落实中非合作论坛北京峰会成果的重要举措。第二，旅游交流受到追捧。在"一带一路"倡议下，中非文化和旅游的交流合作迎来了新的发展机遇。2019年，南非旅游局为不断拓展在中国的发展机遇，进行了更为精准的市场规划，在中国举办了一系列旅游推广活动，推出"走进南非、狂野本真"主题，提供了大量的旅游资源、建立了相关品牌合作伙伴关系、出台了"为中国服务"（China - Ready）的各项旅业计划。第三，智库合作持续推进。智库作为国家思想力量的贡献者，越来越成为各国在国际舞台上构建话语权的重要力量。2018年中非合作论坛北京峰会通过的《中非合作论坛—北京行动计划（2019—2021年）》提出，中非双方应成立专门机构支持中非学术界建立长期稳定的合作，鼓励论坛和相关机构开展联合研究，在中非智库论坛框架下建立中非智库合作网络，为中非合作发展提供智力支持。作为北京峰会人文合作领域的重要成果，于2019年4月9日成立的中国非洲研究院，将汇聚中非学术智库资源，促进中非人民相互了解，对接"一带一路"发展倡议，进一步深化中非人文交流，为中非关系发展贡献更大力量。

（四）中非安全合作有效推进、成果丰硕

为了有效应对和解决非洲安全问题，打造命运休戚相关的中非人类命运共同体，在坚持不干涉主权和内政的外交原则下，中国2019年继续对非进行安全援助，推进中非安全合作，并在防务合作、农业和医疗援助，以及联合国和平建设体系下的维和、护航等行动方面都取得了新的成果。

防务合作主要应对严重突出的安全问题及其威胁，是安全合作的主要内容。本年度防务合作在以下几个方面取得进展：第一，中非军事高层互访频繁，中国军队高级将领在访问非洲国家时都受到了最高级别的接待。第二，与非洲多个国家或联合非洲域外第三国成功举行联合军事演习。第三，举办首届中非安全和平论坛。第四，军事文化软实力被非洲国家认可。

农业和医疗援助。粮食和卫生安全长期以来是非洲的重要安全议题，因此对非进行农业和医疗援助也是中非安全合作的重要组成部分。本年度对非农业和医疗援助的主要工作包括以下几个方面：

在农业援助方面，本年度对非工作主要是：第一，援助农业技术，派遣农业专家。第二，建设公益事业，在非洲主要是打井供水项目。第三，开展人道主义援助，帮助非洲应对粮食危机。第四，召开中非农业合作会议。

在医疗援助方面，本年度对非工作主要包括：第一，援助医疗设施和设备。第二，派遣医疗队，开展医疗活动。第三，提供传染病防控援助。

二 中非关系发展面临的挑战

尽管本年度中非诸多领域合作均取得了颇为丰硕的成果，但是未来要继续深化合作仍然面临着一系列主客观因素的挑战，其中既有传统的挑战，也有新出现的问题。

首先是和平与安全问题。尽管非洲安全局势延续着新世纪以来总体上趋于稳定的态势，但是未来仍然面临着以下安全隐患：恐怖主义的威胁，尤其是萨赫勒地区和非洲之角地区有成为新的全球性恐怖主义活动策源地的危险，以及非洲不同区域之间恐怖活动的联动问题，如萨赫勒地区和马格里布地区恐怖主义的联动性正在逐渐凸显；族群冲突以及族群冲突对国家政权合法性的挑战，甚至导致局部战争的风险；国家内战导致小武器的外流，以及毒品走私和有组织犯罪的兴起，这些综合问题又会引发严重的社会治安问题；亚丁湾和几内亚湾的海盗袭击；依然面临的严峻的粮食供应和卫生安全等。面对这些问题，非洲虽然自主意识明显增强，但是从长期来看依靠自身解决这些问题依然是不现实的。而自2008年国际金融危机以来，西方大国利用非洲自主解决安全问题的话语，不断削减各种全球性合作机制的经费。

其次，非洲整体经济增长乏力，影响中非贸易。一方面，全球大宗商品价格预计在2020年持续大幅下跌，这对非洲各国的对外贸易来说无疑是雪上加霜。近年来，非洲资源密集型国家的经济活动一直乏力，大多数国家仍然在调整适应2014年大宗商品下跌造成的冲击。事实上，中非贸易的趋势变动主要受全球大环境和大宗商品价格的影响。在2014年冲击后，中非之间的贸易额在2017年才实现了近三年来的首次由负转正。当前，由于全球经济增长的严重下滑以及石油输出国组织与其他主要石油生产国之间减产协议的破产,石油价格急剧下降大约50%,达到2008年以来的最低点。另外,除了黄金等贵金属以外,其他大宗商品价格大多同步走低。另一方面,新型冠状病毒疫情让全球发展面临前所未有的威胁,非洲经济可能萎缩0.4%—3.9%。各国为控制新型冠状病毒疫情蔓延而不得不采取的严格防控和缓解措施将干扰生产并大幅降低需求。全球经济增长骤然减速,再加上全球金融状况收紧,对非洲造成了显著的溢出效应。中国的经济增长受疫情影响预计也将放缓,进而导致外部需求减少,因此预计未来一年的中非贸易额将下降。与此同时,全球受疫情冲击造成经济波动,中非双方为遏制疫情而采取的封锁措施、对传染的恐惧心理、信心丧失以及不确定性增加都会导致需求减少,对中非贸易形成冲击。

最后,中非合作面临复杂的外部环境。第一,中国的非洲政策不断地遭到西方国家的指责,尤以美国为甚。随着近年来中美两国在全球领域的竞争和博弈日趋激烈,以美国为代表的西方国家加大了对中国总体外交政策的攻击力度,中国的对非政策遭抹黑的程度尤为严重。2018年12月13日,美国政府公布了一份强调"美国优先"的新非洲战略。美国总统国家安全事务助理博尔顿在解读这份战略时指出,新战略将重点关注三个领域:加强与非洲国家经贸合作,与非洲国家签署更广泛的双边经贸协议,以应对其他大国在该地区日益增强的影响力;更有效利用美国援非资金,设定对非洲援助"优先国家";继续打击"伊斯兰国"等极端组织在非活动等。美国的新非洲战略表明一点:特朗普真正关心的不是非洲,而是如何遏制和抗衡中国。第二,中国在非洲遭遇的大国竞争会日趋激烈,这其中既包括新兴的印度、巴西、土耳其等国家对非洲的投入越来越多,也包括日本、俄罗斯等传统强国在不同领域同非洲关系的日益密切。

综上所述,尽管中非关系在2018—2019年期间实现了全面的发展,但安全、经济、外部威胁等仍旧对双方关系的进一步发展构成挑战。不过,中非关系继续向前推进已是不可逆转的趋势,只要双方进一步明确合作理念,深化合作机制,妥善处理认知差异等,中非必能续写友好合作、互利共赢的新篇章。

作者简介

李雪冬,法学博士,浙江师范大学非洲研究院助理研究员。

General Trend of China – Africa Relations (2018 – 2019)

Author: Dr. Li Xuedong, assistant research fellow from the Institute of African Studies at Zhejiang Normal University.

Abstract: From 2018 to 2019, China – Africa cooperation in various fields has maintained a sound momentum of development, which is mainly reflected in the steady and rapid development of political relations, the steady growth of bilateral trade, the deepening of cultural exchanges and cooperation, the effective security cooperation as well. In particular, the Beijing Summit of the Forum on China – Africa Cooperation (FOCAC) held in September 2018 has promoted China – Africa exchanges and cooperation across many fields and deepened the comprehensive strategic and cooperative partnership between the two sides. Despite the comprehensive and rapid development of China – Africa relations, there are also many challenges facing the two sides. The main ones include: unbalanced trade and single commodity structure, which still have a profound impact on the development of China – Africa economic and trade relations. Decentralized terrorist activities, frequent local military conflicts and other prominent peace issues in Africa continue to hamper the deepening and expansion of China – Africa security cooperation. In this regard, China and Africa should continue to work together and help each other to forge a distinctive path of win – win cooperation.

第二篇

政治与国际关系发展态势

非洲地区社会安全风险报告(2018—2019)

谷红军　金　博

[内容摘要] 一直以来非洲都是全球安全形势最为复杂的地区，面临着政治动荡、恐怖袭击、武装冲突、绑架和恶性治安犯罪等多种严重风险。2018—2019 年，由于政治制度及经济结构存在巨大缺陷，危害政治和社会稳定的事件以及政变等仍有发生。同时，随着极端主义全球化的趋势，萨赫勒和东非一些地区的恐怖主义组织将长期存在且不断演化。非洲许多国家部族文化根深蒂固，非洲人民普遍缺乏对国家的认同感，因部族矛盾等引发的武装冲突遍布各地。2018—2019 年，一些在非洲国家的海外华人遭遇了各类不同的恶性事件，造成了大量财产损失、身体伤害，甚至死亡。本文概述性地总结 2018—2019 年非洲不同地区社会安全形势，分析了重大社会安全事件的特点，提出针对性社会安全管理建议，为在非洲地区开展业务的中国企业和个人提供参考。

一　非洲地区社会安全形势现状及发展趋势

2018—2019 年，非洲依旧是全球安全形势热点地区之一，各国反政府势力不断扩张，军事政变仍在上演，恐怖主义全面扩散，武装冲突时有发生，严重威胁人们的生命安全。

据《2017—2019 年海外社会安全风险报告》统计，非洲地区在 2018—2019 年共发生大约 5000 起严重社会安全事件，其中战争或武装冲突占比约32%，恐怖袭击占比约26%，这两类事件占比超过50%，是非洲地区存在的主要威胁。此外，恶性社会治安事件、群体性事件、政治动荡和武装绑架等事件仍旧多发。

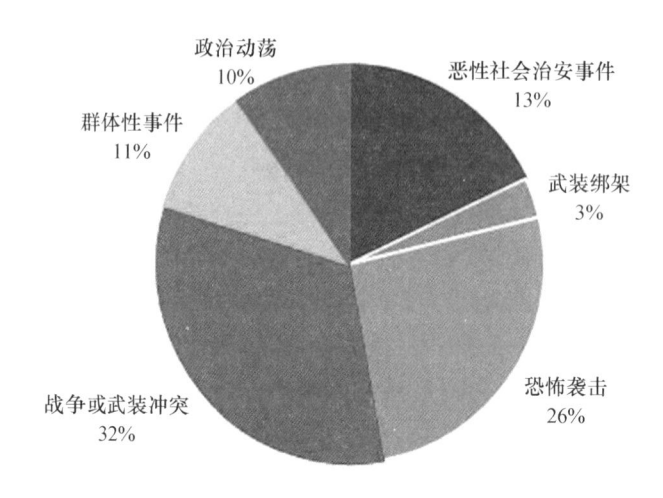

非洲地区社会安全事件分类统计

数据来源：《2017—2019年海外社会安全风险报告》。

（一）萨赫勒地区成为恐怖主义活跃地带

近年来，由于社会动荡、经济落后及地理位置特殊等原因，非洲多国成为恐怖主义滋生和快速发展的温床。随着"伊斯兰国"失去在伊拉克和叙利亚的控制区，其已经将更多注意力转移到非洲，尤其是北非和西非地区。恐怖主义正以萨赫勒地带为中心向外扩散，整个萨赫勒地带跨度数千公里，与多国边境接壤，越境作案、案后流窜式恐怖活动非常频繁，地区反恐难以有所突破。网络及科技的发展使得近年来恐怖袭击的方式也随之升级。目前，恐怖组织虽多以自杀式炸弹和汽车炸弹等方式针对安全部队、警方检查站及反恐特种部队等目标群体实施恐怖袭击，但无人机和网络攻击等新模式的出现将成为恐怖袭击的新趋势，未来反恐难度将会进一步加大。

非洲地区最为猖獗的恐怖组织主要为活跃在非洲之角地区（主要是索马里和肯尼亚）的青年党，活跃在尼日尔河谷地区，主要威胁尼日利亚、喀麦隆、尼日尔等国的博科圣地以及散布于阿尔及利亚、马里等国的伊斯兰马格里布基地组织（AQIM）。其中索马里青年党制造了多起大规模恐袭事件，引起了美军的重视和打击。而博科圣地在近些年依然保持活跃，虽在尼日利亚政府及多国联合部队强力清剿下，袭击事件显著减少，但是近两年袭击频率明显回升，多次袭扰尼日尔迪法及喀麦隆极北地区，并且频繁使用儿童及妇女发动自杀式恐怖袭击，说明其有生力量在长期打击下规模锐减，实力大不如前，但仍有发动袭击制造混乱的能力。该组织预计袭击地域主要集中在乍得湖区域，向周边地区扩散的概率较小。马格里布基地组织开始区域化扩散，多次在马里与尼日尔边境地区甚至深入尼境内发动袭击。有报道称，该组织曾从利比亚西南部跨境入侵到乍得北部，未来可能将重心向尼日尔甚至乍得北部转移。据联合国相关统计，IS组织内有6000多名来自非洲的恐怖分子，随着其在伊拉克、叙利亚战场的溃败，恐怖分子的回流将是必须面对的问题，未来极端主义的蔓延将是该地区国家面临的最大威胁。

为应对恐怖主义在萨赫勒地区的蔓延，尼日尔、乍得等5国组建联合反恐部队，欧盟提供5000万至1亿欧元，美国出资6000万欧元，"萨赫勒五国"各出1000万欧元。但各方承诺的4亿欧元资金中，至今大多还停留在承诺上。[①] 由于区域国家普遍面临严重的经济衰退问题，公共安全资金捉襟见肘，未来资金不足将很有可能成为该地区打击恐怖主义进程的最大障碍。2017年乍得就曾出现参与打击极端组织的士兵因拖欠军饷焚毁联合国蓝色贝雷帽的事件，总统代比宣称如果在获得资金援助上"没有任何进展"，乍得"将不得不撤出"非洲的军事行动。一旦打击行动无法有效开展，萨赫勒这一充满争端、冲突、饥荒的世界最不发达地区，很可能成为恐怖主义的又一个温床，让本就脆弱的局势再次陷入混乱。

（二）北非国家经济萧条，军阀混战，动荡加剧

长期以来，北非地区的传统治理模式是通过权威政府、强权政治实现现代化和经济发展。在经历"阿拉伯之春"的猛烈打击后，民众思变，反政府势力强劲发展，导致苏丹发生军事政变并实现民主化改革，阿尔及利亚政治危机处于悬崖边上，利比亚军阀割据冲突不断，突尼斯经济发展停滞，埃及政府复辟军政府强权统治，北非各国均仍在动荡和恐怖主义的

---

① 数据来自《中国青年报》2018年7月3日《马克龙再访非洲只为安全和反恐》。

泥潭中挣扎。

2017年后，北非更是进入全面动荡时期，内忧外患交互影响。利比亚乱局仍在持续发酵，阿尔及利亚民众再次集会示威，突尼斯极端势力加速渗透，苏丹发生军事政变，区域国家间、区域国家内的政治和社会冲突迅速激化，加之国际油价未显著回升，本国货币汇率持续下跌，失业青年逐渐增多，腐败问题似乎无解，示威游行接连不断，恐怖主义持续蔓延，严重影响了北非国家的政治经济环境。

（三）东非各国经济发展面临瓶颈，部族斗争加剧

东非各国政治形态和经济发展存在较大差异，各国呈现出较为不同的国内政治形态。随着肯尼亚现总统给竞争对手安排了一个较高的岗位，大选引起的族群分裂逐步趋于缓和，政府开始着力于经济发展。除索马里青年党在境内制造恐袭事件外，国家总体形势处于平稳状态。埃塞俄比亚的族群矛盾出现激烈斗争现象，甚至北部地方政府内发生了军事政变事件，直接导致了军队总参谋长被害，迫使埃塞政府采取了更加严格的管控措施以维持社会稳定。乌干达保持了多年的小农经济特色，经济发展落后，人口逐渐增多，失业率攀升，民众对政府的要求越来越高，开始挑战长达30年统治形成的僵化呆板的体制机制，政府不得不寻求更多来自中国的投资，发展工业，促进解决失业问题，改善人民生活水平。南苏丹和索马里作为地区两个不稳定国家，在国际和地区势力未再深度介入的情况下，依靠自身发展获得喘息良机，南苏丹新和平协议将在曲折中缓慢推进，索马里政府继续依靠当前维和力量保持贫弱的执政状态。

除索马里青年党在东非地区制造的恐怖主义事件外，威胁东非地区国家安全与稳定的另一个主要因素是各国内部的部族斗争。南苏丹内部的部族冲突常态化，每年发生几百起较大规模冲突，造成数千人死亡，大量无家可归者寻求外界援助。埃塞俄比亚内部的部族矛盾开始显露头角，各方对政治权力的争夺不限于和平方法，逐渐地采取暴力抗争的手段，社会整体安全形势趋于紧张。其他几个国家同样面临类似问题，内部部族斗争，进而可能导致的冲突将是未来东非地区国家的主要矛盾之一。

（四）西非地区笼罩在恐怖主义阴影下，恶性治安事件频发

以尼日利亚为首的西非地区国家在埃博拉疫情得到控制后，经济发展较为快速,各国投资明显增加,但与之而来的是恐怖主义事件不断增多,绑架等恶性治安犯罪事件持续高企,在该地区的华人同胞近几年多次遭遇绑架,有些同胞甚至失去了生命。

同时,几内亚湾成了新的海盗活跃区域,根据"海洋无海盗"组织报告,2017年有1726名海员在几内亚湾遭海盗及武装抢劫,由此带来的经济损失约超过8亿美元。据国际海事组织(IMO)最新报告,2019年1月到9月期间,全世界82%的海盗绑架事件发生在几内亚湾海域。

当前,该地区存在的主要矛盾包括:一是伊斯兰教向南扩张与传统宗教发生激烈对抗;二是恐怖主义势力在该地区北部逐渐壮大;三是经济发展不平衡带来的部族冲突;四是大量无业青年依靠犯罪手段掠夺财富。目前,这些矛盾还看不到缓和的迹象,仍将持续地影响该地区的社会安全与稳定。

(五)南部非洲总体安全形势较为稳定,恶化风险有所抬头

以南非和安哥拉为首的南部非洲地区,总体安全形势较为稳定,武装冲突和恐怖主义袭击事件较少发生,主要威胁是恶性社会治安事件,偷盗、勒索、抢劫和绑架等刑事犯罪案件数量呈明显增多趋势,近三年来中国同胞多次遭遇上述恶性事件。令人担忧的是,莫桑比克出现新的极端组织"圣训捍卫者"(Ansar al-Sunna),该组织主要活跃在德尔加多角省,由于规模与势力有限,目前隐匿在边界及偏远村落,不时会对当地村庄进行恐怖袭击。由于北部地区油气业务的开发,影响了当地原住民的收入、生活来源形式,造成不满情绪,预计未来油气运营商面临的风险将越来越大。

二 非洲地区重大社会安全事件主要特点

近年来,非洲地区持续发生重大社会安全事件,造成大量人员伤亡和财产损失,甚至导致外方全部撤离和经营活动中止。根据公开报道的近10年20起重大事件来看,这些事件从发生到结束呈现出以下特点。

(一)恐怖主义组织活动猖獗

非洲地区恐怖主义组织受到极端势力、地缘政治、宗教对抗和经济基础等方面影响,迅速发展壮大,并形成了足以影响地区政治、经济和社会稳定的一股力量,从东到西包括索马里青年党、欧加登民族解放前线、公平与平等运动、博科圣地组织和其他与"基地"组织相关的恐怖组织等。这些组织有严密的组织结构、明确的政治目的、广泛的社区基础和较为稳定的资金来源,在当地政府常规军事力量无法顾及的区域顽强生存,采取类似"基地"组织的手法获得利益和影响力。这些组织之间表现出日益紧密的联系,对整个非洲地区乃至全世界造成很大的影响。

(二) 外国人聚集场所或人员是主要目标

重大事件中,恐怖组织作案地点多选择在外国人聚集场所或有重大影响力的地方,作案目标和死者不仅为外国人,也包含了大量的当地民众,作案手段是较为低级的"不留后路"式行动或汽车炸弹,作案目标及手法呈现初级阶段特征。这些特征显示出这些组织急于向全世界表现影响力,急于产生轰动效应,尚未发展到利用高科技和高智商作案的阶段。

(三) 每次恐怖事件发生前均有提前警告信息

恐怖组织为了制造更大的影响力,一般在事件发生前较长时间内通过公开媒体或其他形式多次发布恐吓性言论或警告,以求达到其政治或经济目的。当地国家的情报部门也会收集到针对一些敏感目标发生恐怖袭击的具体信息,甚至包括可能的作案时间、地点、手段和人员等。针对这些真假不知的信息,如何进行研判,并及时作出针对性部署阻止事件发生是当前非洲一些国家军警部门亟待解决的问题之一。

(四) 非洲国家应对能力不足

非洲国家应对恐怖袭击事件手段低级,表现在忽视预警信息、针对性防范手段不强、内部军警体系组织混乱和不顾生命强行解救等,甚至内部还可能有恐怖组织的内线。恐怖组织抓住这些关键性的低级弱点,稍微采取针对性的手段即可突破防范体系,实施恐怖袭击活动。强行解救行动更是帮助恐怖组织扩大了影响力,造成了更大的轰动效应。

三 中方企业和个人在非洲地区社会安全管理建议

针对非洲复杂多变的社会安全形势,以及恐怖主义活动的日益增多,为确保华人企业和个人生命财产安全,特提出如下社会安全管理建议。

(一) 深化与专业机构合作,加强地缘政治研究

面对非洲地区错综复杂的形势变化和恐怖组织日益发展的作案手段,大中型企业应深化与专业机构合作,深入了解国际社会干预程度、地缘政治关系、国际极端势力渗透、宗教冲突和治安犯罪等情况,从宏观和微观等各方面准确掌握当地国家和社区社会安全形势变化。

(二) 建立多层次信息收集渠道,实现超前预警

针对非洲地区当地国家特点,采用国际通用且效果突出的内部线人收集信息办法,建立从政府高层、权力部门、州县政府到当地社区的线人网络,同时发挥公开渠道作用,提前获取重大安全信息,以便更进一步部署相关防范和应急举措。在信息收集分析和研判的基础上,提前预警,并采取有针对性的避免或减少暴露的方法,达到保护生命和财产安全的目标。

(三) 采取综合性解决方案,避免成为恐怖袭击目标

一旦成为恐怖袭击目标,则很难采取有效举措避免伤亡和损失,如何避免成为恐怖袭击目标是企业应该考虑的首要问题。首先,利用"互利共赢"的原则,积极主动参与社区建设,发挥公益项目的巨大作用,维护良好社会形象;其次,完善驻地及出行安保防范措施,有针对性提高防护标准,增加袭击者作案难度;最后,要有强有力的惩罚或应对措施,让恐怖组织心怀惧怕感,从而不敢发动袭击行为。

(四) 深入研究绑架事件规律,提高被绑架人员获救率

收集梳理非洲不同地区和组织的绑架案例,针对不同恐怖组织分析出绑架的特点和规律,制定规范性的绑架事件应对方法,形成绑架事件资源库,增强在解救谈判中的有利地位,保证能够以最低的代价将被绑架人员解救,同时让绑匪放弃再行作案的想法,力争实现企业和个人较长时间内

的安全。

四　结语

2018—2019 年，非洲地区社会安全形势复杂，重大社会安全事件频发，凸显出其风险的突发性和复杂性，华人在这些事件中遇难更是令人痛心。展望未来，非洲地区安全形势依然复杂多变，不容乐观，恐怖主义仍是最大的威胁，针对华人的治安犯罪事件或将越来越多。随着我国"一带一路"战略的逐步推进，中国在非洲的投资活动越来越多，企业和个人需要掌握非洲的社会安全风险，以便更好地应对和减少损失。希望通过本文的总结与分析，能使我们从更宽广的角度，审视和思考非洲地区海外项目的社会安全管理问题，通过落实针对性的安保管理措施，确保"一带一路"实施过程中海外企业和华人的生命与财产安全。

作者简介

谷红军，安全工程硕士，中油国际海外 HSSE 技术支持中心工作，长期从事海外安保和 HSE 管理工作。

金博，男，地质资源与地质工程博士，中油国际尼罗河公司工作，长期从事海外油气技术管理及商务工作。

The Annual Report on the Security Risk in Africa (2018 – 2019)

Authors：Gu Hong Jun, Master on Safety Engineering. His main research fields include Security and HSE on international oil investment. Jin Bo, Doctor on Geological Resource and Engineer and focus on the technical and commercial issues in Oil Company on oversea. His main research fields include international oil investment policy and risk.

Abstract：Africa is always one of the most complicated security situation in the world. It faces many serious risks such as political instability, terrorist attacks, armed conflicts, kidnappings and serious security crimes. In 2018 – 2019, due to the huge flaws in the political system and economic structure, there are still some incidents that threaten the political and social stability, as well as military coups. Meanwhile, with the trend of globalization of extremism, terrorist groups in the Sahel and some parts of East Africa will continue to exist and grow. Moreover, the tribal culture of many African countries is deeply rooted, and African people generally lack of national state. Armed conflicts caused by the different tribes are everywhere. In 2018 – 2019, some Chinese in African countries experienced a variety of different incidents, causing extensive property damage, physical injuries and even loss of life. This paper summarizes the current situation of social security in different regions of Africa in 2018 – 2019, analyses the characteristics of major social security incidents, and puts forward specific social security management suggestions, as reference for Chinese enterprises and individuals in "Belt and Road" in Africa to ensure the safety of life and property.

特朗普对非洲发展政策评析

——以"电力非洲倡议"为例（2018—2019）

马汉智

[内容摘要] "电力非洲倡议"是特朗普对非发展政策的重要支柱。特朗普继承和发展了奥巴马的"电力非洲倡议"。美国大举进入非洲电力市场既有非洲电力需求缺口大、能源丰富等原因，也与力促美国企业走进非洲，提升美国在非软实力、塑造美国电力领域领导权相关。"电力非洲倡议"遏制中国在非影响力意图明显、排他性强，干涉非洲国家内政，鼓吹私有化，可持续性存疑。由于中国是美国推进"电力非洲倡议"的"假想敌"，中国需警惕"电力非洲倡议"对中非合作的冲击。

引　言

"电力非洲倡议"是奥巴马执政以来美国对非发展政策的重要组成部分。电力已成为美非经济合作的重要抓手。特朗普"电力非洲倡议"有哪些新发展？美国大举进入非洲电力市场的原因是什么？"电力非洲倡议"对非洲意味着什么？以上问题的回答不仅有助于更好认识美国的对非发展政策，而且对思考"电力非洲倡议"如何影响中非合作具有重要意义。

一 "电力非洲倡议"的提出与发展

(一) 特朗普继承和发展了奥巴马的"电力非洲倡议"

2013年7月,奥巴马访问非洲期间,提出了为期5年的"电力非洲倡议"(以下称"倡议")。"倡议"意在为非洲提供可以负担得起的、可靠的、可持续的电力,支持非洲经济发展。根据"倡议",到2030年美国将为撒哈拉以南非洲增加超过3万兆瓦的发电量,为6000万个家庭和企业提供电力。[①]2014年,超越国家电网(Beyond the Grid)子倡议启动,子倡议致力于为非洲大陆的离网供电和小规模能源解决方案提供投资。"超越国家电网倡议"聚焦于两个战略重点:家用太阳能和微电网。子倡议目标是到2030年增加2500万至3000万个太阳能和微电网用户,增加17万—20万个家庭的太阳能连接,8万—10万个微电网连接。2014年起,"倡议"每年发布《电力非洲年度报告》,介绍项目融资、建设情况。2015年起,为了更好实现项目对接,美国国务院创办电力非洲峰会,以便投资者展示电力项目、讨论投资机会、建立国际联系。2015年起,"倡议"资助出版系列丛书,如《理解购电协议》《理解电力项目融资》《理解天然气和液化天然气选择》《理解电力项目采购》等。系列图书的出版及针对性的培训为"倡议"实施提供了持续的智力支撑。2016年2月,奥巴马签署《电力非洲法案》,"倡议"正式成为法律。《电力非洲法案》的签署意味着扩大非洲的电力供应是美国的一个长期战略,成为美国对非外交政策优先事项。

特朗普提出2.0版本"电力非洲倡议"。2018年第四届电力非洲峰会期间,美国国际开发署提出"电力非洲倡议2.0版"——《电力非洲:2030年输电网发展路线图》。相比于奥巴马的1.0版本,2.0版本的"倡议"更加强调输配电系统建设、优化非洲投资环境、增强美国私营企业在非洲竞争力。由于1.0版本单纯强调发电而忽视了输配电系统建设,导致发电量过剩和区域间的供需失衡。2.0版本突出更广泛的电力跨区域贸易,更好保护美国企业利益。

"电力非洲倡议"进展缓慢,受益国家有限。截至2019年7月,"倡

---

① USAID, Power Africa, https://www.usaid.gov/powerafrica.

议"达成 124 个项目,10384 兆瓦电力建设融资到位。56 个合约项目启动并运行,3486 兆瓦已投入使用,1480 万家庭和企业(约 6800 万人)获得并网或离网电力连接①。根据《电力非洲法案》,到 2020 年为非洲发电 2 万兆瓦、为 5000 万用户提供电力。从目前完成的情况来看,前景并不乐观。从目前布局来看,"倡议"主要集中在南非、尼日利亚、肯尼亚、坦桑尼亚、加纳、喀麦隆、科特迪瓦、塞内加尔等国家,绝大多数非洲国家并未从"电力非洲倡议"中获益。

(二)用天然气发电推进"电力非洲倡议"是特朗普的突出特色

2017 年起,特朗普开始利用天然气推进"电力非洲倡议"。2018 年"倡议"相继发布了《电力非洲:2030 年天然气路线图》《电力非洲:南部非洲天然气路线图》。特朗普在非洲推进天然气发电,而不是奥巴马时期强调的太阳能等清洁能源。原因在于:一是全球天然气价格的下跌导致天然气发电成本降低。研究表明,综合液态天然气项目的天然气电价可低至 0.10 美元/千瓦时,小规模和分布式天然气发电项目的价格可低至 0.15 美元/千瓦时。而这两个预测价格均低于撒哈拉以南非洲地区的平均发电成本——0.18 美元/千瓦时。② 二是与美国在天然气领域的绝对优势地位相关。美国的页岩气革命深刻改变了世界的能源格局。正如美国能源部长里克·佩里所强调的,《电力非洲:2030 年天然气路线图》将使美国助推非洲多国的天然气行业投资,以及美国液态天然气和相关创新的出口将刺激整个非洲大陆的天然气发电。③ 特朗普支持的美国公司将投资 1750 亿美元用于肯尼亚、坦桑尼亚、科特迪瓦、加纳、尼日利亚、塞内加尔、安哥拉、莫桑比克和南非的天然气发电项目。根据报告,美国可借该项目向非洲出口液化天然气,若贸易进展顺利,每年可盈利超 50 亿美元。④

---

① Power Africa Annual Report 2019, https://www.usaid.gov/sites/default/files/documents/1860/power_africa_annual_report_2019.pdf.

② Mozambique Resources Post, Africa Energy: U.S Gas Roadmap to Power and Light Sub-Saharan Africa, July 26, 2018, https://mozambiqueminingpost.com/2018/07/26/africa – energy – u – s – gas – roadmap – to – power – and – light – sub – saharan – africa/.

③ USAID, Power Africa Gas RoadMap To 2030, p. 2.

④ Mozambique Resources Post, Africa Energy: U.S Gas Roadmap to Power and Light Sub – Saharan Africa, https://mozambiqueminingpost.com/2018/07/26/africa – energy – u – s – gas – roadmap – to – power – and – light – sub – saharan – africa/.

(三) 特朗普"电力非洲倡议"为"'全政府'路径"注入新内容

"'全政府'路径"是指以"全政府"为支撑的国家战略或路径，即以"全政府"为组织原则调动政府资源，为特定国家战略提供组织上的支持和保障。[①] "'全政府'路径"为"电力非洲倡议"提供组织上的支持和保障。"倡议"由电力非洲工作组（Power Africa Working Group, PAWG）领导。工作组是一个协调组织，协调美国国际开发署、国家安全委员会等在内的12家美国政府机构。美国国际开发署在工作组中起主导作用。从分工看，美国国际开发署为"电力非洲"项目提供技术援助，推动项目在非洲国家落地，为倡议项目提供管理支持。美国国务院打造"电力非洲"峰会等对话平台，通过外交手段为"电力非洲"寻求非洲国家政府支持，构建"电力非洲倡议"伙伴关系网络等。海外私人投资公司提供资本和风险缓解工具，支持美国私营部门的在非电力投资。美国进出口银行协助向国际市场提供美国商品和服务的融资。美国财政部则直接与"电力非洲"涉及国家的财政部等合作，就宏观政策、改善投资环境和基础设施投资的融资方案提供建议。

美国国际开发金融公司为"电力非洲倡议"的"'全政府'路径"注入新内容。2018年10月5日，特朗普签署了《善用投资促进发展法案》（简称"BUILD法案"）。根据法案，为了增强发展融资能力，美国将成立一个新的联邦机构——美国国际开发金融公司（IDFC）。美国国际开发金融公司将结合海外私人投资公司（OPIC）和美国国际开发署发展信贷管理局的职能，推出新型金融产品，从而更好将私人资本引入发展中国家。新机构的设立使美国在发展中国家进行投资有更大灵活性。例如，新机构可以获得海外项目的股权，更自由地与他国投资者合作。一方面，由于资金雄厚[②]，美国国际开发金融公司将使"电力非洲"项目在融资上获得更多的便利性，也更有益于吸引更多私人资本进入电力投资领域。另一方面，由于灵活性更高，美国国际开发金融公司承担风险的能力相对较

---

① 张帆：《一加一大于二？——试析"全政府"在美国国家安全体制中的应用》，《世界经济与政治》2019年第8期，第63页。

② 在"BUILD法案"的授权下，IDFC将使现有的美国海外私人投资公司（OPIC）的贷款能力提高1倍以上，即增加300多亿美元。https://www.cnas.org/publications/commentary/leverage-the-new-us-international-development-finance-corporation-to-compete-with-china.

高，这有助于"电力非洲"项目在一些基础设施条件差的非洲国家落地。由此可见，美国国际开发金融公司的成立为"电力非洲倡议"的"'全政府'路径"注入了新内容。特朗普"倡议"的"'全政府'路径"不只是多个部门在形式上的简单叠加和集合，还是通过各个部门资源和政策工具的整合和对接，实现一加一大于二的效果。

（四）特朗普赋予"倡议"展现美国商业模式与中美战略博弈的内涵

2010年奥巴马在联合国千年发展目标峰会上指出，美国不应再用援助了多少资金、食品或药品来评价对于促进全球发展的努力。仅有援助对于发展来说是不够的，援助发展是为了帮助其他国家从贫困走向繁荣。美国需要的不仅仅是援助政策，而且要运用所有的政策工具，从外交政策到贸易政策再到投资政策。① 因此，奥巴马"电力非洲倡议"试图通过公私伙伴关系找到一条避免"援助的死亡"的路径。虽然私营企业对于奥巴马的"发展外交"② 至关重要，但没有将私营企业参与"倡议"上升到商业模式的高度。特朗普明确指出"电力非洲倡议"最鲜明的特点是私营企业主导的商业模式创新，这一商业模式是使非洲结束援助、实现自力更生的必由之路。美国国际开发署署长马克·格林指出："多年以来，美国国际开发署、千年挑战公司以及其他许多公共部门的人都认为捐助者、非政府组织和政府是推动发展的最重要因素（如果不是唯一的话），而私营企业是一种需要保持距离的东西，或者可以使其屈从于我们的意志。我们欢迎捐赠——总是乐于接受捐赠——甚至愿意与私营企业签订合同以获得商品和服务，但仅此而已。"③ 非洲要想实现像韩国等一样的经济奇迹，唯有相信私营企业的力量，因为私营企业是世界上最强大的力量，可以提升生活质量、完善社区治理。④

---

① 转引自马汉智《美国对非发展外交评析：以"电力非洲倡议"为例》，《当代美国评论》2018年第4期，第83页。

② 发展外交（Developmental Diplomacy），是指将发展议题置于外交的优先位置，使外交工作更好地服务于美国全球发展政策的实施。

③ USAID Administrator Mark Green's Remarks at the Fourth Annual Powering Africa Summit, March 1 2018, https://www.usaid.gov/news-information/press-releases/mar-1-2018-usaid-administrator-mark-greens-remarks-fourth-annual-powering-africa-summit.

④ Africa: USAID Administrator Mark Green's Remarks On Prosper Africa At the Corporate Council On Africa Conference, 19 JUNE 2019, https://allafrica.com/stories/201906200008.html.

特朗普强调"电力非洲倡议"背后的商业模式与中国在非洲的利益密不可分。新世纪以来，随着中非关系的持续增温，美非关系中的"中国因素"不断增加，非洲成为中美博弈的平台。中美在非洲的博弈不仅体现在物质层面，如贸易、投资的多少，还体现在各自发展模式在非洲的话语权和吸引力。马克·格林认为，在各大国在非洲竞争加剧的背景下，美国的竞争优势不在于慷慨的援助数额，而是美国自身发展模式的吸引力。通过利用私营部门和私营企业参与美国政府的发展政策，这是美国的优势所在，中国不能这样做。[①] 美国这样做是顺应了合作伙伴与世界各国的意愿[②]。目前，"倡议"已经完成了80多个项目。在这些项目中，平均而言，美国政府投入1美元，私营部门的投资额在50至100美元之间。[③] 特朗普的"电力非洲倡议"突出强调私营企业的作用，并将其置于商业模式创新的高度来强调，说明了美国欲从战略高度重塑美国在非洲的经济和安全框架，强化美国对非的塑造力和影响力。

二 美国大举进入非洲电力市场的原因

（一）非洲电力缺口大，市场需求大

撒哈拉以南非洲70%的人口（约6亿人口）缺电是制约其发展的重要原因。2010年以来，加纳、埃塞俄比亚等近年来经济发展状况较好的非洲国家频频出现严重的电力短缺，导致工厂停工和外资撤出等严重后果。2012年，所有48个撒哈拉以南非洲国家（除南苏丹外，总人口超过

[①] 显然，马克·格林的讲话对于中国企业在非洲的发展和作用是一种严重的误解。根据2017年麦肯锡报告《狮子和龙之舞：非洲和中国如何参与，伙伴关系将如何发展？》显示，中国在非洲的超过1万家企业中，90%的是私营企业，为非洲增加了30多万工作岗位，雇佣的人中89%是非洲本地人，64%的中国在非企业为非洲提供劳动技能培训，44%的管理者是非洲本地人。中国公司在非洲经济的许多领域开展业务。近三分之一的企业参与制造业，四分之一的企业参与服务业，五分之一左右的企业参与贸易、建筑和房地产业。而根据安永会计师事务所的报告，中国企业2016年在非洲创造的就业岗位较2015年增长了1倍，是美国的3倍多。

[②] Usaid, U. S. Agency for International Development Administrator Mark Green Panel Discussion on the Launch of Usaid's New Private Sector Engagement Policy, December 12, 2018, https：//www. usaid. gov/news – information/press – releases/dec – 12 – 2018 – administrator – green – panel – launch – private – sector – engagement – policy.

[③] Adva Saldinger, Power Africa 2. 0：A look at the new strategy, 09 March 2018, https：//www. devex. com/news/power – africa – 2 – 0 – a – look – at – the – new – strategy – 92243.

9.12亿)消耗大约422太瓦的电,这一数据远低于法国的564太瓦,法国的人口只有6600万。2012年,所有撒哈拉以南非洲国家的总装机容量约为美国的7.7%,净发电量为美国的9.9%。① 撒哈拉以南非洲只有七个国家——喀麦隆、科特迪瓦、加蓬、加纳、纳米比亚、塞内加尔和南非——的用电量超过了50%,其他国家或地区的平均电网接入率只有20%。② 用电量与经济发展密切相关,如果电力部门落后,非洲不可能实现持续发展。研究表明,电气化率低于总人口80%的国家持续遭受人均GDP下降的困扰。③ 因此,在非洲加强电力基础设施建设和投资势在必行。

巨大的电力缺口,意味着巨大的商机。根据国际能源署的统计,到2030年之前,撒哈拉以南非洲要想实现普遍的电力供应,需要3000亿美元的投资。④ 早在"电力非洲倡议"提出以前,中非、欧非等电力合作取得了丰硕成果。尤其是近年来,非洲经济整体向好,非洲广阔的市场潜力使其被外界看好。基于未来一段时间非洲旺盛的电力需求,加上非洲电力建设需要大量资金的事实,美国大举进入非洲电力市场就不足为奇。

(二) 非洲能源丰富,市场看好

非洲丰富的能源储备引起了国际投资的普遍关注。国际可再生能源机构报告指出,到2030年,非洲大陆通过使用本土可再生清洁能源能够产生近1/4的能源需求。国际可再生能源机构总干事阿德南·阿明(Adnan Z. Amin)认为,非洲拥有一些世界上最好的可再生能源,如生物质能、地热能、水力发电、太阳能和风能等。再加上可再生能源技术成本的大幅下降,为非洲国家创造巨大的机会,扩充它们的能源系统,同时为低碳经

---

① Congressional Research Service, Powering Africa: Challenges of and U. S. Aid for Electrification in Africa, September 14, 2015, p. 4.

② Mckinsey & Company, Powering Africa, February 2015, https://www.mckinsey.com/industries/electric-power-and-natural-gas/our-insights/powering-africa.

③ Mckinsey & Company, Powering Africa, February 2015, https://www.mckinsey.com/industries/electric-power-and-natural-gas/our-insights/powering-africa.

④ 转引自 The White House, Fact Sheet: Power Africa, June 30, 2013, https://obamawhitehouse.archives.gov/the-press-office/2013/06/30/fact-sheet-power-africa。

济的发展提供了一个途径。① 据"哈瓦斯视野"2017 年的报告,国际投资者对非洲的能源行业表现出浓厚兴趣,认为从现在到 2020 年期间能源行业是非洲最有吸引力的投资领域。报告对 55 家国际银行和金融机构进行调查发现,2/3 的投资者肯定了非洲能源领域的投资前景,特别是新能源领域。② 另据最新的气候观测报告,撒哈拉以南国家已经为可再生能源项目吸引了超过 250 亿美元的资金,使其 2014 年的可再生能源容量翻了一番,达到超过 4 千兆瓦。③

(三) 力促美国企业走出去,服务美国利益

为本土企业创造更多利益是"电力非洲倡议"最直接的经济目标。根据麦肯锡 2010 年的报告,过去 10 年,非洲的外国投资获得了比其他发展中国家更高的回报率。④ 在全球增长最快的 13 个经济体中,有 6 个是非洲国家,投资者正蠢蠢欲动。⑤ 非洲广阔的市场前景还体现在:到 2025 年,据估计约 3 亿非洲家庭中的 2/3 将拥有可自由支配的收入。根据美国国际贸易管理局的研究,过去 10 年,美国贸易发展署投资的项目回报率达到 85∶1。"倡议"将为特朗普代表的美国制造业心脏地带带来更多的就业和效益。美国霍金路伟律师事务所合伙人斯科特·安德森认为,类似"电力非洲"这样的项目有利于美国经济和美国工人就业。因为尽管基础设施建在非洲,但很多技术都是美国提供的。另外,一些硬件也来自美国,包括电力线路、发电机等。⑥ 根据报道,瑞安库克(Ryan Cook)是俄亥俄州哥伦布市的一名工程师,受雇于 Rickly Hydropower 公司,负责管理坦桑尼亚 Ilundo 河上 300 千瓦"电力非洲"项目。库克和他的团队为该项目以及其他项目建造涡轮机和控制箱。当 Rickly Hydropower 公司不能

---

① IRENA 报告指出非洲的可再生能源潜力,http://news.bjx.com.cn/html/20151105/678466.shtml。

② 转引自 http://www.sohu.com/a/314994959_100002766。

③ Usaid, the Coordinator's Corner: Notes From the Field, June 07, 2016, https://www.usaid.gov/powerafrica/newsletter/nov2015/letter-from-coordinator.

④ McKinsey, Lions on the move: The progress and potential of African economies, June 2010, https://www.mckinsey.com/featured-insights/middle-east-and-africa/lions-on-the-move.

⑤ https://www.forbes.com/sites/ethanchorin/2017/01/25/trumps-ready-argument-for-keeping-the-lights-on-at-power-africa/#2a05d7676fa7.

⑥ 《进出口经理人》2017 年第 8 期,http://www.sohu.com/a/162882636_649040。

满足非洲客户的需求时,其他两个哥伦布工厂就会完成订单。位于弗吉尼亚州塔泽韦尔的 Norris Screen Manufacturing 公司总裁 TimLilly 说,他的大部分员工都是靠外国水电站工作的。[①] 根据《2018 年电力非洲年度报告》的数据,"电力非洲"中的 145 个私营部门合作伙伴中有一半是美国公司。[②]

(四) 提升美国在非洲软实力,塑造电力领域主导权

"电力非洲倡议"通过为妇女赋权,改变非洲的社会文化结构。"倡议"强调为女性创造更多就业机会;确保太阳能家居产品能被女性消费者使用;增加女性在相关电力部门的决策人数;强化性别平等的公司文化等。为了提高妇女在"倡议"中的地位,"倡议"发起了"电力非洲中的妇女"(WiAP)网络,旨在提高妇女在非洲能源部门的参与度。WiAP 网络使公众对妇女在非洲能源部门的作用有了重新认知。对非洲社会文化的塑造,一方面有助于培育非洲消费市场,为"倡议"提供持续获利可能;另一方面,有助于提升美国在非洲的软实力。

美国通过"电力非洲倡议"打造在电力领域的主导权。"倡议"汇集了世界顶级公司、政治领导人和国际金融机构。"倡议"的发展伙伴包括世界银行、非洲开发银行、非洲贸易保险局(ATIA)、南部非洲开发银行(DBSA)、英国国际发展部、欧盟、非洲发展新伙伴关系计划、联合国"人人享有可持续能源"倡议、国际可再生能源机构、南非工业发展公司、日本政府、瑞典政府、挪威政府、加拿大政府、法国政府、以色列政府和 140 多家私营企业。根据美国的说法,"倡议"已成为世界上最大的发展伙伴关系网络。以非洲开发银行参与"倡议"为例,非开行将在未来 5 年内为倡议的 6 个优先国家[③]的电力建设提供 30 亿美元资金支持。过去 5 年中,非开行从 16 亿美元的电力投资中拨出 14 亿美元用于"电力非洲倡议" 6 个优先国家的电力投资。

---

① Ethan Chorin, Trump's Ready Argument for Keeping The Lights On at 'Power Africa', Jan 25, 2017, https://www.forbes.com/sites/ethanchorin/2017/01/25/trumps-ready-argument-for-keeping-the-lights-on-at-power-africa/#6617622d6fa7.

② Power Africa Annual Report 2018, p. 6.

③ 六个优先国家是埃塞俄比亚、加纳、肯尼亚、利比里亚、尼日利亚和坦桑尼亚。

三 关于"电力非洲倡议"的几点评论

(一)"倡议"遏制中国在非影响力意图明显、排他性强

特朗普对非战略出台的重要背景是中国在非洲影响力的显著加强。"倡议"能被特朗普所继承,一个重要原因是"倡议"可成为遏制中国在非洲影响力的重要工具。对于美国政府而言,非洲一直是其外交政策的非优先选项。在 2018 年 12 月对非政策出台前,关于特朗普侮辱非洲的言论不绝于耳,似乎非洲并不是这届美国政府关注的议题。然而,相比于奥巴马和小布什,特朗普的对非战略出台时间要早,这从一个侧面说明了非洲在特朗普的外交中作用凸显。关于特朗普的非洲新战略,前国家安全顾问约翰·博尔顿污蔑称,中国通过贿赂、不透明的协议和债务来控制非洲,使非洲服从于中国的愿望和要求;中国的投资企业充斥着腐败,不符合美国发展计划的环境或道德标准;中国在非洲的掠夺性行动是"一带一路"战略的组成部分;"一带一路"计划发展一系列通往中国的贸易路线,最终目标是推进中国的全球统治地位。[①] 为了抵消中国、俄罗斯等在非洲日益扩大的影响力,特朗普提出了"繁荣非洲"(Prosper Africa)计划。计划通过鼓励私营部门参与,支持美国在非洲的投资,发展非洲中产阶层,改善该地区的营商环境。"电力非洲倡议"是这一计划的重要组成部分。对于特朗普的对非战略,评论认为,几十年来,两党执政下的美国政府都以扩大民主、自由市场或促进善政为幌子,利用外国投资和援助计划来达成其地缘政治目标。特朗普政府似乎已经放弃了这些幌子,并宣布打算通过增加安全人员数量和有计划的投资策略在非洲大陆上反对中国。[②]

"电力非洲倡议"声称以广泛的伙伴关系为基础,但三方合作"联盟"意味重,排他性强。例如,2018 年 5 月,马克·格林与韩国政府签

---

① Remarks by National Security Advisor Ambassador John R. Bolton on the The Trump Administration's New Africa Strategy, Dec 13, 2018, https://www.whitehouse.gov/briefings-statements/remarks-national-security-advisor-ambassador-john-r-bolton-trump-administrations-new-africa-strategy/.

② Cameron Fels, Trump's Africa Strategy and Evolving U. S. - Africa Relationship, April 19, 2019, https://africaupclose.wilsoncenter.org/trumps-africa-strategy-and-the-evolving-u-s-africa-relationship/.

署了一份关于"倡议"的谅解备忘录。根据备忘录，韩国计划在非洲增加 1000 公里的输电线路，并承诺向"倡议"投资 10 亿美元。马克·格林指出，这个谅解备忘录和"电力非洲"的方法与一些"专制"权力的方式形成鲜明对比。这些专制权力为非洲提供容易获得的钱，以追求快速回报。但这些轻松得到的钱建立在不可持续的债务基础上，威胁到非洲的经济独立和资源主权。美国和韩国提供了一种更好的机会，可以满足非洲人民愿望、使非洲国家掌握自己国家经济命运。[①] 再如，以色列政府承诺在撒哈拉以南非洲增加 300 兆瓦的发电能力。根据以色列太阳能先驱 Yosef Abramowitz 的说法，加入"倡议"可以为以色列公司带来数十亿美元的资金流。Abramowitz 的公司 Energiya Global Capital 已经与美国和以色列政府合作，在未来 5 年内在非洲 10 个国家部署 20 亿美元的太阳能和风能装置。[②] 又如，卢萨卡南部的 Multi Facility Economic Zone Bangweulu 太阳能项目是赞比亚第一个规模公用的太阳能光伏（PV）项目。2016 年，开发商 Neoen 和制造商 First Solar 以 6.02 美分/kWh 的最低价中标该项目，法国开发商 Neoen 负责监督太阳能装置的运行，而美国模块制造商 First Solar 则提供太阳能电池板。在美国国务院和国际开发署的共同努力下，2017 年 3 月，Neoen 和 First Solar 还签署了一份为赞比亚电力公司 ZESCO 供电的 25 年期购电协议。经分析可见，"电力非洲倡议"通过密切美国与其盟友在非洲的经济合作，遏制中国在非洲日益强大的影响力。

（二）"电力非洲倡议"以优化投资环境的名义干涉非洲国家内政

为使更多美国企业进入非洲电力市场，"倡议"通过多重方式干涉非洲国家内政。马克·格林指出，美国的对非经济政策将以提高透明度和降低在非洲开展业务成本入手，确定和消除非洲的政策监管和物流贸易壁

[①] Usaid, U. S. Agency for International Development Administrator Mark Green's Remarks at the Memorandum of Understanding Signing with the Republic of Korea on the Usaid – led Power Africa Initiative, May 22, 2018, https://www.usaid.gov/news – information/press – releases/may – 22 – 2018 – mark – green – remarks – mou – korea – power – africa.

[②] Nita Katume, Israel to join Power Africa initiative to pave way for energy ties to Africa, Nov 29, 2017, https://constructionreviewonline.com/2017/11/israel – join – power – africa – initiative – pave – way – energy – ties – africa/.

垒，从而为美国企业提供公平的竞争环境。① 为了推进"倡议"，美国国际开发署发布的"电力非洲工具箱"列出了"倡议"实施的所有政策工具，包括事务援助、融资、政策及制度的设计和改革、能力建设、法律援助，等等。例如，为了提升非洲政府的能力、推进有利于电力发展的改革，美国国际开发署于 2014 年启动了高级顾问小组计划，顾问小组协助非洲各国政府推进电力部门改革。必要时，高级顾问、经验丰富的全球和区域高级领导人将与非洲国家领导人一起参与其正在进行的改革工作。例如，如何设计和交流政治上的敏感的监管改革，如何为新的电网容量融资，或如何吸引离网投资者。② 由此可见，为了使投资环境更加符合美国及其伙伴企业的利益，"倡议"所推行的所谓的价值中立的改革具有明显的干涉别国内政的意图。试想，作为电力基础设施落后、电力知识储备有限、电力治理能力有限、电力系统不完备的非洲国家来说，完全接受一套美国主导的电力改革方案及其标准，非洲政府的主权何在？

（三）积极鼓吹私有化，为美欧企业占领非洲电力市场创造条件

私有化方案是理解"电力非洲倡议"的核心问题③。例如，在美国国际开发署官员的外交努力下，加纳宣布出售其国家电力公司，并接受"倡议"的援助。在"倡议"的帮助下，尼日利亚公共企业局将尼日利亚电力控股公司（PHCN）分拆为 6 家发电公司，10 家分销公司和尼日利亚电网公司（TCN）。另外，通过向尼日利亚大宗电力交易公司（NBET）提供技术援助，"电力非洲倡议"还帮助尼日利亚成立了首个私人独立电力生产商（IPP）。然而，尼日利亚主要电力公司私有化之后，债务危机、收款失败、计量不足、停电以及大约 10 亿奈拉流动性危机的限制仍然存在。④ 私有化为技术和资金上占据优势的欧美企业占领非洲电力市场创造机会。"电力非洲倡议"对非洲各国"落后""低效"的电力系统进行私

---

① Africa: USAID Administrator Mark Green's Remarks On Prosper Africa At the Corporate Council On Africa Conference, 19 JUNE 2019, https: //allafrica. com/stories/201906200008. html.
② Tony Blair Institute For Global Change, https: //institute. global/governance/power – africa.
③ 程诚：《美国"电力非洲倡议"用意深远 中国千万别轻视》，《电力设备管理》2018 年第 9 期，第 31—35 页。
④ 商务部：《尼电力控股公司（PHCN）私有化后的 4 年：债务、停电、收款损失依然存在》，2017 年 11 月 1 日，http: //www. mofcom. gov. cn/article/i/jyjl/k/201711/20171102663905. shtml。

有化的改造,并采取竞争性采购制度,为大量欧美企业占领非洲电力市场创造了机会。

(四) 运营模式存在问题,倡议可持续性成疑

非洲电力的供给和需求是一个铜板的两面,需求和供给两个缺一不可。从现实看,非洲落后的社会生产力是其电力需求不足的根本原因。当前,"电力非洲"的重点是发展离网的微电网和家庭电网项目,以试图满足非洲居民基本的电力需求,但是这种离网的小型发电装置并不能从根本上改善非洲生产和现代社会的用电需求。虽然新技术的发展使分散的、小规模的电力系统在未来更经济可行,但生产性和现代社会的用电仍需要采用更复杂、大规模的集成电力系统来满足。2010年世界银行主导的一份研究就明确指出,分散式的可再生能源"无法为非洲电力普及提供普遍解决方案"。[1]因此,大规模、集成的电力系统建设是生产发展的重要条件。从这个意义上来说,非洲缺电主要是生产力意义上的缺电。而"电力非洲倡议"注重于运用新技术满足居民的基本生活需求用电,力图通过各种方式来刺激居民的需求,从根本上来说,这是不可持续的。没有社会生产力的提升,哪有居民电力需求的增加?例如,"倡议"在肯尼亚以高成本为300万用户接通了电力,但是大约有100万人没有支付电费。而真正大规模的、集成的电力系统建设需要的资金、技术、投资周期等又是"电力非洲倡议"所力不能及的。

四 结语

中国是美国推进"电力非洲倡议"的"假想敌",未来中美在非洲电力领域的竞争不可避免。中国在非洲电力行业的投资规模远远超过其他域外国家,投资项目几乎涵盖电力行业的所有领域。因此,未来中美在非洲电力投资领域的竞争将随着中美全面博弈而逐步升温。如何认识"倡议"带给中非合作的挑战?

首先,需要警惕西方干涉非洲与中国的电力合作。"电力非洲倡议"虽由

---

[1] U. Deichmann, C. Meisner, S. Murray and D. Wheeler, "The Economics of Renewable Energy Expansion in Rural Sub–Saharan Africa", *Energy Policy*, October 13, 2010.

美国主导,但背后不仅包括诸多西方国家政府、企业,还包括西方国家主导的国际机构。因此,"倡议"背后力量比较强大。在中国与非洲国家的电力合作中需要警惕西方对我方集体施压。目前,"电力非洲倡议"布局的国家相对有限,随着"倡议"深入拓展,中美在特定非洲国家的竞争一定会显现出来。尤其是西方国家会通过干涉内政等形式要求非洲国家在与中、美合作中站队。

其次,"电力非洲倡议"推动的非洲电力私有化不利于中国在非洲的投资。20世纪80年代以来,以西方国家为主导的针对非洲国家的新自由主义结构调整给非洲带来了灾难性影响,自由化、市场化、私有化的改革使非洲陷入了长达20年的经济衰退和持续的社会动乱。今天,"电力非洲倡议"以私有化为核心,推动非洲整个电力部门的深刻变革,从而为欧美企业和资本进入非洲创造条件。随着非洲电力部门的私有化程度逐步加深,非洲国家又将面临新一轮的剥削和社会动荡,中国在非的投资不得不面对由于私有化可能引起的社会动荡和经济衰退。

最后,"电力非洲倡议"可能导致非洲的债务问题加重。"电力非洲倡议"声称要避免债务,为非洲带来可持续、可靠的电力供应。在具体的实施中,吸引私人资本投资是"倡议"最主要的资金来源。如何解决融资和投资回报的问题是私营资本投资的关键。"电力非洲"实施进程缓慢充分说明了私营资本对于投资非洲电力的观望态度。而"电力非洲倡议"大规模推进竞争性购电协议本身就蕴藏着违约和债务的风险。

作者简介

马汉智,中国国际问题研究院发展中国家研究所助理研究员,联系地址:北京市东城区台基厂头条3号,邮编:100005,邮箱:mahanzhi@ciis.org.cn。研究方向:非洲发展问题、中非关系。

Trump's Development Policy toward Africa: A Case Study of the Power Africa Initiative

Author: Dr. Ma Hanzhi, assistant researcher with the Department for Developing Countries Studies at the China Institute of International Studies (CIIS).

Abstract: "Power Africa Initiative" is an important pillar of Trump's development policy toward Africa. Trump has inherited and developed Obama's "Power Africa Initiative". The United States has invested heavily in African power market for the following reasons: There is a large demand for electricity in Africa; Africa has abundant energy for power generation; African power market can bring huge profits to U. S. Businesses; Investing in power can boost U. S. soft power in Africa and leadership in global power sector. The intention of "Power Africa Initiative" to curb China's influence in Africa is obvious. Implementation of "Power Africa Initiative" interferes with the internal affairs of African countries and promotes privatization of African power sector. Also, the sustainability of "Power Africa Initiative" is in doubt. Since China is the "imaginary enemy" of the United States in promoting the "Power Africa Initiative", China needs to be alert to the impact of the "Power Africa Initiative" on China – Africa power cooperation.

南苏丹发展报告(2018—2019)

姜恒昆　王状状　纪华溪

[内容摘要] 在过去的一年里,南苏丹的政治和解、安全局势和经济发展均取得了显著进展。在完成民族团结过渡政府的组建后,各方在州的数目及州长的任命权问题上也达成了共识。安全方面,虽然协议确定的安全安排迟迟未能落实,暴力冲突时有发生,人道主义危机依旧严重,但南苏丹的安全局势在和平协议签署后有了一定的缓和。经济方面,受益于石油产业的复产和增产,南苏丹经济在2019年明显好转,但新冠肺炎疫情的出现和蔓延旋即又给南苏丹经济的复苏带来了巨大压力。整体来看,南苏丹目前仍处在命运的十字路口,是迎来真正的和平与发展,还是再次陷入内战和族群冲突的旋涡,很大程度上取决于其在安全和经济方面的作为。

引　言

2020年2月22日,南苏丹组建民族团结过渡政府,各方在权力分配问题上达成一定共识,国内政治局势趋于缓和。虽然南苏丹再次迎来了实现和平的契机,但前景并不明朗,其政治稳定和经济发展仍然存在一定的不确定性。首先是安全安排迟迟无法落实,导致各地冲突时有发生;其次是各方在分权问题上的分歧并未弥合,如部分州的州长人选难以确定等。此外,持续低迷的全球油价及突然爆发的新冠肺炎疫情,给南苏丹略见起色的经济蒙上阴影。

一 政治局势向好

2018年9月，在国际社会的斡旋下，南苏丹冲突各方在埃塞俄比亚签署了《恢复南苏丹和平协议》（R-ARCISS）。根据新的和平协议，南苏丹各方将在地区和国际组织监督下遵守此前达成的多项停火协议，并在未来八个月内成立为期三年的联合过渡政府。2020年2月22日，协议各方在两次延期后终于组建了民族团结过渡政府。① 随后，各方在地方权力分配问题上也达成协议，南苏丹和平进程迎来重大转机。

（一）民族团结政府艰难组建

民族团结政府的成立标志着南苏丹和平进程取得了重大突破，但过渡政府的组建道路并不顺利。南苏丹冲突各方早在2018年9月就达成了恢复和平协议，但根深蒂固的族群矛盾和错综复杂的权力斗争使协议的执行举步维艰，使过渡政府的组建一拖再拖。作为南苏丹和平进程的主要调解方，东非政府间发展组织"伊加特"（IGAD）多次组织南苏丹各方就联合政府组建的关键议题，如州的数量及边界、军队整合等展开谈判，敦促各方协调意见，按期组建新政府。然而，由于协议主要签署方的领导人即总统萨尔瓦·基尔（Salva Kiir）和主要反对派苏人运—反对派（SPLM-IO）领袖马夏尔（Riek Machar）迟迟不能就分权问题达成一致，迫使伊加特第67届部长理事会特别会议在2019年5月8日将原定于5月12日的过渡政府组建日期延后六个月。② 但是，伊加特的这一延期决定却使协议规定的其他过渡前任务，如军队的统一、州的数量确定及边界划分、安全安排的执行、过渡宪法的制定等的落实也远远落后于既定时间表。主要

---

① 民族团结过渡政府，英文为 Revitalized Transitional Government of National Unity，缩写 RT-GONU。根据恢复和平协议，过渡政府将设立总统、第一副总统和4名副总统。总统和第一副总统分别由基尔总统和苏人运—反对派领导人马夏尔担任，两名副总统由政府方提名，另两名分别由反对派南苏丹反对派联盟（SSOA）、苏人运—前拘押者派（SPLM-FDs）提名。详见 Sudan Tribune，"South Sudan rivals finally sign revitalized peace agreement"，http://www.sudantribune.com/spip.php? article66237，2019-9-2。

② Sudan Tribune，"Postponing unity government formation bad for South Sudan: Kiir"，http://www.sudantribune.com/spip.php? article68421，2019-10-31。

反对派领袖马夏尔拒绝在这些过渡前任务落实前加入过渡政府，而基尔总统则威胁要组建没有马夏尔方参与的过渡政府，联合过渡政府的组建面临难产的风险。

在和平协议即将破裂之际，以美国为首的西方国家开始对各方施以空前压力，不仅威胁对阻碍南苏丹和平进程的组织和个人实施制裁，而且质疑基尔与马夏尔的领导能力，威胁要将两人排除在未来的国家重建进程之外。迫于国际社会的巨大压力，基尔和马夏尔最终接受了苏丹和乌干达领导人的调解，并于2019年11月7日达成《恩培德协议》，同意再次将过渡政府的组建日期推迟100天，即推迟到2020年2月22日。① 随后，迫于压力的南苏丹各方开始搁置分歧，先后作出妥协。虽然和平协议规定的过渡前任务仍旧未能完全落实，但各方还是如期于2020年2月22日完成了民族团结过渡政府的组建。在马夏尔宣誓就职南苏丹第一副总统后，各方就内阁人选任命权的分配达成了协议。②

（二）地方分权方案初步达成

在地方权力分配问题上，各方的主要分歧在于州的数量、边界及州长任命权。由于地方权力的分配关乎各方的未来资源占有及群众基础情况，因此基尔方和马夏尔方在该问题上僵持不下，谈判进展缓慢。为了打破僵局，基尔总统于2020年2月15日宣布罢免原来32州的州长，将南苏丹重新划分为原有的10个州，外加阿卜耶伊、鲁翁和皮博尔3个行政区。③ 在州长任命权方面，基尔最初提出的分配方案是，中赤道州、东赤道州、湖泊州、瓦拉卜州、北加勒河州及团结州的州长由政府方任命，琼莱州、西加扎勒河州与西赤道州的州长由苏人运—反对派任命，上尼罗州州长由

---

① Sudan Tribune, "South Sudan parties agree to delay transitional government for 100 days", http://www.sudantribune.com/spip.php?article68464, 2019 – 11 – 7.

② 根据协议，基尔方在过渡政府中获得了包括金融、内政和外交事务在内的20个部门；马夏尔方获得包括国防、石油、采矿以及和平建设在内的9个部门；南苏丹反对派联盟获得3个部门；苏人运—前被拘留者派获得2个部门；其他政党获得了1个部门。详见 Sudan Tribune, "SPLM – IO wants fair division of South Sudan cabinet posts", https://www.sudantribune.com/spip.php?article69057, 2020 – 3 – 2.

③ Tamazuj Radio, "Breaking: Kiir agrees to relinquish controversial 32 states", http://radiotamazuj.org/en/news/article/kiir – agrees – to – relinquish – controversial – 32 – states, 2020 – 2 – 15.

南苏丹反对派联盟（SSOA）任命。① 但是，马夏尔否决了这一提案，认为上尼罗州是苏人运—反对派的根据地，将该州州长任命权分配给南苏丹反对派联盟是在损害苏人运—反对派的利益。谈判由此陷入僵局，双方相互指责对方拖延了州政府的组建，使和平进程陷入停滞。

在多轮艰苦谈判和国际社会的持续施压后，总统基尔同意将上尼罗州州长任命权分配给马夏尔方，而将原先打算分配给马夏尔方的琼莱州划归南苏丹反对派联盟，州长任命权问题初步解决。② 具体而言，总统基尔方获得六个州的州长任命权，其中包括首都朱巴所在的中赤道州和石油资源丰富的团结州；马夏尔方得到了石油产量最大的上尼罗州；而族群成分复杂、族群冲突频发的琼莱州则最终分配给了南苏丹反对派联盟。不过，南苏丹反对派联盟对马夏尔方抢走了原来分配给他们的上尼罗州，而将族群动乱频发的琼莱州分配给自己表示不满。虽说各方在地方权力分配上艰难达成协议，但在这一过程中，基尔和马夏尔都忽视了和平协议其他签署方的利益，这势必会对过渡政府内部的团结造成负面影响。

（三）政局走向渐趋明朗

南苏丹内战主要以总统基尔领导的苏人运—朱巴派（政府方）与第一副总统马夏尔领导的苏人运—反对派这两个政治军事集团的相互对抗为主，如今双方握手言和并组建过渡政府，且在地方权力问题上也达成了初步协议，这无疑会使南苏丹的政局走势向好。目前，影响南苏丹政治走势的主要问题是如何具体落实州的分配问题，如何尽快落实执行迟迟未决的安全安排，以及如何能让过渡政府更具包容性。此外，各方需要在自己的"势力范围"内解决好边界问题，实现族群和解，处理跨界犯罪活动，并协调中央与地方之间的权力关系。此外，南苏丹联合过渡政府中的各政治力量需要尽快落实权力分配方案，建立州级和州以下各级行政单位，增加女性代表比例，摆脱族群政治，并及时组建过渡立法和司法机构。虽然任重道远，但政治稳定是人心所向，前景可期。

---

① Sudan Tribune, "SSOA says allocation of S. Sudan state governors comply with peace pact", https://www.sudantribune.com/spip.php? article69308, 2020-5-8.

② Al Jazeera Network, "South Sudan leaders reach key deal on control of states", https://www.aljazeera.com/news/2020/06/south-sudan-leaders-reach-key-deal-control-states-200617162203652.html, 2020-6-18.

二 安全局势仍不乐观

自签署恢复和平协议以来，南苏丹多数冲突地区都能遵守停火协议，暴力冲突事件和伤亡人数大幅下降，安全局势有所缓和。不过，由于各方缺乏充分的信任，加之资金严重不足，使之前达成的安全安排至今不能有效落实。此外，地方权力真空导致部分地区武装冲突时有发生，而频发的自然灾害和不断蔓延的新冠肺炎疫情则加重了本就严重的南苏丹人道主义危机。

（一）安全安排难以落实

安全安排是《恢复南苏丹和平协议》中的重要条款和南苏丹民族团结政府组建的前提，主要涉及首都朱巴的安全防卫、联合警察的部署、军队的统一整合、地方武装的解除及复员等关键问题。由于安全问题既复杂又敏感，原本规定在联合过渡政府组建前完成执行的安全安排至今未能得到落实。这也表明虽然被迫建立联合政府，但各方始终未能建立真正的互信。可以说，安全安排难以落实是目前南苏丹和平进程的最大威胁因素之一，如果这一问题得不到解决，南苏丹就不可能实现真正的和平。安全安排之所以迟迟未能有实质性推进主要是各方担心，在缺乏互信的情况下，交出自身武装就意味着丧失谈判资本，进而失去权力。当然，各武装组织不能整合意味着地方武装割据将会长期存在，而来之不易的和平局面也很可能很快不复存在。此外，缺乏资金支持也是造成安全安排不能有效落实的客观原因。虽然基尔总统不断呼吁国际社会为其"代价高昂"的安全安排提供资金支持，但以美国为首的西方国家并不买账，认为安全安排的所有费用应由南苏丹政府单独承担。

2019年11月，基尔和马夏尔在决定将过渡前时期再次延长100天时承诺要在延期的前50天内落实安全安排[①]，但双方最终未能兑现该承诺。虽然已有不少士兵被送往训练基地接受统一训练，但军队的筛选工作并没

---

① The East African, "South Sudan rivals reach accord on security arrangements", https://www.theeastafrican.co.ke/news/ea/South-sudan-rivals-reach-accord-on-security-arrangements/4552908-5364456-txqcp4z/index.html, 2019-11-27.

有落实，安全安排的执行情况远远落后于预期计划。① 随着过渡政府组建日期的临近，双方只能将该问题继续留至过渡政府组建后解决。为了确保对安全安排的监督和协调，基尔在2020年3月26日成立新的全国过渡委员会，负责协调过渡期的安全安排执行。② 虽然委员会相继召开了数次代表会议，但在推进安全安排的执行问题上进展依旧缓慢。

新冠肺炎疫情的蔓延使安全安排的执行进度进一步放缓。为了遏制疫情在全国的蔓延，军队的登记、筛选及统一训练已于2020年3月27日暂停。与此同时，已经进驻训练营地的不少部队也因严重缺少粮食和医疗用品而离开了营地。此外，由于州级政府的推迟组建和新冠肺炎疫情造成的行动受限，解除民间武装及复员方面的计划也被持续搁置。鉴于过渡政府的财政窘境及新冠肺炎疫情的蔓延，南苏丹很难在短时间内完成军队的统一训练和筛选，也难以将各地的武装部队整编进军警部队，安全安排的落实很可能要拖延较长时间。

（二）暴力冲突仍然频发

自签署恢复和平协议以来，南苏丹多数地区都实现了停火，但部分地区的叛乱仍在继续，尤以托马斯·西里洛（Thomas Cirillo）领导的反叛组织国家拯救阵线（NAS）为甚。2020年1月12日，南苏丹政府与南苏丹反对派运动联盟（SSOMA）③ 在罗马签署《南苏丹和平进程罗马宣言》，并呼吁各方遵守"罗马宣言"精神，结束敌对状态，以政治对话的方式解决南苏丹冲突的根源问题。④ 然而，作为南苏丹反对派运动联盟主要成员的国家拯救阵线并未遵守罗马宣言，继续在中赤道州与政府军发生冲

---

① Sudan Tribune, "Slow screening process delays training of South Sudan's unified forces", https://www.sudantribune.com/spip.php?article68895, 2020-1-25.

② 其中包括联合防务委员会（JDB）、联合军事停火委员会（JMCC）、联合过渡安全委员会（JTSC）、战略防御和安全审查委员会（SDSRB）以及解除武装、复员和重返社会委员会（DDR）。

③ 南苏丹反对派运动联盟成立于2019年8月30日，其成员都是未参与南苏丹和平协议的团体组织，包括了真正的苏丹人民解放运动（R-SPLM）、国家拯救阵线（NAS）和南苏丹联合阵线（SSUF）。

④ Tamazuj Radio, "Government, rebel group sign declaration of peace", https://radiotamazuj.org/en/news/article/government-holdout-opposition-groups-sign-declaration-of-peace, 2020-1-12.

突。双方间不断升级的军事冲突导致许多村庄被毁,数千名民众流离失所。针对妇女和女童的性暴力时有发生,甚至出现多起以平民为目标的袭击和绑架行为。

由于州长的任命和州议会的组建因各方在分权问题上的分歧而拖延,州及州以下各级行政管理几近"真空",这导致族群冲突不仅未得到遏制,反而急剧增多,琼莱州的情况尤为突出。琼莱州是南苏丹面积最大和人口最多的州,经常出现丁卡族、穆尔勒族和努尔族牧民之间为争夺水源和牧场相互仇杀的事件,特别是在旱季。① 2020 年 2 月底,洛乌地区的努尔人和博尔地区的丁卡人分别袭击了当地穆尔勒人社区。为了报复,穆尔勒人在 2020 年 5 月中旬袭击了努尔人。这些族群之间的相互仇杀导致琼莱州的暴力事件激增,造成成百上千人死伤,妇女和儿童被绑架,牲畜被抢劫,大量平民流离失所。② 2020 年 1 月至 5 月,联合国南苏丹特派团(UNMISS)共记录了 415 起族群暴力事件,远高于 2018 年同期的 129 起。③ 令人担忧的是,族群暴力的危害并不局限于地方层面,很可能会威胁到南苏丹来之不易的和平协议。

(三) 人道主义危机持续加重

南苏丹在 2019 年下半年遭遇了严重的季节性洪水灾害,洪水摧毁了大部分地区的农田,迫使政府宣布灾区进入紧急状态。据粮食安全阶段综合分类分析(IPC)的统计,2019 年 9 月至 12 月,约 454 万南苏丹人(占总人口的 39%)严重缺乏粮食,处于极度饥饿状态。④ 南苏丹政府为控制新冠肺炎疫情蔓延而采取的限制行动措施,进一步恶化了南苏丹的粮食安全状况,使处于极度饥饿状态的人口在 2020 年 4 月增至 600 万。根据联合国秘书长 6 月的南苏丹局势报告,由于新冠肺炎疫情的影响,预计

---

① Sudan Tribune, "Bor residents call to create new administrative area", https://www.sudantribune.com/spip.php?article69312, 2020 - 5 - 9.

② United Nations Security Council, "Situation in South Sudan report of the Secretary - General", https://reliefweb.int/report/south - sudan/situation - south - sudan - report - secretary - general - s2020536, 2020 - 6 - 15.

③ Tamazuj Radio, "Disarmament kicks off in Warrap State", https://radiotamazuj.org/en/news/article/disarmament - kicks - off - in - warrap - state, 2020 - 7 - 3.

④ IPC Overview by County - January 2020, *reliefweb*, https://reliefweb.int/report/south - sudan/ipc - overview - county - january - 2020, 31 Jan 2020.

南苏丹处于严重饥饿状态的人口在未来几个月还将新增50万。① 另根据联合国人道主义事务协调厅和国际移民组织的调查数据，由于多年来的武装冲突、族群暴力、粮食安全危机及自然灾害，南苏丹国内仍有将近150万人流离失所，另有近220多万南苏丹难民继续在6个邻国避难。② 按照联合国难民署的统计，从2018年10月签署恢复和平协议到2020年5月，已有超过16.8万南苏丹难民返回南苏丹，但仍有大量难民不愿归国。③

如上文所述，新冠肺炎疫情的出现和蔓延进一步加剧了南苏丹的人道主义危机。虽然南苏丹的新冠肺炎确诊人数在2020年6月底才突破2000人，但该国只对1200万人口中的1万人作了新冠病毒检测，因此其实际感染率很可能远高于官方的统计数据。④ 更为令人担忧的是，由于医疗卫生基础设施的缺乏和医护用品的严重短缺，南苏丹的新冠病毒感染率正在不断上升。南苏丹有56%的人口无法获得最基本的医疗保障，他们极易受到新冠肺炎病毒的威胁。国内的难民营和流离失所者安置点的情况更为严重，那里的生活条件极为恶劣，人口拥挤且难以获得安全饮水和卫生服务，因此更易感染新冠肺炎病毒。

虽然南苏丹的安全局势在恢复和平协议签署后得到了缓和，人道主义援助条件也有所改善，但针对援助人员的袭击并未减少。自2013年南苏丹内战以来，已有119名在南苏丹工作的援助人员被杀害，仅在2020年的前三个月就发生了24起袭击援助人员的事件，远多于2019年同期的15起。⑤ 在南苏丹的大多数地区，人道主义援助行动仍然受到干扰，在武装组织控制地区，援助人员有时甚至无法进入平民区。援助人员经常被要

---

① United Nations Security Council, "Situation in South Sudan report of the Secretary – General", https://reliefweb.int/report/south – sudan/situation – south – sudan – report – secretary – general – s2020536, 2020 – 6 – 15.

② Sudan Tribune, "1.5 million people internally displaced in S. Sudan: report", http://www.sudantribune.com/spip.php?article68193, 2019 – 9 – 25.

③ Sudan Tribune, "Over 289000 refugees return to South Sudan", https://www.sudantribune.com/spip.php?article69470, 2020 – 6 – 13.

④ Daily Nation, "Covid – 19, violence spreading in South Sudan, UN envoy warns", https://www.nation.co.ke/kenya/news/africa/ – covid – 19 – violence – spreading – south – sudan – 1286664, 2020 – 6 – 28.

⑤ United Nations Security Council, "Situation in South Sudan report of the Secretary – General", https://reliefweb.int/report/south – sudan/situation – south – sudan – report – secretary – general – s2020536, 2020 – 6 – 15.

求在政府控制区和反对派武装控制区反复登记，经常被限制行动，甚至被敲诈勒索，这极大制约了国际社会对南苏丹的人道主义援助。

三 经济形势喜忧参半

由于饱受多年内战的蹂躏，南苏丹的大多数人口处于极度贫困状态，经济发展水平远远低于国际平均标准，被联合国认定为世界最不发达国家之一。[①] 恢复和平协议签署后，南苏丹因冲突和战争而停产的油田陆续恢复生产，长期遭受破坏的经济开始复苏。国际社会对南苏丹的经济援助也纷至沓来，德国、日本、英国、美国等纷纷向其提供经济援助，经济形势明显转好。然而，随着2020年上半年席卷全球的新冠肺炎疫情的快速蔓延，南苏丹的经济复苏再次遭遇严峻挑战。针对疫情的封锁和隔离措施及人员流动限制，给南苏丹的许多企业造成了巨大影响，而疫情导致的地区贸易下滑和全球油价下跌也严重拖累了南苏丹的经济复苏步伐。

（一）经济发展先扬后抑

据非洲开发银行和世界银行统计，南苏丹在2019年实际GDP为36.8亿美元，GDP增长率约为11.3%，较2018年的-1.2%大幅增长。[②] 2019年南苏丹经济的大幅反弹首先得益于石油部门的强劲反弹，饱受内战困扰的石油生产开始重新恢复。南苏丹政府先后重新开放了上尼罗河州和团结州的油田，并在3号区块的阿达尔油田发现了可采储量超过3700万桶的新油田，这吸引了国际石油投资者的目光。随着受战争破坏停产的油田恢复生产，南苏丹的石油产量在2019年下半年明显回升。据世界银行统计，2019年南苏丹石油和采矿业增长率约为10.7%，石油出口收入在2019年

[①] International Monetary Fund, "World Economic Outlook Database, April 2019", https://www.imf.org/external/pubs/ft/weo/2019/01/weodata/weoselco.aspx? g = 2200&sg = All + countries + %2f + Emerging + market + and + developing + economies, 2019 - 4.

[②] International Monetary Fund, "World Economic Outlook Database, April 2020", https://www.imf.org/external/pubs/ft/weo/2020/01/weodata/weorept.aspx? pr.x = 53&pr.y = 13&sy = 2017&ey = 2021&scsm = 1&ssd = 1&sort = country&ds = .&br = 1&c = 733&s = NGDP_RPCH%2CPPPGDP%2CPCPIPCH&grp = 0&a = , 2020 - 4 - 20.

占 GDP 的 25.1%，但非石油收入只占 GDP 的 3.2%。① 尽管受到疫情的影响，石油行业目前仍是南苏丹经济增长的主要驱动力，政府财政预算的几乎全部收入都寄望于石油和采矿业。

众所周知，南苏丹的财政预算情况与石油收入密切相关。南苏丹 2019 年的财政预算显示，其计划财政支出为 5.26 亿美元，但是到 2019 年 9 月，其实际财政支出已达 6.08 亿美元，超出了当年的财政预算。此外，2019 财年第三季度的预算执行数据显示，南苏丹的财政预算并未按原计划执行。例如，安全方面的支出在 2019 财年的总预算中占比 19%（占 GDP 的 2.12%），但在当年的前 9 个月就已用去了总预算的 41%（占 GDP 的 5.28%），而卫生和教育行业的支出则明显低于预算。②

南苏丹政府计划在 2020 财年将其总支出从 2019 财年的 15 亿美元增加到 21 亿美元，其中包括一项占预算总支出 54.4% 且主要来自石油收入的公路基础设施拨款。安全支出预计将占 13%，教育（5.6%）、卫生（1.1%）和农村发展（0.7%）所占份额也继续减少。虽然预算总支出比上一年增加了 39.0%，但基础设施拨款和安全方面的开支巨大。此外，在 2020 财年的预算中，融资缺口占 GDP 的比例从上一财年的 2.4% 上升至 8.2%，现金账面的赤字估计要占 GDP 的 5.6%。总之，预算外支出、与和平有关的支出增加，基础设施预算的高拨款及非石油收入的增长放缓，是造成融资缺口急剧扩大的原因，而南苏丹政府只能通过增加外部借贷来弥补资金缺口。

南苏丹目前仍处于债务困境之中，其 2018/2019 财年公共债务总额占 GDP 的 34.2%，其中外债占 30.2%。③ 债务累积、偿债能力低下和外汇储备不足，表明南苏丹债务危机日益严重。截至 2019 年年末，公务员薪金已拖欠 4 个月，驻外使团最长已拖欠 14 个月。另外，对和平进程的支

---

① World Bank, "South Sudan Economic Update, February 2020: Poverty and Vulnerability in a Fragile Environment", https://openknowledge.worldbank.org/handle/10986/33453, 2020.

② World Bank Group, "South Sudan Economic Analysis Shows Growth Promise Amid Fragility", https://www.worldbank.org/en/news/press-release/2020/04/02/south-sudan-economic-analysis-shows-growth-promise-amid-fragility, 2020-4-2.

③ World Bank Group, "International Development Association International Monetary Fund: Republic of South Sudan", http://documents1.worldbank.org/curated/en/778011561648036805/pdf/South-Sudan-Joint-Bank-Fund-Debt-Sustainability-Analysis-2019-Update.pdf, 2019-3.

出占总支出的 6%，非自主性支出占 3%，拖欠款项占 15%。① 债务可持续性分析（DSA）的风险评级表明，南苏丹的债务危机已经达到了高风险级别，超过了与债务对 GDP 的现值和债务偿还对收入比率有关的阈值。南苏丹的债务承受能力被评估为"弱"，债务偿还与出口及债务偿还与收入的比率分别为 15.1 和 28.8，均高于各自的阈值。② 过去的 5 年来，南苏丹外债的累积主要由经常账户赤字和国内生产总值的负增长造成，其中经常账户赤字主要是由近几年国家财政拮据造成的。虽然南苏丹目前正努力增加其石油产量，加强对新油井的勘探，并寻求对石油和天然气的新投资，但其债务危机、外汇储备匮乏及官方汇率高估等却严重影响了对外资的吸引力。

（二）疫情对经济发展影响巨大

与其他国家一样，新冠肺炎疫情的蔓延很可能会使南苏丹的经济增长率在 2020 年度急剧下降。国际货币基金组织曾在年初预测南苏丹在 2020 年将以 8.2% 的 GDP 增长率实现非洲地区的最快经济增长③，但由于新冠肺炎疫情造成的国际原油价格下跌和对世界经济的负面影响，国际货币基金组织随后又将南苏丹 2020 年的 GDP 预计增长率从 8.2% 修正为 4.9%。④ 目前看来，新冠肺炎疫情对南苏丹经济的冲击已然明显。对外贸易的减少和经济活动的急剧减少导致南苏丹国内基本商品的价格飞涨，个人卫生和医疗防护用品的价格更是上涨了近 10 倍。⑤ 此外，由于政府为控制疫情蔓延而实施社交隔离和限制行动措施，许多民众只能待在家中，

---

① World Bank Group, "South Sudan Economic Update: Poverty and Vulnerability in a Fragile Environment", https://openknowledge.worldbank.org/handle/10986/33453, 2020.

② Statista Network, "South Sudan: National debt in relation to gross domestic product (GDP) from 2014 to 2024", https://www.statista.com/statistics/727353/national-debt-of-south-sudan-in-relation-to-gross-domestic-product-gdp/, 2020.

③ International Monetary Fund, "World Economic Outlook (April 2020)", https://www.imf.org/external/datamapper/datasets/WEO, 2020.

④ International Monetary Fund, "World Economic Outlook (June 2020)", https://www.imf.org/en/Publications/WEO/Issues/2020/06/24/WEOUpdateJune2020, 2020.

⑤ United Nations Security Council, "Situation in South Sudan report of the Secretary-General", https://reliefweb.int/report/south-sudan/situation-south-sudan-report-secretary-general-s2020536, 2020-6-15.

这让许多家庭失去了生活必需的经济来源，给大多数仍处于贫困状态的南苏丹家庭增加了巨大的生活负担。南苏丹的许多私营和公共部门目前均处于就业和工资低迷状态，大量企业因疫情而关闭或裁员，失业率急剧攀升，社会经济生态链遭受严重影响。

南苏丹的产业结构单一，经济过度依赖石油收入，疫情导致的全球油价下跌严重影响了南苏丹的经济发展。低油价必然导致石油收入下降，加之拖欠苏丹巨额的石油过境费和债务，南苏丹2020年的经济形势堪忧。随着国内商业活动的停滞，南苏丹必将面临严重的收入短缺问题，尤其是税收的减少将严重影响政府的财政收入。疫情对经济的冲击，无论是短期还是长期来看，都将抑制南苏丹的经济增长潜力，并对国内就业形势构成巨大威胁，而经济的衰退无疑会影响到南苏丹为和平进程提供的预算资金的财政投入。此外，收入的大幅度减少也将阻碍政府为公众提供基础服务的能力，尤其是在医疗服务方面。面对新冠肺炎疫情造成的冲击，南苏丹政府将被迫依靠外部援助，而这无疑会增加债务负担，导致财政赤字不断扩大。

（三）经济复苏步伐放缓

南苏丹的经济转型和可持续发展面临的结构性挑战主要是其经济结构过于单一、公共债务高筑、体制不完善和政局动荡。尽管在2019年有过明显成绩，但南苏丹经济并未摆脱高通胀和汇率溢价飙升的影响，整体财政政策尚不完善，财政预算程序仍不透明。尽管石油收入可期，但南苏丹仍处于债务压力、外贸疲软及外汇储备枯竭状态。更为重要的是，新冠肺炎疫情的蔓延给南苏丹的经济前景带来了许多不确定性，其中疫情导致的全球石油价格下降是南苏丹经济复苏面临的主要风险。此外，地方局势的不稳定及干旱和洪涝等气象灾害的冲击，也会制约南苏丹的经济发展，加剧其粮食危机。凡此种种，均表明南苏丹起步未久的经济复苏的步伐将继续放缓。

四 结语

尽管签署恢复和平协议以来，南苏丹的政治和解取得了重大突破，安全局势有所改善，经济发展亦有起色，但其和平与发展事业仍然面临着诸多挑战。贫穷和战乱是制约南苏丹发展的关键因素,而如何保持经济持续复苏以摆脱贫困,以及如何有效落实安全安排以实现持久和平,则是南苏丹过渡政府的主要任务。如果安全安排持续陷入停滞,国际社会也会对南苏丹的未来失去信心,随之而来的则是制裁和停止援助。此外,疫情导致的经济复苏放缓会进一步恶化南苏丹早已岌岌可危的经济状况,很可能导致社会分裂不断加剧,族群冲突愈演愈烈,内战也可能会在经济崩溃之时再次爆发。目前,南苏丹正处于"命运"的十字路口,能否落实安全安排和解决经济问题将决定南苏丹是迎来持久的和平,还是再次陷入内战和冲突的深渊。

作者简介

姜恒昆,浙江师范大学非洲研究院副研究员,主要从事苏丹、南苏丹问题研究。

王状状,浙江师范大学非洲研究院硕士研究生。

纪华溪,浙江师范大学非洲研究院硕士研究生。

Report on the Development of South Sudan (2018 – 2019)

Authors: Jiang Hengkun, associate researcher at the Institute of African Studies, Zhejiang Normal University. His main field of study is Sudan and South Sudan. Wang Zhuangzhuang, Postgraduate student at the Institute of African Studies, Zhejiang Normal University; Ji Huaxi, Postgraduate student at the Institute of African Studies, Zhejiang Normal University.

Abstract: In the past year, South Sudan has made remarkable progress in political reconciliation, security situation and economic development. After the formation of the Revitalized Transitional Government of National Unity (R – TGoNU), the parties also reached a consensus on the number of states and the appointment of governors. In terms of security, although the security arrangements set out in the agreement have not been implemented, violent conflicts have occurred from time to time, and the humanitarian crisis is still serious, the security situation in South Sudan has eased to a certain extent after the signing of the peace agreement. In terms of economy, due to the resumption of oil production and production increase of the oil industry, the economy of South Sudan will obviously improve in 2019, but COVID – 19 has brought great pressure on the recovery of South Sudan's economy. In short, South Sudan is still at the crossroads of destiny. Whether it ushers in real peace and development or falls into the whirlpool of civil war and ethnic conflicts again depends on its security and economic performance.

莫桑比克政治发展报告(2018—2019)

陈　彪　林　晨

[内容摘要] 2018—2019年，莫桑比克过去一年政治发展总体局势稳定。2019年，莫桑比克顺利举行了第六次全国大选，现任总统纽西成功连任。在安全领域，北部地区德尔加多角省恐怖袭击日益频繁，严重威胁着地区与国家安全。2019年3月和4月的伊代飓风与肯尼斯飓风给莫桑比克贝拉地区和彭巴地区带来巨大灾难，造成大量人员伤亡，逾百万人无家可归。飓风过后，莫桑比克面临的食品欠缺的难题。2019年，莫桑比克总体的经济增长为2.2%，较2018年有所降低，但北部天然气等油气资源得到进一步开发，预计五年之内将成为莫桑比克经济发展的重要引擎。2019年，莫桑比克与国际社会紧密合作，为其吸引外资、解决安全问题带来机遇。

一　莫桑比克政治局势

(一) 2019年大选顺利举行

2019年10月15日，莫桑比克举行总统、国家议会和省议会选举。现任总统纽西高票当选，成功连任。四位总统候选人分别来自莫桑比克解放阵线党（Partido FRELIMO，简称莫解阵党）的候选人，现任总统纽西（Filipe Nyusi），莫桑比克抵抗运动党（Partido RENAMO，简称莫抵运党）的莫马德（Ossufo Momade），莫桑比克民主运动党（MDM，简称莫民运党）的西蒙哥（Daviz Simango），以及来自阿莫西党（Partido AMUSI）的阿比诺（Mario Albino）。① 莫桑比克全国选举委员会于 10 月 27 日公布选举结果，现任总统莫桑比克解放阵线党及其总统候选人纽西以压倒性优势赢得 2019 年莫桑比克大选。② 现任总统纽西的总得票率为 74%，而最大的反对党莫抵运党候选人莫马德的得票率为 20%。

2019 年莫桑比克大选的注册选民约 1290 万人，在选举当天，欧盟、非盟、南共体、葡共体等多个国际组织派出观察员队伍。本届大选总体较公正平稳，没有引发社会混乱。但也有一些投票站存在操纵选举的丑闻。例如，有的投票站并未提供墨水③，现场工作人员也没有检查投票后的墨水印记④。在尼亚萨省（Niassa）的投票结束后，反对党支持者将一些投票站的选举物资等付之一炬，以示抗议。在加扎省（Gaza）也出现了选票舞弊的丑闻。楠普拉省（Nampula）一直是反对党莫抵运党的大票仓，但此次选举中，莫解阵党候选人纽西在楠普拉省的得票率高达 60%，莫抵运党的得票率为 34%，莫民运党得票率 3.95%，阿莫西党得票率最低为 1.87%。⑤

2019 年 7 月 4 日，国家选举委员会（CNE）公布了 2019 年大选的具体细节。⑥ 国家选举委员会（CNE）预估 2019 年大选进程将花费 146 亿梅蒂卡尔（约 2.45 亿美金）供 26 个政党支出。在大选前，各个政党在各主要城市、城镇分别举行了大规模的宣传造势活动。

---

① 陈彪：《我在莫桑比克岛感受莫桑比克 2019 年总统大选》，http：//ias. zjnu. cn/2019/1021/c6146a303214/page. htm，2019 - 10 - 21。
② 新华社图片：《莫桑比克解放阵线党赢得大选》，https：//baijiahao. baidu. com/s？id = 1648689264129042839&wfr = spider&for = pc，2019 - 10 - 28。
③ 一种黑褐色墨水，每一位选民在投票后，需将食指涂上此墨水，表示已投票。此种墨水通常需要一周时间才能洗干净，以此来防止在选举投票中舞弊。
④ AIM, "Mozambique elections：Some polling stations record impossible turnouts", https：//clubofmozambique. com/news/mozambique - elections - some - polling - stations - record - impossible - turnouts - aim - 144670/，2019 - 10 - 17。
⑤ AIM, "Mozambique elections：Nyusi takes 60% in Nampula", https：//clubofmozambique. com/news/mozambique - elections - nyusi - takes - 60 - in - nampula - aim - 145026/，2019 - 10 - 22。
⑥ Joseph Hanlon, "Mozambique：2019 General Elections Calendar Approved", https：//allafrica. com/stories/201807180623. html，2018 - 7 - 18。

(二) 2019 年政党政治

2019 年 8 月 1 日，莫解阵党领导人莫桑比克总统纽西与莫桑比克主要反对党莫抵运党领导人奥苏福·莫马德（Ossufo Momade）在戈隆戈萨国家公园①（Gorongosa National Park）签署《和平与和解协议》（Permanent Ceasefire Agreement），结束了两党长达数十年的敌对状态。② 戈隆戈萨地区作为反动武装的发源地，曾是莫抵运党反抗武装的据点，现在和解协议的签订表明双方将解决历史遗留的暴力问题，成为和平与生物多样性的守护者。莫抵运党领导人莫马德表示在此地签署和平协议，向莫桑比克和全世界表明他们将通过致力于对话沟通来解决差异和争端。纽西总统专程从距离戈隆戈萨国家公园千里之外的马普托飞抵该处，以此表示在这个公园签署和平协议的非凡意义。在戈隆戈萨山脚下，两党领导人签署协议后，握手言和，分别表示将原谅过去，共同怀着彼此尊敬和相互包容的心胸向前。

2019 年 8 月 6 日，在马普托签署了另一协议，保证 10 月大选的和平举行。从 20 世纪 90 年代以来每次大选中，都曾发生过遭受暴力侵扰，反对党莫抵运党多次指控莫解阵党操纵选举过程。2019 年和解协议签约的调解人内赫·桑贾纳卡（Nehe Sanghrajka）表示，反对党不仅在国家议会中占据着一定席位，在乡村也有武装反抗军，此次和平协议的签订，将促进莫桑比克和平的进展，所以此次协议签订具有历史意义。

1992 年，莫桑比克内战结束以来，莫抵运党成为莫桑比克的反对党，但莫抵运一直没有完全解除武装。在内战结束后的 27 年中，莫解阵与莫抵运两党为了结束敌对状态，断断续续进行了长达多年的谈判。虽然在这一过程中两党曾多次签署和平协议，但 1992 年以来的前 5 次全国大选中，莫抵运党的武装反抗活动零零星星持续不断。此次永久停火协议的签订无疑是这么多年来谈判的高潮，此次签订仪式与以往的仪式的不同之处在于，在举行签约仪式之前，许多重要的议题就已经开始付诸实施。例如，

---

① 戈隆戈萨自然保护公园位于莫桑比克中部，占地面积 4000 多平方千米，距离贝拉市约 170 公里，距离马普托约 1000 公里，该地区 70% 的人口每天的生活开销低于 2 美元。
② REUTERS, "Renamo, Frelimo sign permanent ceasefire deal in Mozambique", https://www.zimlive.com/2019/08/01/renamo-frelimo-sign-permanent-ceasefire-deal-in-mozambique/ 2019-8-1.

纽西总统签署了对武装反动军的大赦,以及通过宪法修正案,明确规定各省省长及地方官员应该通过选举产生,而非由中央政府任命。莫抵运党的武装反动军也开始上交武器,反对党莫抵运党的领导人莫马德表示期待国际社会能给予更多支持,确保他们能人性化地有尊严地重返社会。① 联合国秘书长的个人使节、调解人米克·曼佐尼(Mirko Manzoni)表示,在举行正式签订协议仪式以前,莫桑比克约90%的主要议题已开始付诸实施。包括美国在内的多个国家支持莫桑比克的这一举动。

2018年,莫抵运党前领导人达拉卡马(Afonso Dhlakama)去世后,莫马德成功继任。费奇解决方案(Fitch Solutions)主张,新当选的莫抵运党领导人将能把该党的政治派别与军事派别联合起来。② 但莫抵运党内部存在一部分不同政见的分裂者,即莫抵运军事联合(Renamo Military Junta),他们反对《和平与和解协议》,并希望重新协商。

(三)恐怖袭击愈演愈烈

从2017年开始,发生在德尔加多角省的恐怖袭击逐年增多,恐怖分子使用炸药、砍刀和枪支等致命武器袭击村庄、人民,以及毁坏车辆等。2019年,不仅恐怖袭击数量急速增长,恐怖袭击的势力范围也逐渐扩大。③ 截至2019年年底,在德尔加多角省的帕尔马(Palma)、普莱亚莫青波阿(Mocimboa da Praia)、马克米亚(Macomia)、楠加迪区(Nangade)、齐桑加(Quissanga)、姆东贝(Muidumbe)、梅卢克(Meluco)、伊布(Ibo),以及姆埃达(Mueda)等地区,皆发生过恐怖袭击。

非洲恐怖主义研究处(Terrorism Research & Analysis Consortium)处长杰思敏·奥博曼(Jasmine Opperman)在其研究中指出,2017年恐怖分子在莫桑比克德尔加多角省共发起了6次袭击;2018年发起了60次恐怖袭击(其中上半年18次,下半年42次);2019年,1月至6月共

---

① Andrew Meldrum, "Mozambique leaders sign peace accord to end decades of civil conflict", https://globalnews.ca/news/5715048/mozambique – peace – accord/, 2019 – 9 – 1.
② Lusa, "Renamo leader will keep the party's military and political wings united – Fitch Solutions", https://clubofmozambique.com/news/renamo – leader – will – keep – the – partys – military – and – political – wings – united – fitch – solutions/, 2019 – 1 – 29.
③ "Foreign travel advice Mozambique", https://www.gov.uk/foreign – travel – advice/mozambique/terrorism, 2019 – 12 – 12.

发起69次袭击,7月至11月22日共发起94次袭击。① 恐怖分子设置路障,多次与莫桑比克安全部队发生冲突。部分发生在德尔加多角省的袭击见表1。

表1　2019年莫桑比克德尔加多角省的恐怖袭击

时间	地点	事件
2019年2月8日	德尔加多角省,皮克埃村	伊斯兰极端分子杀害并肢解7名男性,绑架4名女性
2019年5月3日	马克米亚区,那卡提村	杀害6名平民
2019年5月4日—2019年6月3日	马克米亚区,塔普阿拉村、班加维埃加村梅鲁库区、伊达村、伊夫村	袭击频繁发生,并烧毁多个村庄,其中两起袭击案主要针对阿纳达科石油公司
2019年6月4日	普莱亚莫青波阿区,米托皮军事基地	造成至少16人死亡,12人受伤
2019年7月3日	楠加迪区	杀害7人,其中6名平民,1名警察
2019年10月	德尔加多角省	共造成27人死亡,其中7人为俄罗斯雇佣军
2019年11月	德尔加多角省	多名政府军与5名俄罗斯雇佣军在一次伏击中被杀害

资料来源:根据新闻整理。

2019年6月,"伊斯兰国"组织宣布为恐怖袭击事件负责,莫桑比克北部德尔加多角省(Cabo Delgado)是一个穆斯林聚居地,不断遭到AI Sunnah WA Jamaah集团领导的伊斯兰极端叛乱分子的袭击,造成了大量的人员伤亡,严重威胁着地区的和平与发展。现在莫桑比克恐怖袭击逐渐呈现出从北部向全国蔓延的趋势,在索法拉(Sofala)、马尼卡(Manica)

---

① Carta de Moçambique, "Cabo Delgado insurgency: Expert reports over 200 attacks", https://clubofmozambique.com/news/cabo-delgado-insurgency-expert-reports-over-200-attacks-carta-147897/, 2019-10-26.

等省份也已发生武装袭击。

二 莫桑比克经济民生状况

(一) 2019 年莫桑比克经济概况

根据莫桑比克国家统计局（INE）数据，2019 年莫桑比克经济增长 2.2%，低于 2018 年的 3.43%，为近 10 年来最低。在《国民统计公报》中，2019 年莫桑比克 4 个季度的经济增长率分别为 2.5%、2.3%、2.01%、2.03%。服务行业占到国民生产总值的 49%，其中批发零售与机动车辆维修占 12%，教育占 8%，交通运输占 7%。工业占国内生产总值 27%，其中矿产开采占 11%，莫桑比克富含大量矿藏，包括大理石、煤炭、黄金、铝土矿、红宝石等，制造业占 10%，建筑业占 3%。第一产业部门，包括农业、狩猎、森林、渔业等创造了 24% 的财富，主要包括海鲜、棉花、腰果、糖、柠檬、椰干、椰子、木材等重要的作物。

2019 年 8 月 5 日，莫桑比克 LNG 天然气（Rovuma）项目开始动工，标志着鲁伍马深海 1 区 Golfinho/Atum 气田开发方案正式启动。北部天然气等资源的开发前景广阔，预计未来将成为带动莫桑比克经济发展的重要引擎。巴西淡水河谷集团在莫桑比克太特省莫泰兹（Moatize）煤矿项目到 2020 年产量将达到 1500 万吨。

在接受外方援助方面，2019 年莫桑比克从世界银行获得 7 亿美元援助，用以支持莫桑比克社会经济发展，高于 2018 年的 5.3 亿美元。[①] 莫桑比克与中国基建行业的合作发展平稳推进，2019 年年初，中核集团下属的中国核建华兴公司将负责承建索法拉职业技术学校项目，这是落实 2018 年中非合作论坛北京峰会的重要举措之一。[②]

(二) 2019 年民生概况

2019 年 3 月和 4 月，莫桑比克接连遭遇两次飓风袭击，造成重大的

[①] 至善中葡咨询:《莫桑比克于 2019 年从世界银行获得 7 亿美元援助》,《莫桑比克华人报》, https://mp.weixin.qq.com/s/Nb5FMXFlcZJKCXKtgdJlzA, 2020 - 2 - 25。

[②] 连敏:《中核海外 2019 第一单: 援建莫桑比克 共筑中非命运共同体》,搜狐网, https://www.sohu.com/a/286787263_668645, 2019 - 1 - 4。

经济损失，数百万人受到影响。这是莫桑比克有史以来，第一次在同一季节接连发生两次飓风灾害。3月14日，伊代飓风（Cyclone Idai）在莫桑比克中部城市贝拉港登陆，飓风引发了暴雨，带来了洪涝，摧毁了民房，近200万人受到影响。飓风过境莫桑比克，也给邻国马拉维和津巴布韦带来严重的灾害和损失。联合国人道主义事务协调厅（U. N. Office for the Coordination of Humanitarian Affairs）的协调员塞巴斯蒂安·斯丹帕（Sebastian Stampa）表示，伊代飓风严重危害人们生命安全，不少人在灾害中丧生和受伤。[①] 灾害发生后，包括中国在内的多个国家和国际组织向莫桑比克派出救援队参与救灾。随着灾后搜救队对受灾程度逐渐了解，对灾区提供了当地急需的帮助。伊代飓风共造成600余人死亡，8万余人接受国际粮食援助。肯尼斯飓风（Cyclone Kenneth）于4月登陆莫桑比克北部彭巴市，造成约15万人受灾，其中近一半为儿童，共造成40余人丧生。在彭巴市区的救灾工作进展较顺利，但是在马克米亚、齐桑加等偏远地区，搜救队员则难以抵达。[②]

飓风几乎摧毁了过境地区大多数民居、医疗诊所，同时破坏了这些地区的生活用水供应。在飓风袭击后，中部灾区和北部灾区的霍乱病例呈显著上升趋势。联合国儿童机构表示，两次飓风共造成百万余名孩童缺乏食物、无家可归。由于缺乏清洁水资源、干净食物，导致疟疾与霍乱疫情病例大爆发。同时，灾区民众因缺乏营养而引起的糙皮病可导致精神疾病。此次飓风登陆的季节正是庄稼丰收前夕，狂风将庄稼连根拔除，丰收毁于一旦，给当地的粮食安全带来极大的破坏。[③] 灾后搜救工作结束后，纽西总统宣布灾区的居民到2019年年底将享受免费的医疗服务。灾后全国各地民众纷纷进行了游行活动，悼念在此次天灾中丧生的同胞。

2019年下半年，雨季迟迟不来，造成全国南部与中部大部分地区严重的干旱问题，在北部的德尔加多角省与楠普拉省，其面临的干旱问题更

---

① REUTERS, "Nearly 2 million people affected by Cyclone Idai's devastation in Mozambique, UN says", https：//globalnews.ca/news/5096370/cyclone－idai－mozambique－un/，2019－3－26.

② Farai Mutsaka, "1 million children in Mozambique homeless, without food or orphaned by cyclones", https：//globalnews.ca/news/5236799/mozambique－children－cyclones/，2019－5－3.

③ Cara Anna, "Cholera cases in Mozambique rise as country reels from effect of Cyclone Idai", https：//globalnews.ca/news/5110232/mozambique－cholera－cyclone－idai/，2019－3－29.

甚。灾区的农业生产尚未完全恢复，干旱灾害已经到来。此次干旱将导致全国大部分地区粮食减产，引发粮食安全问题。

三 莫桑比克对外关系

2019年，莫桑比克与世界各国的关系稳步发展，国际合作又上一个新台阶。2019年2月初，英国非洲事务部部长哈丽耶·鲍德温（Harriet Baldwin）访问莫桑比克，旨在进一步加强莫桑比克与英国之间的经济、商业、文化、科技联系。[1] 2019年6月，莫桑比克主办第十二届美非商业峰会，来自政府部门的领导人和企业界的商业领袖、投资者、决策者等1300余名代表参加了此次大会。美方由美国商务部副部长凯莉率领代表团出席。[2] 此次峰会是美国"繁荣非洲"计划的主要目标之一，通过增加私营企业的沟通，帮助非洲国家改善投资环境，将美国投资者与非洲大陆的机遇联系起来，从而促使美非之间的投资贸易额翻一番。尽管这些计划给现有项目加上了新包装，但并未提供新的资金。同时，由于美方加强了与非洲国家就双边贸易协定进行逐个谈判的工作，进一步破坏了非洲大陆发展的地区一体化进程。[3]

2019年10月，首届俄非峰会在索契召开，会议主要讨论俄罗斯与非洲国家在经贸、安全等领域的合作。俄罗斯与莫桑比克在历史上有着深厚的同志情谊，在莫桑比克平定北部德尔加多角省的恐怖袭击中，俄罗斯给予了大力的军事支持。俄罗斯与莫桑比克曾于2017年1月签署《军事技术合作协议》，2019年9月25日，俄罗斯通过空军An-124运输机将两架Mi-17运抵莫桑比克纳卡拉机场。同时，在打击恐怖主义的活动中，俄罗斯的瓦格纳军事集团为莫桑比克提供了军事服务。俄罗斯官方智库发布的《俄重返非洲：战略与前景》报告明确提出，"俄必须立即着手恢复在非洲的地位，把非洲作为外交优先方向"。在未来，莫俄关系将会日渐

---

[1] Lusa, "British Minister for Africa Visits Mozambique", https：//clubofmozambique.com/news/british-minister-for-africa-visits-mozambique/，2019-2-1.

[2] Corporate council on Africa, "2019 U.S.-Africa Business Summit", https：//www.corporatecouncilonafrica.com/news/2019-us-africa-business-summit-0，2019-6-21.

[3] 孙鹏：《美媒文章：美国"非洲繁荣"战略受质疑》，参考消息网，http：//column.cankaoxiaoxi.com/2019/0725/2386390_2.shtml，2019-7-25。

紧密。

此外，日本于2019年8月在横滨举办了第七届非洲发展国际会议，2019年11月，德国也在柏林召开名为"与非洲有约"的非洲投资大会。莫桑比克均参与其中。莫桑比克不仅注重发展与世界大国的关系，也积极投身于同周边国家共同参与非洲大陆的事务。

2019年4月24日，纽西总统出席第二届"一带一路"国际合作高峰论坛。中莫两国于2016年5月18日，将两国关系提升为全面战略伙伴关系。纽西总统表示"一带一路"不仅对莫桑比克和非洲非常重要，而且有利于世界经济增长和平衡发展。[①] 在中非合作论坛框架下的中莫两国合作的各项举措，正在有序开展。

作者简介

陈彪，男，浙江师范大学人文学院博士研究生，研究方向为中非关系史。

林晨，女，浙江师范大学非洲研究院2018级博士生，主要从事中非关系、非洲发展研究。

Annual Report on the Development of Mozambique Politics (2018-2019)

Authors: Chen Biao, PhD candidate of College of Humannities, Zhejiang Normal University (IASZNU), and his main research field is History of China-Africa Relations. Lin Chen, PhD candidate in African Education and Social Development, Institute of African Studies, Zhejiang Normal University (IASZNU), and her main research fields include China-Africa Relations and African Development.

Abstract: In 2018-2019, the development of Mozambique Politics is stable in general. Mozambique held its sixth general election, and the incumbent President Nyusi won general election. The terrorist attacks in Cabo Delgado are

---

[①] 沈忱、龚雪辉等：《我们又见面了！习主席这七场会见信息量很大》，中国新闻网，http://www.chinanews.com/gn/2019/04-25/8819479.shtml，2019-4-25。

increasing at a faster speed than the year before, which is a severe threat for the security in this district and the whole country. Cyclones Idai and Kenneth caused a large number of life loss and economic loss. Food insecurity is another difficult issue after the disaster. The economic growth in 2019 is 2.2%, slower than 2018. The natural gas resource in the northern area is being developed and has a promising future, which will be the economic engine for Mozambique in the near future. Mozambique continues strengthening cooperation with the international community, which has brought opportunities to attract investment and solve the security problems in 2019.

加纳新课程改革及其政治反响与公众反应

胡艺婷　Frank Agyei　姜亚洲

[内容摘要] 加纳教育服务部与国家课程评估委员会于2019年9月推行新课程改革，范围包括幼儿园至小学六年级。本文探讨了本次新课程改革的主要内容以及加纳执政党即新爱国党和主要反对党即全国民主大会党对新课程改革的反应。自加纳独立以来，历届政府为了满足国家发展需要的基本要求，达到21世纪全球标准，在加纳教育制度改革上作出了艰苦卓绝的努力。然而新课程的决策和实施表明，加纳教育改革受到政党政治的过多干预，家长和公众对此感到茫然而又无能为力。新爱国党政府控制下的教育部和加纳教育服务部则对新课程的实施表现得自信又强硬，反驳了反对党的公开批评，同时尽力通过媒体减轻关心此事的公众和家长的担忧。

引　言

作为英属黄金海岸，加纳于1957年完全独立，距今已63年。加纳发展也从教育发展起步。自20世纪50年代初以来，加纳就实施了一系列提高各级教育入学率的政策，如在独立前的1951年由弗朗西斯·恩克鲁玛（Francis Nwia Kwame Nkrumah，后任加纳第一任总统）领导的加速发展计划，促进了加纳教育部门的基础设施和规模的极速发展，使中小学教育进入了一个新的阶段。从此开始直至20世纪70年代中期，加纳成为非洲优质和卓越教育的灯塔。① 在过去几十年特别是 1991 年至 1998 年期间，基础教育入学率大幅增长；在 1998 年至 2006 年间这一数字趋于平稳。之后，随着旨在减轻家长学费负担的"补助金"的推出，入学率再次提高。进入 21 世纪，加纳又出台了一系列推动教育改革的措施，包括免费义务普及基础教育（FCUBE）、学校供餐计划（SFP）、人头补助、免费校服等。

2007 年加纳推动的教育改革指向课程领域，要求所有基础教育至高中阶段的学生都需要"掌握基本的信息和通信技术（ICT）识字技能（包括互联网使用），并能将这些技能应用于生活的其他方面"②。在此基础上，2017 年 6 月加纳现政府要求教育部下属的全国课程与评估委员会（National Council for Curriculum and Assessment，NaCCA）与加纳教育服务局（Ghana Education Service，GES）及其他利益相关者合作，启动基础教育和高中课程改革计划。该计划分两个阶段进行，第一阶段的重点是幼儿园到小学，第二阶段的重点是初中到高中。本次课程评估的主要目的是，促使加纳教育从关注认知发展转变为培养价值观和塑造个性，促使加纳儿童成为富有创造力的思考者、具备数字素养和热爱祖国的公民。此外，加纳作为一个中等收入国家，需要有技能的劳动者来推动经济发展，因此，数学、科学、阅读、写作和创造力将作为加纳新课程的核心。第一阶段新课程已于 2019 年 9 月开始实施，加纳的两个主要政党，即执政党新爱国党（NPP）和最大在野党全国民主大会党（NDC）都已对新课程作出回应，同时公众和家长对新课程也议论纷纷，本文将探讨新课程改革引发的政治反响和公众反应。

一 政党轮替：加纳课程改革的主要动力

在教育上，加纳谋求转变为一个以科学、技术、工程和数学（STEM）教育为主导的国家。同时，公众热切希望加快改善教育条件，强调人人享有优质教育。因此加纳基础教育建设成为国家发展道路上迫切需要处理的问题。加纳学校目前面临如何促进所有人更好地发展认知技

---

① Thompson and Casely - Hayford, 2008.
② CRDD, 2007a, 2007b, 2007c.

能，解决加纳迫切需要的科学素养、创业知识和技能发展的问题。而这种教育改革的动力主要来自政党轮替。

长期以来，加纳政府由新爱国党和全国民主大会党两个政党轮流执政。在此情况下，执政者会趋向于通过政治手段利用公共机构来确保短期利益，即提出适当的国家发展理念以保持执政地位，由此使加纳的课程改革随着政党轮替而不断发生变化。如2001年，新爱国党执政19年后下台，新任总统约翰·库福尔（John Agyekum Kuffour）在两年后正式成立了一个总统委员会，在约瑟夫·门萨（Josephus Anamuah Mensah）教授的主持下评估当时的加纳教育体系，实施新的改革。那次改革将高中学制延长到4年，并提出高中学生学习英语、数学、综合科学、信息通信技术和社会学等"核心学科"。8年后，全国民主大会党再度掌权，执政期间除将把高中学制重新恢复为3年，同时提出了为基础教育学习者提供免费校服的计划，不过该计划因政府财政困难而没有完全落实。

本次新课程改革则由2016年重握权柄的新爱国党实施。在选举期间，该党就提出了"推动就业：为所有人创造机会和财富"（An Agenda For Jobs: Creating Opportunities & Prosperity For All）的宣言，提出将推动加纳教育从应试向降低文盲率、塑造品格及价值观、培养能进行批判性思考的公民转变，同时该党重新定义了基础教育，承诺在执政后将开始向加纳人民提供免费高中教育，同时开展新的课程改革，2019年实施的课程改革实始于此。

加纳新政府从基础课程着手，谋求通过推动课程改革而进一步提高政治影响力。目前第一阶段即从幼儿园到小学六年级的课程改革已完成，并于2019年9月移交加纳教育服务局实施；而第二阶段即初中和高中的课程改革于2019年8月开始，教育部长邀请专家正在起草课程审查第二阶段的框架。[①] 加纳教育部希望第二阶段的课程改革开始实施后，取消初中升高中的基础教育证书考试（BECE），此举意味着加纳青少年儿童可以从幼儿园直升到高中。[②]

---

① NaCCA, 2019.
② Ghana News, April 15, 2019.

二 以关键能力为基础的公民教育：
加纳新课程改革的主要内容

因为加纳新课程改革追求从应试教育向培养公民的转变，要求培养学生4R即阅读、写作、算术和创造力方面的技能；将数学和科学作为在技术进步时代取得成功的基础；确保基础教育为高等教育奠定坚实的基础，同时为学生早日进入工作岗位做好准备；培养学生作为受教育公民所需的基本知识、技能和能力。以上目标体现了紧跟世界教育改革趋势的迫切愿望，即重视未来公民的创造力和批判思考能力的培养，这样的课程改革必然包含系统性的转变，以下概述其要。

建立完整的教师培训系统。新课程的实施由教师培训开始。加纳国家课程与评估委员会、国家教学委员会与加纳教育服务局合作，其计划为：从培训150名国家级培训师开始，再由国家级培训师培训3900名地区培训师，然后地区培训师再分别培训各个地区共152000名教师，通过此种辐射式的培训来推动新课程的实施，该计划将在全国幼儿园到小学六年级执行，并由国家监察委员会（NIB）对课程进行评估。

加纳教育局局长夸西·阿曼夸（Kwasi Opoku Amankwah）教授进一步指出，实施教师培训的目的在于促进教学转变，即鼓励教师实施在以学习为中心的课堂内采用对话式教学方法，特别是在创建以学习者为中心的课堂和以教师为中心的学校管理。以教师为中心的学校管理将教师持续的专业发展视为实现优质教育的关键和必要条件。加纳新课程提倡与学习者的背景结合的教学，提倡与学习者已有经验、兴趣、潜力和能力相关的学习，强调学习者积极参与学习经验的选择和组织、使他们意识到自己的重要性，并使他们能够评估自己的学习成果，即如加纳国家课程与评估委员会的代理执行秘书于2019年4月19日所指出的，随着加纳新课程的实施，教师将从"讲授教学法"转变为"对话式教学法"。因为新课程的内容、教学方法、评估程序都有所变化，而且随着班级规模的变化，教学组织形式也将发生变化：班级人数缩小到35名学生，课堂上学生们将围坐在圆形课桌旁，以便交流、讨论。

此外，如阿曼夸所言，此次课程改革征询了所有利益相关者的意见，包括教师工会、加纳全国教师协会（Ghana National Association of Teachers，GNAT)、全国研究生教师协会（National Association of Graduate Teachers，NAGRAT)、关注教师联盟（Concern Teacher of Ghana，CCT)、教育工作者联盟（Teachers and Educational Workers Union，TEWU)、教育主管、教育学院校长、议会教育委员会和非政府组织。在此基础上，加纳幼儿园到小学六年级的学校将在每周三组织教师参加专业学习社区，讨论与新课程实施有关的问题。同时设立教师专业发展日，即每学期为教师留出一天参加学校的在职培训课程。

确立基于关键能力的课程目标和学业标准。新课程框架对关键能力作了界定，并在此基础上建构课程标准。关键能力通过学习成果反映出来，在完成关键阶段4（JHS）教育后，所有学习者都将逐步并持续地取得这些学习成果。关键能力将通过一系列基本学习成果（Essential Learning Outcomes，ELOs）来体现。

基于关键能力的培育，学校课程应促进综合性学习，利用学生掌握的知识和信息，反映自然世界和人文世界的相互联系和相互依存。课程目标则具体包括如下几个方面：在学术能力发展、自我发展以及可持续生活能力发展之间取得良好的平衡；使用开放灵活的教学方案，允许不同的学习方式和内容，教学课程与学习者的生活息息相关；开发地方课程，使教学和学习适应当地社区的材料、价值观和社会和创业活动；融入反映社会、经济、文化或科学新发展的新兴领域课程；帮助学习者成功应对日常生活中的挑战，以及学习和知识社会带来的不断的挑战和机遇。特别关注创新能力，即学习能力、有效和负责任地评估和处理信息的能力以及数字化能力。

通过基本学习成果体系，所有学习者在其学校教育的各个课程阶段将要达到的关键能力得到界定，同时评估学习者学业水平的标准也得到了确立——所有学习者在学校教育的不同学习阶段应达到的基本学习成果。基本学习成果体系也使得非正规教育提供的其他教育计划能够获得认可，这确保了学习者在正规教育和非正规教育之间的流动性，以及承认有利于成人教育和其他形式非正规教育的先前学习经验。

确定指向公民教育的课程内容。加纳总统纳纳·阿库福－阿多（Nana Akufo-Addo）向加纳人民宣布，新课程借鉴了世界各国学校的优秀课程，使加纳儿童成为自信、具有批判性思维和数字素养的全面发展公民。[1] 他撤回了新爱国党政府的承诺，即让加纳的每一个儿童都能接受教育，为了使加纳人民都为加纳的教育能靠近 21 世纪发达国家而努力。

加纳教育服务委员会主席迈克尔·恩索瓦赫（Michael Nsowah）于 2019 年 5 月 7 日在采访中指出，公众和学术界一直认为加纳的旧课程制度下学生学习的科目过多，因此在新课程改革中，幼儿园科目的数量已从七门减少至四门。同时，在全球化的背景下，新课改将加纳历史研究纳入幼儿园到小学六年级的国家课程，强调历史学习对欣赏加纳的传统和价值观、让学习者成为负责任公民的重要作用，体育和宗教与道德教育成为独立学科，小学高年级将会学习法语。

此外将全面性教育（Comprehensive Sexuality Education，CSE）计划纳入课程内容，以便让儿童了解男女关系，了解青春期生理健康知识，了解艾滋病的成因及其危害，避免过早怀孕等。

三　针锋相对：加纳新课程改革引发的政治反响和公众反应

因为政党轮替的关系，在野的全国民主大会党对新爱国党实施的新课程改革及其他教育改革计划提出了强烈的反对。新爱国党实行了中学校服的更换项目，总花费金额为 3.5 亿美元，此举遭到了其他政党和公众的严厉批评。全国民主大会党认为，虽然到了 21 世纪，但是加纳的教学设施和教学资源依然不容乐观：仍然有幼儿园、小学和初中在破旧的建筑中教学，甚而有学生在树底下上课；同时各学校的教科书和其他教学资源短缺，教师的住宿问题也是巨大挑战，新爱国党却滥用国家财政，花费 3.5 亿美元用于更换校服，没有处理更迫在眉睫的教育问题，这完全是对资源的浪费。一些公众人物也认为，政府应该在全国范围内建立计算机教室，鼓励教师开发新课程，而不是改革学校的校服制度。然而加纳教育局局长和国家课程与评估委员会举行了新闻发布会，表示坚决支持新爱国党的校服更换项目。

另一个争议的焦点是全面性教育计划。大多数公众都反对在加纳的基

---

[1] GTV News, 2019.

础学校中引入性知识，认为应该避免让儿童在年幼时接触到性行为、同性恋和其他关于男女关系的敏感问题，同时宗教团体和大众都反对由新爱国党在学校中引入的全面性教育计划。只有像参赞乔治·卢特罗德（George Lutterodt）等少数人支持全面性教育进校园。实际上加纳的教师工会、教育机构以及基督教委员会、加纳五旬节和天主教委员会等各种宗教团体组织了新闻发布会，反对全面性教育计划进校园。

此外，在教师培训、课程内容乃至课程改革制度方面，本次新课程改革都存在争议。加纳著名的教育家亚乌·阿杜文（Yaw Adutwum）博士（现任高等教育部副部长）是新课程改革智囊之一。为了使加纳孩子贴近西方国家的教育模式，他主张对课程进行改革。国会其他议员和新爱国党的成员大力支持和捍卫新爱国党政府的这一新的高等教育课程倡议。然而全国民主大会党的萨米·贾姆菲（Sammy Gamfi）对新爱国党推出的新课程痛加指责。他认为教师接受培训的时间太少，使其不能很好地吸收课程内容，因而无法为加纳儿童提供完备的新课程。同时与课程配套的教科书尚未准备就绪就推出了新课程——教科书在六个月以后才能到位，让基础教育学校无所适从。迦南市首府的教育官员埃德纳斯·阿杜（Evas Adu，全国民主大会党员）强烈反对新课程改革。他以教育督察员的身份前往一所学校进行督查的时候看到，教师竟然只能在黑板上书写期末考试题目，因为政府决定加纳的任何一所小学都不应向父母收取"印刷费"，使得试卷无法付印。首先要改变的是教师依然用粉笔书写考试题目的现状，政府正在关注的教育事件和决策仅仅是为了"做秀"，因此他表示对新爱国党的政府很失望。加纳国家教育学院的首席顾问格兰特·布尔默（Grant Bulmuo）将新课程描述为"新瓶装旧酒"，他说整个加纳教育服务受到旧教育制度的困扰，因此需要教育制度的整体变革。同时他表示，旧的教育制度在一些教育工作者的思想中根深蒂固，为了使新课程蓬勃发展并取得成功，应摆脱旧的教育制度，应向教育部输送一些新鲜血液。

四 结论

教育对于加纳社会经济发展和公民福祉都非常重要，因此历来受到政府和公众重视，在加纳政党交替执政的政治制度下，基础教育课程以及高中课程都受到这一体制的影响。在21世纪的前20年，新爱国党迄今执政

12年，力图在课程和其他教育领域作出改变，这些政策在某种程度上与加纳公民的需求不相符；全国民主大会党总计执政8年，其行为与造成的影响与新爱国党相同。即在涉及这两个政党对加纳教育的政治干预时，两党的作为和影响大致相似。

在新爱国党政府的领导下，2019年9月推出从幼儿园到小学六年级的基础教育新课程方案，却受到反对党和加纳公众的一致杯葛。有鉴于此，加纳的教育发展应该解决政治的过多干预，唯其如此才能有助于整个加纳教育系统实现优质教育的目标。因为教育不是一个政党的工具，而是国家的共同责任，加纳全体公民都需要教育，且此种教育不应受任何形式的政治干预。如此才能为国家培养合格的未来公民，塑造加纳在21世纪的新面貌。

作者简介

胡艺婷，绍兴文理学院硕士研究生，主要从事跨文化教育研究。

Frank Agyei，绍兴文理学院硕士研究生，主要从事比较教师教育研究。

姜亚洲，绍兴文理学院教师教育学院讲师，主要从事跨文化教育研究和比较教育研究。

The Political Reactions and the Public Feedback on Ghana Education Service New Curriculum

Authors：Hu Yiting, Master student of Shaoxing University. Her main research field is intercultural education. Frank Agyei. Master student of Shaoxing University. His main research field is comparative teacher education. Jiang Yazhou, Lecturer at school of teacher education of Shaoxing University. His main research fields are intercultural education and comparative education.

Abstract：Ghana Education Service and National Council for Curriculum and Assessment launched a new curriculum reform in September 2019, covering the first grade of kindergarten to the sixth grade of primary school. This paper discusses the main contents of the new curriculum reform and the response of the ruling New Patriotic Part and the leading opposition part, the National Democratic Congress, to the new curriculum reform. Since Ghana's independence, successive governments have made a lot of efforts in the reform of Ghana's education system in order to meet the basic requirements of national development needs and be up to the global standards in the 21st century. However, the decision – making and implementation of the new curriculum show that Ghana's education reform has been subject to too much interference from party politics, and parents and the public both feel at a loss. The Ministry of education and Ghana Education Service under the control of the NPP showed confidence and toughness in the implementation of the new curriculum, refuting the opposition's public criticism, and trying to alleviate the concerns of the public and parents concerned about the matter through the media.

第三篇

经济与民生发展态势

非洲金融业发展报告(2018—2019)

黄梅波　胡佳生

[内容摘要] 2018—2019年非洲经济稳定增长，金融业也受益得到了良好发展。整体来看，非洲整体金融规模仍然较小，深度、可获得性、效率和稳定性都低于世界平均水平，竞争力较弱。分国别来看，非洲金融业呈现出发展不平衡的特点，南非、埃及、尼日利亚整体发展水平较高，其他国家偏低。从发展的角度来看，非洲金融业的前景光明，整体呈现出向好的趋势，但是一些问题仍旧较为突出，有待解决。从业务层面来讲，数字化金融是未来发展方向。

2019年，非洲的经济增长率稳定在3.4%，与2018年持平[1]，高于世界平均水平2.5%。分区域来看，东非保持着非洲大陆增长最快地区的领先地位，2019年的平均增长率估计为5.0%。北非是第二快的，为4.1%。西非的增长率从2018年的3.4%上升到2019年的3.7%。据估计，2019年中非的经济增长率为3.2%，高于2018年的2.7%。南部非洲的增长率从1.2%下降到0.7%。非洲的经济增长，使得金融行业也得到良好发展。非洲金融业整体规模仍然较小，效率低下。但移动支付、伊斯兰金融等在非洲发展较快，成为未来趋势。

---

[1] African Development Bank, *Africa Economic Outlook* 2020, p.1.

一 非洲金融业发展概况

非洲金融业竞争力小,且改善幅度较小。根据世界经济论坛发布的《全球竞争力报告》显示,在金融系统领域,撒哈拉以南非洲得分最低,2019年为50.8分,较东亚和太平洋地区差了23.5分。与此同时,撒哈拉以南非洲地区金融系统改善幅度较小,总体得分较上年变化仅为0.7%,而其他地区则都在1%以上,欧亚大陆更是高达2.5%。

表1　　世界各地区金融系统分数和变化率(2019年)

地区	金融系统分数	较上一年变化百分比(%)
东亚和太平洋地区	74.3	2.0
欧亚大陆	52.0	2.5
欧洲和北美地区	70.9	2.0
拉丁美洲和加勒比地区	60.3	1.4
中东和北非地区	63.7	2.2
南亚地区	60.0	1.6
撒哈拉以南非洲地区	50.8	0.7

数据来源:World Economic Forum analysis。

二 银行业的最新发展

非洲的银行业占据非洲金融业的主导地位,对经济的促进作用比资本市场和保险市场要强。非洲银行业包括中央银行和商业银行。总的来看,非洲银行业呈现出向好趋势,但是既往问题依旧突出。中央银行调控能力不断加强,但是调控压力依旧很大。商业银行不断扩张,移动支付和金融科技(Fintech)迅速发展,但是商业银行发展水平低、覆盖率低、区域不平衡、不良信用问题仍旧很突出。

(一)中央银行

非洲的中央银行主要包括西非国家中央银行、中部非洲国家银行和其他各国国家银行,各个中央银行的货币制度有所不同。

西非国家中央银行由8个西非共同体国家组建，目前的官方货币是西非法郎，采用的是固定汇率制度，钉住的货币为欧元，即1欧元兑换656西非法郎。其余7个西非共同体国家独立使用本国货币。但是西非共同体拟打算在2020年创建西非共同体统一货币"ECO"，将原先7个英语区国家也合并进来，并组建"西共体联邦中央银行"，统一管理西共体单一货币。同时，西共体单一货币拟放弃目前西非法郎与欧元的固定汇率制，计划采取浮动汇率制。① 中部非洲国家银行是中部非洲经济与货币共同体的中央银行，法定货币为中非法郎②，采用的汇率制度是与欧元挂钩的固定汇率制，即1欧元兑换656中非法郎。值得注意的是，西非法郎和中非法郎虽然汇率相等，但是互不相通，只分别在西非国家和中非国家区域内流通。其他国家则拥有独立使用本国货币的中央银行，大多数采取的是浮动汇率制。

中央银行在调控通货膨胀方面，整体效果显著，但是仍然面临较大调控压力。整体来看，2019年，非洲大陆的平均通货膨胀率下降了2个百分点，从2018年的11.2%下降到2019年的9.2%。③ 分地区来看，北非通货膨胀率下降幅度远大于撒哈拉以南非洲地区。2019年，撒哈拉以南非洲地区从2018年的10.1%下降到9.7%；北非地区从12.3%下降到8.2%，2020年将进一步下降到4.8%，下降幅度十分明显。④ 在2019年，32个国家从2017年的水平控制了通货膨胀，而22个国家的通货膨胀率有所上升。⑤ 其中南苏丹下降幅度十分明显，由于财政赤字融资减少，通货膨胀率从2018年的83.5%降至2019年的24.5%。预计央行将继续减少财政赤字货币化的承诺，促使通货膨胀率进一步下降至2020年的16.9%和2021年的9.7%。⑥ 虽然通货膨胀控制效果显著，但是其绝对水

---

① 商务部：《西共体15个成员国计划2020年推出统一货币》，http：//gn. mofcom. gov. cn/article/jmxw/201906/20190602875010. shtml，2019 - 6 - 21。
② 商务部：《中非国家银行简介》，http：//www. mofcom. gov. cn/article/i/dxfw/gzzd/201504/20150400952224. shml，2015 - 4 - 27。
③ African Development Bank, *Africa Economic Outlook* 2020, p. 2.
④ IMF DataMapper, "Inflation Rate, Average Consumer Price", https：//www. imf. org/external/datamapper/PCPIPCH@ WEO/AFQ.
⑤ African Development Bank, *Africa Economic Outlook* 2020, p. 23.
⑥ African Development Bank, South Sudan Economic Outlook, https：//www. afdb. org/en/countries/east - africa/south - sudan/south - sudan - economic - outlook.

平仍然较高。央行应该通过调整利率来管控国内需求，在通货膨胀压力下降的国家，应通过降低利率来鼓励投资和刺激增长。①

（二）商业银行

非洲商业银行主要包括本地银行，如南非标准银行；原宗主国大银行在非洲殖民地开设的分行，是非洲银行的主力，如美国花旗银行集团于1955年即进入埃及和利比里亚等非洲国家；新兴经济体的银行分支机构，比如赞比亚中国银行。

1. 非洲商业银行发展趋势

非洲银行集团总体上处于扩张模式，业务能力增强，移动支付和金融科技是未来趋势。非洲银行整体呈现出扩张趋势，这主要得益于有机增长，也得益于绿地和棕地投资。②尽管如此，一些集团仍处于整合模式，尤其是在短期内。银行集团报告贷款发放和融资条件有所改善。不良贷款似乎在大多数银行集团中得到控制，但在其他银行集团中仍呈上升趋势。银行业在遵守《巴塞尔二号协议》和《巴塞尔三号协议》标准上作了努力。在产品和服务重点方面，非洲银行集团仍在强调对电子银行和移动银行服务的投资。一些集团也在部署或规划金融科技的发展，主要重点是促进移动资金、电子转账和后台操作。相当一部分集团也在投资与贷款相关的金融技术，包括数据分析和区块链技术。就金融市场发展和金融普惠的推进程度而言，非洲国家的情况也各不相同。③

2. 非洲商业银行存在的主要问题

总的来看，非洲商业银行主要存在以下四个方面问题。

银行发展水平低，在深度、可获得性、效率和稳定性方面都低于世界水平。从储蓄银行私人信贷/GDP（衡量深度，正比）来看，撒哈拉以南非洲地区2017年该数据为21.6%，低于世界平均水平的52.2%，也低于其他地区水平。从15岁以上人群中在正规金融机构开户的比例（衡量可获得性，正比）来看，撒哈拉以南非洲地区为30.1%，低于世界平均水

---

① African Development Bank, *Africa Economic Outlook* 2020, p. 2.
② 金融词典定义：购买一个以前建立的工厂或者设备用于新的经济活动，比如一个做锤子的公司买了一个以前做螺丝刀的工厂，以扩大其锤子制造业务。
③ European Investment Bank, *Banking in Africa*, *Financing Transformation amid Uncertainty*, p. 2.

平17.9%，也低于其他所有地区。从银行贷款－存款利差（衡量效率，反比）来看，撒哈拉以南非洲地区存贷利差为9.3%，高出世界平均存贷利差2个百分点，高于除拉丁美洲和加勒比海地区以外的其他所有地区。从银行Z－score（衡量稳定性，正比）来看，撒哈拉以南非洲地区的Z－score为10.4，低于世界平均值14.2，只高于欧洲和中亚地区。

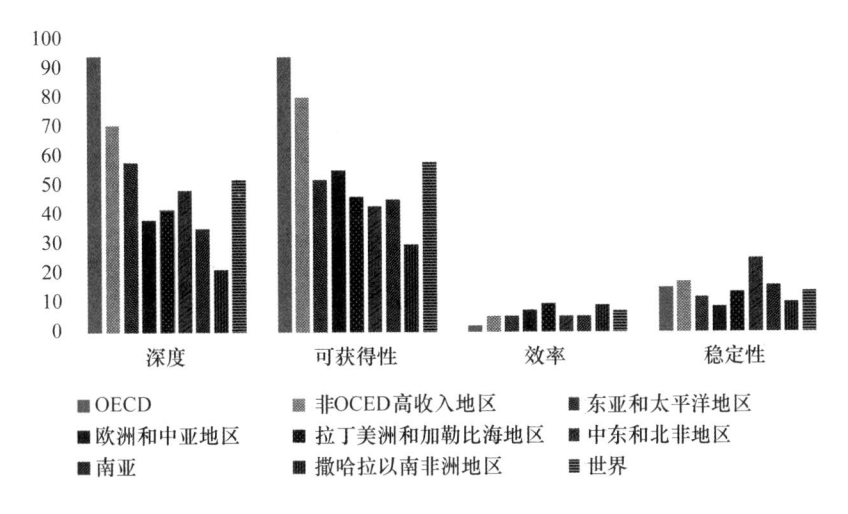

图1　世界各地区金融机构的深度、可获得性、效率和稳定性（2017年）

注：部分数据选用的是2015—2017年最新数据。

资料来源：World Bank, Global Financial Development 2019, pp. 111-114。

第一，整体商业银行网点不足，覆盖率较低，但不同国家之间差异很大。2018年，撒哈拉以南非洲地区每10万成年人平均拥有商业银行分支机构和自动取款机（ATM）分别为5.03个和6.46个，远低于全球平均水平的11.51个和40.09个，严重限制了商业银行吸收存款的规模，资源动员能力很弱。但是，一些国家情况正相反，毛里求斯、圣多美和普林西比、佛得角和塞舌尔等国高于世界平均水平，其中塞舌尔更是高达50.6个和82.55个，这可能与其发达的离岸金融业有关。

第二，非洲各国银行规模差异很大，南非银行机构依旧维持其主导地位，埃及、摩洛哥、尼日利亚和多哥等国银行机构规模较大。在《银行家》杂志公布的2019年世界千强银行排名中，南非的标准银行以98亿美元的资产位居非洲榜首，全球排名达到149位。同时，南非的银行垄断了非洲前4名。埃及的国民银行（National Bank of Egypt）排在第5位，其一级资产为46亿美元。埃及共有5家银行排在非洲前15名。摩洛哥的人民银行（Group Banques Populaire）排在第6位，一级资产为41亿美元。摩洛哥共有三家银行排在前15名。尼日利亚的赞尼特银行（Zenith Bank）以一级资产28亿美元排在非洲第9位，全球415位。多哥的经济银行（Ecobank Transnational）排在非洲银行第14位，一级资产达16亿美元。[①]而多数非洲国家银行规模小，竞争力弱。

第三，不良信用导致了贷款的高利率和对高质量抵押品的要求，导致中小企业贷款难。不良信用文化导致银行不良贷款率高。例如，2018年，西非经济联盟平均整体不良贷款率为12.3%[②]，中非经济共同体则为21.3%[③]，远高于中国的1.8%和美国的0.9%[④]。较高的不良贷款率导致了较高的贷款利率，例如2019年中非经济共同体成员国刚果（金）的贷款利率高达26.7%，也导致了对高质量抵押品的要求，限制了中小企业的贷款机会。[⑤]

2. 非洲商业银行主要优势

第一，非洲国家银行业资本回报率最高。根据全球金融（Global Finance）杂志显示，2019年非洲银行创造了全球最高的资本回报率。[⑥] 根据非洲商业（Africa Business）网站给出的非洲银行百强数据，安哥拉的发展银行的资本回报率最高，高达104.9%。非洲百强银行资本回报率的中位数为17.04%，而美国这一数据为9.70%。[⑦] 高资本回报率将持续吸

[①] Business Insider by pulse, "These are the 15 Largest Banks in Africa for 2019", https://www.pulse.ng/bi/finance/these-are-the-15-largest-banks-in-africa-for-2019/scmqxhj, 2019-7-1.

[②] European Investment Bank, *Banking in Africa, Financing Transformation amid Uncertainty*, p. 61.

[③] European Investment Bank, *Banking in Africa, Financing Transformation amid Uncertainty*, p. 83.

[④] The World Bank Data, https://data.worldbank.org/indicator/FB.AST.NPER.ZS?end=2019&most_recent_year_desc=false&start=2018&view=chart.

[⑤] European Investment Bank, *Banking in Africa, Financing Transformation amid Uncertainty*, p. 3.

[⑥] Gordon Platt, "World's Best Banks 2020: Africa", https://www.gfmag.com/magazine/may-2020/worlds-best-banks-2020-africa, 2020-05-13.

[⑦] Macrotrends, "Bank Of America ROE 2006-2020 | BAC", https://www.macrotrends.net/stocks/charts/BAC/bank-of-america/roe.

引国际投资者进入非洲银行业。

第二,电子银行业蓬勃发展。根据世界银行数据显示,撒哈拉以南非洲地区是一个移动货币服务相对先进的地区。全球只有2%的成年人拥有移动货币账户[1],而在撒哈拉以南的非洲地区,高达21%的成年人拥有移动货币账户,远高于世界平均水平。分国别来看,肯尼亚的移动货币行业覆盖率是最高的。截至2017年,73%的肯尼亚成人拥有移动货币账户。乌干达和津巴布韦的普及率也很高,50%的成人拥有移动货币账户。[2]

3. 非洲商业银行发展前景:挑战与机遇并存

尽管2019年非洲银行业收获颇丰,但是非洲银行业的前景并不乐观。2019年12月,穆迪投资者服务公司(Moody's Investors Service)发布了对非洲银行业的2020年负面展望,原因是经营环境疲软。穆迪预测,非洲大陆的政府债务水平很高,GDP增长仍将低于潜在水平。疲弱的经营状况正在压迫政府的信贷质量,通过减少业务产生,信贷增长放缓和资产风险上升,对银行产生连锁反应。同时,由于政府的欠款增加,贷款集中度高,对借款人友好的法律框架以及不断发展的风险管理和监督能力,资产风险将仍然很高。

虽然整体环境不太乐观,但是非洲银行业在细分市场上将有巨大的机遇。新零售的发展将促进银行业客户增长。著名咨询公司麦肯锡预测,到2022年,在新的零售客户的刺激下,拥有银行业务的非洲人人数将从2017年的3亿增至4.5亿。同时,麦肯锡在2018年2月的报告中指出:"非洲的零售银行业务渗透率仅占GDP的38%。"这一数字是"新兴市场全球平均水平的一半"。因此,可以预测非洲的零售银行业务在未来有很大的前景。

与此同时,巴克莱银行(Barclays Bank)等全球银行的退出,带来了本地和国际企业客户的新业务流。渴望增长资本的新兴中小企业领域也是如此。从吸引更多正规银行机构进入这一方面也能预测到增长的潜能,例如信托商业银行(TMB)已在刚果民主共和国成功开发出细分市场。[3]

---

[1] 黄梅波、唐正明:《非洲金融业与中非金融合作发展现状》,《海外投资与出口信贷》2017年第3期,第18—21页。

[2] Rand Merchant Bank, *Where to Invest in Africa* 2020, p.138.

[3] Gordon Platt, "African Banking: Opportunity, Rapid Growth And Risk", https://www.gfmag.com/magazine/february-2020/future-banking-africa-2020, 2020-5-13.

三 资本市场的最新发展状况

（一）非洲资本市场发展主要趋势

伊斯兰金融在非洲发展迅猛。根据穆迪的说法，撒哈拉以南非洲的伊斯兰金融显著增长。2018年，资产同比增长18.2%，达到188亿美元，超过了欧洲、美洲和澳大利亚。据估计，2019年资产增长了10%。根据非洲开发银行的数据，伊斯兰金融扩大了非洲发行者的融资选择，尤其是在解决基础设施缺口方面。随着各国继续实施必要的伊斯兰金融法律和监管框架，预计非洲在全球伊斯兰金融市场的份额将会增加，目前的价值超过2万亿美元。①

投资者青睐非洲市场。全球投资者对撒哈拉以南非洲地区产生了浓厚的兴趣，全球影响力投资网络（Global Impact Investing Network）2019年度投资者调查显示，44%的受访者将其管理的资产（AUM）的14%分配给该地区，这一比例高于任何其他新兴市场，而88%的受访者计划在2019年保持或增加对该地区的分配。②

监管力度增强。为了提高透明度和竞争力，不同非洲国家正在改变监管格局。比如，约翰内斯堡证券交易所（JSE）于2019年4月提议修订其上市要求，以收紧规则，营造更强有力的监管环境。加纳证券交易委员会（SEC）为了改善加纳的投资环境，加强了对基金管理公司的监管，其中53家违法违规公司的基金管理执照被吊销。③

（二）非洲股票市场的发展

总体来看，非洲股票资本市场交易额度占全世界比例较小，且近些年呈现下降趋势。2019年的股票募集价值和股票发行公司数量占世界的比例分别为0.8%和1.8%，较2018年分别下降44%和29%，其中价值是过去10年来最低值。造成这一下降的主要原因是非洲债务水平的不断上

---

① PricewaterhouseCoopers, *Africa Capital Market Watch* 2019, p. 8.
② Rand Merchant Bank, *Where to Invest in Africa* 2020, p. 143.
③ PricewaterhouseCoopers, *Africa Capital Market Watch* 2019, p. 8.

升和经济增长放缓导致非洲主要经济体面临财政挑战。另一原因是，主要非洲经济体的经济改革步伐缓慢，如南非，根据国际货币基金组织的数据，南非国内生产总值修正增长率为 0.8%，尼日利亚紧缩的货币政策，以及加纳的银行危机，都是限制资本市场活动的一些因素。另外，全球经济不确定性驱动的全球趋势也部分解释了这一下降。[1]

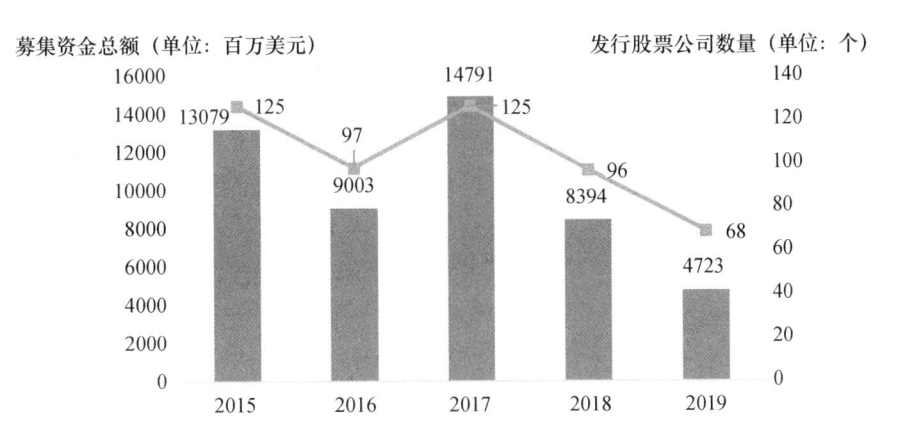

图 2　非洲发行股票公司数目和募集资金总额（2019 年）

分国别来看，非洲各国证券交易所规模差别大。南非约翰内斯堡证交所和埃及证交所规模较大，其他国家证券交易所较小。从 2010 年到 2019 年，在 202 次首次公开募股中，非洲的交易所共募集了 159 亿美元的首次公开募股收益。撒哈拉以南非洲的交易所共进行了 133 次首次公开募股（66%），筹资 123 亿美元（77%）。其余是在北非的交易所提出的。在撒哈拉以南非洲交易所筹集的资金中，约翰内斯堡证券交易所（Johannesburg Stock Exchange，JSE）占 87 亿美元（71%），尼日利亚证券交易所（Nigerian Stock Exchange，NSE）占 15 亿美元（13%）。就首次公开募股量而言，约翰内斯堡证券交易所和博茨瓦纳证券交易所（Botswana Stock Exchange）分别记录了 64 次首次公开募股和 10 次首次公开募股，而加纳证券交易所（Ghana Stock）、贵金属交易所（BRVM）和达累斯萨拉姆证券交易所（the Dar es Salaam Stock Exchange）各有 9 次首次公开募股。在

---

[1] PricewaterhouseCoopers, *Africa Capital Market Watch* 2019, p. 12.

北非交易所的首次公开募股（IPO）中，埃及交易所（Egyptian Exchange EGX）占了最大比例（60%），从23次IPO中募集了22亿美元。其次是卡萨布兰卡证券交易所（Casablanca Stock Exchange）（23%），从13次首次公开募股中筹集了8.39亿美元，还有突尼斯证券交易所（17%），从30次首次公开募股中筹集了5.98亿美元。①

分行业来看，基础设施筹集资金项目和金额下降幅度都很大。2019年，非洲从59笔基础设施交易中筹集了35亿美元，而2018年则从79笔基础设施交易中筹集了62亿美元，基础设施筹资活动的价值和数量分别下降了44%和25%。②

（三）非洲债券市场的发展

债券市场方面，总体来看，非洲国家的债务水平不断攀升。2010年到2019年，非洲发行者从759笔发行中筹集了2459亿美元的非本地货币债券，其中近50%是在过去3年筹集的。例如，南非的债务与国内生产总值的比率从2010年的约35%升至2019年的60%。

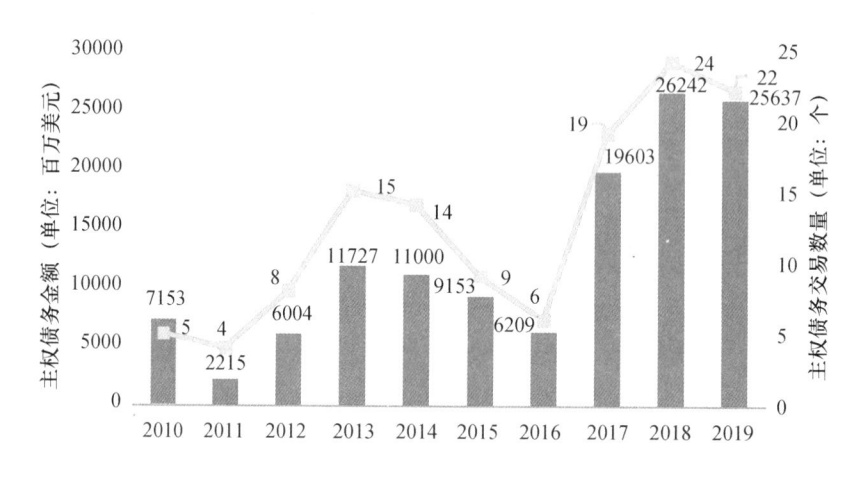

图3 非洲主权债务金额和交易数量（2010—2019年）

---

① PricewaterhouseCoopers, *Africa Capital Market Watch* 2019, p.15.
② PricewaterhouseCoopers, *Africa Capital Market Watch* 2019, p.12.

分国家来看，埃及和南非的主权债务最高。埃及在 2019 年是非本币债券的最大主权债券发行国，共融资 82 亿美元。南非是 2019 年第二大主权债券发行国，9 月发行了有史以来最大规模的欧元债券，融资 50 亿美元，该国寻求流动性以解决预算赤字和抑制经济增长的广泛系统性问题。其他主权国家在 2019 年利用债券市场融资，安哥拉和加纳各融资 30 亿美元，贝宁首次发行欧洲债券融资 5.67 亿美元。安哥拉和贝宁债券的超额认购均超过两倍，再次反映了投资者对非洲债券的兴趣。①

（四）非洲资本市场的发展前景

非洲的资本市场的发展前景是光明的。首先，非洲经济前景稳定。虽然受疫情影响，非洲经济增长出现下滑，但是下滑幅度低于世界平均水平，且预计 2021 年能基本恢复到疫情前预测水平。以撒哈拉以南非洲为例，2020 年经济产出预计下降 3.2%，低于世界平均下降幅度 4.9%，预计 2021 年经济增长 3.4%，与疫情前预测水平 3.5% 基本持平。② 其次，创新产品的推出、IPO 上升趋势以及继续推动国有企业进入资本市场，都表明有理由对前景持更加积极的态度。绿色、蓝色和其他可持续发展债券等创新产品以及衍生工具等去风险工具已在多个市场推出，推动了进一步的市场深度。例如，尼日利亚证券交易所（NSE）宣布即将推出衍生品交易平台，并计划在 2020 年推出股票指数期货。最后，尽管全球政治和经济持续波动，但投资者对非洲股票市场的兴趣似乎有所增加，这反映在摩根士丹利资本国际新兴前沿市场非洲指数的积极表现上，该指数反映了在 15 个非洲国家上市的大中型公司的表现，2019 年上升了 11.4%（不包括南非为 17.3%）；这一趋势扭转了 2018 年 23.3%（不包括南非）的下降趋势。③

三 非洲保险业的最新发展

（一）非洲保险业发展趋势

非洲保险市场处于发展阶段，但是规模仍旧很小。根据 Sigma 发布的

---

① PricewaterhouseCoopers, *Africa Capital Market Watch* 2019, p. 32.
② International Monetary Fund, *World Economic Outlook Update June 2020*, p. 7.
③ PricewaterhouseCoopers, *Africa Capital Market Watch* 2019, pp. 5 – 8.

2018年数据，非洲地区总保额为683.83亿美元，占全球保费的1.31%。而非洲人口全球占比约为15%，保险市场份额远低于人口比例。

分国别来看，非洲保险市场很不均衡，其中南非保险市场一枝独秀。2018年南非保费收入为482.69亿美元，占整个非洲大陆保费收入的70.59%。摩洛哥排名第二，保费收入为45.79亿美元，市场份额为6.7%。肯尼亚的营业额为21.34亿美元，市场份额为3.12%。埃及、尼日利亚、阿尔及利亚、纳米比亚、突尼斯、津巴布韦等国挤进前十，市场规模相对较大。

表2　　非洲保险业营业额排名最高的十个国家（2018年）

单位：百万美元

排名		国家	保险费用		2017/2018变化率	2018市场份额
2018	2017		2018	2017		
19	19	南非	48269	45770	5.46%	70.59%
51	50	摩洛哥	4579	3997	14.56%	6.70%
59	58	肯尼亚	2134	2007	6.33%	3.12%
63	62	埃及	1579	1618	−2.41%	2.31%
71	79	尼日利亚	1220	1162	4.99%	1.78%
73	69	阿尔及利亚	1189	1223	−2.78%	1.74%
79	75	纳米比亚	1009	960	5.10%	1.48%
83	83	突尼斯	870	856	1.64%	1.27%
86	82	津巴布韦	735	642	14.49%	1.07%
		总计	61584	58235	5.75%	90.06%
		非洲其他地区	6799	6930	−1.89%	9.94%
		非洲	68383	65165	4.94%	100.00%
		世界	5193225	4957507	4.75%	

数据来源：Altas Magazine, Insurance industry in Africa: Ranking 2018 of Countries by Turnover, https://www.atlas-mag.net/en/article/insurance-market-in-africa-ranking-2018-of-countries-by-turnover.

（二）非洲保险业存在的问题

首先，民众保险意识淡薄是制约非洲保险业发展的主要原因。2018年2月12日，卢旺达总统卡加梅、财政部长加泰特和卢旺达保险业联合会主席卡纳穆圭在基加利举行的非洲国家保险公司联合会上分别发言，称非洲保险业发展滞后的主要原因是民众保险意识淡薄，投保率不足4%；保险业创新不足，保险产品种类少，缺乏民众能够负担得起的"微保险"产品。①

其次，人才缺失、消费者信任缺失也是造成保险业发展受限的原因。由于教育水平较低，非洲市场缺乏可以开发出改变分销渠道技术的人才。同时，在一些市场上，大量资本不足的公司之间围绕价格而不是服务的过度竞争，削弱了消费者的信任。②

（三）非洲保险业发展前景

从发展的角度来看，非洲保险业的发展前景光明。第一，人口大量增加、收入迅速增加和保险产品普及率相对较低，生命产品和非生命产品都具有巨大潜力。第二，可持续的经济扩张和人口转型使保险市场更具吸引力。以撒哈拉以南非洲地区为例，作为世界经济增长第二快的地区，保险行业的机会引人注目。第三，移动支付和无现金支付等的技术创新，会拓展国家的传统销售渠道，创造前所未有的新的销售机会。比如移动电话现在推动了一些关键市场的生命、作物和健康保险的销售，并正在扩大到农村地区。③

作者简介

黄梅波，女，经济学博士，上海对外经贸大学国际发展合作研究院教授、博导，主要从事国际发展合作、非洲经济发展和世界经济研究。

胡佳生，男，经济学硕士，上海对外经贸大学国际经贸学院硕士研究

---

① 中华人民共和国商务部：《非洲保险业发展严重滞后》，http：//www.mofcom.gov.cn/article/i/jyjl/k/201802/20180202712802.shtml，2018-2-13。
② Ernst & Young, *Waves of Change: Revisited Opportunity Insurance in SSA*, p.12.
③ Ernst & Young, *Waves of Change: Revisited Opportunity Insurance in SSA*, p.22.

生，主要从事国际商务研究。

Annual Report on African Financial Development (2018 – 2019)

Authors: Huang Meibo, female, Ph. D. in Economics, Professor of International Development Cooperation Academy of Shanghai University of International Business and Economics. Research fields: International development cooperation, China – Africa Economic Relationship and World Economy. Hu Jiasheng, male, Master Student in School of International Business and Economics, Shanghai University of International Business and Economics. Research fields: International Business.

Abstract: From 2018 to 2019, Africa's economy has grown steadily, and the financial industry has also benefited from good development. On the whole, Africa's overall financial scale is still relatively small, and its depth, availability, efficiency, and stability are lower than the world average, thus its competitiveness is weak. By country, Africa's financial industry is characterized by uneven development. South Africa, Egypt, and Nigeria have higher overall development levels, while other countries have low levels. From a development perspective, the prospects for the African financial industry are bright, and the overall trend is improving, but some problems are still outstanding and need to be resolved. From a business perspective, digital finance is the future direction of development.

非洲大陆自由贸易区发展报告(2018—2019)[*]

孙志娜

[内容摘要] 非洲大陆自由贸易区的建立意味着非洲经济一体化取得了里程碑式的进展，它对于非洲经济转型、提升其在全球贸易和价值链分工中的地位意义重大，将给非洲经济发展带来新动力。当前，非洲大陆自由贸易区正处于运作过程中，存在非洲国家整体经济增长趋稳、政治局势持续改善以及主要经济体重视程度增强等积极因素，但也面临着与区域经济共同体之间的矛盾法律关系、成员国之间的利益冲突、供给和生产能力不足现象依然严峻等挑战，特别是当前新型冠状病毒肺炎疫情将对其产生一定的负面冲击。

2018年3月，44个非洲国家在卢旺达首都基加利举行的非洲联盟（简称"非盟"）首脑特别会议上签署了《非洲大陆自由贸易区协议》，标志着非洲大陆自由贸易区正式成立。这意味着非洲经济一体化取得了里程碑式的进展，或将形成覆盖12亿消费者、国内生产总值达2.5万亿美元的统一市场，成为自世界贸易组织成立以来全球包含人口和成员国数量最多的自由贸易协议。非洲大陆自由贸易区旨在通过降低关税、消除贸易壁垒，促进区域内贸易和投资发展，实现商品、服务、资金和人员在区域内

---

[*] 本文系国家社会科学基金一般项目"全球价值链视角下中非建立深度自由贸易区的动力机制与模式选择"（19BJY190）以及浙江省教育厅项目"非洲大陆自由贸易区的建立对中非贸易的影响与对策研究"（Y2018 40682）的阶段性成果。

的自由流动。它的成立对非洲经济转型、提升其在全球贸易和价值链分工中的地位意义重大,将给非洲经济发展带来新动力。经过两年的时间,非洲大陆自由贸易区建设的进展如何?存在哪些有利因素和障碍?未来,尤其是在当前全球遭遇新型冠状病毒肺炎的冲击之际,该自由贸易区的前景会怎样?本文将对非洲大陆自由贸易区建设的进展、有利因素、障碍和前景进行研究。

一 非洲大陆自由贸易区建设的进展

(一) 签约国数量快速上升

2018年3月,44个非洲国家成为签署非洲大陆自由贸易区协议(简称协议)的第一批国家。此后,在2018年7月、2019年2月以及2019年7月分别有3批国家陆续签订了此协议,非洲最大的两个经济体尼日利亚和南非也包括其中(见表1)。截至2019年12月,非洲已经有54个国家签署了《协议》,仅剩厄立特里亚1个国家尚未签字。值得注意的是,《协议》的签署的背后有一个较复杂的国际经济环境。当前,经济全球化、多边贸易体制受到严重挑战,大型区域贸易协定如跨大西洋贸易和投资伙伴关系(TTIP)与跨太平洋伙伴关系(TPP)的谈判陷入僵局,非洲多数区域经济共同体的贸易和经济合作也处于谈判或者批准的起步阶段。《协议》能够在一年内获得非洲大陆几乎所有国家的签字,这体现了非洲国家希望通过整合市场发展当地经济的迫切愿望。

表1　　　　　　　　非洲大陆自由贸易区协议签约国

批次和时间	签约国家
第一批(44个国家)2018年3月卢旺达基加利非盟第10届首脑特别会议	尼日尔、卢旺达、安哥拉、中非、乍得、科摩罗、吉布提、冈比亚、加蓬、加纳、肯尼亚、毛里塔尼亚、莫桑比克、撒哈拉共和国、塞内加尔、苏丹、津巴布韦、科特迪瓦、塞舌尔、阿尔及利亚、赤道几内亚、摩洛哥、布基纳法索、喀麦隆、佛得角、刚果(布)、几内亚、利比里亚、利比亚、马达加斯加、马拉维、马里、毛里求斯、索马里、南苏丹、乌干达、埃及、埃塞俄比亚、圣多美和普林西比、多哥、突尼斯、坦桑尼亚、刚果(金)、斯威士兰

续表

批次和时间	签约国家
第二批（5个国家）2018年7月在毛里塔尼亚努瓦克肖特举行的第31届非洲联盟首脑会议	南非、塞拉利昂、莱索托、布隆迪、纳米比亚
第三批（3个国家）2019年2月在埃塞俄比亚的斯亚贝巴第32届非洲联盟首脑会议	博茨瓦纳、赞比亚、几内亚比绍
第四批（2个国家）2019年7月在尼日尔尼亚美非盟第12届首脑特别会议	贝宁、尼日利亚
未签字国家（1个国家）	厄立特里亚

资料来源：笔者根据网络信息整理获得。

此外，根据《协议》第23条规定，至少22个成员国获得国家层面的批准，并将批准文书递交非盟委员会30天后，该协议才能正式生效。2019年4月29日，塞拉利昂成为第22个批准该协议的国家，达到了协议生效所要求的最低批准国数目。2019年5月30日起，该协议正式生效。同年7月，非盟第12届首脑特别会议启动了非洲大陆自由贸易区的运作阶段。此后，其他国家继续提交批准文书。截至2019年12月底，共有29个国家批准了《协议》，占签字国总数的比例近50%（见表2）。

表2　　　　　　　　非洲大陆自由贸易区协议批准国

序号	国家	批准日期	序号	国家	批准日期
1	肯尼亚	2018年5月10日	16	毛里塔尼亚	2019年2月11日
2	加纳	2018年5月10日	17	多哥	2019年4月
3	卢旺达	2018年5月26日	18	埃及	2019年4月8日
4	尼日尔	2018年6月8日	19	埃塞俄比亚	2019年4月10日
5	乍得	2018年7月1日	20	冈比亚	2019年4月16日
6	斯威士兰	2018年7月1日	21	撒哈拉共和国	2019年4月29日
7	几内亚	2018年7月1日	22	塞拉利昂	2019年4月29日
8	乌干达	2018年11月28日	23	津巴布韦	2019年5月24日
9	科特迪瓦	2018年12月16日	24	布基纳法索	2019年5月19日
10	塞内加尔	2019年1月	25	圣多美和普林西比	2019年6月27日
11	南非	2019年2月10日	26	加蓬	2019年7月7日
12	马里	2019年2月	27	赤道几内亚	2019年7月19日
13	纳米比亚	2019年2月	28	毛里求斯	2019年10月8日
14	吉布提	2019年2月	29	喀麦隆	2019年10月31日
15	刚果（布）	2019年2月10日			

注：该日期为各国向非盟委员会递交批准文书之日。

数据来源：Tralac 网站，https：//www.tralac.org/resources/infographics/13795 - status - of - afcfta - ratification.html。

(二) 组织结构体系逐步完善

非洲大陆自由贸易区具有两个实体的特征，它既是一个独立自由贸易协定的制度安排，也是非盟 2063 年愿景的旗舰项目之一，这意味着它的组织结构区别于一般的自由贸易协定。非洲大陆自由贸易区的组织结构由四部分组成：非盟首脑会议（African Union Assembly）由非盟所有成员国的政府首脑组成，它为非洲大陆自由贸易区提供监督和指导，是其最终的决策机构；部长级会议（The Council of Ministers）由成员国的贸易部长或者其他被任命者组成，有权决定非洲大陆自由贸易区协议的所有事项。它通过非盟执行委员会向非盟首脑会议提交报告，并向其提供建议；高级别贸易办公室委员会（The Committee of Senior Trade Officials），由常务秘书或成员国指派的其他官员构成，负责为实施非洲大陆自由贸易区协议制订方案以及执行计划；秘书处（Secretariat）是一个管理机构，协调非洲大陆自由贸易区协议的执行情况，总部位于加纳阿克拉；争议解决机制（The Dispute Settlement Mechanism），与世界贸易组织的争议解决机制一致。此外，非洲大陆自由贸易区还设置了货物或服务贸易技术委员会、非洲贸易观察站、非关税壁垒报告和消除在线机制及泛非数字支付和结算平台等。[1]

(三) 协议内容覆盖广泛

非洲大陆自由贸易区协议的内容包括货物贸易、服务贸易、争议解决、投资、知识产权和竞争政策等（见图 1）。[2] 这意味着非洲大陆自由贸易区不仅致力于消除传统的关税和非关税等边境上壁垒，而且还尝试消除制约跨境贸易和服务转移的法律和规制等边境内壁垒，这些范围超出了传统自由贸易区的要求，后者仅要求消除货物贸易的关税壁垒。非洲大陆自由贸易区较广泛的协议内容符合当前以中间产品贸易和国际生产分割为主要内容的全球价值链发展趋势，有利于解决中间产品多次跨境带来的关税成本放大效应，促进国际生产分割的顺利开展，进而促进非洲区域内价

---

[1] Tralac, The African Continental Free Trade Area: A tralac guide https://www.tralac.org/publications/article/13997-african-continental-free-trade-area-a-tralac-guide.html.

[2] Tralac, The African Continental Free Trade Area: A tralac guide https://www.tralac.org/publications/article/13997-african-continental-free-trade-area-a-tralac-guide.html.

值链的形成，突破其长期游离于全球价值链边缘的困局。根据《协议》谈判的时间安排，货物贸易、服务贸易以及争议解决规则和流程是在第一个阶段协商；投资、竞争政策、知识产权在第二阶段协商。截至 2019 年 12 月底，《协议》第一阶段的谈判已基本完成，但是关税减让表、原产地规则以及服务部门开放承诺等重要议题仍然悬而未决，这导致预计 2020 年 7 月开始在非洲大陆自由贸易区框架下进行贸易的计划很难实现，而原定于 2018 年 8 月开启的第二阶段谈判也将继续延期。

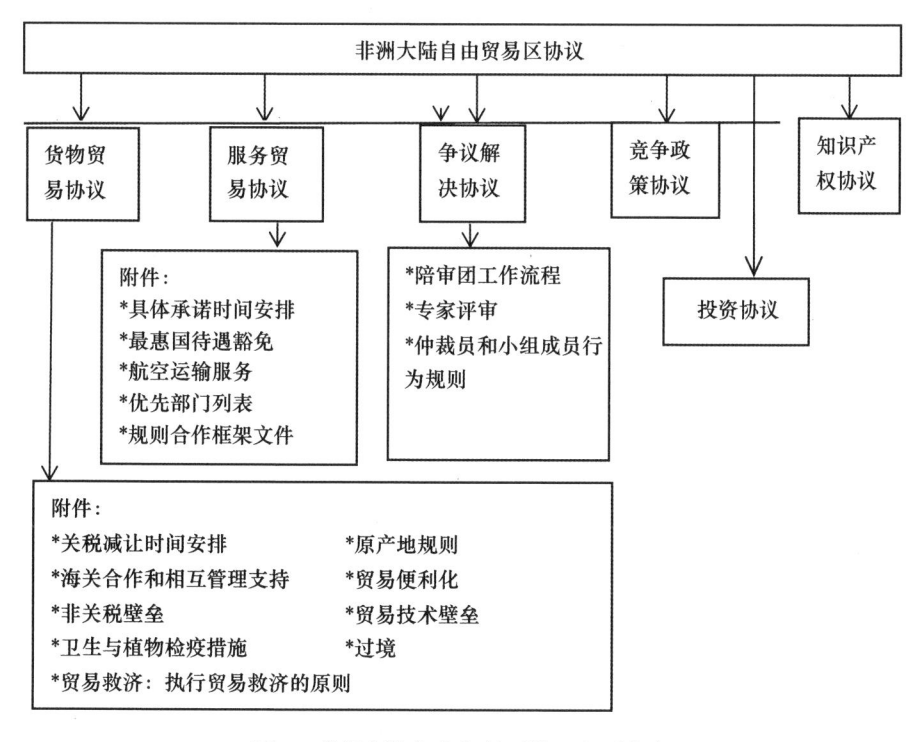

图 1　非洲大陆自由贸易区协议主要内容

二　非洲大陆自由贸易区建设的有利因素

近年来，非洲在经济、政治和国际关系等方面的稳定发展，为非洲大陆自由贸易区的建设营造了良好的环境。

(一) 经济增长整体趋稳

非洲曾于2000年被英国《经济学人》杂志称作"无望的大陆"。但进入21世纪以来,非洲大陆整体由乱趋稳,经济连续多年快速增长、和平红利和人口红利等不断释放,非洲逐渐变为"希望的大陆"。2000—2018年,非洲经济平均增速高于全球平均水平,仅次于亚洲(见表3)。2018年,全球经济增长速度最快的10个国家中,5个来自非洲国家,它们分别为利比亚(11%)、卢旺达(8.6%)、南苏丹(7.4%)、埃塞俄比亚(7.3%)及科特迪瓦(7.2%)。根据非洲发展银行预测,2019年非洲经济增长稳定在3.4%,预计2020年将回升至3.9%,2021年将回升至4.1%。[1]

表3　　　　　　　　世界各大洲的平均经济增长速度　　　　　　(单位:%)

	1992—1995	1995—2000	2000—2005	2005—2010	2010—2015	2000—2018
非洲	1.83	3.42	5.69	5.15	3.26	4.25
美洲	3.33	3.99	2.62	1.23	2.17	2.15
亚洲	3.92	3.14	4.59	4.67	4.74	4.74
欧盟	0.87	2.84	2.18	0.84	1.04	1.76
大洋洲	4.04	3.89	3.47	2.56	2.80	2.88
世界	2.58	3.36	3.10	2.26	2.73	2.90

数据来源:联合国贸发会(UNCTAD)网站。

(二) 政治局势持续改善

非洲动荡的政治与安全形势一直是困扰非洲稳定和发展的痼疾,这一问题从2017年至今有所缓解,非洲政治安全形势总体呈现出向好、向稳的发展趋势。[2] 一方面,非洲地区的选举政治趋于理性,多个非洲国家权力平稳过渡,选举政治所引发的部族冲突和社会动荡大幅减少;另一方

---

[1] African development Bank Group, African Economic Outlook 2020: Developing Africa's workforce for the furture, https://www.afdb.org/en/knowledge/publications/african-economic-outlook.

[2] 《非洲政治安全形势的新发展与新挑战》,中国书皮网,https://www.pishu.cn/psgd/541868.shtml。

面，部分"热点"安全问题有所降温，比如暴恐形势有所改观，南苏丹和平再现曙光，索马里和平进程向前推进，埃塞俄比亚与厄立特里亚长达20年的争端也和平解决。根据2017年易卜拉欣非洲治理指数，非洲的总体治理指数自2007年以年均1.4%的速度增长，包括科特迪瓦、突尼斯、卢旺达和埃塞俄比亚等在内的至少12个国家，总体治理指数增长速度超过5%。[①]

（三）大国重视程度增强

当前，非洲吸引着世界主要经济体的广泛关注。在2018年9月举行的中非合作论坛北京峰会上，28个非洲国家和非洲联盟与中国签署共建"一带一路"合作备忘录。同时，中国还提出对非洲实施产业促进、设施联通、贸易便利等为主要内容的"八大行动"计划。2018年年底，美国总统特朗普推出了非洲新战略，改变了其一直对非洲的漠视态度。2019年6月，美国还在莫桑比克召开的美非商业峰会上宣布启动"繁荣非洲倡议"。2019年8月，日本在横滨举办了第七届非洲发展国际会议，约有40多个非洲国家领导人参加。日本对非洲提出"双E双I"（企业、就业、投资、创新）战略，承诺未来三年向非洲提供总额约300亿美元的对非投资及贷款计划。2019年10月，俄罗斯与非洲国家在索契召开首届峰会，重点讨论俄与非洲国家在经贸、安全等领域的合作。

三 非洲大陆自由贸易区建设存在的障碍

（一）与区域经济共同体之间的法律关系存在矛盾

自20世纪60年代非洲大多数国家相继获得政治上的独立以来，非洲大陆涌现出众多的区域经济合作组织，它们被称为区域经济共同体。这些组织形成一个复杂、相互交织的网络，在成员国、任务和规则方面存在重叠，有的甚至相互矛盾，造成"意大利面碗效应"，降低贸易效率。为了消除重叠成员国现象，非盟于2006年7月第七届首脑会议上正式承认八

---

① 中华人民共和国商务部：《非洲经济增长有望成为全球之首》，http：//www.mofcom.gov.cn/article/i/jyjl/k/201809/20180902784001.shtml。

个区域经济共同体①作为实现非洲经济共同体的支柱。《协议》也肯定了这些区域经济共同体的基石作用，但是它们与非洲大陆自由贸易区之间的法律关系存在矛盾。《协议》第19条规定："如果本协议与非洲任何区域贸易协定存在差异，应以本协议为准。"这表明《协议》的规则优先于区域贸易协定规则，显然与《协议》第5条所述的"保留既成"原则相矛盾。此外，作为独立法人的区域经济共同体并没有因为非洲大陆自由贸易区的成立而消失，未来区域经济共同体之间及区域经济共同体与非洲大陆自由贸易区的重叠现象依然存在。

（二）成员国之间的利益存在冲突

自《协议》生效以来，成员国由于各种原因，如外交争端、安全问题、健康预防和经济利益等实施排外行为、关闭边境以及非关税壁垒的情况有所增加，导致进入实施阶段的非洲大陆自由贸易区协议增加了诸多变数，减缓其执行速度。例如，2019年9月，南非针对尼日利亚群体的暴力行为遭到尼日利亚官方及民间的抗议，尼政府随后召回驻南非大使，并宣布退出正在南非开普敦举行的世界经济论坛非洲峰会。2019年10月，尼日利亚为了遏制邻国走私货物的涌入，政府宣布无限期禁止所有商品通过全国陆路边境的进出口活动，这一举措正在影响西非地区的贸易往来。此外，尼日利亚的国内相关利益方一度表达非洲大陆自由贸易区对本国经济造成冲击的担忧，这导致尼政府不得不延迟《协议》的批准程序。2020年年初，新型冠状病毒肺炎席卷全球，非洲国家也未能避免。根据世界卫生组织统计，截至2020年3月27日，非洲共计3399人确诊，预计该数字还会继续上升。为了控制疫情，非洲多数国家出现了封关和封境情况，有关非洲大陆自由贸易区协议执行的相关会议延迟。

（三）供给和生产能力不足现象依然严峻

基础设施薄弱一直是制约非洲实现经济一体化的瓶颈之一。近年来，随着非洲国家一体化意识和行动能力逐渐增强，跨国跨区域基础设施建设

---

① 它们分别为阿拉伯马格里布联盟、东部和南部非洲共同市场、萨赫勒－撒哈拉国家共同体、东非共同体、中非国家经济共同体、西非国家经济共同体、政府间发展组织和南部非洲发展共同体。

有所增加。例如，连接南苏丹、埃塞俄比亚与肯尼亚的交通走廊和连接卢旺达、乌干达与肯尼亚的"北部走廊一体化项目"、中部非洲交通走廊、东非电力互联网络、中部非洲能源组织的北南走向的电力输送通道项目都在建设。① 尽管如此，根据非洲开发银行数据，非洲地区的基础设施融资缺口依然很大，每年所需资金总额约在1300亿—1700亿美元之间。② 此外，非洲大多数国家的工业化水平普遍低下，出口结构以农产品和矿产品等附加值较低的商品为主，各国之间进行贸易的动力不足，对区域外国家的贸易依赖依然严重。根据联合国贸发会数据，非洲区内贸易水平一直很低，2018年该值仅为15.8%，而欧洲该比例达到68.7%，亚洲为60%。

四 总结与展望

非洲大陆自由贸易区的建立意味着非洲经济一体化取得了里程碑式的进展，对于扩大非洲区域内部贸易、促进非洲国家的可持续发展发挥着重要作用。当前，非洲大陆自由贸易区正处于运作阶段，一方面非洲国家整体经济增长趋稳、政治局势持续改善以及主要经济体重视程度增强等积极因素为其营造了良好的环境；另一方面也面临着与区域经济共同体之间的法律关系存在矛盾、成员国之间的利益存在冲突、供给和生产能力不足现象依然严峻等挑战。2020年年初，新型冠状病毒肺炎席卷全球，医疗资源相对落后的非洲国家也未能避免。根据3月19日联合国非洲经济委员会的一份报告，疫情将对非洲经济造成严重影响，经济增速可能从此前预期的3.2%降至1.8%，并加剧非洲国家的财政赤字，直接导致非洲国家的外国直接投资减少，进出口贸易受到严重影响，对非洲大陆自由贸易区的建设产生一定的负面冲击。③ 不过，非洲大陆自由贸易区的顺利推进也有助于抵消疫情的负面影响，比如增加非洲内部贸易，减少对外部经济的过度依赖，确保药品和基础食品等重要战略物资实现本地的有效和及时供

---

① 《非洲基础设施建设政策新趋势》，中国贸易投资网，http://www.tradeinvest.cn/information/3943/detail。

② 中华人民共和国驻马里共和国大使馆经济商务处：《2018年非洲基础设施融资突破千亿美元》，http://ml.mofcom.gov.cn/article/jmxw/201911/20191102917431.shtml。

③ 中华人民共和国商务部：《非经委报告分析新冠病毒对非洲经济的影响》，http://www.mofcom.gov.cn/article/i/jyjl/k/202003/20200302948113.shtml。

给。可以预见,非洲大陆自由贸易区的建设在经历了短暂的困境之后将继续推进。

作者简介

孙志娜,女,经济学博士,浙江师范大学中非国际商学院讲师,主要从事非洲经济一体化及中非自由贸易区研究。

African ContinentFree Trade Area (2018 – 2019)

Author: Sun Zhina, PHD in economics, lecturer in the Zhejiang Normal University, her main research fields include African economic integration and Free Trade Area between China and Africa.

Abstract: The establishment of African Continent Free Trade Area represents a milestone in Africa's economic integration, which has great significance for the transformation of African economies, the upgrading of their position in global trade and the division of Labour in value chains, and will give new impetus to African economic development. Currently, African Continent Free Trade Area is in the process of operation, with positive factors such as the stabilization of overall economic growth in African countries, the continued improvement of the political situation and the increased attention of major economies, however, it also faces challenges such as the existence of contradictions in legal relations with regional economic communities, conflicts of interests among member states, and insufficient supply and productive capacity, in particular, the current outbreak of 2019 – CORONA virus will have a negative impact.

西非区域贸易发展报告(2018—2019)*

刘爱兰

[内容摘要] 受国际大宗商品价格走低的影响,2019 年西非区域贸易发展呈下降趋势,且大部分国家出现贸易逆差。西非国家贸易伙伴集中于欧洲和亚洲地区,非洲国家尤其是西非国家相对较少;贸易商品结构以出口初级产品和附加值较低的工业制成品为主,以进口资本和技术密集型工业制成品为主,且该现状短期内不会改变。2020 年,受新冠肺炎疫情的影响,西非区域贸易将难以扭转下降趋势。当前,塞拉利昂等 14 个西非国家与中国签署了"一带一路"合作协议,这将为西非国家基础设施的改善以及西非区域贸易的发展提供强大支撑和动力。

一 西非区域贸易总体发展现状及存在问题

(一)西非区域贸易总体发展现状

受世界经济持续低迷,国际大宗商品需求不振,价格走低的影响,2019 年,西非国家进出口贸易在经历了 2018 年的强劲增长后出现下降,

---

* 本文受浙江省自然科学基金青年项目"文化差异对中国出口的影响机理与对策研究:基于异质性企业视角"(项目批准号:LQ19G030012)资助。

进出口总额约1580亿美元①,占世界贸易总额的0.4%,非洲贸易总额的15.8%,较2018年下降12.2%。其中,西非国家对外出口总额继2017年和2018年的平稳增长之后大幅下滑,由2018年的947亿美元下降到2019年的786亿美元,占世界出口总额的0.4%,非洲出口总额的17.4%;进口水平则一直呈持续波动状态,2019年进口总额为794亿美元,占世界出口总额的0.4%,非洲出口总额的14.5%,较2018年下降6.8%(见图1)。

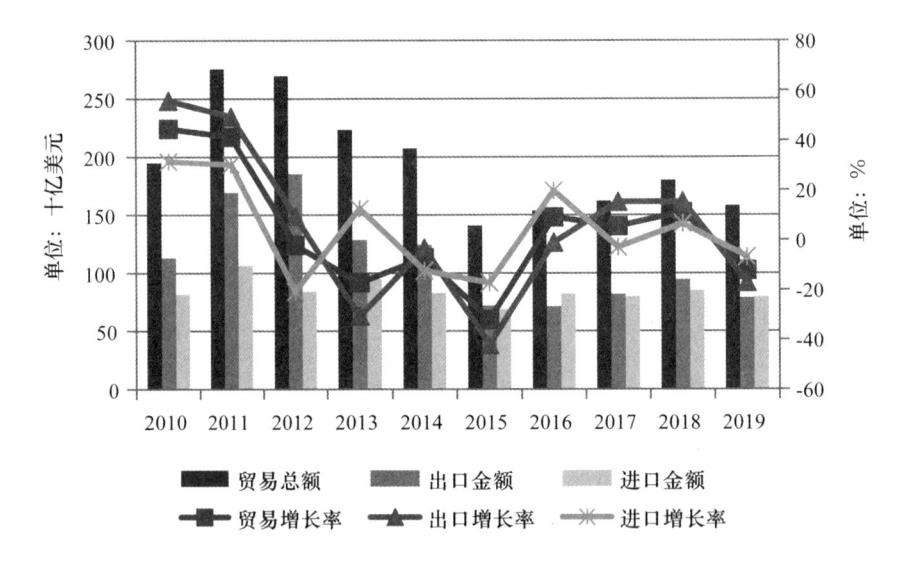

图1 2010—2019年西非进出口贸易趋势

注:右轴标示增长率,左轴标示金额。

资料来源:Trade Map数据库。

(二)西非区域贸易发展存在的问题

1. 区域内国家之间对外贸易发展差异巨大

西非各国之间对外贸易发展水平存在较大差异。其中,尼日利亚是西非地区对外贸易的领头羊。2019年,尼日利亚对外贸易总额达1010.1亿

---

① 如无特别说明,计算时仅考虑了西非16国(毛里塔尼亚、塞内加尔、冈比亚、马里、布基纳法索、几内亚、几内亚比绍、佛得角、塞拉利昂、利比里亚、科特迪瓦、加纳、多哥、贝宁、尼日尔和尼日利亚)的进出口金额。

美元，其中出口总额 536.2 亿美元，进口总额 473.9 亿美元，均遥遥领先于区域内其他国家。其次为科特迪瓦，2019 年对外贸易总额为 232 亿美元，其中出口总额达 127.2 亿美元，进口总额为 104.8 亿美元。对外贸易水平排名第三的是塞内加尔，2019 年进出口总额为 123.2 亿美元，其中出口总额为 41.7 亿美元，进口总额达 81.4 亿美元（见表1）。在有数据统计的西非 8 个国家中，2019 年仅尼日利亚和科特迪瓦实现对外贸易顺差，分别为 62.4 亿美元和 22.4 亿美元。而塞内加尔、贝宁、布基纳法索、多哥、佛得角和毛里塔尼亚 6 个国家则出现不同程度的贸易逆差，其中贸易逆差最高的为塞内加尔，达 39.7 亿美元；最低的为毛里塔尼亚，为 6.3 亿美元（见表2）。

表1　　　　　　　　2019 年西非国家进出口贸易统计　　　　单位：亿美元、%

国　　家	进出口 金额	进出口 增长率	出　口 金额	出　口 增长率	进　口 金额	进　口 增长率
尼日利亚	1010.1	13.0	536.2	1.3	473.9	29.9
科特迪瓦	232.0	1.8	127.2	7.8	104.8	-4.7
塞内加尔	123.2	5.3	41.7	15.2	81.4	0.9
布基纳法索	75.1	-0.8	32.6	-0.3	42.5	-1.3
毛里塔尼亚	64.1	19.4	28.9	32.3	35.2	10.6
贝宁	37.4	-12.4	8.5	-10.7	28.9	-12.9
多哥	29.9	1.6	10.3	0.1	19.6	2.5
佛得角	8.5	-4.3	0.6	-17.8	7.9	-3.0
冈比亚	N/A	N/A	N/A	N/A	N/A	N/A
加纳	N/A	N/A	N/A	N/A	N/A	N/A
几内亚	N/A	N/A	N/A	N/A	N/A	N/A
几内亚比绍	N/A	N/A	N/A	N/A	N/A	N/A
利比里亚	N/A	N/A	N/A	N/A	N/A	N/A
马里	N/A	N/A	N/A	N/A	N/A	N/A
尼日尔	N/A	N/A	N/A	N/A	N/A	N/A
塞拉利昂	N/A	N/A	N/A	N/A	N/A	N/A

注：N/A 表示无相关数据统计。
资料来源：Trade Map 数据库。

就西非各国对外贸易增长率而言，毛里塔尼亚是2019年进出口增长率最快的国家，达19.4%，其次为尼日利亚和塞内加尔，分别为13%和5.3%，而贝宁、佛得角和布基纳法索对外贸易不升反降。2019年，西非国家出口增长排名前三位的国家为毛里塔尼亚、塞内加尔和科特迪瓦，出口增长率分别为32.3%、15.2%和7.8%。进口增长最快的三个国家为尼日利亚、毛里塔尼亚和多哥，进口增长率分别达29.9%、10.6%和2.5%。总体而言，2019年毛里塔尼亚进出口贸易增长最为显著。而其中需要指出的是，科特迪瓦进口增长率较2018年下降4.7%，部分抵消了出口的良好表现，导致对外贸易增长率仅为1.8%（见表1）。

表2　　　　　　　　2017年西非国家贸易差额情况　　　　　单位：亿美元

贸易顺差国	金额	贸易逆差国	金额
尼日利亚	62.4	塞内加尔	-39.7
科特迪瓦	22.4	贝宁	-20.4
		布基纳法索	-9.9
		多哥	-9.4
		佛得角	-7.3
		毛里塔尼亚	-6.3

注：2019年，冈比亚、加纳、几内亚、几内亚比绍、利比里亚、马里、尼日尔和塞拉利昂八国无相关统计数据。

资料来源：Trade Map数据库。

2. 贸易伙伴国较为集中

2019年，西非国家的对外贸易伙伴集中于欧洲和亚洲地区，来自非洲的贸易伙伴国尤其是来自本区域内的贸易伙伴国较少。由表3可以看出，在西非国家前10大出口贸易伙伴中，佛得角出口贸易伙伴一半以上来自欧洲地区，占了6个；贝宁一半的出口贸易伙伴来自亚洲[①]；多哥出口贸易伙伴有7个来自非洲，并且它们均属于西非地区，分别为贝宁、布基纳法索、尼日尔、加纳、马里、科特迪瓦和尼日利亚；此外，佛得角、科特迪瓦、尼日利亚、塞内加尔和多哥等国均有出口贸易伙伴来自美洲地

---

① 此处分析仅考虑2019年有统计数据的国家。

区，并且其出口贸易伙伴为美国或巴西。就西非国家前 10 大进口贸易伙伴而言，佛得角有 7 个进口贸易伙伴来自欧洲地区；贝宁、尼日利亚和多哥有近一半的进口贸易伙伴来自亚洲地区，为 4 个；贝宁、布基纳法索和多哥来自非洲的进口贸易伙伴均为 2 个；佛得角来自美洲的进口贸易伙伴最多，为 2 个；并且西非国家美洲进口贸易伙伴大多为美国、巴西和加拿大。

表3　　　　　西非国家前 10 大贸易伙伴地区分布情况　　　　单位：个

国家	出口贸易伙伴				进口贸易伙伴			
	亚洲	非洲	欧洲	美洲	亚洲	非洲	欧洲	美洲
贝宁	5	4	1		4	2	4	
布基纳法索	3	4	3		3	2	4	1
佛得角	1	2	6	1	1		7	2
科特迪瓦	2	2	5	1	3	1	5	1
冈比亚*	3	3	3		3	2	3	2
加纳*	4	1		1	3	1	4	2
几内亚#	3	1	6		5		4	1
几内亚比绍&	7	1	2		4	1	4	
利比里亚&	4	1	2	1	5	1	3	
马里&	4	4	2		2	4	3	
毛里塔尼亚	2	2	5		3	1	5	1
尼日尔*	4	2	3	1	4	3	2	
尼日利亚	3	2	4	1	4	1	4	
塞内加尔	2	3	4	1	2	1	6	1
塞拉利昂*	2	5	3		4	2	3	1
多哥	2	7		1	4	2	3	1

注：# 为 2016 年数据；& 为 2017 年数据；* 为 2018 年数据。
资料来源：Trade Map 数据库。

就西非各国最大出口贸易伙伴而言，贝宁最大出口贸易伙伴为孟加拉国，约占其出口总额的 26.9%；布基纳法索一半以上的商品出口到了瑞士；西班牙是佛得角最大出口贸易伙伴，约占佛得角出口总额的 10.6%；科特迪瓦最大出口贸易伙伴为荷兰，约占其出口总额的 10.7%；冈比亚近一半的商品出口到本区域的马里，为46.4%；同样，塞内加尔最大出口贸易伙伴为马里，约占其出口总额的23%；本区域内的贝宁是多哥最大出口贸易伙伴，约占其出口贸易总额的21.3%；印度是加纳和尼日利亚最大出口贸易伙伴，分别约占其出口总额的21.5%和15.4%；另外，印度也是几内亚比绍最大出口贸易伙伴，其一半以上的商品出口到了印度，约占几内亚比绍出口总额的59.1%；几内亚27.6%的商品出口到阿拉伯联合酋长国；利比里亚自身是其最大的出口贸易伙伴，约占80.4%；马里商品主要出口到南非，约占其出口总额的41%；中国是毛里塔尼亚和塞拉利昂最大的出口贸易伙伴，分别约占其出口总额的30.3%和18.3%；尼日尔最大出口贸易伙伴为泰国，约占其出口总额的14%。

与最大出口贸易伙伴相比，西非各国最大进口贸易伙伴主要为中国。其中，中国是布基纳法索、科特迪瓦、加纳、几内亚、尼日尔、尼日利亚、塞拉利昂和多哥8个国家最大的进口贸易伙伴，分别占其进出口总额的12.2%、17.2%、19.1%、16.8%、21.5%、25.5%、20%和20.5%；贝宁最大进口贸易伙伴为印度，约占其进口贸易总额的13.6%；葡萄牙是佛得角和几内亚比绍最大进口贸易伙伴，分别约占其进口贸易总额的44.8%和39.7%；冈比亚和利比里亚最大进口贸易伙伴均为本区域内的科特迪瓦，约占其进口贸易总额的46.4%和25.4%；马里最大进口贸易伙伴同样来自本区域，为塞内加尔，约占其进口贸易总额的20.5%；毛里塔尼亚最大进口贸易伙伴为阿拉伯联合酋长国，约占其进口贸易总额的13.3%；法国是塞内加尔最大进口贸易伙伴，约占其进口贸易总额的16.8%。

3. 出口商品附加值较低

西方国家，甚至非洲各国的资源禀赋及其比较优势决定了其对外贸易商品结构。整体而言，西非国家出口的商品主要为初级产品以及附加值较低的工业制成品，而进口的商品则主要为资本和技术密集型工业制成品。根据Trade Map数据库提供的西非各国进出口数据计算可得：

2019年，西非国家出口前三位的商品集中于第五类"矿产品"、第十四类"贵金属及制品"和第二类"植物产品"。其中，第五类"矿产品"在贝宁、科特迪瓦、加纳、几内亚、利比里亚、毛里塔尼亚、尼日尔、尼日利亚、塞内加尔、塞拉利昂和多哥11个国家出口中所占比重分别为5.9%、18.2%、37.4%、77.2%、20.6%、37.9%、15.6%、87.2%、

29.3%、49.8%和33.9%，尤其是在几内亚和尼日利亚出口中占了一半以上的比重。第十四类"贵金属及制品"占布基纳法索和马里出口的一半以上，分别为69.7%和76.7%；其在加纳、几内亚、利比里亚、毛里塔尼亚、塞内加尔和塞拉利昂6个国家出口中也位居前三名，分别占各国出口比重的31.7%、14.7%、8.6%、21.6%、15.4%和10.7%。第二类"植物产品"是几内亚比绍和尼日尔的主要出口产品，其在两国出口中所占比重分别为54.2%和55%；另外，第二类"植物产品"在贝宁、布基纳法索、科特迪瓦、冈比亚和马里五国出口中也占重要地位，其所占比重分别为16.9%、8.4%、9.9%、24.8%、6.2%。

就进口而言，2019年西非国家进口前三位的商品依次为第十六类"机电产品"、第五类"矿产品"和第六类"化工产品"。其中第十六类"机电产品"在几内亚、尼日尔、尼日利亚和塞拉利昂进口中均占首位，分别为21.3%、19.5%、26.8%和18.5%；同时，在布基纳法索、佛得角、科特迪瓦、加纳、马里、毛里塔尼亚、塞内加尔和多哥八个国家进口中位居前列，所占比重分别为18.6%、13.6%、15.9%、14.4%、13.9%、14.5%、15.7%和13.8%。第五类"矿产品"是布基纳法索、佛得角、科特迪瓦、马里、毛里塔尼亚、塞内加尔和多哥七个国家进口最多的产品，所占比重分别为30.7%、15.1%、23.4%、24.9%、31%、27%和14%；并且，在几内亚比绍和尼日利亚、利比里亚进口中分别位居第二位和第三位，所占比重分别为17.7%、16%和10.8%。第六类"化工产品"在贝宁、布基纳法索、科特迪瓦、马里、尼日尔和多哥六国进口中约占1/10，所占比重分别为11.2%、11.1%、11.8%、11.3%、12.1%和12.7%。

进一步而言，西非各国出口前十章商品均占其出口比重的一半以上，其中在贝宁、布基纳法索、佛得角、冈比亚、加纳、几内亚、几内亚比绍、利比里亚、马里、毛里塔尼亚、尼日尔、尼日利亚和塞拉利昂13个国家中高达90%以上。同样，进口前十章商品亦占西非各国进口比重的一半以上，其中在利比里亚进口中占比超过90%。

通过计算不同商品在西非国家出口中的比重发现，第52章"棉花"、第71章"贵金属及其制品"、第16章"肉、鱼、甲壳动物、软体动物及其他水生无脊椎动物的制品"、第8章"食用水果及坚果"、第89章"船舶及浮动结构体"、第12章"含油子仁及果实；杂项子仁及果实；工业用或药用植物；稻草、秸秆及饲料"分别在贝宁、布基纳法索、佛得角、几内亚比绍、利比里亚和尼日尔出口中占一半以上；第26章"矿砂、矿渣及矿灰"和第71章"贵金属及其制品"分别在几内亚和马里出口中占70%以上的比重；而第27章"矿物燃料"在尼日利亚出口中所占比重高达87%；此外，第26章"矿砂、矿渣及矿灰"在塞拉利昂出口中占比近50%。

就进口比重而言，第27章"矿物燃料"在贝宁、布基纳法索、佛得角、科特迪瓦、几内亚比绍、马里、毛里塔尼亚、塞内加尔和多哥九国进口中所占比重最高；另外第52章"棉花"在冈比亚、第83章"贱金属杂项制品"在加纳、第89章"船舶及浮动结构体"在利比里亚、第84章"核反应堆、锅炉、机器、机械器具及其零件"在几内亚及尼日尔和尼日利亚、第10章"谷物"在塞拉利昂进口中所占比重位居首位，其中第89章"船舶及浮动结构体"在利比里亚进口中占比高达50%以上。

二 西非区域贸易发展展望

在全球经济不景气、贸易保护主义抬头、逆全球化浪潮盛行的背景下，2019年西非区域贸易发展受阻，并且其发展中存在区域内国家之间对外贸易差异巨大、贸易伙伴较为集中和出口产品附加值较低等问题。2020年，新冠肺炎疫情在全球蔓延，全球经济复苏的动力受到影响，世界商品贸易将暴跌。世界上没有任何一个国家或者区域可以幸免，西非区域的进出口贸易也将下降，未来贸易下降趋势的扭转很大程度上依赖于疫情得到有效控制。尽管如此，2019年7月非洲自贸区的成立将为西非区域贸易的发展提供巨大的机遇。另外，受西非国家自身资源禀赋以及历史因素等的影响，其贸易伙伴集中和出口商品附加值低等问题短期内将持续存在。

此外，当前中国是世界第一贸易大国，并在西非国家对外贸易中具有重要地位。对于非洲国家而言，基础设施落后是阻碍其对外贸易发展的主要因素，而中国在基础设施建设领域积累了丰富的经验，基础设施互联互通则是中国"一带一路"建设的优先领域。2018年7月塞内加尔与中国签署共建"一带一路"合作文件，成为第一个同中国签署"一带一路"合作文件的西非国家。截至目前，除几内亚比绍和布基纳法索外，其他

14个西非国家均与中国签订了共建"一带一路"合作文件,这将为西非国家基础设施的改善,以及西非区域贸易的发展提供强大支撑和动力。

作者简介

刘爱兰,女,经济学博士,浙江师范大学经管学院、中非国际商学院副教授,主要从事国际发展援助、中非贸易与投资的研究。

Annual Report on West African Trade Development (2018–2019)

Author: Liu Ailan, Associate Professor at the Economics and Management School & China – Africa International Business School, Zhejiang Normal University, China. Her main research fields include international development cooperation, Sino – Africa trade and investment, etc.

Abstract: In 2019, the trade of West African countries decline due to the lower international commodity prices. The majority of West African countries experienced a trade deficit. West African countries' trading partners are concentrated in Europe and Asia, while there are relatively few African countries, especially West African countries. Their exports are mainly primary products and low – value – added manufactured products, while imports focus on capital and technology – intensive manufactured products. In addition, the current situation will not change in the short term. In 2020, it will be difficult for the trade of West African countries to reverse the downward trend because of the COVID – 19. Currently, 14 West African countries signed the "Belt and Road" cooperation agreement with China, which will provide strong support and impetus for the improvement of West African countries' infrastructure and the development of their trade.

非洲债务问题发展报告(2018—2019)

黄梅波　梁群群

[内容摘要] 中国是非洲最大的投资国,也是非洲国家重要的资金来源。但是近年来,受全球贸易摩擦升温、国际金融环境收紧、美国加剧全球单边主义和贸易保护主义、金融市场波动、石油价格变动、非洲自然灾害等影响,非洲经济发展面临诸多不确定性,非洲债务风险加剧。2020年全球新冠肺炎疫情爆发,更是导致非洲经济全面下滑,部分非洲国家债务问题严峻,可能会导致非洲债务危机的发生。分析非洲国家的债务问题,衡量援助非洲过程中的债务风险,有利于加强非洲各国债务管理,创新性解决债务中的问题,防范非洲债务危机的发生。

2018年到2019年,非洲经济总体基本保持稳定增长。据IMF(国际货币基金组织)数据,2018年非洲整体的GDP总额为2.32万亿美元,GDP实际增速是3.5%。2019年非洲经济GDP实现增长3.2%。预计2020年GDP增长率为-1.7%。非洲经济之所以能保持稳定的增长,主要得益于大宗商品价格的稳步回升,这使得非洲不少依赖出口"矿产品"的国家经济增速得以提高,同时全球经济的改善以及外资市场的准入,也促进了非洲经济朝着更好的方向发展。

非洲债务风险趋于上升。根据国际货币基金组织2019年10月《撒哈拉以南非洲地区经济展望》①报告显示，2018年撒哈拉以南非洲地区政府债务占国内生产总值的比例为49.0%，预计2019年该地区负债率将达到50.2%，2020年上升到50.4%。在撒哈拉以南非洲的低收入和发展中国家中，有7个国家（占该地区GDP的3%）陷入债务困境（厄立特里亚、冈比亚、莫桑比克、刚果共和国、圣多美和普林西比、南苏丹、津巴布韦），9个国家（占该地区GDP的16%）陷入债务困境的风险较高（布隆迪、佛得角、喀麦隆、中非共和国、乍得、埃塞俄比亚、加纳、塞拉利昂、赞比亚）。非洲开发银行（African Development Bank）2020年非洲经济展望报告②指出，2018年非洲各国公共债务占非洲大陆GDP的比例为56%，该报告还指出外债比重之所以呈现上升趋势，是因为原材料超级周期结束，经济增长和出口收入放缓，此种关联在原材料生产国尤为明显。同时利率上涨（平均值从2013年的4%升至2017年的12%）正在大幅抬升非洲国家的偿债成本。

一 非洲的宏观经济形势及区域总体债务情况

2018—2019年，非洲宏观经济总体情况有所改善，但是整体储蓄小于投资，仍然需要国外的投资。根据IMF（国际货币基金组织）数据显示，2019年撒哈拉以南非洲GDP实际增速是3.22%，2018年撒哈拉以南非洲GDP实际增速是3.21%。通货膨胀依然居高不下，2019年通货膨胀（平均消费者价格）为8.38%，2018年通货膨胀（平均消费者价格）为8.45%，通货膨胀也基本保持不变。过去两年来，财政收支状况有所改善，非洲的加权平均赤字占GDP的比重从2017年的5.9%下降至2019年的4.8%。这主要是由于大宗商品价格企稳，以及大型自然资源出口国的税收和非税收入增加。国民总储蓄占GDP比重从2015年至2020年基本保持平稳趋势，2019年占比为17.58%，较2018年占比17.97%有所下降。国家总投资占GDP比重从2015年到2020年也基本保持平稳趋势，2019年占比为21.20%，相较于2018年20.62%有所上升。2019年国民

---

① IMF，撒哈拉以南非洲地区经济展望，2019年10月，p.63，https：//www.imf.org/zh/Publications/REO/SSA。

② African Development Bank Group，*Africa Economic Outlook 2020*，p.17.

总储蓄相比于国家总投资比重尚显不足，国家基础设施建设等仍需大量借助国际金融融资平台来弥补国内投资资金缺口。全球贸易额的年增长率从2017年的5.7%放缓至2019年的1.1%，其中金属和食品这两种非洲主要出口商品的增速放缓尤为严重。2019年经常账户余额占GDP的百分比为-3.635%，较2018年下降1%。2018年净对外直接投资为500亿美元左右，2019年为400多亿，说明净外资流入下降。

在大多数非洲经济体中，公共和公共担保的债务水平很高，并且还在上升。撒哈拉以南非洲政府负债有所上升，2015年至2020年一般政府总债务占GDP的百分比从39.323%上升到50.404%，2019年为50.201%，较2018年上升1%。债务比率的上升趋势部分是由于商品超级周期的结束以及增长速度和出口收入的放缓，尤其是商品生产者之间的增长。外债总额和外债偿债总额基本保持上升趋势，IMF（国际货币基金组织）数据显示，2019年撒哈拉以南非洲外债总额为6935.38亿美元，较2018年6439.58亿美元有所上升，外债占GDP的百分比为42.156%，较2018年亦有所上升。2019年撒哈拉以南非洲外债偿债总额为1296.46亿美元，而2018年为1160.78亿美元，2019年外债偿债总额占GDP的百分比为7.907%，相对前几年有所上升，说明非洲国家偿债能力有所减弱（见表1）。

表1　撒哈拉以南非洲总体宏观经济指标（2015—2020年）

指标	2015	2016	2017	2018	2019	2020
国内生产总值（不变价格）百分比变化	3.13	1.379	2.953	3.215	3.217	3.588
国内生产总值（现价）（单位：10亿美元）	1555.92	1442.88	1546.52	1642.18	1693.76	1808.53
人均国内生产总值（不变价格）（单位：10亿美元）	3659.22	3611.10	3620.86	3641.31	3662.71	3697.23
人均国内生产总值（现价）	3905.31	3893.86	3977.91	4097.85	4195.40	4319.00
国家总投资占GDP的百分比	22.793	21.478	21.215	20.621	21.196	21.378

续表

指标	2015	2016	2017	2018	2019	2020
国民总储蓄占GDP的百分比	17.273	18.018	18.967	17.968	17.582	17.554
通货膨胀（平均消费者价格）变化百分比	6.933	10.849	10.884	8.454	8.379	8.04
通货膨胀（期末消费价格）变化百分比	8.082	12.113	10.181	7.918	8.955	7.356
货物进口量变化百分比	5.203	-7.359	-2.114	5.244	3.903	4.926
商品和服务出口量变化百分比	3.288	-0.612	3.503	3.86	2.728	5.9
货物出口量变化百分比	1.981	-1.478	4.038	4.523	1.89	5.603
一般政府总债务占GDP的百分比	39.323	44.406	46.235	49.032	50.201	50.404
经常账户余额占GDP的百分比	-5.959	-3.904	-2.34	-2.67	-3.635	-3.813
净国际直接投资（单位：10亿美元）	-37.251	-34.135	-37.005	-29.545	-43.873	-50.153
外债（单位：10亿美元）	469.647	517.414	595.47	643.958	693.538	739.85
外债占GDP的百分比	33.596	36.943	37.805	41.886	42.156	41.551
外债偿债总额（单位：10亿美元）	94.869	90.797	90.336	116.078	129.646	143.119
外债偿债总额占GDP的百分比	7.186	6.46	5.703	7.672	7.907	8.093

资料来源：International Monetary Fund, *World Economic Outlook Database*, October 2019。

二 非洲国家的债务负担与债务风险

20世纪90年代末，国际组织制定了一系列衡量债务风险的指标，以帮助债务国对债务进行及时监控。债务可持续也成为债务国进行债务管理所追求的首要目标。下文运用指标分析对非洲国家的债务风险进行分析。从债务违约的实践来看，发展中国家出现债务清偿困难，主要表现为外债清偿困难。因此下文讨论的非洲国家的债务负担和债务风险问题，主要针对的是政府外债。

债务管理首先是对债务规模的管理，其核心在于使债务规模在符合债务国经济发展需求的同时，不超过国家的承受能力。债务承受能力取决于两个方面：一是债务国的负债能力，决定债务国能否消化、吸收借入的债务，一般用负债率表示，二是债务国的偿债能力，决定债务国能否偿还债务，衡量一国偿债能力的主要指标为债务率、偿债率和外汇储备占比。

（一）非洲国家债务负担总体在上升

负债率（年末政府外债余额与当年 GDP 的比率）是反映一国负债能力和衡量一国经济增长对政府外债依赖程度的代表性指标。近 10 年来，撒哈拉以南非洲国家的平均负债率持续攀升，由 2008 年的 23.5% 上升至 2018 年的 38%，逼近国际上的警戒值 40%。据英国全球债务研究机构 Jubilee Debt Campaign 报告，全球债务问题最严重的 20 个国家中有 8 个是非洲国家。截至 2018 年 3 月，18 个非洲国家面临着债务高风险压力，比 2013 年增长了 1 倍多。[①]

自 2018 年以来，受国际经济形势影响，非洲国家的债务压力变得更大，在美元升值冲击下，南非等国货币出现了较大幅度的贬值；受大宗商品价格波动的影响，全球流动性收紧力度加大，非洲一些资源出口国外债偿付能力大幅下降。据世界银行数据，2019 年非洲主权债务已超过 1000 亿美元。国家经济指标（Trading Economics）2019 年 12 月公布的统计数据显示，51 个非洲国家政府债务占国内生产总值比重仍有 16 个国家超出国际警戒线（60%），包括佛得角、刚果、埃及、吉布提、莫桑比克、圣多美和普林西比、毛里塔尼亚、突尼斯、冈比亚、安哥拉、毛里求斯、摩洛哥、赛拉里昂、马拉维、苏丹、南非，另外还有 7 个国家（埃塞俄比亚、加蓬、津巴布韦、塞舌尔、肯尼亚、赞比亚、加纳）处于高风险范围内，政府债务占国内生产总值比重超过 50%，相关债务问题值得警惕，非洲地区新兴市场的债务风险趋于上升（见表 2）。

---

① World Bank, *Africa Pulse*, Vol. 17, 2018, pp. 38–40.

表2 非洲国家政府债务占国内生产总值百分比（截至2019年12月）

国家	数据（%）	数据日期
佛得角	124	2018年12月
刚果	98.5	2018年12月
埃及	90	2019年12月
吉布提	104	2018年12月
莫桑比克	109	2017年12月
圣多美和普林西比	73.1	2019年12月
津巴布韦	53.4	2018年12月
毛里塔尼亚	79	2018年12月
加纳	59.3	2018年12月
突尼斯	71.4	2018年12月
加蓬	56.4	2019年12月
冈比亚	81.8	2018年12月
安哥拉	111	2019年12月
毛里求斯	64.6	2019年12月
摩洛哥	66.1	2019年12月
塞舌尔	55	2018年12月
塞拉利昂	63	2018年12月
肯尼亚	57	2018年12月
赞比亚	59	2018年12月
马拉维	62	2019年12月
赤道几内亚	43.3	2018年12月
苏丹	62	2018年12月
南非	62.2	2019年12月
乍得	46.6	2018年12月
莱索托	40.9	2018年12月
马达加斯加	35.1	2018年12月
纳米比亚	45.1	2018年12月
卢旺达	41.1	2018年12月
中非共和国	48.5	2018年12月
乌干达	40	2018年12月
坦桑尼亚	37.8	2019年12月

续表

国家	数据（%）	数据日期
塞内加尔	45.7	2018年12月
喀麦隆	34	2018年12月
埃塞俄比亚	57	2019年12月
尼日尔	34.7	2018年12月
利比里亚	32	2018年12月
几内亚比绍	28.1	2017年12月
科摩罗	31.2	2018年12月
象牙海岸	24	2018年12月
布基纳法索	23.6	2018年12月
博茨瓦纳	23	2019年12月
贝宁	26.2	2018年12月
尼日利亚	17.5	2018年12月
厄立特里亚	20.1	2018年12月
多哥	20.4	2018年12月
几内亚	18	2018年12月
阿尔及利亚	46.1	2019年12月
刚果共和国	15.7	2018年12月
利比亚	16.5	2016年12月
布隆迪	13.2	2018年12月
斯威士兰	10.75	2018年12月

数据来源：*Trading Economics*，https://zh.tradingeconomics.com/country-list/government-debt-to-gdp?continent=africa。

（二）非洲国家偿债能力大幅下降

债务率即一国年末外债余额与当年出口收入的比率，常常用于衡量一国外债负担的大小，一般认为不能超过100%。据国际债务统计2020年数据，撒哈拉以南非洲国家债务率2018年为134.5%，较2017年144%下降了9.5%，其中大约有32个国家平均债务率超过国际安全线，一些国家十分严重，比如吉布提2017年达到552.3%，冈比亚2017年达到248.9%，肯尼亚2018年达到256.1%，毛里塔尼亚2017年达到256.4%，埃塞俄比亚2017年达到399.1%，苏丹2018年达到421.6%。

偿债率是一国当年总外债还本付息额占当年出口收入的比率，也常被用来衡量债务国偿债能力的高低，发展中国家偿债率的警戒线为20%，危险线为30%。近年来，非洲国家的平均偿债率总体呈上升趋势，其中2017年撒哈拉以南非洲国家的平均偿债率达到12%，2018年为14%，处于安全线内，但不断上升的趋势同时意味着还本付息压力逐渐加大，引发的风险程度增加。其中，受国际原油等大宗商品价格下跌影响，安哥拉、肯尼亚、毛里求斯的偿债率已超过警戒线，而吉布提的偿债率已超出危险线。

通过分析非洲国家的债务率和偿债率，可以看出非洲国家偿债能力大幅下降。

（三）非洲国家的外债及外汇储备

非洲国家外债规模基本保持平稳发展趋势，从2017年至2018年，非洲债务（加权）占GDP的比重略有上升，外债占GDP的比重从35.5%升至37.6%。2018年撒哈拉以南非洲国家外债占国内生产总值的比重为37.6%，其中，非洲中部国家为30.4%，非洲东部国家为43.8%，非洲北部国家为44.6%，非洲南部国家为45.2%。（见图1）据全球经济数据库（CEIC）2019年最新不完全统计数据显示，2018年至2019年，非洲国家外债规模普遍有上涨趋势。从2020年起，受全球新冠肺炎疫情影响，非洲各国面临严重的财政危机，债务危机严重，各国外债均有所上升，且极端情况下外债偿还无法得到保障。截至2020年3月，毛里求斯外债规模最高，达2531.74亿美元。其次为南非，截至2019年12月，外债规模达1852.36亿美元。

发展中国家的外债是以外币计价的，一国年末外汇存量占其外债余额的比重即外汇储备占比可作为反映一国面临外部冲击时自我调整能力强弱的代表性指标。经世界银行统计，2018年有17个非洲国家外汇占比跌破30%。非洲国家在调节国际收支、保证对外支付、干预外汇市场、稳定本币汇率等方面的功能受到抑制。

（四）非洲国家短期外债规模基本保持平稳态势

全球经济数据库（CEIC）最新不完全统计数据显示，从短期外债规模来看，截至2020年3月，毛里求斯短期外债规模达61.74亿美元；截

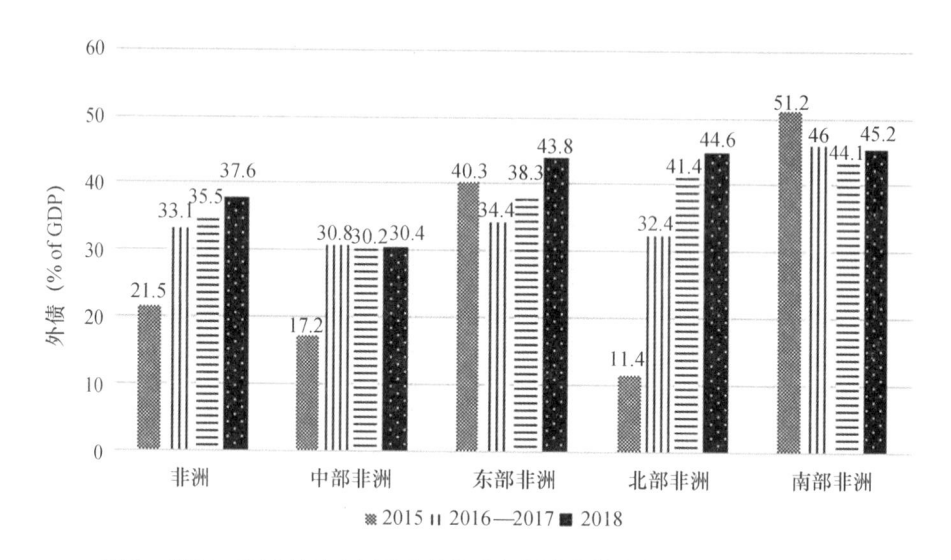

图1 2015—2018年按次区域和经济分组划分的撒哈拉以南非洲外债状况

资料来源：United Nations Economic Commission for Africa, Economic Report On Africa 2019, p.9。

至2019年12月，南非短期外债规模达344.19亿美元，埃及短期外债规模为112.84亿美元，摩洛哥短期外债规模为86.45亿美元，约旦短期外债规模达141.70亿美元；截至2019年年底，突尼斯短期外债规模达87.90亿美元。从短期外债占GDP百分比来看，截至2019年，南非短期外债占GDP百分比为9.8%，较2018年下降0.2%；埃及短期外债占GDP百分比为3.7%，较2018年下降1.2%；突尼斯短期外债占GDP百分比为22.7%，较2018年下降0.3%；毛里求斯短期外债占GDP百分比为42.1%，较2018年下降7.6%；摩洛哥短期外债占GDP的百分比为7.2%，较2018年上升了0.8%。

（五）非洲国家的贸易和经常账户平衡

从贸易和经常账户平衡两方面衡量，非洲疲软的外部状况可在短期内得到改善。非洲商品进出口的数量增长率从2013年至2016年均表现为负值，出口收入年年下跌；但2017年到2018年局面有所扭转，进出口的数量增长率分别为18.07%和14.22%，较2016年-8.37%有较大程度反弹,主要原因为石油、矿产资源等原产品出口价格回升。但是2019年进出口的数量增长率有所下降,为-4.54%。2019年贸易平衡较上年略有改善,商品和服务净出口占GDP的比重约为5.5%。据世界经济(Trading economics)2020年5月公布的50个非洲国家统计数据显示,2019年仅有12个国家贸易收支为顺差,包括安哥拉、乍得、刚果、加蓬、加纳、几内亚比绍、象牙海岸、赞比亚、津巴布韦、利比亚、尼日利亚、斯威士兰,其余国家均显示为贸易逆差。近两年,尽管大多数非洲国家在2018年都存在经常账户赤字,其中最大的是斯威士兰、摩洛哥和多哥,但也有少数国家存在盈余。据估计,非洲2019年的平均经常账户赤字占GDP的4.2%,比2018年的3.4%高出0.8个百分点左右。[①]

表3　　　　　　　非洲国家贸易差额（2020年5月公布）

国家	数据	数据日期	单位
阿尔及利亚	-2740	2019年3月	美元—百万
安哥拉	5593	2019年12月	美元—百万
贝宁	-140	2020年3月	终审法院—法郎—亿
博茨瓦纳	-1671	2020年3月	博茨瓦纳普拉—百万
布基纳法索	-60.85	2019年9月	终审法院—法郎—亿
布隆迪	-118890	2019年12月	布隆迪法郎—百万
喀麦隆	-43.2	2019年6月	终审法院—法郎—亿
佛得角	-4770	2020年2月	佛得角埃斯库多—百万
乍得	659	2019年2月	终审法院—法郎—亿
科摩罗	-101294	2018年12月	科摩罗法郎—百万
刚果	994	2018年2月	美元—百万
吉布提	-14510	2018年12月	吉布提法郎—百万
埃及	-2693	2020年3月	美元—百万
厄立特里亚	-597	2018年12月	美元—百万
埃塞俄比亚	-3024	2019年9月	美元—百万
加蓬	1854	2019年12月	非洲金融共同体法郎—百万
冈比亚	-2681685	2020年4月	冈比亚法拉西—千
加纳	209	2020年3月	美元—百万
几内亚	-2.6	2019年9月	美元—百万
几内亚比绍	21	2018年12月	终审法院—法郎—百万

---

① African Development Bank Group, *Africa Economic Outlook 2020*, p. 39.

续表

国家	数据	数据日期	单位
象牙海岸	207	2020年2月	终审法院—法郎—百万
肯尼亚	-76549	2020年4月	肯尼亚先令—百万
莱索托	-3234	2019年9月	莱索托洛蒂—百万
利比里亚	-23.8	2019年10月	美元—百万
利比亚	21897	2018年12月	声音—百万
马达加斯加	-309014	2020年3月	百万—本
马拉维	-91901	2019年6月	马拉维克瓦查—百万
马里	-325	2019年12月	终审法院—法郎—亿
毛里塔尼亚	-44.46	2019年9月	毛里塔尼亚乌吉亚—亿
毛里求斯	-8575	2020年3月	毛里求斯卢比—百万
摩洛哥	-19393	2020年3月	摩洛哥迪拉姆—百万
莫桑比克	-625	2019年12月	美元—百万
纳米比亚	-3430	2019年12月	纳米比亚元—百万
尼日尔	-280440	2019年3月	非洲金融共同体法郎—百万
尼日利亚	362685	2019年12月	尼日利亚奈拉—百万
卢旺达	-129	2020年4月	美元—百万
圣多美和普林西比	-27.2	2019年12月	美元—百万
塞内加尔	-333	2020年3月	终审法院—法郎—亿
塞舌尔	-79.89	2020年3月	美元—百万
塞拉利昂	-177	2019年9月	美元—百万
索马里	-2852	2018年12月	美元—百万
南非	-35015	2020年4月	南非兰特—百万
南苏丹	-2050	2016年12月	南苏丹磅—百万
苏丹	-703105	2019年9月	千美元
斯威士兰	433	2019年6月	斯威士兰里兰吉尼—百万
坦桑尼亚	-641	2020年3月	美元—百万
突尼斯	-1339	2020年4月	突尼斯第纳尔—百万
乌干达	-202	2020年5月	美元—百万
赞比亚	182	2020年3月	赞比亚克瓦查—百万
津巴布韦	70.3	2019年12月	美元—百万

数据来源：Trading Economics，https://zh.tradingeconomics.com/country-list/balance-of-trade?continent=africa。

三　研究结论

综上所述，2018年和2019年非洲大部分国家的国内生产总值增速、人均GDP等数据指标有所增长，受全球贸易摩擦、石油价格变动的影响，非洲的经济并不容乐观。非洲很多国家都是资源出口国，经济结构单一且不完善，大部分国家贸易处于逆差状态，出口创汇能力仍然比较低下。

从以上分析的衡量债务风险的主要指标上来看，负债率与债务率，非洲国家整体已经超出安全值，部分国家已大大超过警戒线；非洲国家2018年偿债率虽有所上升，但是仍处在安全线内；外汇储备占比指标方面，非洲国家总体仍在安全值以内，但部分国家已经超标，且有进一步恶化的趋势。非洲国家短期外债、贸易差额及经常项目差额的指标也不容乐观。也就是说，非洲国家总体尚具备一定的偿债能力，但从趋势来看，非洲国家的总体债务负担在加重，消化、吸收债务的能力在下降。而且随着时间的推移，再加上部分国家的债务风险在加大，非洲国家债务危机爆发的可能性在上升，非洲的债务问题日趋严重。

非洲要发展经济，就需要国际资金的援助，必然会带来债务上的风险。非洲债务问题并不是近几年产生的，而是长久存在的问题。2020年受自然灾害和全球新冠肺炎疫情的影响，非洲经济必然会有所下降，加上非洲国家迅速扩大的债务负担，其经济会面临更大的问题。在经济全球化的今天，针对非洲债务问题，非洲各国需要国际社会的帮助，但更应该从根本上改善国家经济发展情况，创造良好的经济环境，增强自己的经济实力，实现自身的自主造血能力以从根本上化解债务危机。

作者简介

黄梅波，女，上海对外经贸大学国际发展合作研究院教授 博导。研究方向：世界经济 对外援助 中非贸易投资关系。

梁群群，女，上海对外经贸大学国际经贸学院硕士研究生。研究方向：国际金融，国际贸易。

Development Report on African Debt (2018 – 2019)

Authors: Huang Meibo, Professor of International Development Cooperation Academy of Shanghai University of International Business and Economics. Research fields: World Economy, development assistance, China – Africa trade and investment. Liang Qunqun, female, master degree student in School of International Business and Economics, Shanghai University of International Business and Economics. Research fields: International finance, international trade.

Abstract: China is the largest investor in Africa and an important source of capital for African countries. On 9 April 2020, Ghanaian Finance Minister Ken Ofrie – Atta mentioned in an article published in the Ghana Times that "Africa's debt to China is about $145 billion". However, in recent years, the rising global trade frictions, the tightening international financial environment, the intensification of global unilateralism and trade protectionism by the United States, fluctuations in financial markets, fluctuations in oil prices and natural disasters in Africa have led to many uncertainties in Africa's economic development and increased debt risk in Africa. The global COVID – 19 outbreak in 2020 will lead to an overall economic downturn in Africa. Some African countries have serious debt problems, which may lead to a debt crisis in Africa. Therefore, analyzing the debt problem of African countries and measuring the debt risk in the process of aid to Africa is conducive to strengthening the debt management of African countries, creatively solving the debt problems and preventing the occurrence of African debt crisis.

肯尼亚信息与通信技术产业
年度发展报告(2018—2019)

张 哲 玄 国

[**内容摘要**] 肯尼亚应"2030年远景规划",大力推动国内的信息与通信技术,特别是在第三次中期计划中,将其作为经济发展的主要动力,从而实现肯尼亚转型为以知识社会为基础的现代国家。2018—2019年,肯尼亚信息与通信技术产业虽然发展缓慢,但是始终以1.4%的GDP贡献率保持稳定地位。与此同时,移动电话与互联网服务业的发展,促进信息与通信技术产业规模进一步扩大,也带动了其他产业的发展以及就业率的提升。报告期间,由于肯尼亚政府重新定义相关政策,通信和固定宽带的普及率首次下降,但未影响国内对互联网的需求,再加上肯尼亚移动货币发展迎来了春天,同时肯尼亚网络安全与数据服务方面也面临着重大挑战。长期来看,由于对信息与通信技术(ICT)产业的重视,产业发展前景非常良好。

21世纪以来,非洲由于低薪且丰富的劳动力成为最佳生产基地而备受世界瞩目,吸引了外资的注入。特别是随着移动通信技术的快速发展,信息与通信技术(ICT)产业成了非洲最受欢迎的领域之一。信息与通信技术是肯尼亚"2030年远景规划"中的核心推进产业,在第三次中期计划中,更是作为能够促进"四大发展目标"和其他开发计划发展的"催化剂",是提高生产率的重点产业。① 与此同时,肯尼亚政府正在积极准备以数字、生物、物理技术为一体的"第四次工业革命",预计肯尼亚在各项产业及基础设施投资等方面,对 ICT 的依赖度将越趋提高。因此,肯尼亚政府正积极加大对国家转型为以知识社会为目标的 ICT 产业的投入。

一 肯尼亚信息与通信技术产业现状与特点

(一)信息与通信技术产业在肯尼亚 GDP 贡献值持稳定地位,显缓慢增长趋势

信息和通信技术产业从 2018 年的 3872 亿肯尼亚先令扩大到 2019 年的 4270 亿肯尼亚先令,增长了 10.3%。② 肯尼亚通过信息和通信技术产业的持续发展,提高生产效率,推动经济活动。不过,该产业的增长率从 2018 年的 11.3% 降至 2019 年的 8.8%。而本年度增长的基础与引进新产品以及利用高水平移动蜂窝渗透的电信部门的迅速扩张引起的规模经济相关。

表1　　　　2017—2019 年 GDP 贡献率与行业增长率发展趋势　　　单位:%

	2017 年	2018 年	2019 年
GDP 贡献率	1.3	1.3	1.4
增长率	11	11.3	8.8

数据来源:Economic Survey 2020, p.24。

2019 年,电信运营商的投资额增长 38.6%,达到 575 亿肯尼亚先令;而互联网服务提供商的投资额增长 19.2%,达到 31 亿肯尼亚先令。同年,电信和互联网服务提供商的年收入分别增长 7.5% 和 22.1%,达到 2909 亿肯尼亚先令和 365 亿肯尼亚先令。信息与通信技术产业虽然发展

---

① 中展网:"2018 中国(肯尼亚)产能合作展在肯尼亚首都内罗毕圆满闭幕",http://www.ciec-expo.com/ciec/ciecexpo/contents/4090/43563.html。
② 数据来源:Economic Survey 2020。下文中的数据除特殊标明,均来自此,不再另行标注。

缓慢，但其整体 GDP 贡献率稳定，带动着其他行业的可持续发展。且进一步影响了肯尼亚国内相关行业的就业率，如表 2 所示相关行业从业人数为持续增长趋势，积极响应着"2030 年远景规划"的国家开发战略。

表 2　　　　　　　　2017—2019 年相关从业人数　　　　　单位：人

	类别	2017	2018	2019
从业人数	通信	6907	7016	8639
	互联网	9031	10803	10035
合计		17955	19837	20693

数据来源：Economy Survey 2020，p. 237。

（二）移动电话与互联网服务业的发展，将信息与通信技术产业规模进一步扩大

与 2018 年的 12.3% 相比，2019 年移动网络普及率增长 7.9%，增速有所放缓。在运营商大量部署收发器后，4G 网络的覆盖范围从 2018 年的 7469 个大幅提升至 2019 年的 17744 个。2019 年移动电话用户总数增加 10.2%，至 5460 万。移动资金转账总额从 2018 年的 39840 亿肯尼亚先令增长 9.1%，至 2019 年的 43460 亿肯尼亚先令。

肯尼亚的 ICT 市场规模在 2018 年约 62 亿美金，到 2019 年增长至约 70 亿美金。据分析预测，到 2022 年肯尼亚 ICT 市场将达到约 91 亿美金的规模。

表 3　　　　　　　　肯尼亚 ICT 市场规模展望　　　　　（单位：亿美金）

	2018	2019	2022
网络安全	404	430	516
数据服务	2921	3508	5154
通讯业务	2894	3044	3493

资料来源：根据肯尼亚统计局数据整理。

与 2018 年相比，2019 年的移动用户总数增加了 10.2%，达到 5460 万用户。与此同时，国内通话时长从 2018 年的 559 亿分钟增加到 2019 年的 587 亿分钟。2019 年 ICT 行业的稳步增长也得益于互联网接入量的增

加。互联网服务提供商从 2018 年的 256 家增加到 2019 年的 302 家。在 2019 年，总利用带宽大幅增加，达到每秒 270 万兆位。

（三）肯尼亚通信和固定宽带的普及率首次下降，但未影响国内对互联网的需求

该国信息和通信技术基础设施以及信息和通信技术服务的使用增长缓慢。移动网络的普及率逐渐接近饱和水平，而通信和固定宽带的普及率首次略有下降。但是由于个人和企业对互联网的需求不断增加，互联网服务提供商从 2018 年的 256 家增加到 2019 年的 302 家，增幅为 18.0%。2019 年，由于肯尼亚移动运营商采用了新的政策与方案，将移动数据与有线数据分开计算，所以移动数据的订阅量相比 2018 年减少了 13.6%。有线数据订阅量相比于 2018 年增长了 40.9%，而这一增长是因为 2019 年新增了 52.9% 的固定光纤用户，达到 26.88 万户。同时，2019 年的宽带业务在办公室的普及率相比于 2018 年增长了 43.3%。

计算机在工业有效利用资源方面也起着关键作用。如表 4 所示，88.1% 的企业在日常经营中使用计算机，而在能源类行业使用率达到 100.0%，在制造业使用率最低，为 85.3%。如今，互联网在电子商务或其他商务活动中发挥着至关重要的作用。据肯尼亚统计局统计，包括能源行业和采掘业在内的 81.9% 的企业的经营都需要互联网的支持。而只有区区 18.1% 的企业没有与互联网直接链接，但由于国家光纤骨干基础设施（NOFBI）项目等原因，预计不久的未来将会与互联网接轨。

表 4　　　　按经济活动划分的互联网/计算机使用比例　　　（单位：%）

	采掘业	制造业	能源行业	供水、废水管理	建设业	平均
互联网使用比率	90.6	77.8	100.0	84.0	90.2	81.9
计算机使用比率	96.9	85.3	100	88.8	93.7	88.1

数据来源：Economic Survey 2020, p.367。

（四）随着互联网的发展，肯尼亚网络安全与数据服务方面面临着重大挑战

据统计，肯尼亚网络安全专家严重缺少，国内约 2/3 企业面临网络专家不足的局面。而且随着网络犯罪对金融机构和政府机构网络的攻击增多，从 2015 年开始，来自网络犯罪的威胁不断增加，在 2018 年因网络犯罪相关的案件中相关机构遭受了约 2.9 亿美元的损失。

随着各行业对互联网的使用与依赖，各类网络犯罪呈上升趋势。据有关部门统计，16.9% 的行业受到计算机病毒攻击的影响，其中网络钓鱼和黑客攻击的比例分别为 3.6% 和 3.5%。由于网络安全的应用领域十分广泛，涉及各行各业，肯尼亚网络安全与数字服务方面亟须加大投入。肯尼亚的网络犯罪可以说是非常多样的。据 Deloitte 咨询公司报告，由于网络犯罪，互联网用户从 2016 年至今，每年遭受 180 亿肯尼亚先令（约 1800 万美元）至 250 亿肯尼亚先令（约 2500 亿美元）的损失。另外，参与过肯尼亚格林菲尔德项目（新机场建设事业）、Two Rivers 大型购物中心建设等多个肯尼亚项目的某航空技术公司与肯尼亚涉事企业家共谋。据国际隐私组织发文揭发，肯尼亚警方和肯尼亚情报局以预防恐怖组织为名，非法查询居民的通话内容和数据使用记录。正常情况下，为了查询居民的通话信息，警方和情报局必须有法院颁发的搜索令，但是利用公共权力直接威胁通信公司，获取个人隐私信息的现象频频发生，从而引起了市民对自身隐私的普遍担忧。

为了防止频繁的网络犯罪，肯尼亚政府早在 2014 年就制定了国家网络安全总体规划（National Cyber Security Masterplan）相关政策和战略。尽管肯尼亚政府积极应对，但是肯尼亚的网络犯罪规模每年都在增长，主要原因还是非法软件的使用。同时，肯尼亚政府与谷歌、Facebook 等主流互联网公司签订合作协议，共同应对网络犯罪，但肯尼亚的公共——民间网络犯罪应对合作最近才正式开始启动。随着对打击网络犯罪的国际合作的重视，肯尼亚政府在联合国网络安全专家的邀请下，正在努力共享网络安全事例和信息。①

（五）信息和通信技术的成长，给移动货币市场添加了生机

肯尼亚 ICT 市场的增长源于移动和互联网服务的持续扩大，2019 年，肯尼亚移动货币市场监管制度发生变化，其中在非洲地区移动货币市场处

---

① "Africa Cyber Security Report 2016", *Cyber Crime & Cyber Security Trends in Africa*, November 2016.

于领先地位的 Safaricom 公司的 M-pesa 平台被重新分类为移动银行平台，导致移动货币吸纳量向下调整，移动货币开户数量从 2018 年的 3160 万减少到 2019 年的 2900 万。不过，由于该平台在全国范围内的持续强势发展，手机转账业务继续增长，移动货币总交易额在 2018 年为 39840 亿肯尼亚先令，增长了 9.1%，在 2019 年达到了 43460 亿肯尼亚先令的总交易量，相比于 2018 年提升 5.7%。[1]

表5　　　　　　　　肯尼亚移动货币服务现状

	2018 年	2019 年	增长率（%）
总交易额（亿肯尼亚先令）	39840	43460	9.1
总交易量（百万）	1739.6	1839.1	5.7
开户数（万）	3163	2900	8.3

数据来源：据肯尼亚统计局数据整理。

据肯尼亚中央银行统计，2019 年上半年移动银行交易量达到了 10.72 亿万次，相比于 2018 年同期增长了 9.37%；2019 年上半年总交易金额达到了 250.2 亿美金，相比 2018 年同期增长了 11.06%。由于肯尼亚 ICT 产业的不断发展及不断增多的年轻群体对互联网与智能手机的消费需求，肯尼亚移动银行前景光明，前途无量。

表6　　　　　　　　肯尼亚移动银行现状

	2018 年（上半年）	2019 年（上半年）	比率（%）
总交易量（百万次）	978.98	1071.88	9.37
总交易额（亿美金）	225.3	250.2	11.06

数据来源：据肯尼亚中央银行数据整理。

---

[1] Daily Tomorrow: "Overturning Kenya's quiet revolution", http://m.dailytw.kr/news/articleView.html?idxno=12693.

二 肯尼亚信息与通信技术产业市场分析

（一）SWOT 态势分析

Strengt-优势	Weakness-劣势
-国内年轻群体迅速增加，适合高新技术开发 -高达 80％以上的智能手机和互联网普及率 -来自中国或其他国家的硬软件支持 -国家对移动货币基础设施重视程度高	-ICT 资源大部分集中在内罗毕 -专业技术人员不足 -各运营商间存在激烈的价格竞争 -运营商存在一尊独大局面
Opportunities-机会	Threats-威胁
-数字化使得安全服务需求增加 -将 ICT 与医疗、教育等多个领域相结合 -电子政府化推进需求增加中 -掌上支付的需求日益增长	-肯尼亚的官僚主义及透明度低下 -由于一尊独大局面，其他运营商缺乏生机

从 2018—2019 年度 ICT 产业发展情况看，肯尼亚信息与通信技术产业发展态势分明。作为一个 ICT 产业处于起步阶段的国家，肯尼亚国内有着大量年轻消费群体，而且不断增加，意味着市场空间巨大。高达 80％以上的智能手机和互联网普及率可为肯尼亚 ICT 产业提供发展基础，也进一步推动了肯尼亚政府对国内电子技术普及进行的支持性项目，如之前结合国内医疗、教育等多个领域推出的 Digital Learning 项目、Skinlls 项目、iMlango 项目、e-heals 项目等。随着数字化的需求不断增多，对于移动货币，肯尼亚虽还处于探索与不断发展的阶段，但如 M-pesa、Wapi Pay 等均为成功案例，肯尼亚被誉为世界移动支付发展速度最快的国家。不过，肯尼亚 ICT 行业发展结构不是很乐观，绝大部分资源集中在了首都内罗毕，地区间发展程度与规模差异过大。其国内从事 ICT 技术类人员严重不足，缺口量极大。且肯尼亚运营商存在国内独大现象，导致行业垄断，在价格竞争中，多数小型运营商或企业不得不退守，严重影响 ICT 产业的

（二）PEST 宏观环境分析

政治（Politics）	经济（Economy）
肯尼亚政治环境稳定，无特殊风险 电信运营企业逐步实现政企分开，政府直接采购减少 政府对 ICT 产业的大力投入 应"2030 年远景规划"国家开发战略，教育、医疗等其他行业信息化程度急需升级，将成为网络市场需求的主要推动力 国家对 NOFBI 项目、数字教育、"非洲硅谷"科技城项目的大力支持	国民生产总值变化趋势——持续高速稳定增长，且在 GDP 贡献值显示稳定 进出口因素——全球 ICT 产业萧条，肯尼亚可成为避风港 肯尼亚先令持续的贬值，或将吸引更多的海外投资 价格变动——产品价格不断走低，产品生命周期变短
人口的变化—相当长一段时间内年轻人口将会持续增长 生活方式趋向于个性化、休闲化 消费信息产品的价值观趋向于成熟，消费群体持续扩大 教育、健康等需求不断增长	技术影响程度——降低了成本，提高了质量 谷歌 Loon 项目气球项目获批准 中国华为或将成为肯尼亚 5G 供应商 技术发展速度加快，产品生命周期明显缩短 全球科技产业逐渐被几大企业垄断，新兴企业难以存活 当地运营商之间缺乏竞争，存在垄断现象

肯尼亚地处东非之门。自独立以来，政局一直保持稳定。2017 年 5 月，"一带一路"国际合作峰会后，中肯两国领导人决定将双边关系提升为全面战略伙伴关系，签署了多个重大项目的合作协议或融资协议，来自中国的基础设施建设援助也不断加大力度。[2] 肯尼亚政府又举着科技富强的旗帜，用 ICT 产业面对 "2030 年远景规划" 国家开发战略。相对完善的《外国投资保护法》《投资促进法》等法律，保护外国投资者的权益，提供给 FDI 不同程度的政策优惠。

---

[1] Lee Seawon, "Analysis of ICT environment in Kenya", *ICT broadcasting policy*, Volume 28, No. 8: 27-38.

[2] 中华人民共和国商务部：《德勤报告："一带一路"对于非洲基础设施建设的意义》，http://www.mofcom.gov.cn/article/i/jyjl/k/201905/20190502860611.shtml.

近年来，肯尼亚国民生产总值变化趋势持续高速稳定增长，信息与通信技术产业对 GDP 贡献值一直保持在 1.3% 的稳定地位。肯尼亚一直奉行积极的财政政策，承诺继续投资基础设施建设，扩大能源工业和现代数字产业。全球 ICT 产业萧条，肯尼亚先令持续贬值，将带来更多的海外投资，让肯尼亚成为全球 ICT 产业避风港，也为肯尼亚的进一步发展带来了新的机遇。

考虑到社会文化因素，肯尼亚消费信息产品的价值观趋向于成熟，年轻消费群体持续扩大。因此肯尼亚更应该注重年轻市场，关注个性化与休闲化的年轻市场，同时提高售后服务质量，从而满足广大消费群体的需求。肯尼亚对科技越来越看重，"2030 年远景规划"国家开发战略中更是提出把 ICT 作为主要动力。由于引入了国际发达技术进行全面建设和运营，很大程度上降低了成本，提高了质量。再与谷歌和华为等全球领先 IT 公司的合作，大大提高了肯尼亚成为"非洲硅谷"的可行性。[①]

（三）波斯顿矩阵分析

	高←相对市场占有率→低	
高←销售增长率→低	明星 移动通信	问题 移动货币
	金牛 移动网络	瘦狗 基础设施

资料来源：基于 Economic Survey 2020 整理。

通过波斯顿矩阵分析可以看出肯尼亚信息与通信技术产业中，移动通信设备是销售增长率和市场占有率"双高"产品，随着消费者群体对智能手机的需求提高，以及移动网络的普及，人民移动通信设备的持有量逐年增加，科技的发展使得人们对移动设备的要求也不断增加，这就使得移动通信设备在市场一直是"明星"产品，而企业也是抓住市场利益方向，

---

① 安徽新闻网：《寻找非洲硅谷——肯尼亚互联网创投生态》，https：//www.bjhuanyin.cn/chaoliu/1762.html。

不断积极扩大经济规模，寻求市场机会，研发新产品获得更多的利益，满足更高的需求。同时，对于此类产品，企业不能仅仅以短期利益为目标，应该放长眼光，明确增强自身核心竞争力才是赢得利益的法宝。相反，肯尼亚的基础设施处于市场占有率以及增长率"双低"的处境，可以反映出现在的肯尼亚当地信息基础设施已经跟不上科技高度发展的现状，所以应该淘汰落后设施，加大对基础设施的建设投入，踊跃争取国内外先进技术与支持。非洲的经济发展水平低，而移动货币的实现需要强大的系统来支持，对于社会以及人们生活习惯的转变均有较高的要求，所以移动货币在肯尼亚销售量高而市场占有率低，据2019年经济调查（Economic Survey 2020）反映，肯尼亚的移动支付还处于探索与不断发展的阶段，面对此种情况，企业应选择性地进行战略投资以迎合社会现状。"金牛"产品——移动网络已经在市场上具有极高的占有率，其销售增长率放缓，说明肯尼亚的移动网络技术已经成熟，企业和政府需要压缩在移动货币设备以及其他要素的投资，采取"榨油式"方法，将资金让渡给其他项目。

三　肯尼亚信息与通信技术产业的趋势与展望

肯尼亚在20世纪初是世界上通信费用最昂贵的国家之一，但如今肯尼亚作为东非共同体（EAC）的一员，在国家开发战略的制定和政策履行过程中持续带来了令人刮目相看的成长，而且每年都保持着5%—6%的经济增长速度，取得了令人瞩目的成绩。在卢旺达基加利举行的"2019年非洲转型峰会"（Transform Africa Summit 2019）中肯尼亚总统发表了为实现肯尼亚及非洲可持续发展的数字经济开发模型，包括数字化政府、数字商务、数字基础设施建设、创新企业家精神、数码技术开发和价值五项核心事业的数字经济蓝图。

在肯尼亚"2030年远景规划"国家开发战略中，ICT产业有着至关重要的战略意义。ICT产业活跃经济，创造可视化的就业岗位，正在有条不紊地积累着今后作为东非的先导国的地位。现在肯尼亚被誉为在非洲大陆上ICT基础设施最为完善的国家，其中多数跨国企业向引领革新产业的当地创业企业投资资金，挖掘青年人才。肯尼亚逐渐展现出作为IT尖端国家的潜力，尤其是电子政务、物流电算化、国税厅电算系统、网上购物中心、电子金融等过去很难听到的IT术语成为日常生活中的一部分。尽管肯尼亚在智能手机和移动宽带用户方面的数量都有所提高,但其 GCI 指标仍低于全球平均水平。肯尼亚作为 ICT 的起步者,应着眼于未来有发展趋势的基础设施建设和数字创新与治理,尽快规划和部署信息和通信技术,以提高互联网服务提供的效率。

为适应信息产业发生的革命性变化,肯尼亚政府要努力提高互联网在全国的普及率,积极提供智能化的信息渠道,以带来高效、绿色的发展空间。鼓励年轻人创新,提高公共服务质量,充分发挥信息和通信技术的作用,并建设一个以数字为媒介的知识经济。同时积极接受世界其他 ICT 发展国家的教训与经验,开拓合作关系,打破行业垄断,以消费者为中心,根据消费者需求进行创新,不断改善消费者体验,为消费者创造最大价值,丰富人们的沟通和生活,提高工作效率,构建了一个以网络为基础的健康完整的生态系统。

作者简介

张哲,女,经济学博士,浙江师范大学非洲研究院副教授,主要从事中非农业合作发展问题研究。

玄国,男,浙江师范大学非洲研究院2018级硕士生。

Annual Development Report of Information and Communication Technology Industry in Kenya(2018–2019)

Authors:Zhang Zhe,Female,Associate Professor at the Institute of African Studies,Zhejiang Normal University. Her main research fields are China – Africa agriculture cooperation,etc. Xuan Guo,Male,2018 graduate students in Institute of African Studies,Zhejiang Normal University.

Abstract:According to the "Vision 2030" Program,Kenya has vigorously promoted domestic information and communications technology. In particular,as a major driver of economic development to transform Kenya into a modern,knowledge – based society in the third medium – term plan,In 2018 – 2019,Kenya's information and communications technology industry remained stable at 1. 4% of GDP,despite its slow growth. At the same time,the development of mobile and Internet service industries have further expanded the information and communications technology industries. Then they led to the development of other industries and the increase of employment. During the report period, as the Kenya's government redefines its policies, communication and fixed broadband penetration have first declined, but it hasn't affected domestic demand for the Internet. Add to that the spring of Kenya's mobile currency, Kenya's cyber security and data services face significant challenges. In the long run, due to the government's emphasis on information and communications technology (ICT) industries, it has a very good prospect of development.

略论近年来越南与非洲的经贸关系[*]

甘振军

[内容摘要] 越南与非洲的经贸关系值得学术界、外贸研究者高度重视。近年来越南与非洲的经贸关系开始不断升温，双方贸易额也达到了新的历史水平。政治上，越南国家主席首次访问埃及和埃塞俄比亚，非洲国家领导人也开始重视越南，不仅承认越南的市场经济地位，还支持越南对安理会非常任理事国等其他领域的诉求。文化上，越南在部分非洲国家建立了文化中心。越南与非洲的经贸合作关系具有广阔的发展前景，由此带来的对中非关系、中越关系的影响也值得深入认真思考。

越南是东南亚乃至亚太地区最有发展潜力的国家之一。越南是"VISTA 五国""新钻十一国"（Next–11）和"灵猫六国"的成员国。越南相对低廉的人力资源成本、稳定的开放政策、大量的年轻社会劳动力和较为便利的投资环境，使得越南成为最具经济增长潜力的东南亚国家。相比亚洲曾经的"四小龙""四小虎"，近年来越南经济发展表现十分强劲。

非洲近年来取得的发展也值得全球瞩目。中非合作论坛已经成为中非合作最为重要的框架和平台，双边贸易额从不足百亿美元到1700亿美元，经贸关系日益深化。中非合作秉持习近平总书记"真、实、亲、诚"的

---

[*] 本文是国家社科基金项目"印度与印度洋沿岸东非国家经贸关系研究（1947—2017）"（18BSS051）的阶段性成果。

外交理念和正确义利观，中非产能合作逐步推进，"一带一路"将中国富余产能和非洲的工业化需求相对接。中非新型战略伙伴关系也提升为全面战略合作伙伴关系，双方"政治上平等互信、经济上合作共赢、文明上交流互鉴、安全上守望相助、国际事务中团结协作"。构建中非合作人类命运共同体也是实现中华民族伟大复兴的中国梦的必然之路。

越南作为中国的邻国和"一带一路"重要的沿线国家，双方关系的重要性不言自明。中国对越南同样秉持"亲、诚、惠、容"的周边外交理念。[①] 越南自1986年"革新开放"以来，经济建设取得巨大成就，对美关系实现正常化，加入世界贸易组织，积极加入东盟并试图在东盟地区论坛等国际组织中发挥影响力。长期以来，越南的外交重点是在亚太主要国家美国、中国、日本、韩国和东南亚区域内，对非洲的关注度并不高。但近些年来，非洲对于越南的重要性开始不断提升，双方经贸合作、政治交往和文化交流都已经打开局面。因此，梳理并探讨越南与非洲的关系特别是经贸关系，有助于我们从新的国际关系格局大背景下重新审视越南的外交政策，了解越南外交活动的新动向，也有助于从另外一个角度重新观察中非关系和中越关系。

一 越南与非洲国家的经贸合作

越南与非洲多国比较早地建立了传统友好关系。早在抗法和抗美战争中，非洲多国已为越南人民提供精神和物质上的支持。近年来双方经贸投资合作潜力虽然尚未得到充分挖掘，但双边贸易额不断增长，经贸合作关系的广度和深度都有了很大起色。目前，越南最主要的贸易对象是南部非洲的南非、北非地区的埃及和阿尔及利亚以及西非地区的加纳、科特迪瓦、多哥和尼日利亚等非洲国家。越南对非洲出口手机和零部件、计算机和零部件、纺织品、鞋类、大米、咖啡、胡椒、椰肉、腰果、查鱼、巴沙鱼、虾类、建筑材料等主要商品，其中农产品、海鲜和建筑材料逐渐在非洲市场站稳脚跟。2018年，越南从非洲国家进口约36亿美元，比2017年下降10%，使2018年双边贸易逆差减少到6亿美元，但越南对非洲国

---

① 习近平：《坚持亲诚惠容的周边外交理念》，《习近平谈治国理政》第1卷，外文出版社2018年版，第296页。

家出口达到近 30 亿美元。[1] 2019 年越南与非洲贸易额达 74 亿美元，其中越南对非洲出口 34 亿美元，同比增长 17%。

越南与非洲双边贸易额增长情况表 （单位：美元）

年份	2003 年	2009 年	2010 年	2011 年	2015 年	2017 年	2018 年	2019 年
贸易额	3.6 亿	20.7 亿	26 亿	35 亿	52 亿	67 亿	66 亿	74 亿

注：根据中华人民共和国商务部驻越南使馆经商处、越通社官网等数据资料不完全统计。

（一）越南与非洲国家发展经贸合作的有利条件

（1）越非贸易互补性强，双方合作意愿强烈。近年来，非洲逐渐崛起成为世界上较为活跃的发展区域。越南积极与非洲国家加强经济联系，双方经贸合作关系日渐紧密，双方产品结构互补性较强，如非洲的腰果、木材，越南的大米、纺织服装、电脑等。越南驻东非地区的大使阮金赢[2]表示：东非是具有 2.45 亿人口的巨大市场，加工制造业发展水平较低，因此东非对工业产品、建材、纺织品服装、消费品、粮食和食品等进口需求量较大，而这都是越南国内企业具有优势的领域。越南产品，尤其是皮鞋、纺织品服装、家具、农业机械、建材等都很受东非消费者的欢迎。非洲各国均赞美越南经济发展成就，并有意学习借鉴越南国家发展经验，尤其是水稻种植、水产养殖、咖啡种植和加工等农业领域的经验。这些都是越南与非洲各国合作潜力巨大的领域。[3] 毫无疑问，越南的大米、纺织品、鞋类、机械、塑料制品、木制品、摩托车、自行车和电子产品在非洲有着广阔市场。

2014 年，越南已与非洲 25 个国家签署了贸易合作协议，到 2017 年

---

[1] 《2018 年越南对非出口达近 30 亿美元》，越通社，2019 年 1 月 20 日，http：//cn.qdnd.vn/cid-6158/7193/nid-557007.html。

[2] 越南驻坦桑尼亚大使同时兼任肯尼亚、埃塞俄比亚、卢旺达、乌干达和科摩罗大使职位。

[3] 《着力挖掘越南与非洲的经贸投资合作潜力》，越通社，2018 年 9 月 10 日，http：//zh.vietnamplus.vn/Utilities/Print.aspx?contentid=85487。

已经同所有非洲国家建立贸易关系,做到了全覆盖。① 越南非常重视加强与非洲各国的经济合作,并制定有关促进对非洲市场出口的战略,包括加强各项贸易促进活动,为越南企业向所在国企业和客户推广产品信息提供支持,参加各种展览会、展销会和为双方企业举行企业研讨会等。比如,2010 年,第二届"越南—非洲企业合作论坛"在河内举行。越南工商会副主席段维姜表示,越来越多的越南农产品加工和矿产开发领域的企业将非洲视为潜力巨大的市场和合作伙伴,正在积极到非洲投资经营,但目前双方的经贸和投资现状与双方的发展潜力还不相称,应该在贸易投资便利化和经贸信息交流等领域加强合作。来自尼日利亚、布基纳法索、贝宁等国家的工商组织代表也认为双方在农业、矿产开发和人力资源等领域的企业合作成果显著。非方希望"越南—非洲企业合作论坛"成为有利于企业沟通的经常性对话机制,为密切和加强双方贸易和投资关系搭建良好平台。② 2014 年,越南工商会(VCCI)与法语国家组织(Organisation Internationale de la Francophonie,OIF)在胡志明市共同举办"促进南—南合作在农业加工领域的发展"论坛。双方企业就农产品进出口贸易进行交流,主要包括进出口大米、腰果、建材、果蔬加工、农产品加工设备和金融领域等方面的合作。③ 总之,非洲是越南贸易增长速度最快的市场之一,被越南视为潜力巨大的贸易、投资市场。

(2) 双方经贸合作内容以农业和初级产品为主,符合双边贸易实际。

双边贸易以农产品和轻纺加工为主,重型机械份额不大,而且越南持续保持对非贸易顺差。据越南海关总局统计数据,2018 年前 3 个月,越南对非洲出口额达 7.237 亿美元,同比增长 20%;进口额达 2.127 亿美元,同比下降 67%。越南对非出口生活用品(手机及配件、电脑及配件、纺织品服装和鞋类产品)、农产品(大米、咖啡、胡椒、椰子肉和腰果仁)、水产品(查鱼、巴沙鱼和虾类)和建材;越南从非洲进口原料腰

---

① 国内学界和官方普遍认为非洲国家有 54 个,西撒哈拉不算。但是我们浏览越南网站发现几乎所有的新闻报道都称非洲有 55 个国家。越南官方的表态也是如此,这一点值得读者辨别注意。

② 《"越南—非洲企业合作论坛"倡议加强越非经贸合作》,中新网,2010 年 8 月 18 日,http://news.sohu.com/20100818/n274309464.shtml。

③ 商务部驻胡志明市总领馆经商室:《越南拟促进与非洲在农业领域的合作》,2014 年 1 月 10 日,http://www.mofcom.gov.cn/article/i/jyjl/j/201401/20140100456481.shtml。

果、棉花、木材、铜和塑料等。① 投资方面，非洲棉花、腰果、木材、石油、贵金属等原料较为丰富，但其开发和加工水平仍较低。因此，非洲各国政府呼吁越南企业前来投资和进行技术转让。对非洲投资不仅能充分利用各种原料、当地劳动力和消费者，而且对该地区出口时还能享受优惠税率。

（二）双边经贸合作的制约因素

双方经贸发展的制约因素和不利环境主要体现在如下几个方面：

（1）越南与非洲国家的贸易和投资的地区分布不均衡。相对而言，越南的主要贸易对象是北非的埃及、利比亚、阿尔及利亚和摩洛哥，南部非洲的南非、安哥拉和西部非洲的加纳、喀麦隆、贝宁。东部非洲国家如坦桑尼亚对进口大米有政策限制等。在双向投资方面也是如此。截至2015年，越南对非洲12国投资项目33个，投资去向是阿尔及利亚、坦桑尼亚、莫桑比克、喀麦隆、布隆迪等国家，涉及石油勘探、电信、水电、木材加工等领域，投资额为25.97亿美元。据越南外国投资局的统计数据，截至2018年8月，非洲16个国家和地区对越南投资项目247个，总额达15.62亿美元。塞舌尔、毛里求斯、安哥拉和斯威士兰等是对越投资最多的国家。投资领域主要是加工制造业、零售、修理、科技等。②

（2）非洲国家自身的风险系数高。非洲国家中已经有43个加入世界贸易组织，正逐步取消非关税壁垒和减少进口税。非洲国家经常遭受干旱、自然灾害、政治动荡等的影响，粮食生产远远不够，虽然对包括越南在内的大米等粮食进口有很大需求，但并不意味着不存在风险变数。

（3）越南对非洲出口还存在潜在的风险。比如需要遵守非洲各国多项规定和标准，包括出口产品的商标、指标和相关信息必须用英文、法文和所在国的语言来标明。另外，由于双方距离遥远，双边贸易的结算方式严重阻碍越南企业深耕非洲市场。黄德润③指出与非洲国家进行贸易与投资合作时面临的困难如非洲部分国家政治社会不稳定，双方语言、文化、法律系统、经营习惯和出行调降等有区别，越南驻非洲各国的外交和贸易

---

① 越通社：《非洲是越南潜在的市场》，2018年9月11日报道。
② 越通社：《非洲是越南潜在的市场》，2018年9月11日报道。
③ 越南驻阿尔及利亚兼驻塞内加尔、马里、尼日尔和赞比亚等国大使馆商务参赞。

代表机构不多，非洲以西部分国家仍存在商业欺诈行为，等等。①

（4）越南与非洲的双边贸易环境还受到东南亚区域内其他国家如马来西亚和泰国的竞争压力。2010年，马来西亚与非洲国家贸易额为78亿美元，同2001年贸易额仅11亿美元相比，两国贸易额每年平均增长22%。这个贸易额度水平比2018年的越非贸易额度还要高。2011年吉隆坡举办马来西亚—非洲经贸论坛，马官方看重该论坛的平台作用，并鼓励非洲企业研究马政府提出的经济转型计划，在总值1450亿美元的131项入口点计划中寻找可投资的项目。② 从投资额度来看，马来西亚是非洲第三大投资来源国，仅次于法国和美国。截至2011年，马来西亚在全球的直接投资额达1060亿美元，投资非洲有193亿美元，占其全球总投资的24%。投资企业主要是国家石油公司Petronas和森那美集团等大型跨国公司。③ 主要受益国家是毛里求斯。中国在非投资为160亿美元，印度为140亿美元，位列第四位和第五位。④ 泰国方面主要是大米出口。2016年11月，泰国米价离岸报价每吨345美元到348美元，是过去13个月的最低谷，用来吸引非洲买家。⑤

二　近年越南与非洲主要国家和地区的经贸关系

（一）与南部非洲的经贸关系

越南与南部非洲国家保持着传统友好关系。20世纪下半叶，越南积极支持南非、莫桑比克、安哥拉等南部非洲国家的正义事业。随着区域经济一体化进程的不断深化发展，1980年成立南部非洲发展协调会议，1992年成立南部非洲发展共同体（SADC），后者已成为南部非洲重要的

---

① 《非洲是越南潜在的市场》，越通社，2018年9月11日报道。
② 《马来西亚加强与非洲经贸合作》，2011年6月21日，http://www.p5w.net/news/gjcj/201106/t3671932.htm。
③ 中华人民共和国驻马来西亚经商参处：《马来西亚成为非洲第三大投资国》，2013年3月27日，http://my.mofcom.gov.cn/article/sqfb/201303/20130300068811.shtml。
④ 《外媒：对非洲直接投资 马来西亚超过中国》，2013年3月30日，中华人民共和国驻加蓬共和国大使馆经济商务参赞处网站，http://ga.mofcom.gov.cn/article/jmxw/201303/20130300073104.shtml。
⑤ 《泰国大米出口价格低廉 吸引非洲买家》，新浪财经，2016年11月10日，http://finance.sina.com.cn/money/future/agri/2016-11-10/doc-ifxxsfip4338789.shtml。

经贸合作平台。2018年8月,越南非洲友好协会和南部非洲各国大使馆在河内共同举办中小微型企业研讨会。协会副会长杜德定肯定了中小微型企业在越南和非洲多国的发展进程中扮演重要的角色,并表示将充分发挥协会在双方经贸中的桥梁作用。南非驻越南大使 Mpetjane Kgaogelo 也表示,南部非洲地区潜力巨大,但并未得到充分挖掘,越南在中小微型企业和个体经济发展方面经验丰富,南部非洲发展共同体各国可以借鉴其经验。[1] 南非一直是越南对非洲出口的最大市场。据越南工贸部亚非市场司的信息,2018年越南对非洲出口近30亿美元,其中,对南非出口约7.2亿美元,比2017年略降3.6%。[2] 根据越通社的报道,2018年,南非仍是越南在非洲地区的最大贸易伙伴,进出口贸易额达11亿美元,较2017年增长了11.7%,占越南与非洲贸易总额的16%。[3]

(二) 与北非地区的经贸关系

埃及是越南对非洲第二大出口市场,2018年越南对该国出口4.39亿美元,较2017年增长36.6%。[4] 目前,越南每年对埃及的大米出口约330万吨。为了降低水耗,埃及减少水稻种植面积。2018年8月,越南前国家主席陈大光访问埃及期间,双方达成埃及从越南进口100万吨大米的协议,并在3—4个月内分批交货,作为埃及粮食储备,虽然埃及官方没有透露具体价格,但是透露出比中国的大米价格具有竞争力。[5]

(三) 与西非地区的经贸关系

西非地区是越南在非洲重要的贸易对象。2018年,越南对非洲出口国家中有7个出口贸易额超过1亿美元,西非地区就占4个,分别是加纳、科特迪瓦、多哥和尼日利亚。加纳在越南对非出口市场中排名第三,

---

[1] 《加强越南与南部非洲发展共同体之间的民间交流》,越通社,2018年8月17日,http://cn.qdnd.vn/cid-6123/7183/nid-552430.html。

[2] 《2018年越南对非出口达近30亿美元》,越通社,2019年1月20日,http://cn.qdnd.vn/cid-6158/7193/nid-557007.html。

[3] 越通社2019年1月28日简讯。

[4] 《2018年越南对非出口达近30亿美元》,越通社,2019年1月20日,http://cn.qdnd.vn/cid-6158/7193/nid-557007.html。

[5] 《埃及将从越南进口100万吨大米》,越通社,2018年8月31日。

仅次于南非和埃及，出口额达 2.783 亿美元，较 2017 年增长 3.7%。①

三 近期越南高层对非经贸外交的行动

2018 年 8 月，越南前国家主席陈大光访问埃及和埃塞俄比亚，并访问了非盟总部。访问期间，双方签署了包括越南农业与农村发展部与埃及农业与土地开垦部的合作备忘录在内的多项合作协议。陈的埃塞俄比亚之行是两国建交以来第一位越南国家元首对埃塞俄比亚进行的访问，是两国关系史上的一个重要里程碑，双方还发表了联合声明，为两国投资、贸易合作敞开大门。②

2018 年 8 月，摩洛哥驻越南特命全权大使阿兹丁·法赫尼（Azzeddine Farhane）表示摩洛哥将集中巩固两国经济关系以及促进双边贸易发展。同月，越南国家前主席陈大光在河内分别会见了对越南进行正式访问的卢旺达外交部部长路易丝·穆希基瓦博（Louise Mushikiwabo）和几内亚外交部部长马马迪·杜尔（Mamadi Toure）。陈大光建议各方加强各级特别是高层代表团互访。关于经济、贸易、投资方面，双边贸易额与双方潜力和政治关系不相匹配，因此，要找出具体措施，促进贸易合作，完善法律框架，为双方扩大合作领域创造条件。在多个非洲国家落实的农业项目所取得的成果的基础上，越南愿通过双多边合作与卢旺达、几内亚分享农业发展经验。此外，越南也正在非洲落实多个领域特别是通信、石油领域的投资项目。陈大光希望卢旺达、几内亚政府为越南投资者、企业了解并进军两国市场创造便利条件。③

2019 年 1 月，越南外交部副部长阮国强会见安哥拉、摩洛哥、尼日利亚、埃及、莫桑比克和利比亚等非洲各国驻越大使和首席代表。他建议非方为越南与非洲联盟（AU）建立正式关系分享经验，并强调越南愿意成为非洲各国进军东南亚和亚太地区市场的门户。非洲各国驻越大使对越南在非洲农业领域的三方合作模式给予高度评价，他们建议越南和非洲各

---

① 《2018 年越南对非出口达近 30 亿美元》，越通社，2019 年 1 月 20 日，http://cn.qdnd.vn/cid-6158/7193/nid-557007.html。

② 《陈大光主席埃塞俄比亚和埃及之行：深化越南与非洲国家之间的传统友谊》，越通社，2018 年 8 月 22 日。

③ 越通社 2018 年 8 月 7 日报道。

国利用第三方和日本、韩国及中国等国家的资金推进农业、水产和水稻等领域的项目。①

2019 年 3 月，越南外交部副部长阮国强同南非国际关系与合作部副部长 Reginah Mhaule 共同主持越南—南非经贸、科技、文化合作第四次政府间伙伴论坛。双方同意进一步促进两国经贸投资合作关系，尽早签署两国采矿合作备忘录，加强电力、可再生能源开发的合作，促进在南非进行煤炭开采和出口到越南的谈判，继续加强两国农产品贸易等。②

2019 年 3 月，越南外交部副部长阮国强对埃及进行访问。埃及外交部副部长卡雷德·尔瓦特（Khaled Tharwat）强调，越南在埃及"向东看"政策中占有核心地位。埃及高度评价越南经济社会发展成就和越南在世界和地区的地位和作用。在传统友好关系的基础上，埃及希望与越南推动包括贸易、投资在内的各领域务实发展。③

2019 年 4 月，陪同越南政府总理阮春福赴北京出席第二届"一带一路"国际合作高峰论坛期间，越政府副总理兼外长范平明会见了利比里亚总统办公室主任麦克科林（Mc Clain）。麦克科林希望越南企业加大对利比里亚的投资力度，同时希望越南政府和企业向该国分享耕作和大米生产等领域中的成功经验。④

2019 年 5 月，由越南工商部率领的越南贸易促进代表团对南非进行工作访问，力求推进越南产品进军南非市场。8 月，越政府总理阮春福会见到访的博茨瓦纳外交事务与合作部部长尤妮蒂·道（Unity Dow）。阮春福建议双方加强有关经贸投资法律框架协议的谈判，希望双方加强在地区和国际场合上的协调合作，建议博茨瓦纳为促进越南与非洲联盟建立合作关系作出贡献，为加强越南与南部非洲发展共同体（SADC）的关系搭建桥梁。越南愿为博茨瓦纳扩大与东盟各国的合作而搭建桥梁。⑤ 9 月，总理阮春福会见中东和非洲国家的大使，建议进一步发挥越南与中东、非洲

---

① 《越南外交部副部长阮国强会见非洲各国驻越大使》，越通社，2019 年 1 月 11 日。
② 《越南与南非加强友好与全面合作关系》，越通社，2019 年 3 月 17 日，https://cn.qdnd.vn/cid-6123/7183/nid-558429.html。
③ 《越南在埃及"向东看"政策中占有核心地位》，越通社，2019 年 3 月 20 日。
④ 《越南希望促进与非洲国家的合作》，越通社，2019 年 4 月 25 日。
⑤ 《越南政府总理阮春福会见博茨瓦纳外交事务与合作部部长尤妮蒂》，越通社，2019 年 8 月 26 日。

各国传统友好合作关系,把政治互信化为具体的合作结果,其中包括促进尤其是贸易、投资、农业、信息技术、能源、教育、旅游、劳务等潜力巨大的领域的合作。他还强调要与非盟建立正式关系。[1]

2019年12月,越南外交部同法语国家国际组织(OIF)在河内举行题为"越南与非洲合作:处理与非洲国家经济合作的风险"的研讨会。越外交部副部长邓明奎认为,越南与非洲国家之间的合作潜力巨大。越南与非洲各国经济互补性较强,双方正迎来巨大的合作机遇,共同致力实现2030年联合国可持续发展目标。非洲成为越南投资者的投资乐土,其中值得一提的是投资总额达到10亿美元的Vietel电信项目。越南与部分非洲国家的合作模式尤其是农业领域的合作模式曾被视为南南合作的典范。[2]

特别值得一提的是,越南还对非展开了党际外交活动。2019年12月,越共中央政治局委员、中央书记处书记、中央组织部部长范明正率领的越南共产党代表团对埃及进行工作访问。范明正建议,双方应继续加强各级代表团互访并在国际和地区论坛上相互支持对方国家;建议埃及继续支持越南与非洲联盟(AU)建立正式关系;双方就开通直达航线的可行性尽快进行研究,为促进经济、贸易、投资、文化、旅游和教育合作创造有利条件,配合核查和消除贸易壁垒,促进市场开放,促进农林水产品的贸易活动,并在不久的将来使两国双边贸易额达到10亿美元的目标;分享与有关国家进行水资源利用和管理经验的交流等。不可忽视的是,越南寻求到埃及在中国南海方面支持越南的立场。[3]

四 对近年越南和非洲经贸关系的评价和认识

首先,未来越南与非洲的关系将会是全面的。近年来,随着越南与非洲经贸关系的不断提升,越南更加重视非洲市场的未来潜力。不难预见,越南官方和民间将会更加看好对非洲的贸易合作。双方的政治合作也将会

---

[1] 《越南政府总理阮春福会见中东和非洲各国驻越大使》,越通社,2019年9月11日, https://cn.qdnd.vn/cid-6123/7183/nid-563579.html。
[2] 《提升越南与非洲国家的经济合作效益》,越通社,2019年12月9日。
[3] 《越共中央政治局委员、中央书记处书记、中央组织部部长范明正对埃及进行工作访问》,越通社,2019年12月13日,https://cn.qdnd.vn/cid-6123/7183/nid-566341.html。

进一步提升，越南将会积极在东盟框架内协调与非盟成员国的关系。目前，越南已经与非洲 53 个国家建立外交关系。越南对非洲国家共同努力建设一个团结统一、国际地位日益提升的非洲地区共同体予以高度评价。越南自认为可以作为非洲联盟与东盟之间的桥梁纽带，为地区和平、合作与繁荣发展作出贡献。文化上，越南也会主动出击，如在马达加斯加设立文化中心，积极进行民间文化交流。总之，越南已经认识到非洲在双方政治经济文化方面的重要性，并在某种程度上"模仿""拷贝"中非合作的模式。这也是近年来越南外交活动新的动向和趋势。

其次，目前越南尚未形成清晰而又完整的对非政策。出于历史传统和现实地缘政治的因素，越南依旧会把外交重点聚焦在东盟框架和中、美、日、韩等国际和地区大国上。越南即使在处理对非事务方面，也是零散和琐碎的，不成体系。从驻外机构配置来看，越南驻非洲的使馆外交机构和商务机构都不多，使馆工作人员也是身兼数职，兼任多个国家的外交官。在具体业务方面，也是以双边贸易为主。在对待非洲不同区域也各有侧重，越南更看重北非和南部非洲国家的石油开采、电信、木材等优势资源项目。虽然越南和非洲法语国家都是属于法语国家组织的成员国，但也只是文化认同的标记，对双方民间文化交流更具意义，对双边贸易合作和投资的驱动主要还是取决于相应非洲国家的资源禀赋。

再次，应当将越南与非洲的经贸关系置于国际关系格局的大背景下来考量。在分析双边关系的同时，应当考虑中国与东盟的关系、中非关系等第三方因素。经贸合作方面，中国—东盟博览会作为服务"一带一路"建设参与国家合作的重要平台，2018 年还吸引了坦桑尼亚作为特邀合作伙伴首次参展，这是博览会成立 15 年来非洲国家首次参与。坦桑尼亚设置国家形象馆展示充满非洲异域风情的人文特有的咖啡、茶叶、蜂蜜、香料、手工艺品等，组织优秀展商、采购商参会，并积极推介旅游资源。[1]这不仅深化了中国与东盟合作的内涵，扩大了中非合作外延，也有益于越南开展对非洲的经贸合作。但是不可忽视的是，越南谋求新一期的安理会非常任理事国和东盟轮值主席国，寻求非洲国家给予更多政治安全上的支持。近年来，南海局势已经有所缓和，域外国家时不时会干扰本地区的安

---

[1]《坦桑尼亚成为中国—东盟博览会特邀合作伙伴》，《人民日报》2018 年 9 月 11 日第 20 版。

全局势。越南这一政治诉求的实现，将在客观上和无形中为中越双方在南海的争端增添新的不确定因素。对于这种情况还是要保持谨慎的预期和心态。经贸关系发展的广度和深度当然不能不考虑这些因素。

最后，非洲仍是后疫情时代越南潜力巨大的市场。由于受到新冠肺炎疫情的影响，越南与阿尔及利亚、冈比亚、马里、尼日尔和塞内加尔之间的贸易交流活动遭受了不良的影响。越南海关总局的初步统计数据显示，2020年前5个月，越南对非洲出口总额同比下降6.1%，从非洲进口额下降1.2%。然而，越南大米对非洲一些国家的出口总额呈现增长态势，尤其是对塞内加尔的大米出口额增长明显，出口量增长25倍，出口额增长17.3倍，使越南对该国出口金额同比增长了88.6%。[①] 对于越南驻阿尔及利亚大使馆兼驻冈比亚、马里、尼日尔和塞内加尔大使馆商务处负责的市场，越南企业将继续加强农产品出口活动，如大米、咖啡、胡椒、腰果、糖果饼干、谷类产品等。非洲和世界原油、铝、铜、铅、可可、棉布等原料价格大幅度下降，这也是越南优先考虑非洲市场的重要因素。

作者简介

甘振军：男，历史学博士，天津职业技术师范大学非盟研究中心助理研究员、讲师，主要从事东非史、环印度洋地区史研究。

On the Economic and Trade Relations between Vietnam and Africa in Recent Years

Author：Dr. Gan Zhenjun, Assistant Researcher, Lecturer at the Centre for African Union Studies, Tianjin University of Technology & Education. His main research fields include African politics, International Relations, Australia – Africa relations, etc.

Abstract：The economic and trade relations between Vietnam and Africa deserve the attention of academic circles and foreign trade researchers. In recent years, economic and trade relations between Vietnam and Africa have been ac-

---

① 《非洲仍是后疫情时代潜力巨大的市场》，越通社，2020年7月10日。

celerating, and the volume of bilateral trade has reached a new historical level. Politically, as Vietnam's president makes his first visits to Egypt and Ethiopia, African leaders have also begun to value Vietnam, not only for recognizing its Market Economy Status, it also supports Vietnam's aspirations in other areas such as Non – Permanent members of the Security Council. Culturally, Vietnam has established cultural centers in some African countries. Vietnam's economic and trade cooperation with Africa has broad prospects for development, and its impact on China – Africa and China – Vietnam relations is worth serious consideration.

第四篇

社会与人文发展态势

非洲智库发展与中非智库合作报告(2018—2019)

王 珩 王丽君

[内容摘要] 2019年非洲智库的研究领域覆盖广泛,部分领域表现突出,自主性不断提升,全球影响力有所加强。非洲智库与全球其他智库不断开展合作,与中国智库的交往不断加深,形成了多领域、全方位的格局。中非悠久的交往历史为智库合作提供了深厚土壤,"一带一路"倡议为其赋能提速,中非智库论坛、非洲智库研修班等为其提供优质平台。为进一步落实北京峰会成果,中非智库应加强顶层设计,深化对双方的研究,加强治国理政经验交流,构建智库合作网络,提升中非的话语权和影响力。

智库作为国家思想力量的贡献者,其影响力在不断扩展,成为各国在国际舞台上话语权构建的重要力量,建设高水平、国际化的智库已成为一种全球化趋势。自2019年以来,非洲总体延续了近年总体趋稳向好的局势,为非洲智库的发展营造了良好的环境。

一　非洲智库发展现状及特点

根据《全球智库发展报告2019》[①]，2019年非洲智库数量总体保持稳定，总数为699家，占比8.48%。其中撒哈拉以南非洲智库612家，北非智库87家，分别占全球智库数量的7.42%和1.05%。在发展历程中，非洲智库的自主性不断加强，质量和全球影响力有所提升。

（一）知名智库分布不均衡

非洲智库在非洲各个国家的分布如表1所示，呈现出极不均衡的特点。知名智库主要集中于经济环境和政治环境较好的国家，如南非、肯尼亚、尼日利亚等国。

表1　　　　　　　　　2019年非洲各国智库数量一览

国家	智库数量（家）	国家	智库数量（家）
南非	92	卢旺达	8
肯尼亚	56	苏丹	8
尼日利亚	51	冈比亚	6
埃及	39	索马里	6
加纳	38	厄立特里亚	5
乌干达	32	莫桑比克	5
埃塞俄比亚	26	斯威士兰	5
津巴布韦	26	多哥	5
喀麦隆	22	安哥拉	4
突尼斯	21	布隆迪	4
坦桑尼亚	18	莱索托	4
贝宁	17	利比里亚	4
塞内加尔	17	马达加斯加	4
布基纳法索	16	尼日尔	4

---

① James G. McGann, 2019 *Global Go To Think Tank Index Report*, University of Pennsylvania, Philadelphia, p. 40.

续表

国家	智库数量（家）	国家	智库数量（家）
纳米比亚	16	塞舌尔	4
马拉维	15	乍得	3
摩洛哥	15	刚果	3
赞比亚	14	利比亚	3
博茨瓦纳	13	佛得角	2
科特迪瓦	13	中非共和国	2
马里	11	加蓬	2
毛里求斯	10	几内亚	2
阿尔及利亚	9	塞拉利昂	2
刚果民主共和国	8	几内亚比绍	1
毛里塔尼亚	8	—	—

资料来源：2019 Global Go To Think Tank Index Report, University of Pennsylvania, Philadelphia, pp. 42 – 44。

智库数量在 50 家以上的国家包括南非、肯尼亚和尼日利亚，三国共有 199 家智库，占非洲智库总数的 28.47%，与去年相比保持不变。智库数量在 15 家以上的国家共 14 个，其智库总数为 318 家，占非洲智库的 45.50%。智库数量在 15 家以下的国家多达 32 个，总数为 182 家，占 26.04%。赤道几内亚、西撒哈拉、科摩罗、吉布提、圣多美和普林西比等国家还没有智库。这有可能是有的国家有智库但没有达到全球智库报告收录智库的标准，未能纳入。宾夕法尼亚大学的全球智库报告对智库数量的认定不一定受到各界认同，如报告显示中国智库数量为 507 家，但在《CTTI（中国智库索引）智库报告 2019》[①] 中收录的智库就有 848 家，两者数量相差较大。此外，该报告还存在其他瑕疵，如在《2019 顶级水安全智库》（2019 Top Water Security Think Tanks）中，同属南非的非洲水问

---

① CTTI："中国智库索引"（Chinese Think Tank Index，简称 CTTI）是南京大学中国智库研究与评价中心和光明日报智库研究与发布中心共同开发的大型在线智库信息系统，集成了智库搜索引擎、智库数据管理和智库在线评价三大功能。2019 年 12 月 19 日，在"2019 新型智库治理暨思想理论传播高峰论坛"上发布了《CTTI 智库报告（2019）》及 CTTI 来源智库精品成果等多项基于 CTTI 的研究成果。

题研究部门（Africa Water Issues Research Unit）分别出现在第 10 位和第 22 位。

（二）研究网络覆盖广泛

非洲智库的研究领域开始变得广泛。对《全球智库发展报告 2019》中所列出国防和国家安全、国内经济政策、教育政策、能源和资源、环保政策、外交政策和国际事务、国内卫生政策、全球公共卫生政策、国际发展、国际经济、科技政策、社会政策、透明度和善政、食品安全和水安全等 15 个领域都有涉及，形成全方位的覆盖，在部分领域取得的进展尤为突出。如最佳食品安全智库、最佳水安全智库和最佳国内经济政策智库三个排行榜，是非洲智库中入榜数量最多的，分别入选 31 家、15 家和 14 家，显示出非洲国家对食品与水安全的重视以及其致力于发展国内经济的决心。2016 年首次上榜全球最佳教育政策智库的伊曼尼教育中心（加纳）及东部和南部非洲社会科学研究组织（OSSREA）（埃塞俄比亚），2019 年继续上榜，排名有所上升，分别列第 53 位和第 57 位。

从维护政治稳定到追求经济发展，从聚焦国内时政到关注国际要闻，非洲智库的研究对象不断发展拓展，逐渐建构起研究网络。非洲技术政策研究网络（ATPS)[①] 就是一个由研究人员、政策制定者、私营部门行动者和民间社会组成的跨学科网络，旨在提高非洲科学、技术和创新系统研究和决策的质量，促进非洲的可持续发展，现已在五大洲 50 多个国家拥有 1500 多个成员和 3000 多个利益相关者，并在全球建立了机构伙伴关系。总部位于南非的非洲中心争端建设性解决（ACCORD），其网页有 20 种不同语言，版面分类清晰，相关文件都可查阅，广泛的传播网络使智库思想传播更为迅捷。此外，随着中国在非洲影响日益上升，在推动全球发展中作用举足轻重，越来越多的非洲智库开始"向东看"。

（三）全球影响力有所加强

从智库的横向比较来看，2019 年非洲智库质量和全球影响力总体保持稳定。在全球智库前 176 位中，非洲智库占 16 席，占 9.1%（见表 2），数量与 2018 年基本持平，其中南非智库共入选 6 家。

---

① 来自 African Technology Policy Studies Network 官网，https://atpsnet.org/。

表 2　　　　　　　　2019 年全球顶级智库中的非洲智库

序号	智库名称	所在国家	全球排名（位）
1	非洲争端解决中心（ACCORD）	南非	35
2	金字塔政治和战略研究中心（ACPSS）	埃及	58
3	非洲经济研究联合会（AERC）	肯尼亚	68
4	食品、农业和自然资源政策分析网络（FANRPAN）	南非	71
5	南非国际事务研究所（SAIIA）	南非	84
6	解决冲突中心（CCR）	南非	86
7	非洲技术政策研究网络（ATPS）	肯尼亚	103
8	伊曼尼政策和教育中心	加纳	113
9	国际安全研究所（ISS）	南非	116
10	自由市场基金会（FMF）	南非	124
11	非洲社会科学研究发展委员会（CODESRIA）	塞内加尔	126
12	肯尼亚公共政策分析研究所（KIPPRA）	肯尼亚	127
13	经济政策研究中心（EPRC）	乌干达	141
14	埃塞俄比亚发展研究所（EDRI）	埃塞俄比亚	162
15	东部和南部非洲社会科学研究组织（OSSREA）	埃塞俄比亚	164
16	统计、社会和经济研究所（ISSER）	加纳	170

资料来源：2019 Global Go To Think Tank Index Report, University of Pennsylvania, Philadelphia, pp. 65 – 71。

在领域影响力方面，15 个研究领域的全球最佳智库排行榜中，非洲智库总计入榜 111 次，其中南非智库共入榜 21 次，其次是肯尼亚智库共入榜 19 次，加纳智库共入选 9 次，埃塞俄比亚、乌干达智库各入选 8 次。入榜次数最多的非洲智库是埃塞俄比亚的东部和南部非洲社会科学研究组织（OSSREA），共入选教育政策、国内卫生政策、全球公共卫生政策、国际经济和社会政策等 5 个最佳智库排行榜。其次是肯尼亚的非洲技术政策研究网络（ATPS），入选国内经济政策、国内卫生政策、国际发展、科技政策等 4 个最佳智库排行榜，加纳的加纳民主发展中心（CDD）和肯尼亚的非洲经济研究联合会（AERC）分别入选 3 次。说明部分非洲智库在这些研究领域已具备一定的国际影响力。

在活动数量和质量方面,过去一年非洲智库积极举办国际会议,致力打造一流品牌效应。2019年3月30日,为开展名为"非殖民化、学科和大学"的五年研究合作,马凯雷雷社会研究所(MISR)主办了相关研讨会,会议讨论了研究议程,并为博士生和博士后规划未来五年的培训讲习班和研究所。① 9月13日,非洲经济转型中心(ACET)与新加坡国立大学、微软中东和非洲慈善机构、托尼布莱尔全球变化研究所和高等教育部合作,在南非约翰内斯堡举行"第四次工业革命(4IR)对非洲劳动力的权利剥夺"政策圆桌会议,深刻探讨了撒哈拉以南非洲国家如何为未来创造正确的技能经济。② 10月25日,首届中国—南苏丹智库论坛在南苏丹首都朱巴成功举行,论坛系统梳理了中非关系70年的合作历程,在政治、治理和经济三大关键领域达成诸多共识。③

(四)自主性不断提升

非洲智库不断探索自主发展道路。第一届非洲智库峰会于2014年在南非比勒陀利亚成功举办,之后在埃塞俄比亚亚的斯亚贝巴、津巴布韦、美国华盛顿、摩洛哥分别举行了第二到第五届会议,加速了非洲智库的转型升级,提高了其质量和能力。第六届非洲智库峰会由肯尼亚公共政策研究与分析研究所(KIPPRA)在肯尼亚主办,旨在为智囊团提出战略和可采取行动的建议,以便在《2063年议程》和可持续发展目标所反映的非洲愿景的范围内,为应对政策执行方面的挑战作出有意义的贡献,通过分

---

① Makerere Institute of Social Research, "MISR Organises Inaugural Meeting of the Global Supra – National Research Collaboration on 'Decolonisation, the Disciplines and the University', March 30 – 31, 2019", https://misr.mak.ac.ug/news/misr – organises – inaugural – meeting – of – the – global – supra – national – research – collaboration – on, 2019 – 3 – 31.

② African Center for Economic Transformation, "Final roundtable meeting on right – skilling the workforce in Africa for industry 4.0", https://acetforafrica.org/event/final – roundtable – meeting – on – right – skilling – the – workforce – in – africa – for – industry – 4 – 0/, 2019 – 9 – 13.

③ 浙师大非洲研究院:《刘鸿武院长率团访问南苏丹首届中国—南苏丹智库论坛成功举行》,http://ias.zjnu.cn/2019/1028/c6141a304276/page.htm,2019 – 10 – 28。

享关于确保成功执行政策和战略的良好做法的知识和国别案例研究。[①] 会议展示了非洲智库强有力的组织能力，推动了非洲智库间合作走向新阶段。

为了促进非洲的独立研究，非洲较有影响力的政治家纷纷成立以自己的名字命名的基金会，如塔博·姆贝基基金会、多斯桑托斯基金会等。[②] 2019年10月16日，尼雷尔基金会执行主任约瑟夫·布提库出席浙江师范大学非洲研究院"尼雷尔纪念日20周年暨中坦建交55周年学术月"活动，分享了尼雷尔的重要思想。这些智库通过政治家自身的影响力和相关学者的研究能力，共同推动了非洲本土知识的生产，促进了非洲与外部的交流，培养了非洲智库人才，为非洲智库的发展提供了更多智力支持。

二 中非智库合作发展现状及特点

中非智库合作是中非合作的重要组成部分。中非关系为中非智库的合作交流提供了牢固的基础，"一带一路"倡议为其赋能提速，中非智库论坛以及各部委举办的非洲智库援外研修班等为其提供了优质的平台，中非智库自发的合作与交流活动开展日益频繁。

（一）中非关系为中非智库合作交流提供深厚土壤

中非悠久的合作历史为中非智库的建立与其他领域的合作交流打下了牢固的基础。自2000年中非合作论坛成立后，双方形成了全方位、宽领域、多层次的交往关系。2018年中非合作论坛北京峰会通过的《中非合作论坛—北京行动计划（2019—2021年）》提出，中非双方应成立专门机构支持中非学术界建立长期稳定的合作，鼓励论坛和相关机构开展联合研究，在中非智库论坛框架下建立中非智库合作网络，为中非合作发展提供

[①] Policy Center For The New South, "Africa Think Tank Summit", https：//www.policycenter.ma/events/conferences/africa-think-tank-summit-2019#.Xk4apWgzZPY, 2019-4-26.

[②] 周瑾艳：《非洲智库研究报告》，社会科学文献出版社2019年版，第249页。

智力支持。① 中非智库要在已有扎实的历史基础上，紧抓第三次智库发展高潮②，实现不断发展。外交部部长助理陈东晓强调，中非智库要与时俱进，结合国际和地区形势演变；聚焦合作，紧扣中非关系与合作发展重点；积极发声，打造行之有效的中非话语体系③。

(二)"一带一路"为中非智库合作交流赋能提速

非洲是共建"一带一路"的自然延伸，"一带一路"倡议为破解非洲发展难题、实现中非共同发展提供新路径，给中非合作全方位发展带来了更多的机遇。智库是共建"一带一路"的重要力量。④ 近年关注"一带一路"倡议的相关智库不断增多，有学者表示，许多非洲国家已经成为"一带一路"倡议的合作伙伴⑤，"一带一路"将继续成为中国与非洲交往的核心⑥，南非智库、尼日利亚国际事务所等智库对此表示关切。2019年4月24日，由新华社研究院联合15家中外智库共同发起的"一带一路"国际智库合作委员会在北京成立。这是贯彻落实习近平主席"要发挥智库作用，建设好智库联盟和合作网络"重要指示精神的有力举措，也是对中外专家关于搭建合作平台、推动"一带一路"学术交流机制化常态化共同意愿的积极回应。⑦

(三) 中非智库论坛等为智库合作提供机制化平台

2019年8月27日，中非智库论坛第八届会议在北京钓鱼台国宾馆举

---

① 中非合作论坛：《中非合作论坛——北京行动计划（2019—2021年）》, https://www.focac.org/chn/zywx/zywj/t1592247.htm, 2018-9-5。

② 王珩、王丽君、刘鸿武：《构建中非命运共同体话语体系——中非智库论坛第八届会议综述》，《图书馆论坛》2020年第1期，第107页。

③ 人民网，王欲然：《外交部部长助理陈晓东出席中非智库论坛第七届会议》，http://world.people.com.cn/n1/2018/0705/c1002-30129354.html, 2018-7-5。

④ 人民网，田婉晴、贾文婷：《信贺"一带一路"国际智库合作委员会成立大会习近平：智库是共建"一带一路"的重要力量》, http://world.people.com.cn/n1/2019/0425/c1002-31048930.html, 2019-4-25。

⑤ Charles Onunaiju, "Africa and China's Belt and Road strategy", https://thenationonline-eng.net/africa-and-chinas-belt-and-road-strategy/, 2019-5-8。

⑥ 周瑾艳：《非洲智库对新时代中国方案的认知及其对中非治国理政经验交流的启示》，《国外社会科学》2018年第5期，第120页。

⑦ 王珩：《建立全方位、立体化的中非智库合作网络》，《光明日报》2019年7月22日。

行。来自非洲 45 个国家的驻华使节、51 个非洲国家的政府官员、智库学者、媒体代表和中国外交部、国内知名智库机构代表、企业代表及媒体人士近 400 人参加了此次会议，[1] 双方就共建"一带一路"、打造中非联合研究交流计划"增强版"、加强中非治国理政经验交流等话题进行讨论与阐述。论坛发起单位之一浙江师范大学非洲研究院连续第四次上榜全球智库报告"最佳高校附属区域研究中心"。

由中国商务部、教育部主办的"非洲国家智库研修班"等项目进展顺利，已成为中非合作论坛框架下我国政府向非洲国家承诺实施的重要人力资源培训项目，成为促使中非双方通过研讨和考察共同探索提升政府社会治理能力和政策水平的有效途径[2]，在各个领域培养了一大批知华、亲华、友华的力量[3]，有助于更好地搭建非洲各国发展所需的高水平智库。中国非洲研究院的成立也将为共同构筑更加紧密的中非命运共同体提供智力支持和人才支撑。

值得引起注意的是，非洲智库对中国的研究仍旧偏弱，设有中国或中非研究中心的非洲智库数量较少，至目前为止仅有 8 个，这将导致非洲对中国缺乏直接了解，容易受到西方媒体和学者对中国的不实指责的影响。[4]

三 非洲智库发展趋势及加强中非智库合作的思考

随着全球化和信息化的快速发展，以及非洲发展形势的整体向好，非洲智库发展未来可期。但也有部分非洲国家因政治社会转型和经济发展换挡"两期叠加"效应凸显，导致不稳定因素有所增加[5]，这可能会成为非

---

[1] 浙师大非洲研究院：《中非智库论坛第八届会议在北京钓鱼台国宾馆开幕》，http://ias.zjnu.cn/2019/0828/c6141a296920/page.htm，2019-8-28。

[2] 刘政宁、李力：《2019年非洲智库与国情研究研修班来渝考察》，人民网，http://cq.people.com.cn/n2/2019/0721/c365411-33165154.html，2019-7-21。

[3] 屈廖健、刘宝存：《我国开展"一带一路"沿线国家高校教师培训的实践探索与发展策略》，《中国高教研究》2019年第1期，第29页。

[4] 周瑾艳：《非洲智库研究报告》，社会科学文献出版社2019年版，第258—259页。

[5] 中国社会科学院：《非洲发展报告 NO.21（2018—2019）》，社会科学文献出版社2019年版，第1页。

洲智库发展的阻碍。中非合作正处于历史最好时期，但中非智库合作仍有较大空间。为进一步落实 2018 北京峰会成果，中非应加强顶层设计，为加强智库的交流合作提供更好的环境；应深化对双方发展中重大现实问题的研究，加强双方治国理政经验交流；不断完善智库网络，打破信息壁垒，共同努力提升中非的话语权和影响力。

（一）加强顶层设计

中非智库合作的规模与水平与当前中非关系的快速发展所产生的实际需求还有差距，与中非合作引领国际对非合作的积极势头还不够匹配，应提高对双方智库建设的重视程度，加大建设投入。中方可出台举措帮助建设非洲智库，增强非洲智库的研究能力，深化智库和学者间的联合互通。继续增强中非智库合作的战略性与计划性，完善智库合作规划，配套建立实施方案，加强机制化合作平台建设，拓展智库合作领域。继续打造"中非联合研究交流计划"增强版，做好中非智库"10+10"合作伙伴计划，办好中非合作论坛—智库论坛，在做好机制化交流平台的同时倡导中非智库间自主交流与合作，形成发展合力。

（二）加强互动交流

非洲智库应加强对中国和本国国情和发展需求的研究，引导智库学者积极主动参与中非合作，中方要引导国内涉非研究科学规划布局，深化对国别、区域和专题问题研究，加强发展理念和发展战略对接，使非洲智库的成果更加有用、有效、有力。[1] 中非智库可根据非方实际需求，合作进行非洲国家区域、次区域、国别和领域发展规划编制，增强非方长远规划与统筹发展能力，提升中非合作的可持续性和前瞻性。[2] 中非智库应发挥"智囊"作用，以政府治理质量为核心，将中非治国理政的有关实践进行理论升华，促使双方经验的共享、借鉴、交流，为解决全球性的发展和治理问题贡献智库的原创性思想和话语。

---

[1] 非洲中国合作与发展协会主席纳赛尔在中非智库论坛第八届会议上的发言。
[2] 商务部：《中非合作论坛北京峰会"八大行动"内容解读》，http://www.mofcom.gov.cn/article/ae/ai/201809/20180902788421.shtml，2018-9-19。

（三）创新合作平台

中非双方应建立多渠道交流机制，利用信息网络加强协作，构建富媒体化内容生态①，与国际实践实现接轨。建立自己的传播平台，主动发声，增强对舆论的引导作用，推动中非媒体人士的互访与合作，促进双方民间交流，充分发挥智库和专家的作用，掌握中非合作国际话语权。创建双方互联互通的环境，进一步拓展合作领域、路径、内容和方式，加强中非治理能力交流、安全合作、金融合作、影视文化传播合作，建立非洲智库索引（ATTI），建构全方位、立体化的中非智库合作网络，加强智媒融合，为全面落实中非合作论坛北京峰会成果，构建更加紧密的中非命运共同体提供更有力的智慧支持。

作者简介

王珩，博士、浙江师范大学非洲研究院党总支书记、副院长、教授，主要从事非洲智库研究。

王丽君，浙江师范大学非洲研究院2019级硕士研究生。

Annual Report on African Think Tank Development and Cooperation between Chinese and African Think Tanks（2018—2019）

Author：Dr. Wang Heng, Professor, Party Secretary, Deputy Director and master supervisor of the Institute of African Studies at Zhejiang Normal University. Her main research fields include African think tank research. Wang Lijun, 2019 master student of the Institute of African Studies Zhejiang Normal University.

Abstract：In 2019, African think tanks covered a wide range of research areas, with outstanding performance in some areas, increasing autonomy and increasing global influence. African think tanks continue to cooperate with other

---

① 中国人民大学重阳金融研究院于今在2019中国智库国际影响力论坛上的发言。

think tanks around the world, especially with Chinese think tanks, forming a multi field and all-round pattern. The long history of China-Africa exchanges has provided a solid foundation for China-Africa think tank cooperation, "One Belt And One Road" has enabled it to speed up, and the China-Africathink tank forum、African think tank seminar, etc. have provided it with a high-quality platform. In order to further implement the outcomes of the Beijing Summit, think tanks in China and Africa should strengthen top-level design, deepen research on both sides, strengthen exchanges of experience in governance, build a think tank cooperation network, and enhance the voice and influence of China and Africa.

南非减贫发展报告(2018—2019)

刘钊轶

[内容摘要] 南非是世界上贫富差距最大的国家之一,多年来政府一直试图通过一系列举措来解决贫困和不平等问题。本文将就南非贫困问题的现状、最新的减贫政策、减贫政策落实过程中的问题和难点以及对未来减贫工作的建议展开叙述。

一 南非贫困现状

南非是一个能源和矿产资源丰富的中等收入国家,2019年GDP总量为3588.39亿美元,人均GDP为6100美元,GDP增长率为0.8%。[①] 由于受早期种族政策的影响,南非成为世界上贫富差距最大的国家之一。其新政府上台后为了提高经济发展和人民生活水平,推出了一系列减贫政策。如2006年的"南非加速及共享增长倡议",着重加大政府干预经济力度,并通过加强基础设施建设、实行行业优先发展战略、加强教育和人力资源培训等措施,促进就业和减贫;2011年9月11日,南非发展和改革委员会制定了《南非2030年发展规划草案》(*National Development Plan 2030*),计划在未来25年间通过经济增长、创造就业岗位、降低失业率、减少贫富差距等来减少贫困。然而,从客观现实的角度说,当前南非的减贫政策并未完全发挥出其设计效用,在实施维度和力度上来看也没有成功

---

① Stats SA. 2020.

帮助南非按照预期阶段性地摆脱贫困。

过去七年时间里，南非全国经济状况出现了严重恶化，经济发展在衰退与停滞间摇摆，实际失业率持续走高，外资引入大幅减弱，为国家创造重要财富与就业岗位的国企公司纷纷进入事实性破产，土地资源重组的具体实施也没有实际突破。在多种社会财富发动机失灵的状况下，为了兑现减贫目标而进行的整体投资已经开始变为国家的施政负担。

2020年年初，三大评级机构中的穆迪，继2017年标准普尔和惠誉对南非的评级下调及负面展望后，也将南非的主权信用评级降为了垃圾级，兰特对美元汇率跌至历史新低。[1] 这让南非进一步调用外资尤其是用于社会基础设施建设和民生投入方面的国际融资能力大幅度下滑。2020年年初新冠肺炎疫情来袭，南非国家政府采取了积极的先期防控措施，但长达64天的全面5级（最高级）封锁给整个国家的凋敝产业和衰退社会经济带来了沉重打击。疲软的经济进一步激化了社会矛盾，尤其是贫困阶层的强烈不满情绪，已经在事实上打乱了南非政府原本的减贫工作计划和部署。目前南非国内政府执行层面普遍对达成2030年消灭贫困的目标持消极态度。

南非国家发展和改革委员会颁布的《南非2030年发展规划草案》指出，南非目前面临九大挑战，分别是基础设施不能满足经济发展需要、失业率居高不下、黑人受教育水平普遍偏低、穷人不能够公平地享受经济发展成果、经济增长过度依赖资源、不健全的公共卫生体制、公共服务不足、腐败和严重的贫富分化。

诚然，南非是非洲基础设施最完善的国家，然而这些基础设施很大部分是继承于之前的种族隔离政府。过去26年新增铁路公里数为零，新增涉外机场为零，对于超过81%的免费国家公路，中央财政资金只能以平均每年不到3亿兰特的资金规模进行维护、扩建和补建，而且所有的省级公路、地区公路还无法享受中央财政的统一维护，出现了大量的落后于运输需求及破损状态的公路。曾经引以为傲的南非公共基础设施系统，已经逐步开始限制南非国内经济发展，甚至成了严重阻碍地区脱贫致富的瓶颈。

---

[1] Naidoo, 2020.

根据最新统计数据①，2020年南非农村人口占总人口的百分比为33.3%，共有1974万人口，其中的52%处于失业贫困状态，拥有资产的人口仅为3%，超过51%的人口只受过1年级到11年级之间的低水平教育。落后的生活水平，缺乏上升空间的社会结构，让大量贫困地区的青年人失去了劳动的动力和靠自己能力摆脱贫困的信心。

同样的情况也发生在大城市的贫困社区中（township/location）。南非贫民社区的形成是其种族隔离历史的产物。在贫困社区里，超过95%的建筑为非永久性住房，即以木板、铁皮、纸板等简易材料搭建起的临时住所，狭小、肮脏、阴暗、潮湿。很多地方也没有政府提供的水源和垃圾统一收纳体系，造成地区性卫生条件恶劣。在贫困社区中，大部分人口为赤贫，即每人月均食物消费仅为561兰特②，处于无业或失业状态，需要依靠政府救济度日。这里只设置公立初等教育学校（或没有学校），还经常教师紧缺，很多儿童甚至无法完成正规小学教育。这里也是社会治理的暗角，艾滋病、结核病流行，黑恶势力横行，毒品泛滥，暴力犯罪层出不穷（尤其是针对妇女和儿童的暴力行为）。

进展缓慢的本地经济建设、过度依赖资源的发展模式、处于衰退期的城市经济不能在短时间内提供适合年轻人的就业机会，于是造成了南非超高的失业率。2019年南非失业率达到了28.7%，并预计在2020年达到35.3%。③南非目前在教育上的支出相当于其GDP的7%左右，但如此之大的教育支出并没有换来足够数量的具备工作技能的毕业生。南非劳动力的供求之间存在严重的不匹配，这加剧了非技术工人的失业，而那些幸运地找到工作的非技术工人的收入也非常低。④

南非的医疗保健方面也让人担忧，南非是世界上艾滋病和结核病感染率最高的国家之一，治愈率却是世界最低的。尽管近期国家在公共卫生服务上的支出大大增加，但人民预期寿命却还是只能到2019年的63.87岁左右，而世界平均水平为72.6岁。⑤

过去20年间，南非一直试图通过一系列举措来解决这些贫困、失业

---

① Worldometers，2020.
② Stats SA. 2019.
③ 国际货币基金，2020。
④ Seekings，2007.
⑤ Roser 等，2019。

和愈发严重的不平等问题,包括一系列的"造血型"减贫政策和"扶助型"减贫政策。但种种糟糕的社会经济状况明显阻碍了减贫进程——因为在恶劣环境下穷人遭受的痛苦最多。

除了国家的社会经济问题外,公共服务责任监督部门[①]认为,南非减贫的另一主要障碍是治理不善。这不仅包括腐败,而且还包括政府官员在减贫政策实施方面的表现不佳、对公共资源管理不力以及缺乏对不合格官员采取行动的政治意愿。这些都直接导致了政府执行不力,从而明显破坏了其减贫政策的实施力度和效果。

二 南非的减贫政策

(一) 南非减贫政策的设计范围

近年来,南非政府通过各种国家、省和地方的干预政策来实现其对减贫的承诺。自1994年以来,政府采取了许多减贫措施,为收入贫困(收入不足)人群、人力资本贫困(教育和技能不足)人群、服务贫困(基本生活服务和便利设施不足)人群和资产贫困(缺乏土地和房屋所有权)人群解决贫困问题。国家减贫政策从土地重新分配到发放儿童抚养费、从人居服务到扩大公共部门间合作计划,不一而足。根据南非公共服务委员会(PSC)的数据汇总和分类,南非目前的减贫政策体系包括两个部分:"造血型"减贫政策和"扶助型"减贫政策。

(二) 南非"造血型"减贫政策

与"扶助型"减贫政策相比较,"造血型"减贫政策的最终目的是帮助贫困者创造就业机会、自力更生,最终达到永久脱贫的目的。"造血型"减贫政策又分别是公共工程减贫政策、土地再分配政策、项目创收政策和服务弱势群体政策。

1. 公共工程减贫政策

南非在90年代中期和后期推出的公共工程减贫政策通过在国家公共领域创造临时工作为失业者提供基础培训、增加其工作经验,并创造新的就业机会,从而减轻贫困。公共工程减贫政策下容纳了国家政府和国有企

---

① PSAM, 2005.

业所有的短期至中期项目，旨在利用公共部门预算来减轻失业。因此，该方案特别针对无技能和失业者，招收他们从事生产性工作以暂时赚取收入，同时提供教育和技能培训，使他们有能力自己创业或者被他人雇用。

公共工程减贫政策往往是通过国家政府部门在其现有预算范围内来实施的。同时，公共工程减贫政策也寻求并动员私营部门投入资金，提供商品、服务和培训机会，以帮助该政策的落实。公共工程减贫政策除了为贫困人口提供工作经验、培训和进一步教育以外，还涉及中小微企业（MSE）创立和发展计划，并因此吸引了比原政策计划多了至少14%的受益者参与。

公共工程减贫政策的设计总体目标是至少解决100万人的失业问题，目标人群中至少40%是妇女，30%为青年，2%为残疾人（DPW，2004）。公共工程减贫政策的目的是动员国有和私营部门共同协助，以密集的劳动力和可接受的劳动标准为社会提供所需的公共产品和服务，以实现减贫。

在2019年4月至12月期间，公共工程减贫政策总共创造了742969个工作机会[1]。这些工作多是在基础设施、旅游和文化、社区和非国有部门的公共工程减贫项目下创造的。尽管这些工作机会大多数是短期或中期的，但其中一些已经发展成了长期职业。

2. 土地再分配政策

土地再分配是目前南非政府主推的减贫政策之一，该政策的落实是土地事务部以及国家和省农业部门的共同责任。尽管政府拟议的土地再分配规模目前尚无法量化，但政策目标却相当明确：更公平地分配土地，从而促进民族和解与稳定；在土地纠纷惯常发生的地区大幅度减少与土地有关的冲突；帮助解决失地问题，为改善城乡安居条件铺平道路；推动全民性家庭收入、就业和经济增长。

土地再分配减贫政策是以需求为导向的，人们可以以个人为单位向政府申请购地款，并汇集多个家庭或同一家庭的多个成员的购地款，再一同向土地事务部申请购买他们需要的土地。

允许土地重新分配的主要立法是1993年第126号《土地援助法》[2]，该法令规定国家需要为历史上处于不利地位的人提供定居和生产所需的土

---

[1] Stats SA. 2020.
[2] DALRRD，2020.

地。从1995年到2020年，土地重新分配的主要筹资手段是以家庭为单位接收用以定居和农牧的补助金（SLAG）[1]。根据申请人的具体需求，政府拨款金额为每人两万兰特到一百万兰特不等，且根据拨款性质可以不按比例递加。由于土地再分配补助金是授予个人而不是家庭的，所以同一家庭的成年成员可以分别申请农地再分配政策补助金，然后将其汇总起来，从而形成一笔可观的款项，用于一个家庭共同组成的农业项目。

为了落实农地再分配中以需求为主导的指导方针，土地事务部（DLA）启动了"土地积极收购战略"（PLAS），其中核心思想是积极收购看起来合适且具有战略意义的土地，然后确定农地再分配受益者，进行土地再分配。[2] 土地积极收购战略的重点扶助对象也是贫困人口，受益人首先以租赁形式使用土地，然后在他们证明可以合理并成功使用土地后获得所有权。

土地再分配仍然是南非目前的当务之急。尽管任务繁重、条件复杂，还不时遇到来自多方面的挑战，但事实表明该政策的落实还是取得了一些重大成就。即使有的项目表现不尽如人意，但其受益人的确会从中受益，获得从前没有的经济收入，并创造了新的工作机会。而且值得赞誉的是，土地再分配政策的实施非常活跃，各种项目层出不穷，虽然进展缓慢，但从无停滞。例如，在土地改革总体政策中最近引入的两个小组成部分很令人瞩目，即"土地积极征用战略"和"基于区域的规划方法"。目前土地事务部及农业部正在监测这两个新政是否能够加快土地再分配的实施速度。

3. 项目创收政策

项目创收政策是由政府提供资金为个人或团体成立小企业项目，用于生产、销售产品或服务以谋取利润、减轻贫困。创收项目（创收政策下的执行项目）与微型企业（雇员人数少于或等于四人的极小型私人企业）之间的区别还是很大的：微型企业是由私人企业家发起的，属于自发型商业活动；而创收项目具有"项目"的典型特征，即它们通常有群体受益人，并且由政府或国家机构发起而非个人。政府对项目创收和微型企业的扶持虽然都出于减贫的目的，但是对于创收项目来说，受益人的贫困程度

---

[1] DALRRD，2020.

[2] HSRC，2006.

是获得政府拨款的判断标准；而对于微型企业，其商业可行性才是国家投资的判断标准。①

投资并扶持创收项目是政府减贫工作的主要内容之一，这项工作带有明显的企业社会投资的特征。与公共工程政策和土地再分配政策相比，项目创收政策既没有统一的国家计划，也没有统一的机构管理，而是由许多不同的政府部门通过共同扶持的项目来完成合作的。根据公共服务委员会减贫项目数据库的报告，目前约有2000个创收项目正在接受政府支持，涉及多达10万个受益人。

作为一项减贫政策，项目创收代表着政府希望帮助人们从经济独立上来脱贫，而不是仅依靠社保或所谓的"福利发放"。政府还通过贸工部（DTI）、省级经济发展部门以及地方经济发展局（LED）在地方一级为项目创收政策的实施提供融资和业务服务（市场促销和信息支持）。

项目创收政策最近的发展不尽如人意，以致从前一直对创收项目最热衷的国家社会发展部都已经将关注和支持转移到了其他常规项目上。很多创收项目以失败告终，而有些成功的案例似乎也因为地缘因素太过特殊而没有可借鉴性和复制性。政府对创收项目的检测与评估不足也让该政策暂时没有可以遵循的条例和框架。

然而，鉴于南非严重的贫困和不平等问题，毫无疑问项目创收减贫政策又是至关重要的。总体上项目创收给人民和社会带来的还是以积极影响为主。一些创收项目为它们所在的社区提供了有用的服务，推进了社区层面的粮食安全和供应链的充分和多样性。与土地再分配项目一样，这些创收项目虽然不至于让人一夜暴富，但是却切实解决了不少人的吃饭穿衣问题。

4. 服务弱势群体政策

公共服务委员会的减贫项目数据库将"服务弱势群体"定义为除公共工程、土地再分配和项目创收之外的第四个减贫干预政策。这里提到的"服务弱势群体"主要是指为老年人、受艾滋病影响的人和家庭以及弱势或有需要的儿童和家庭提供护理服务的项目。该政策的目标人群与其余三个政策所针对的广义上的"贫困群体"有所不同，该政策更多针对社会中的"弱势群体"。而且，除了支持弱势家庭和个人之外，该政策也支持

---

① 《劳动力调查》（Labour Force Survey），2006年。

提供服务给"弱势群体"的社区和组织。

艾滋病作为南非高度流行病的一种,给其医疗系统造成了极大的压力,而且随着感染人数逐年攀升,这种压力越来越大。针对这种情况,南非社会发展部和卫生部都作出了积极支持家庭护理的决定。在过去的10年中,由于缺乏统一的国家社区卫生工作政策,服务弱势群体项目的数量虽然在民间增长很多,但是这些服务项目并不受政府监管。

到2004年年底,全南非有892个服务弱势群体点和19616名志愿者(由社会发展部资助)[①]。而在2020年度,在所有艾滋病服务项目中,共有6万多名社区卫生志愿者得到了卫生部的资助,有19810名人员得到了助学金,但只有很少人接受了完整的标准化培训。[②] 社会发展部在与教育部协商后,从2002年开始引入孤儿和弱势儿童计划(OVC),并通过社区组织发放津贴来支持社区广大工作者。

在过去的几年中,服务弱势群体政策中的大多数项目都得到了社会发展部的支持。而且,随着社会发展部门在福利待遇非种族化方面取得快速进展,政府开始尝试将项目创收政策融入服务弱势群体项目中。而这一举动得到了社会的广泛赞赏,它意味着政府开始大力度促进社区个人发展和自力更生。2006年,政府的"服务提供发展模式"启动。该模式一反传统的福利发放方法,认为那些方法既"没有社会发展性,也不创造人民独立性",而且财务方面还有"不可持续性"。[③] 该模式直接体现了政府从关注"福利发放到社会发展"视角的转变。基于社会发展的观点,服务弱势群体减贫政策中的社区发展策略也相应成为当今通过社区参与的形式提供服务以解决贫困问题的重中之重。

在南非目前高失业率和高贫困率的情况下,通过对弱势群体的支持和关怀,创造就业机会来减轻贫困无疑是非常有意义的,而且总体而言,"服务弱势群体"政策对减轻贫困和改善弱势群体的生活都有极大的帮助,同时还能为社区提供新的就业机会,值得大力推广。

(三)南非"扶助型"减贫政策——社会保障制度

南非的社会保障是一个由国家收入资助的社会援助政策。根据SASSA

[①] DPW, 2004.

[②] Social Security, 2020.

[③] DSD, 2006.

（2020）的统计，到2020年6月为止，南非有关社会保障的主要国家立法见下表（中英文对照）：

1956年《退休金法》（修订版）	The Pensions Fund Act of 1956 (in its amended form)
1993年《职业病和疾病补偿法》（COIDA）	The Compensation for Occupational Illness and Diseases Act of 1993 (COIDA)
《南非共和国1996年宪法》	The Constitution of the Republic of South Africa of 1996
1996年《道路意外基金》	The Road Accident Fund of 1996
1998年《医疗计划法》	The Medical schemes Act of 1998
2001年《失业保险法》	The Unemployment Insurance Act of 2001
2004年《社会救助法》及其修正案和规定	The Social Assistance Act of 2004 and its amendments and regulations
2004年《南非社会援助局法》	The South African Social Assistance Agency Act of 2004

下表展示了南非社会保障体系的分类和各自所包含的保障政策内容。

社会保险基金 （Statutory Funds）	自愿性基金 （Voluntary Funds）	社会补助金 （Social Grants）
失业保险基金（UIF） 赔偿基金（Compensation Funds） 道路事故基金（RAF）	医疗保险计划（Medical Schemes） 退休金（Retirement Funds）	国际社会服务（ISS） 养老金（OAF） 儿童抚养补助（CSG） 社会救助补助（SROD） 护理依赖补助（CDG） 紧急援助补助（GIA） 退伍军人补助（WVG） 寄养儿童补助（FCG） 伤残补助（DG） 入住老年公寓补助

日益加剧的不平等和高度贫困无疑是当今南非社会面临的两个主要挑战。在这样的一个国家里仅关注经济增长是不够的，因为总体经济发展并不能保证每个人都会从中受益。于是社会保障就成了必要的国家政策和减贫手段。社会保障政策通过对社会资源和资金的重新分配，将钱从富人那里转移到穷人手上，在当前的失业危机下为弱势人群建立一个运转良好而全面的社会体系，从而帮助他们迅速减轻贫困或降低与社会经济变化相关的生活风险。

在南非，社会补助针对的都是人口中特别脆弱的群体，包括残疾人、贫困儿童、寄养儿童、需要护理的病人和老人以及受灾家庭等。而且，即使在工作生活中享有良好社会保险的人们，一旦退休、失业或失去公积金，也会发现自己需要依赖社会保险渡过难关。

所以无论是由国家财政资助还是强制性自供资金，社会保障政策为弱势群体分担风险，为需要的人提供保护，并凝聚和促进社会团结。社会保障体制符合政府的发展战略需要，也符合政府对人民权利的承诺。

而这个时候社会保障就变得无比重要，成了穷人最后的希望和安全网。尤其是社会保障体系中的社会补助金（社会援助）部分，针对社会中特别脆弱的人群、残疾人、贫困儿童、寄养儿童、需要护理的病人、残疾人和老人进行救助。

但是，社会补助金只是一种在短期内缓解贫困的机制，它无法解决造成贫困的原因——失业和弱势群体边缘化。当前的社会救助体系虽然覆盖了约1600万南非人，但这并不包括年轻的失业者或有工作但收入低下的穷人，也很难长期照顾慢性病和艾滋病患者等。因此社会补助金只能减轻某些目标群体的贫困，并不能根除，也不能覆盖全部人的问题。

无论是由国家财政资助还是强制性自供资助，社会保障体系在弱势群体和非弱势群体之间分担风险，支持和补充就业，为最需要的人提供最大的保护，并促进社会团结，符合南非目前的发展战略。但是要使社会保障体系充分满足当前南非减贫需求，还有许多工作要做。

三　减贫政策落实过程中的问题和难点

无论是"造血型"减贫政策还是"扶助型"减贫政策，在实施过程中都遇到了很多实际问题和难点。希望这些问题和难点未来能够得到国家政府的关注并得以改善。以下内容均为笔者实地调研结果。

（1）一些减贫政策的目标在实际操作中很难量化，政府对这些减贫政策的目标缺乏明确的界定。所以省级和地方也缺乏一个确切的实施量化标准，无法判断当年目标是否完成，导致中央政策制定和地方落实之间存在严重的理解和实施成果误差的问题。

（2）不少减贫政策在实施中存在严重的管理问题。首先，项目章程起草这一初始的关键环节并没有得到足够重视，致使很多项目虽然初始财政拨款足够，但在实际项目操作中的资金使用上无章法可循，导致钱很快就没有节制地花完了，项目失败。其次，在很多减贫政策下，受益人往往获得巨大资产，但是因为财产细分、蓝图规划等工作缺失，所得资产往往都不能得到充分利用，这既浪费了受益人自己的发展机会又浪费了国家资源。

（3）很多减贫政策在创造工作的同时存在岗位抵消问题。很多项目确实创造出了新的、原本是不存在的工作岗位，为受益人重新就业创造了希望。但也有项目出现过给受益人提供了原本是别人的工作岗位，于是出现了新的失业者的情况。这个抵消问题需要政府进行必要的监控和干预。

（4）很多减贫项目在实施过程中会不同程度地受到政治干预。南非的减贫政策都有相当明确的扶助目标人群，然而在某些社区中，加入特定政党才是考虑将其纳入减贫项目的必要条件。而且政客有时会对某些项目发出指示，使得项目招募的工人多于项目经理和实施者认为需要的工人，以得到更多的政治赞助。

（5）很多减贫项目因受益人团队管理不力导致失败。南非所有的减贫政策都是将贫苦和弱势人群作为目标受益人的，但可惜的是，这个群体的人们往往都没有受过高等教育或正规商业培训，于是在很多情况下，并非是受益人不想做好项目，而是他们不懂得如何做才是对的。受思想高度和眼界限制，有许多寻求政府援助的贫困人群之所以成为项目受益人，仅仅是想要一份有固定收入的工作用以糊口，而并不关心这份工作是否能够长久，自然他们领导的项目也无法长久。

（6）很多减贫项目因受益人失败率太高、所得太低而无法实现可持续性。例如2015年在自由省为当地黑人农户设置了一个类似于农地重新分配并以家庭农场为实施模式的项目。当时南非发展信托（SADT）

收购了当地很多农用土地，并按照农地再分配政策分配给了一百多名以家庭为单位的贫困黑人农民进行耕种。随着时间的流逝，其中 2/3 的家庭都以失败告终。剩下 1/3 尽管还在继续耕作和生产并取得了一些成就，但他们中哪怕最成功的人也与该地区的普通白人农户的收入存在着巨大的差异，这让他们没有任何可能真正融入当地农业市场。而这样的失败率和收益比会让很多项目受益人灰心，从而决定放弃项目，另寻其他出路。

（7）很多减贫政策总体上没有很好地融入地方发展规划，社会发展部的减贫政策与地方发展单位的地缘发展脱节。认识到这个问题，总统西里尔·拉马福萨在 2019 年 8 月的国情咨文里颁布了最新的地区发展模型（DDM）政策，以期突破从前的政策不连贯问题，达到国家统一管理和贯彻的目的。只可惜该政策颁布之后就遇到了新冠肺炎疫情，故目前该政策的影响还无法评估。

（8）政府对减贫政策的监测、评估与录入系统工作存在问题。尽管政府专门对很多减贫政策设立了监控部门，也有专业例行报告的格式和人员配备，但是并未建立可靠的专门项目数据库以及录入条款，使得工作人员无法有效及时地录入信息并向上汇报，致使很多减贫项目的现状和发展无法追踪，滋生治理不力、腐败等问题。

四　对未来减贫工作的建议

南非拥有出色的宪法和人权法案，其可诉诸的经济和社会权利政策总体上都是有利于穷人的。尽管近年来，南非政府已经在尽力开展并推进减贫，而且非洲人国民大会（ANC）政府也确实在向穷人提供生活服务方面取得了令人瞩目的成就（特别是在住房、供水和卫生、电气化、保健和教育等领域），但所有指标都一致表明南非贫富之间的差距正在扩大，贫困问题越发严峻。

鉴于国家对各个部门拨款的年度财政限制，良好的公共资源管理变得尤为重要。正如范德伯格所说，在南非，"减贫的关键是善治，是改善社会交付体制，这取决于管理效率和问责结构，而不在于大量的财务投入"①。

仅靠善治虽不能消除贫困,但如果没有善治,南非减贫就会寸步难行。从全国到地方,各级都必须有善治,但在善治的过程中也需要多关注那些特殊的点和面,尤其是在南非这样的国家。善治除了包括高效管理公共资源还包括以问责制的办法杜绝隐瞒、失职和腐败。

在减贫政策实施方面,最薄弱的环节是省级和地方政府。国家减贫预算每年按照省和地方的预算直接下拨,其主要部分用于提供住房、卫生、教育服务和社会补助金的支付。从全国范围来看,不同省市治理的质量差异很大,一些省市的治理水平相对优良,而其他省市则是令人震惊的糟糕。由此看来,问责制在省级和市级部门尤为重要。具体的意见建议如下:

规划和预算:制订准确和现实的战略计划很重要。如果政府部门无法正确量化社会需求并以此作出正确估算,也无法准确跟踪拨款和控制支出,那么任何减贫政策都不可能有效执行和落实。

实施:在减贫的执行过程中,规划和预算只是准备阶段,执行才是政策落实的中心环节。这意味着政府部门应对减贫计划实施的整个过程和每个财务进出负责。

监督:政府应建立可靠的项目数据库以及录入系统,使得政府工作人员有效及时地观测并向上汇报,追踪减贫项目的现状和发展,杜绝项目无管制状态和腐败等问题。

纠正措施:采用问责制,使负责使用公共资源的公职人员或私人服务提供者承担对自己的工作和公共资源的用途作出解释的义务,并在工作出现问题的时候及时采取纠正措施。而相应的监督机构有宪法规定和保护的义务要求政策实施部门在适当的时间点作出解释或纠正,尤其对腐败或失职的政府官员及时采取行动等。

而对于国家与地区施政脱节问题,总统西里尔·拉马福萨在 2019 年最新的国情咨文里表示,南非的政府工作应当采用一种名为"地区发展模型"(DDM)的新方法。地区发展模式是一种旨在改善政府合作与治理的运营模式。在"国家发展计划"和"城市综合发展框架"以及其他政府政策之下,"地区发展模型"力求确保国家、省和地方三个层面统一进

---

① Van der Berg 等,2007。

行工作调度，开展连贯的服务交付和经济发展运营，对己方环节负责并进行业绩考核。这是南非政府开始统一工作运作的一种突破，其先期重点试点放在独立市和大都市地区（8个大城市和44个地区），与城市的综合发展计划（IDP）同步进行，帮助政府应对贫困、失业和不平等的三重挑战。该政策颁布之后就遇到了新冠肺炎疫情，故目前该政策的影响还无法评估。但可以预见的是未来这个政策的实施将会对施政脱节问题带来极大的改善。

作者简介：

刘钊轶，浙江师范大学非洲研究院南非分院执行主任，南非罗德斯大学博士研究生、研究员。

Report on Poverty Reduction in South Africa (2018 – 2019)

Author: Liu Zhaoyi, PhD candidate and research associate at Rhodes University, Executive Director of the South Africa Branch of the Institute of African Studies at Zhejiang Normal University.

Abstract: South Africa is one of the countries in the world with widest wealth gaps, and its government has been trying to tackle the problems of poverty and inequality through a series of initiatives over the years. This report will describe the current situation of poverty in South Africa, the latest poverty reduction policies, problems and difficulties in the implementation of these policies, and suggestions for work in the future.

南非汉语教育发展报告(2018—2019)*

赖丽华

[**内容摘要**] 南非是一个多语言国家,英语和阿非利卡语是全国通用语言,但以祖鲁语和科萨语以及阿非利卡语为母语使用的人数最多。种族隔离制度废除后的南非实行多元化的语言政策,确立11种官方语言促进多语种发展。新南非的语言教育政策保障了个人选择学习和使用母语和其他语言的权利,促进了多语种教育发展,纠正了先前本土语言被边缘化的现象,同时也对汉语在内的外语教育产生一定的影响,并带来了新的挑战和争议。本文通过梳理2019年度南非汉语教育发展现状、南非汉语教育发展实践、南非汉语教育发展挑战和南非汉语教育发展机遇,探讨南非汉语教育发展实践的经验与启示,以期在"一带一路"背景下更好地开展我国的国家语言规划,推动新时期中南人文交流与教育合作。

引 言

同许多非洲国家一样,南非是一个历史上曾沦为殖民地的多种族国家。根据南非统计局2018年统计数字,南非人口5778万,分黑人、有色

---

* 本文为浙江师范大学非洲研究院非洲研究赴非项目"南非语言教育发展调研"(FF201907)的成果之一。

人、白人和亚裔四大种族，分别占总人口的 80.7%、8.8%、8.0% 和 2.5%。[①]不同种族人群日常使用不同的家庭语言（home language）。

黑人主要有祖鲁、科萨、斯威士、茨瓦纳、北索托、南索托、聪加、文达、恩德贝莱 9 个部族，主要使用班图语。白人主要为阿非利卡人（以荷兰裔为主，融合法国、德国移民形成的非洲白人民族）和英裔白人，语言为阿非利卡语和英语。有色人主要是白人同当地黑人所生的混血人种，主要使用阿非利卡语。亚裔人主要是印度人（占绝大多数）和华人。[②]

1961 年独立后白人统治时期，南非推行种族隔离政策，正是由于其深刻复杂的社会历史原因，长期以来南非语言教育政策不利于本土语言发展。1994 年种族隔离制度废除后，新南非政府实行了多元化的语言政策，力图破解本土语言被边缘化的困境。1996 年的南非共和国新宪法规定英语、阿非利卡语、祖鲁语、科萨语、斯威士语、文达语、斯佩迪语、索托语、茨瓦纳语、聪加语和恩德贝莱语 11 种语言为南非官方语言。新南非实行基于家庭语言的双语教育，公立学校的教师教学语言必须是官方语言，学生只有在保证学习一门本土语言和一门第一附加语言两种官方语言的基础上，才能选择学习一门外语作为第二附加语言。新时期南非语言教育政策和实践在一定程度上促进了多语种发展，同时也对南非校园内外包括汉语在内的外语教育和推广带来一定影响。

一　南非汉语教育发展现状

南非是非洲大陆孔子学院和孔子课堂数量最多的国家，为汉语国际推广和中南校际交流合作创造了良好的条件。2004 年，随着南非第一所孔子学院在斯坦陵布什大学的设立，南非汉语教学正式开启。随后开普敦大学（2007 年）、罗德斯大学（2007 年）、德班理工大学（2013 年）、约翰内斯堡大学（2014 年）、西开普大学（2018 年）先后成立了五所孔子学

---

① 百度百科：《南非共和国》，https：//baike.baidu.com/item/%E5%8D%97%E9%9D%9E%E5%85%B1%E5%92%8C%E5%9B%BD/1910574?fr=aladdin#6，访问时间 2020-6-13。

② https：//www.fmprc.gov.cn/web/gjhdq_676201/gj_676203/fz_677316/1206_678284/1206x0_678286/．2020-06-13 10：12 查阅。

院；开普数学科技学院（2009 年）、威斯福中学（2013 年）和中国文化与国际教育交流中心（2014 年）相继开设了三个孔子课堂。孔子学院和孔子课堂在南非各大城市知名大学的设立，吸引了众多青年大学生选择学习汉语和了解中国文化，培养了推进中南语言文化交流发展的南非本土人才。

2004 年以来，汉语已逐步进入南非国民教育体系。南非当地 45 所中小学开设了汉语课程，2015 年，汉语正式纳入南非国民教育体系。南非全国各级学校积极支持和参与汉语教学与交流活动，形成了南非汉语学习热潮，有效促进了南非汉语教学质量的提升。南非每年举办"汉语桥"中文比赛，获奖的优秀学生赴中国参加决赛，与世界各国汉语学习者一竞高下，激发了学生学习汉语的动力，促进了南非与世界其他国家和地区汉语教育的交流和发展。

南非孔子学院和孔子课堂注重培养优质汉语师资，建立汉语综合课程体系，实施汉语测试与评估，开展优质汉语国际教育，举办语言文化交流活动，增进了南非人民对中国的了解，推动了中南教育文化的交流合作。

二 2019 年度南非汉语教育发展实践

2019 年，南非孔子学院和孔子课堂通过开展汉语教学实践和举办语言文化活动，提升师资水平，拓展合作模式，进一步推动了南非汉语教育和中南人文交流的发展。

（一）拓展"汉语+"特色孔院合作模式

随着世界各国与中国经济的融合发展，汉语与专业技能相结合的"汉语+"特色项目越来越受到重视。根据孔子学院总部报道，目前孔子学院在全球 40 多个国家开设了"汉语+"课程，内容涉及高铁、经贸、旅游、法律、海关、航空等数十个领域。[1]

南非西开普大学顺应这一国际趋势，积极推进孔子学院建设，助力南非培养既懂汉语又掌握中医专业技术的复合型人才。2019 年 9 月 11 日，

---

[1] http：//www.hanban.org/article/2020 - 05/12/content_807267.htm，2020 - 06 - 18 21：52 查阅。

中国浙江省省长和南非高教部国际司司长共同为西开普大学中医孔子学院成立揭牌。该孔子学院是南非第六所孔子学院,同时也是非洲大陆首家中医孔子学院,它的成立,意味着南非孔子学院的发展从语言文化教学拓展到了专业技术领域的人才培养合作。

10月23日,一场介绍中医知识和针灸治疗的讲座在南非斯坦陵布什大学图书馆会议室举行,讲座的主讲人是西开普大学自然医学系教师马学盛和浙江中医药大学附属医院医生葛琼翔。[①]11月1日,在南非西开普大学自然医学院一年一度的"研究日"期间,孔子学院教师葛琼翔应自然医学院中医系邀请,在贝尔维尔校区作题为《黄芪在慢性创面中的临床应用及机制研究》的主旨演讲。[②]孔子学院开展中医学术讲座活动,既可以激发南非医学专业学生学习汉语的热情,又能促进中南两国专业人才的中医文化交流,体现了孔子学院"汉语+"教育模式广泛应用于培养复合型人才方面的可持续发展前景。

中医孔子学院"汉语+"的特色合作模式,很好地结合了中医专业开展语言文化教学,这个模式对今后在南非乃至整个非洲大陆其他专业领域的中非人才培养和交流合作具有重要的参照意义,也为新时期的南非汉语教育带来了新的发展机遇和活力。

(二)开展丰富的汉语学习推广活动

南非汉语学习推广活动丰富多彩,并得到政府教育机构的广泛支持和师生民众的积极参与。南非每年举办"汉语桥"中学生和大学生中文比赛。2019年5月4日,在德班理工大学举行了第十八届"汉语桥"世界大学生中文比赛南非赛区决赛,南非高等教育与培训部国际处处长出席并致辞,众多南非高校师生在现场观摩。当地学习汉语的广大学生积极参与比赛全程,其中20名优秀选手参与了此次决赛,经过笔试、主题演讲和才艺展示的精彩角逐,来自约翰内斯堡大学和开普敦大学的选手最终获得代表南非赛区赴华参加世界大学生中文比赛总决赛的机会。

---

① http://www.hanban.org/article/2019-11/06/content_791305.htm 2020-06-13 23:20 查阅。

② http://www.hanban.org/article/2019-11/07/content_791703.htm 2020-06-13 23:26 查阅。

2019 年 8 月 5 日,"南非汉语教学成果展演"活动在南非行政首都比勒陀利亚举行。中国驻南非大使、南非基础教育部部长、浙江师范大学非洲研究院高级研究员以及国际关系与合作部、基础教育部、高等教育部等相关部门政府高官,南非资历署、高等教育理事会、大学协会、国际教育协会等教育机构代表,南非 6 所孔子学院和 3 个孔子课堂以及有关大中小学的校长、院长、师生和媒体代表等约 300 人出席。[1]活动中展出了一批南非汉语教学成果图片,汉语桥中文比赛南非赛区获奖选手献上了精彩的汉语演出。展演活动具有很好的宣传效果与推动作用,既展现了中国与南非开展汉语教学合作的丰富实践和显著成果,也反映了中南政府和民间相互合作的强烈意愿和美好前景。

孔子学院和孔子课堂还举办丰富多彩的课余汉语文化交流活动,交流分享对南非汉语教学、中国传统文化以及中国当代社会生活的切身体验。2 月 27 日,南非德班理工大学孔子学院应邀参加下设教学点克劳福德中学北海岸校区一年一度的开放日活动,上百名学生及家长参观了孔子学院展区。[2] 9 月 27 日,南非斯坦陵布什大学孔子学院举办的汉语俱乐部正式拉开帷幕。此次活动以"走近中国"为主题,孔院学生、斯大国际处工作人员、当地华人等共计 40 余人参与。[3] 10 月 21 日,伍斯特中学孔子课堂举办"我眼中的中国"文化分享活动,吸引了众多师生及当地民众参与。[4]孔子学院和孔子课堂教师介绍了自己的家乡、中国现代旅游城市及"新四大发明",南非学生则讲述了参加中国夏令营、冬令营的所见所闻所感。通过开展类似活动进行互动交流,可以增进学生和家长对中国文化和当代社会发展的了解,培养学生学习汉语的持久兴趣和跨文化应用能力。

此外,孔子学院和孔子课堂还通过举行中文歌曲比赛和书法比赛,激

---

[1] https://www.fmprc.gov.cn/web/gjhdq_676201/gj_676203/fz_677316/1206_678284/1206x2_678304/t1686888.shtml. 2020 - 06 - 18 22:02 查阅。

[2] http://www.hanban.org/article/2019 - 03/07/content_765318.htm. 2020 - 06 - 18 22:02 查阅。

[3] http://www.hanban.org/article/2019 - 10/10/content_787707.htm. 2020 - 06 - 18 22:08 查阅。

[4] http://www.hanban.org/article/2019 - 10/30/content_790695.htm. 2020 - 06 - 18 22:15 查阅。

发学生们的学习热情和信心。5月31日，南非斯坦陵布什大学孔子学院举办"好声音"中小学生中文歌演唱比赛。来自11个中小学的45名学生组成12支参赛队参加了角逐。①10月28日，南非开普敦大学孔子学院硬笔书法大赛落下帷幕。本次大赛以"我爱你，中国"为主题，历时两个多月，吸引了开普敦大学、格莱特·舒尔高中、西蒙镇学校、福洛瑞特小学及诺玛路小学600多名大、中、小学生积极参与。②通过汉语教师的发音和书写指导、学生们的长期认真练习，比赛活动取得圆满成功。相关比赛不仅展示了南非学子汉语学习的毅力和风采，也凸显了中国文化的悠久历史底蕴和当代流行发展。

（三）提升汉语师资的综合能力

南非汉语教育的发展离不开孔子学院自身建设和师资培养，通过开展中文教师技能大赛，中国文化传播专题讲座，召开南非高考汉语科目考试工作会议，参加南非大学新员工岗前培训等活动，增强教师教学能力，完善南非本土汉语教学，努力提升汉语教学质量。

2019年1月28日至30日，南非西开普大学举办新入职员工岗前培训，中医孔子学院全体中方人员参加。③孔子学院教师通过参加此次培训，主动了解和把握了西开普大学的管理体系、教学体系、学生信息，同时积极向该校教师员工推介孔子学院的发展使命、汉语课程、访华项目，使孔院建设和教师培养融入学校的管理与发展。

2月15日，南非开普敦大学孔子学院举办中国文化传播专题讲座。开普敦大学语言学院中文部负责人、孔子学院及其下设两个孔子课堂的全体汉语教师参加了本次讲座。④讲座围绕"孔子学院如何在海外有效开展中国文化传播活动"这一主题展开深入阐述，使汉语教师们对在南非孔

---

① http：//www.hanban.org/article/2019－06/12/content_776987.htm. 2020－06－18 22：20 查阅。

② http：//www.hanban.org/article/2019－11/06/content_791594.htm. 2020－06－18 22：25 查阅。

③ http：//www.hanban.org/article/2020－02/07/content_800218.htm. 2020－06－18 22：35 查阅。

④ http：//www.hanban.org/article/2019－02/27/content_763595.htm. 2020－06－18 22：39 查阅。

院开展文化传播活动时做什么、怎么做以及达到何种效果这三个方面有了具体的理解和更好的领悟,从而提升孔子学院和汉语教师的中国文化国际传播能力。

3月12日,南非独立考试委员会(Independent Examinations Board, IEB)在约翰内斯堡举办2019年南非高考汉语科目考试工作会议。①中国驻南非大使馆教育组组长、南非各孔子学院院长、汉语教师代表、本土汉语教师及高考汉语科目负责人等受邀参加了会议。通过参加会议,汉语教师们更好地了解了南非汉语高考命题、试卷及阅卷工作,对2018年汉语高考数据进行了分析交流,从而有助于更好地开展2019年汉语备考和日常教学。

南非孔子学院和孔子课堂还经常举行教学技能比赛、教学交流研讨,促进汉语教师教学能力提升。8月25日,"汉字教学工作坊——汉字教学经验交流会"暨第二期"开普地区汉语教学研讨会"在开普敦大学上校区举行,来自两所孔子学院和3个孔子课堂的25名汉语教师参加交流会。②9月24日,南非开普敦大学孔子学院举办内部教学研讨会。③南非当地学习者介绍了南非教育的历史、发展与教育文化,孔子学院的五名汉语教师则探讨了教学工作中面临的主要问题,中国与南非汉语教师和学生展开深入讨论。10月30日,南非中文教师协会举办第一届中文教师技能大赛,来自孔子学院和孔子课堂的12名中文教师参加了比赛。④通过各种汉语教学比赛、交流与研讨,汉语教师们学习了当地的语言教育文化,探讨了教学中的具体问题,提升了教学技能,进而开展更加契合当地社会文化和教育环境的汉语教学,推进孔子学院和孔子课堂的建设发展。

(四)推动当地政府和学校助力汉语教育发展

2019年,在中国驻南非使领馆、孔子学院以及中资企业、华人华侨

---

① http://www.hanban.org/article/2019-03/29/content_767867.htm. 2020-06-18 22:45查阅。

② http://www.hanban.org/article/2019-08/28/content_783518.htm. 2020-06-18 22:49查阅。

③ http://www.hanban.org/article/2019-10/04/content_787222.htm. 2020-06-18 22:52查阅。

④ http://www.hanban.org/article/2019-11/06/content_791574.htm. 2020-06-18 22:58查阅。

团体的共同推动下，当地政府和学校积极推进汉语教学点、示范孔院建设，促成了汉语作为第二外语进入南非语言教学课堂和南非高考体系，南非政府设立了"南非中文日"，这些有力举措将极大促进南非汉语教育的未来发展。

4月24日，南非开普敦大学孔子学院下设的第二所孔子课堂——西蒙镇学校孔子课堂揭牌。[①] 11月17日，南非约翰内斯堡大学孔子学院南非华文基金会中文学校教学点揭牌仪式暨中文学校2018年度表彰大会在南非华文教育基金会举行。[②] 12月2日，中国驻南非大使馆、驻德班总领馆、德班理工大学孔子学院与克莱尔伍德中学还举行了"中国角"暨汉语教学点成立揭牌仪式，以满足该校学生的汉语学习需求。[③] 使馆和中资企业通过捐赠电脑等设备，提升汉语教学点硬件水平，并积极探索与学校联合开展技能培训合作，拓宽学生就业渠道。南非新的中小学汉语教学点的设立和建设，为更多南非中小学生搭建了稳定的汉语学习平台，必将促进南非汉语教育事业的进一步发展。

11月9日，南非罗德斯大学孔子学院举行示范孔子学院专用场地启用庆典。罗德斯大学校领导、中国驻南非大使馆文化参赞、教育组主管，中国驻开普敦总领事馆代总领事为专用场地揭牌。纳尔逊·曼德拉湾市政领导及罗德斯大学孔子学院中方及外方院长，南非各孔子学院（课堂）院长及教师代表、罗德斯大学相关学院教师代表、罗德斯大学孔子学院师生、华人社团及中资企业代表等120人参加庆典。[④] 罗德斯大学孔子学院是南非第一家示范孔子学院，专用场地工程的建设和启用，标志着南非示范孔院的发展步入新的阶段。

根据中南双方商定，2019年起，南非政府将每年的9月17日定为"南非中文日"。2010年，联合国启动"联合国语言日"活动，汉语作为

---

① http://www.hanban.org/article/2019-05/07/content_771846.htm. 2020-06-18 23：09查阅。

② http://www.hanban.org/article/2018-11/30/content_754282.htm. 2020-06-18 23：20查阅。

③ http://paper.people.com.cn/rmrb/html/2019-12/05/nw.D110000renmrb_20191205_7-03.htm. 2020-06-18 23：22查阅。

④ http://www.hanban.org/article/2019-11/18/content_793261.htm. 2020-06-18 23：25查阅。

六种联合国官方语言之一拥有自身的国际语言日,每年的 4 月 20 日被定为"联合国中文日"。这是继"联合国中文日"设立之后,中文在另一个国家的语言节日,对于汉语国际推广意义重大。"南非中文日"的设立,将有助于提升汉语在南非的影响力,从而促进南非语言教育多元发展,推进中南人文交流,增进中南人民友谊。

三 长期以来南非汉语教育发展的挑战

南非作为一个典型的多种族非洲国家,多种族语种长期共存,历史现实语境复杂多变,南非政府制定的新语言政策具有鲜明的本土特征,独特的语言教育政策与环境也给我国在南非推广汉语带来一定的挑战。

首先,汉语难以成为南非人学习语言的前二选择。根据南非宪法,在国家和省两级都至少使用两种语言。新的语言教育政策规定,任何个人从接受教育起,除去学习自身的家庭语言,至少还要学习另一门官方语言,这已成为南非社会生活中的原则。如何在本土语言和第一附加语言之外,让汉语成为可供南非学生选择并热衷学习的第二附加语言必修课,进而在南非现有的学校教育体系中占有稳定的一席之地,是今后在南非进行汉语推广首要面对和钻研的课题。

其次,多语种的广泛存在为汉语推广增加了一定难度。南非不同地区不同种族的日常语言文化各不相同,现有学校在采用教学语言和开展语言教学方面亦存在巨大差异。如何克服语言与文化的障碍,因地制宜,在不同地区开展交流合作,也是今后南非汉语推广亟须探讨和解决的问题。

最后,英语的特殊历史现实地位助推南非学生留学欧美。英语为南非前宗主国语言,殖民时期的教育主要使用英语;种族隔离时期的教育法规亦明确规定英语和阿非利卡语为同等使用的两种教学媒介;1994 年至今,新语言教育政策框架下英语和阿非利卡语依然是南非传媒、学校及政府机构广泛使用的工作语言。南非语言传统造就多数学者、学生选择前往欧美留学深造,如何吸引更多南非学生学习汉语并将中国作为留学目的地值得关注与思考。

四 新时期南非汉语教育发展的机遇

在南非新语言教育政策框架下汉语推广工作面临一定挑战的同时，新的历史时期也为中南加强汉语文化交流与合作带来了新的机遇。

首先，中南语言文化合作交流符合南非国家发展建设战略利益。南非新语言教育政策与国家战略紧密相连，强调更广泛的社会视野，促进经济体系建设，增强社会凝聚力。南非经济长期以来较为低迷，增长疲软，南非于2010年成为金砖国家，并积极参与中非合作论坛与"一带一路"倡议，为其争取发言权、发展经济和促进社会繁荣带来新的机遇。而加强和中国的经贸往来与人文交流，增进了解与互信，需要双方相互学习语言与文化。

其次，汉语已逐步进入南非国民教育体系。自2004年至今，6所孔子学院和3个孔子课堂在南非成立；汉语课程已在当地45所中小学开设；汉语在2015年纳入南非国民教育体系；2018年汉语作为第二语言高考科目进入南非高考体系，2019年起，南非政府将每年的9月17日定为南非中文日。随着中南关系取得长足发展，政治经济文化的进一步交流，将有越来越多的青年学生将学习汉语，并选择去东方的中国留学，形成南非本土力量推进中南语言文化交流发展。

再次，南非民间悄然掀起汉语学习热潮。虽然南非语言教育政策确保促进和加强学校系统中所有学习者对非洲语言的使用，但在学校系统之外越来越多的南非人根据自身工作学习生活需要，自主选择学习汉语。例如南非中资企业员工、旅游业从业者、学生、教师、商人、警察等，利用业余时间自费在孔子学院、警民合作中心等处参加培训，或前往中国高校学习汉语，这也将日益成为促进汉语语言文化在南非推广交流的一股巨大力量。

五 结语

2019年度南非汉语教学成果显著，汉语教育实践取得巨大进展，孔子学院、孔子课堂、汉语课程以及师资队伍建设有序推进，南非学生学习汉语的热情令人鼓舞。当前，南非是非洲的第二大经济体，经济社会发展稳定，基础设施相对完备，国民受教育水平较高。同时南非是非盟、二十国集团、金砖国家成员之一，也是中非合作论坛、"一带一路"、南南合作的重要参与者和推进者。中南双方教育合作与人文交流的发展需求和民间意愿强烈，这需要语言文化的持续助力，南非汉语教育前景广阔。

与此同时，关注南非的语言教育政策和实践，结合其具体国情和发展现状，规划和实施我国在南非的汉语教育发展，在实践基础上进行总结和改进，有助于促进我国与南非在语言教育和人文领域的交流与合作，并可为在其他非洲国家乃至广大"一带一路"沿线国家开展汉语国际推广提供参考样板和借鉴经验。从这个层面而言，对新时期广大汉语工作者在南非语言教育政策框架下，直面挑战，把握机遇，求同存异，优势互补，加强南非汉语教育发展实践和研究具有广泛而深远的意义。

作者简介

赖丽华，浙江师范大学非洲研究院非洲教育与社会发展专业博士研究生，浙江师范大学外国语学院教师，主要从事非洲儿童文学、非洲教育与社会发展研究。

Annual Report on South Africa Language Education Development (2019)

Author: Lai Lihua, teacher of College of Foreign Languages and doctoral student at Institute of African Studies, Zhejiang Normal University, with her main research fields covering African education and social development study.

Abstract: South Africa is a multilingual country. English and Afrikaans are the national languages, meanwhile Zulu, Xhosa and Afrikaans are spoken most widely. After the abolition of apartheid, South Africa implemented a pluralistic language policy, established 11 official languages to promote multilingual development. South Africa's language education policy guarantees the right of individuals to choose to learn and use their mother tongue and other languages, promotes the development of multilingual education, corrects the previous phenomenon of marginalization of native languages. However, the language education policy is accompanied by new challenges and controversies as well, and has a certain effect on Chinese as a foreign language education in South Africa. This article discusses the enlightenment and experience of South Africa's Chinese education development practice by combing the current status of Chinese education development in 2019, the development opportunities, challenges, efforts and acts of Chinese education in South Africa. The discussion of the development of Chinese education in South Africa is intended to better develop Chinese language as a foreign language education in the context of advancing the "Belt and Road" initiative and promote the cultural exchange and education cooperation between China and South Africa in the new period.

西非地区非物质文化遗产保护发展报告(2018—2019)

王㛃嬸

[内容摘要] 2018—2019年度，西非各国十分重视非物质文化遗产的传承与保护工作，在非遗清单编制、教育培训、区域合作与国际交流等方面取得了一定成效。但相较于世界其他地区的非遗保护实践，西非地区在保护立法、制度建设、社区参与、宣传教育以及文化再生产等方面仍存在较大的不足。如何充分认知非物质文化遗产价值，调动各方积极投入非遗保护工作，促进非遗的可持续发展仍需各国不断地思考与探索。

非物质文化遗产是保持文化多样性、促进不同社区和群体之间相互理解与尊重的一个重要因素，具有重要的社会价值与经济价值。联合国教科文组织于1989年11月在巴黎通过了《保护民间创作建议案》，随后，1999年1月，非遗保护区域研讨会在加纳首都阿克拉市（Accra）召开。研讨会明确了对传统文化与民间创作的理解，强调非洲国家要从现实生活世界出发来理解传统文化。该会议还特别指出，民间创作是教育资源的一部分，收集与整理有关传统文化遗产，有助于文化振兴、消解殖民主义的历史影响。当前，非洲各国的现代化进程不断深入，社会生活发生着深刻的变革。一方面，非洲国家正面临社会转型和城市化所带来的文化变革，另一方面非洲要实现独立发展就要摆脱殖民历史所塑造的文化心态。非遗保护工作地推进，有助于非洲国家重建文化自觉与文化自信，可以将文化遗产转化成文化资源，实现文化的创新与再生产，助推社会经济发展。

一 西非地区非物质文化遗产保护现状与成效

自2003年《保护非物质文化遗产公约》（以下简称《公约》）颁布以来，非洲国家积极参与非遗保护实践。2004年3月15日，阿尔及利亚提交《批准书》，成为《公约》的第一个缔约国。近年来，在联合国教科文组织的推动下，非洲各国参与国际文化遗产保护工作不断深入，非洲国家的非物质文化遗产保护观念不断增强，积极推进本国非遗保护工作，从多层次开展非遗保护实践。

2008年11月4日，联合国教科文组织宣布正式设立《人类非物质文化遗产代表作名录》（以下简称《名录》），《名录》将人类口头与非物质文化遗产代表作分为两类：急需保护非物质文化遗产名录（List of Intangible Cultural Heritage in Need of Urgent Safeguarding）与人类非物质文化遗产代表作名录（Representative List of the Intangible Cultural Heritage of Humanity）。截至2019年，《名录》共收录非洲国家急需保护非遗项目19项，非遗代表作54项。2018—2019年度，《名录》收录了急需保护非遗项目5项，其中非洲地区3项；收录的代表作名录5项，占总项目数的14.29%。

根据《名录》公布的数据，西部非洲国家入选非遗项目数占非洲国家项目数的29.7%，是非洲入选代表作名录项目最多的地区。其中，马里8项，尼日利亚5项，科特迪瓦3项，塞内加尔、毛里塔尼亚、尼日尔各2项，贝宁、多哥、佛得角、几内亚各1项。从世界范围来看，西非地区非遗项目总数占世界范围内所有项目的4%，最佳实践项目数为0。可见，西非地区非遗保护还处于低水平阶段，非遗保护工作任重道远。

（一）西非各国的非遗保护实践

西非地区有着悠久的历史和丰富的文化遗产，是推进非洲非物质文化遗产保护工作的重要力量。当前，西非地区被联合国教科文组织列入代表作名录项目26项，占非洲非遗代表作名录总数的42.6%，是非洲非物质文化遗产代表作最多的地区。2018—2019年度，西非各国在《公约》框架下，结合本国实际积极开展遗产保护实践。西非各国通过召开遗产保护相关会议、建立培养非遗保护工作机制、推进非遗申报和非遗目录编撰等形式开展相关保护实践。

1. 布基纳法索

2011 年，联合国教科文组织将马里、科特迪瓦和布基纳法索的塞努夫族群的非洲木琴相关文化习俗与表现形式（Cultural practices and expressions linked to the balafon of the Senufo communities of Mali, Burkina Faso and Côte d'Ivoire）纳入《名录》。2012 年，在非物质文化遗产基金的援助下，布基纳法索文化旅游部文化遗产局与地方政府、社区、民间组织以及科研机构对国内的非物质文化遗产进行普查。2018 年，布基纳法索已经完成了 13 个地区的普查工作，根据普查的非遗项目的存续力情况，约 1300 个传统实践被编入非遗保护清单，并通过数据库、网站以及文本小册子的形式向本国民众与国际社会普及。[1] 与此同时，在教科文组织的支持下，该国对本国 276 名非遗保护管理人员（其中包括 167 名社区参与主体）进行编制清单和履约能力培训，以便及时准确地对非遗存续力等情况进行评估，制定适当有效的保护措施，建立从国家到地方、社区的层级保护机制，使社区民众充分认识与参与非遗保护实践。

2019 年 12 月，政府间保护非物质文化遗产委员会第十四届会议确立设立 38.777 万美金的专项资金，援助"布基纳法索保护非物质文化遗产相关群体能力建设"工作开展。该项目将分为两个阶段，对布基纳法索非遗保护的相关群体或团体提供为期 24 个月的教育培训。[2] 一方面确保塞努夫族群的非洲木琴相关文化习俗及表现形式的传承与保护工作的科学有效进行；另一方面旨在培养相关管理人才，对本国非遗进行普查与清单编制，进而指导社区参与主体的传承与保护实践。

2. 加纳

加纳非遗保护实践着重于提高国家与公众认识，为申报人类非物质文化遗产代表作名录创造有利条件。2011 年，在《公约》（2003 年）和

---

[1] United Nations Educational, Scientific and Cultural Organization: "Inventory and promotion of intangible cultural heritage in Burkina Faso", https://ich.unesco.org/en/assistances/inventory-and-promotion-of-intangible-cultural-heritage-in-burkina-faso-00678.

[2] United Nations Educational, Scientific and Cultural Organization: "Capacity building for stakeholders involved in safeguarding the intangible cultural heritage in Burkina Faso", https://ich.unesco.org/en/10d-international-assistance-requests-01100.

《保护和促进文化表现形式多样性公约》（2005年）的全球能力建设战略的框架内，教科文组织办事处在加纳首都阿克拉举行"文化发展力"讲习班。加纳教科文组织全国委员会、教育部、加纳大学（莱贡）以及其他保护非物质文化遗产相关机构对未批准进入《名录》的两项文化传统进行评估与研讨，以推进加纳议会和政府批准进程。

为提高人民对非遗的认知，尤其在国家政策制定和发展计划执行过程中认识文化遗产价值，教科文组织阿克拉办事处于2018年12月13日—14日举行了"需求评估考察讲习班"。加纳民俗委员会、加纳文化论坛等学术界、民间组织、社会企业以及青年群体参加了此次考察讲习班。[1] 在为期两天的培训中，与会人员对阿克拉、库马西、塔马莱和开普海岸进行田野考察并提出了一项长期规划，重点是完善政策制定和立法，提高公众意识，加强宣传教育，编制非遗清单，为保护非物质文化遗产创造有利环境。

3. 塞内加尔

塞内加尔非物质文化遗产保护实践可以分为三个阶段。第一是收集普查阶段，编制非遗清单。自1975年以来，塞内加尔对本国非物质文化遗产进行收集普查，并纳入国家文化档案。2009年至2012年，在非物质文化遗产基金的帮助下，该国对文化档案馆的馆藏进行了全面扫描，并于2011年创建了非遗数据库。[2] 2013年，塞内加尔对传统民间音乐进行普查，编制清单，建立了相对完整的名录体系。2016—2017年，教科文组织非物质文化遗产委员会在当地社区组织、大学以及学术机构的积极参与下组织了一系列活动，提供技术援助和培训，以增强非遗保护能力建设，并尝试通过教育系统保护、传承非物质文化遗产。

2018年开始，塞内加尔非遗实践强调社区参与在非遗保护中的关键作用。塞内加尔文化部和教科文组织达喀尔办事处于2018年10月15日至22日在达喀尔的布莱斯·桑戈尔文化中心组织了一次基于社区参与的

---

[1] United Nations Educational, Scientific and Cultural Organization: "Ghana developing an enabling environment for the safeguarding of intangible cultural heritage", https://ich.unesco.org/en/news/ghana – developing – an – enabling – environment – for – the – safeguarding – of – intangible – cultural – heritage – 00330.

[2] Intergovernmental Committee the Safeguarding of the Intangible Cultural Heritage: "Convention for the Safeguarding of the Intangible Cultural Heritage", 2012.

非物质文化遗产普查工作的能力建设培训班。该培训旨在加强相关工作人员对专业知识和管理知识的学习，提高社区参与主体的文化认知，以更好地保护和传承非物质文化遗产。特别是，通过这种有针对性的培训与教育，建立有效的保护管理与立法机制，充分保证参与主体的相关利益，激发社区参与非遗保护的积极性。与此同时，塞内加尔还通过《公约》中的国际援助机制，继续对本国非遗进行全面普查，编制非遗名录，为非物质文化遗产的可持续发展奠定基础。

近年来，随着非洲旅游业的发展，大批旅游者的到来为非洲非遗传承与传播提供了展演的空间与动力，成为促进塞内加尔非遗保护的重要因素。被列入世界遗产名录的格雷岛（Gorée）是塞内加尔政府主推的文化遗产旅游目的地。特别是近两年，地方政府规范了格雷岛的旅游环境，越来越多游客来此体验居民的生活与文化传统，改善了当地原住民的生存环境，增加了他们的经济收入。[1] 将遗产保护与旅游相结合，虽然对文化传统的传承有一定的负面影响，但是加以正确的规范引导，不仅可以改善社区群体的生存环境，同时也能促进群体参与传承与保护遗产的积极性。

4. 马里

1997年教科文组织启动"宣布人类口头和非物质遗产代表作"项目以来，马里共有8项非物质文化遗产入选《人类非物质文化遗产代表作名录》，是西非地区获批非遗代表作最多的国家。

自1960年独立以来，马里一直致力于文化遗产保护工作，经过60年的遗产保护实践，建立了从中央到地方层级式的保护体系。在国家层面，该国通过设立法律法规保护本国非物质文化遗产，建立国家遗产名录。如2011年5月12日第2011-239 P-RM号法令，"桑克集体捕捞仪式"（Sanké mon, collective fishing rite of the Sanké）被列为国家级非物质文化遗产。[2] 在地方、地方政府设立地方遗产保护委员会，对非遗项目进行管理，并通过宣传以提高社区的群体认知。

在马里，行政部门将非遗保护与生产生活紧密联系在一起，通过技术

---

[1] Elisa Magnani: "Culture and tourism Limits and potential of sustainable tourist development in Gorée, Senegal and Ilha de Moçambique, Mozambique", https://doi.org/10.4000/viatourism.978.

[2] United Nations Educational, Scientific and Cultural Organization: "Periodic reporting on the Convention for the Safeguarding of the Intangible Cultural Heritage", https://ich.unesco.org/en-state/mali-ML?info=periodic-reporting#rp.

传承与培训，对非遗进行生产性保护。马里首都巴马科建立了一个女性的纺织品印染厂，将传统的印染技艺加以现代应用，发展出一套专门的生产流程。这一生产性保护措施为马里女性群体提供了就业机会，其生产的产品也出口到了其他地区。[①] 马里的生产性保护实践，对非洲各国手工技艺类非遗保护具有重要的借鉴意义。

5. 尼日利亚

尼日利亚是西非地区非遗保护工作开展较好的国家之一。2019年12月12日，联合国教科文组织保护非物质文化遗产政府间委员会第十四届会议在哥伦比亚首都召开，会议将尼日利亚夸格希尔戏剧表演传统（Kwagh-Hir theatrical performance）列为《人类非物质文化遗产代表作名录》。这是尼日利亚第五项被列为代表作名录的非遗项目。

尼日利亚将非物质文化遗产作为国有化的文化资源，通过国有化形式来运营和管理非物质文化遗产。尼日利亚联邦信息和文化部遗产司（FMIC），尤其是文化产业部在实践中建立了一套相对有效监督、管理尼日利亚非遗产业的运作机制。通过统一规划，管理者设计非遗的呈现形态和表现形式，以提高文化资源价值，进而促进旅游产业发展。在国家推动遗产旅游的同时，尼日利亚政府还通过立法的方式规范地方政府的非遗保护实践。[②] 值得注意的是，尼日利亚在非遗保护过程中不断强化国家的主导地位，以期培养国家认同和集体记忆。与此同时，这种方式忽视了在非遗保护过程中社区的主体地位，较难唤醒人们的文化主体认知。

此外，尼日利亚在非遗保护方面注重国际交流与合作。自2008年开始，尼日利亚每年举行伊费国际艺术节。在为期一周的艺术节上，尼日利亚本土艺术家和来自世界其他国家的艺术家一起进行面具、假面舞会以及牵线木偶的表演，以非物质文化遗产为媒介，互相学习非遗保护传承和非遗创意产业发展的经验，进而促进非遗保护水平的提高，有利于优秀文化的传播，增进相互理解与尊重。

---

① 莱兹尔·毕斯考夫等：《性别平等、遗产与创造力》，巴黎：联合国教科文组织，2014年，第99页。

② Dominic Uduakabasi Okure: "Nationalising Intangible Cultural Heritage in Nigeria for Optimised Cultural Tourism: The Zangbeto Model", *International Journal of Arts and Humanities*, Vol. 9 (1), 2019: 69 – 79.

6. 西非其他国家非遗保护实践

2019年12月，保护非物质文化遗产政府间委员会第十四次会议将佛得角音乐表演实践"莫尔纳"（Morna）列入人类非物质文化遗产代表作名录。

2015年至2019年期间，教科文组织向科特迪瓦提供了近30万美元的紧急国际援助，用于编制科特迪瓦现有的非物质文化遗产清单。该项目由科特迪瓦文化遗产办事处执行，在社区参与下培训400多人编制清单、确定和整理800项非物质文化遗产项目并支持国家修改立法的进程。[1]

（二）西非地区非遗保护取得成效

1. 逐步落实了非遗清单编制工作。西非地区族群众多、语言结构复杂、文化高度多元，对非物质文化遗产进行全面普查难度较大。西非各国在教科文组织的指导与非物质文化遗产基金的援助下，由本国文化遗产或行政部门组织编制非遗清单，取得了较好的成效。特别是在编制清单过程中，结合本国实际，建立起了多层次、多种类的清单系统。如2013年，塞内加尔传统音乐清单，其中包括各种各样的民间音乐传统、流派、乐器以及相关手工技艺。截至目前，塞内加尔传统音乐清单编制项目已经惠及近700位直接和间接受益人。[2] 布基纳法索等国家还对遗产的存续力进行评估，按照存续力程度建立保护层级清单。在非遗清单编制过程中，政府虽然仍旧起主导作用，但是社区参与程度也逐渐提高。如马里建立起从国家到地方的遗产编制体系，充分发挥社区、共同体的作用。在教科文组织专项资金的帮助下，开展非遗清单编制方法培训活动，西非各国从编制理念到管理措施都取得了较大进步。

2. 积极开展教育培训活动，为非遗有效传承与保护提供必要条件。在西非各国非遗保护实践中，教育培训是最为重要的环节，一般可分为三种形式。其一是短期的教育培训课程或讲习班。教科文组织非物质文化遗产办公室会定期和不定期的组织相关课程培训，旨在对非遗管理人员和参

---

[1] 中国保护知识产权网：《联合国教科文组织为科特迪瓦的和平制定非物质文化遗产清单》，http：//ipr.mofcom.gov.cn/article/gjxw/gbhj/df/ktdw/202002/1947902.html。

[2] United Nations Educational, Scientific and Cultural Organization：https：//ich.unesco.org/en/news/senegal – improves – the – safeguarding – of – traditional – music – thanks – to – the – intangible – cultural – heritage – fund – 0012.

与主体进行专业知识培训和履约能力建设,培养非遗保护意识和科学保护方法。2018—2019年,塞内加尔、马里、尼日尔以及佛得角四国参与"加强缔约国保护西非非物质文化遗产的能力建设"国际援助项目,对相关文化管理人员、非遗社区主体开展培训。其二,将非遗保护纳入正规教育系统。在大学开设相关专业,培训专业人才与从业者。如尼日利亚民俗学会与全国大学委员会合作,设立研究生民俗课程,培养专业非遗保护人才。布基纳法索、马里等国家则重视培养教师,将非遗纳入正规学校教育体系,加强非遗在青年群体中的传承与认知。其三,开展区域性、国际性研讨会,有效交流经验,促进非遗保护区域合作和国际合作。

3. 区域合作程度不断加深,国际交流日益频繁。基于西非地区特定的历史现实、族群分布以及文化传播模式,在非遗项目申报、传承主体的界定以及非物质文化遗产的整体性保护都需要加强区域合作与国际合作。如布基纳法索、马里、科特迪瓦三国联合申报塞努夫人的巴拉丰木琴文化习俗及表演艺术,并联合举办"巴拉丰三角"国际音乐节。布基纳法索还将其非遗清单格式与马里等其他西非国家共享。虽然西非地区的区域合作程度相较于南部非洲地区还有一定的差距,但是在教科文组织非物质文化遗产基金的支持下,西非各国举办多场专题研讨会和培训班,在一定程度上促进了区域内的协同保护。此外,教科文组织主导下的援助计划是促进西非非遗保护国际合作的重要措施。为更好地传承马里非物质文化遗产,联合国教科文组织拍摄了一部纪录片电影并制作了一期广播节目,以提高民众对于保护和修复马里非物质文化遗产工作的关注度。[①]

近年来,西非国家以非遗为基础,积极参加国际文化交流与合作。特别是中非合作论坛约堡峰会后,中国加大对非洲文化发展过程中人才的培训力度,实施对非文化培训"千人计划",为非洲非遗实践的开展提供必要的人力资源。自2016年起,中国先后开展了四期非物质文化遗产保护培训班,通过田野考察、专题讲座、研讨会、非遗项目展示以及传承人交流等方式促进非遗国际交流与合作。2019年中国旅游文化周在尼日利亚首都阿布贾举行,通过旅游文化产品推介、非物质文化遗产展示及图片展等方式,向尼日利亚民众展现了中国传统文化,并为两国旅游、文化产业

---

① 张威伟:《联合国教科文组织援助马里30万美元 保护非物质文化遗产》,国际在线:http://www.wenwuchina.com/a/20/196274.html。

合作提供了重要契机。非物质文化遗产国际交流已经成为增进相互理解与互信的重要途径。

4. 发展文化旅游，促进非遗传承与传播。随着遗产旅游与文化旅游的蓬勃发展，非物质文化遗产作为某一特定社区的代表性文化，已经成为促进社区发展的有效途径。正如尼日利亚国家旅游发展组织理事长特别助理奥迪·阿努姆巴表示："尼日利亚旅游文化资源众多，潜力巨大，旅游文化产业创造了大量就业，而且增长速度越来越快。"[1] 文化遗产与经济发展，将成为西非各国实现经济可持续发展，摆脱贫困的有效模式。因此，政府机构出台旅游文化产业计划，鼓励旅游文化产业投资，开发和保护旅游文化资源，进一步为社会经济发展作出贡献。值得注意的是，在发展文化旅游过程中，很多国家通过在社区内建设博物馆等形式收集、展演和保护非物质文化遗产，为非遗的传承与传播创造了良好的文化空间。

二 西非地区非遗保护存在的问题

西非地区的非物质文化遗产保护工作虽然取得了很大的成绩，但相较世界其他地区，保护实践还处于基础阶段，非遗保护还存在很多问题。非遗保护法律法规和政策体系还不完善；对非物质文化遗产的梳理和研究有待加强，对其价值与意义挖掘不够充分，缺乏必要的理念和理论指导；普查和统计制度尚不健全；社区参与程度不高，社会力量参与的深度和有效性有待提高。

第一，西非地区非遗保护法律法规和政策体系不完善。立法保护是非物质文化遗产保护的根本保障。通过对联合国教科文组织公布的各国立法情况的梳理，研究人员发现西非地区非遗保护实践以《公约》为基础，较少涉及本国的非遗立法保护。当前西非地区一般以《非洲文化宪章》（Charte culturelle de l'Afrique，1976）、《班吉协定》（1977）、《非洲法律与遗产》（Droit et Patrimoine en Afrique，2002）等法案来指导非遗保护实践，缺乏结合本国实际的具体可操作性的法律法规，不利于非遗保护工作推进。同时，国家层面，缺乏建立一套从中央到地方的系统的政策管理体

---

[1] 人民网：《"美丽海南" 2019 中国旅游文化周在尼日利亚中国文化中心举行》，http://world.people.com.cn/n1/2019/0609/c1002-31125924.html。

系，还不能分层次有效地保护本国非遗。

第二，当前西非各国对本国的非物质文化遗产的梳理与研究有待增强，对非遗所蕴含的思想理念、传统美德、人文精神、经济价值、历史价值等的研究阐释还不充分。通过各国在非遗保护实践中的行动可以看出，非遗的生产性保护、整体性保护、文化空间展演以及民俗主义的理解有待深入，制约了非遗保护实践路径的探索。非遗保护理念的滞后，在一定程度上影响了传统村落的现代发展与转型，使得非物质文化遗产很难与当代生活相结合，而失去生存活力与发展空间。

第三，在教科文组织的倡导下，虽然西非地区非遗普查和清单编制取得了较好的成效，但是不可忽视的是文化遗产统计制度不够健全。以尼日利亚为例，尼日利亚非物质文化遗产被列入代表性名录五项，是西非地区仅次于马里第二多的国家。但是在田野调查过程中发现，尼日利亚非遗项目保护策略的框架中存在明显的缺陷。政府对非遗的分类比较模糊，对非遗的普查程度较低，没有建立从中央到地方的非遗普查规范与标准。无法按照标准、采用有效的做法进行普查、保护、保存与管理。同样，在加纳，尽管《1992年加纳共和国宪法》第39条第3款要求国家"促进加纳语言的发展和对加纳文化的自豪"，但政府很少或根本没有承诺出台全面的政策来普查和推广土著语言，从而导致一些加纳语言濒临灭绝。[1]

第四，西非地区非遗保护实践过程中社区参与程度较低，社会力量参与的深度和有效性有待提高。非遗是某一特定社区、群体的文化传统和集体记忆。《保护非物质文化遗产伦理原则》遵循《公约》的精神，强调要充分尊重与发挥相关社区、群体和个人在保护其所持有的非物质文化遗产过程中的作用。西非地区的非遗保护主要是政府主导的，社区参与程度很低。一方面，社区群体是非遗的主体，缺少社区参与，非遗很难进行有效的传承和发展；另一方面，政府主导的非遗保护，剥夺了社区、群体和个人的主体权利，进而影响其对非遗价值认知以及非遗保护积极性。

此外，西非国家的非遗保护缺乏社会各方力量的参与与协调。特别是民间组织和学术团体的参与，对非遗保护起着至关重要的作用。同时，青

---

[1] Joseph Kofi Avunyra: "Ghana: International Mother Language Day – Friday, February 21, 2020 Review and Stabilize Language Policy in Educational Institutions", https://allafrica.com/stories/202002200746.html.

年群体是非遗传承过程中不可忽视的重要力量。通过田野调查发现，当代青年人受西方文化影响较深，学校教育没有对本民族文化进行合理阐述，加之国家宣传力度不足，很多青年人对非遗的认知较少，已经成为影响非遗传承与保护的最大危机因素。

三 西非地区非遗保护趋势展望

西非各国自独立以来，开始逐渐关注文化遗产保护工作。经过近 50 年的非遗保护实践，在非遗项目申报、清单编制、能力建设等方面积累了经验，取得了显著成效。近年来，全球化和现代化带来了世界技术革命与生活变革，直接关系着国家安全与社会发展。特别在这场全球新冠肺炎疫情后，全球化所带来的机遇与挑战已经成为各国实现可持续发展的必然面对的课题。当前，西非各国要在不断变革的社会生活中处理好社会转型和城市化所带来的文化冲击，建立文化自信，实现文化复兴，就要充分认识非遗的重要价值与意义，把握发展趋势，促进社会发展。

西非各国需要继续完成本国非遗普查工作，编制非遗清单，完成档案归纳整理，建立系统的非遗保护体系。这是非遗保护实践的基础。随着非遗教育的逐渐开展、媒体传播力度的增强，人们对非物质文化遗产的认知也将逐渐提升。在此基础上，西非各国可以充分调动和发挥民间组织、学术团体、青年学生等社会力量，投入到遗产保护实践中来。这是西非地区非遗保护工作的关键。同时，在加强国际交流与合作过程中，西非各国应学习先进的理念与经验，结合本国实际情况，设计出符合本国非遗保护的理念，用以指导今后的非遗保护实践。这是实现非遗保护科学化、可持续化的重中之重。

最为重要的是，在全球化的今天，加强国家间交流与合作已经成为推进非遗保护实践的重要抓手。尤其是广大发展中国家，要在发展过程中摆脱西方文化控制，重新认识国家的文化传统和文化精神，重塑文化自信，就要精诚合作，交流互鉴，提高国际话语权，共同维护文化多样性和社会可持续发展。在中非合作论坛机制框架下，中非双方要进一步加强非物质文化遗产保护合作，落实非遗保护培训班机制，继续开展学术交流和经验学习研讨会，加强非遗文化走出去与引进来的双向互动，以促进不同社区和群体之间相互理解与尊重。特别是在后疫情时代，非物质文化遗产保护工作的推进，有助于文化间对话，进而鼓励对其他生活方式的相互尊重，是缓解民粹主义情绪的可行路径。

作者简介

王燏嶓，女，浙江师范大学非洲研究院博士研究生，主要研究非洲民俗文化。

The Annual Report on the Development of West African Intangible Cultural Heritage (2018 – 2019)

Author: Wang Yubo, a PhD candidate of the Institute of African Studies, Zhejiang Normal University (IASZNU), focuses on African folklore.

Abstract: In 2018 – 2019, countries in West Africa attach great importance to the safeguarding of intangible cultural heritage, and have achieved certain results in the inventories of intangible cultural heritage, heritage education, regional cooperation and international exchanges. However, compared with other countries, the West Africa still has major deficiencies in legislation, system construction, community participation, communication and education, and cultural reproduction. How to recognize the value of intangible cultural heritage, mobilize the enthusiasm of all parties to invest in the safeguarding of intangible heritage, and promote the sustainable development of intangible heritage still requires thinking and exploration by all countries.

尼日利亚汉语教学事业发展现状及发展困境研究报告(2018—2019)

黄长彬

[**内容摘要**] 非洲的汉语教学事业具有"起步晚、底子薄、条件差"的特点,尼日利亚汉语教学在 21 世纪之前处于零散甚至空白状态,即使在今天也处于起步阶段。目前,该国汉语教学事业的布局初见雏形,全国共有各类教学机构 39 个,但汉语教学机构的布局不够广泛、不够均衡,数量较少;而孔子学院成为该国汉语教学的重镇,推动了汉语教学事业的发展。但尼日利亚汉语教学也面临着诸多困境,包括缺乏统筹协调和顶层设计、驻在国办学力量薄弱、"一院多点"模式加剧师资不足等。

引 言

近年来,中非关系平稳发展,教育、能源、医疗、基础设施等各个领域的合作不断走向深入。2018 年中非合作论坛北京峰会上,中国提出把自身发展同非洲发展更加紧密地联系起来,努力实现合作共赢、共同发展,提出构建更加紧密的中非命运共同体。"中非间的合作呈现出'政热经热'良好态势。"[①]

---

① 黄长彬、陆书伟:《非洲地区孔子学院布局现状及可持续发展策略研究》,《云南师范大学学报》(对外汉语教学与研究版)2020 年第 1 期,第 78 页。

尼日利亚是非洲大国，不仅是非洲最大的经济体，也是非洲人口最多的国家，中国已经成为该国最大的贸易伙伴，尼加入"一带一路"发展计划后进一步拓宽了两国在各领域的交流与合作。"'一带一路'需要语言铺路"[1]，遗憾的是该国汉语教学事业并未走在非洲的前列，本文则揭示了该国此项事业的发展现状及发展困境。

一 尼日利亚汉语教学事业发展现状

就非洲而言，大多数国家国民对中国有良好、正面和积极的印象，汉语学习者的积极性高，但是不得不承认非洲汉语教学普遍具有"起步晚、底子薄、条件差"的客观现实。尼日利亚地处西非，原属英国殖民地，1960年宣布独立后建国，官方语言为英语，直至1971年才与中国建交。由于地缘等因素影响，与东非国家相比，尼日利亚与中国的经贸、文化等领域往来属"后起之秀"，汉语教学在该国也是新生事物。正如扈启亮所言："由于地理、历史等原因，西非国家都是有了孔子学院后才开始真正的汉语教学。汉语对西非人来说是一门新的外语。"[2] 这与笔者所掌握的信息是一致的，尼日利亚汉语教学在21世纪之前处于零散甚至空白状态，即使在今天也处于起步阶段。

（一）汉语教学机构的布局情况

尼日利亚全国划分为36个州和1个首都特区。汉语在该国属于新兴语种，相关教学机构仅设立在少数几个州，犹如"星星之火"。为了解汉语教学机构的分布情况，笔者联系了中国驻尼日利亚大使馆、总领馆、华助中心、西非华文报、孔子学院等机构相关人员，尽可能全面地掌握第一手资料，整理出该国各类汉语教学机构的分布情况，详见表1。

---

[1] 李宇明：《"一带一路"需要语言铺路》，《人民日报》2015年9月22日第7版。
[2] 扈启亮：《西非孔子学院发展现状、问题和对策》，《沈阳大学学报》（社会科学版），2014年4月，第197页。

表1　　汉语教学机构分布情况（数据截至2019年12月）

汉语教学机构所在单位	所在地	汉办师资	区位
纳姆迪·阿齐克韦大学孔子学院	Anambra State	√	南部
纳姆迪·阿齐克韦大学附属中学	Anambra State	√	南部
Federal Polytechnic，Oko孔子课堂	Anambra State	√	南部
哈科特港大学汉语教学点	Rivers State	√	南部
中国文化中心汉语教学点	Abuja（FCT）	√	北部
拉各斯大学孔子学院	Lagos State	√	南部
AJC Schools	Lagos State	√	南部
Bank Anthony Primary School	Lagos State	√	南部
Engreg International School	Lagos State	√	南部
Fountain Heights	Lagos State	√	南部
Foreshore School	Lagos State	√	南部
Fountain Heights Secondary School	Lagos State	√	南部
Grace Schools	Lagos State	√	南部
Grace High School	Lagos State	√	南部
Green springs School	Lagos State	√	南部
Immaculate Heart Comprehensive Secondary School	Lagos State	√	南部
International School，University of Lagos	Lagos State	√	南部
Ikeja Grammar School&Unity High School	Lagos State	√	南部
Jextboon Secondary School	Lagos State	√	南部
Lagos State Technical College	Lagos State	√	南部
Queensland Academy	Lagos State	√	南部
Redeemer's International Secondary School	Lagos State	√	南部
Supreme Education Foundation	Lagos State	√	南部
Unilag staff School	Lagos State	√	南部
University of Lagos Women Society Primary School	Lagos State	√	南部
Abuad International Primary and Secondary School	Ado Ekiti	√	南部
Afe Babalola University	Ado Ekiti	√	南部
The Chinese school	Abuja（FCT）	√	北部
海军基地培训中心	Lagos State	√	南部
龙之梦华文学校	Lagos State	×	南部
华助中心华文学校	Lagos State	×	南部

续表

汉语教学机构所在单位	所在地	汉办师资	区位
贝尔中学	Ogun State	√	南部
University of Nigeria, Nsukka	Enugu State	√	南部
Enugu State College of Education	Enugu State	×	南部
Imo State University	Imo State	√	南部
拉哈玛学校	Niger State	√	北部
Ahmadu Bello University	Kaduna State	√	北部
Bayero University	Kano State	√	北部
Chinese Bilingual College	Kano State	√	北部

资料来源：结合笔者掌握的信息并咨询了中国驻尼日利亚大使馆文化参赞李旭大、尼中发展研究院理事会主席刘长安，尼日利亚华助中心李新生，公派汉语教师孙伟、赵文杰、陈天路、高子娟、王清华等。

根据表1，我们发现上述39个汉语教学机构在尼日利亚的布局有以下特点：

一是地域分布不够广泛，尼日利亚37个行政区中仅有11个行政区设有汉语教学机构，2/3的行政区尚无汉语教学机构，布局密度不够高。

二是地域分布不够均衡，汉语教学机构主要分布在南部及沿海，占比90%以上，而北部占比明显偏低，首都占比也明显不足。

（二）孔子学院为汉语教学重镇

在尼日利亚，孔子学院的创办对于促进该国汉语教学事业的发展起到了决定性作用。笔者认为可以将孔子学院的建立作为该国汉语教学事业的分水岭。孔子学院建立之前，汉语教学是一门"隐学"，即使当地人有学习汉语的念头，但求学无门；孔子学院建立之后，汉语教学才成为一门"显学"。可以说，尼日利亚系统化、成规模的汉语教学应从21世纪初两所孔子学院的创办算起。

截至2019年年末，尼日利亚拥有两所孔子学院，分别是成立于2007年2月的纳姆迪·阿齐克韦大学（Nnamdi Azikiwe University）孔子学院和2008年10月的拉各斯大学（University of Lagos）孔子学院。经过10余年的发展，孔子学院在尼日利亚已经成为汉语教学的重镇和排头兵（详见表2），具体表现为：

首先，师资力量方面。两所孔子学院拥有近30名中方教师，超过其他汉语教学机构师资力量的总和。同时，两所孔子学院拥有本土老师九名，这些本土老师汉语水平都达到了HSK五级或者六级水平，基本上都有在华深造和培训经历，而其他汉语教学机构的本土老师的水平就参差不齐。

其次，汉语学历教育。孔子学院在推进非学历教育的同时，积极推进汉语学历教育，将汉语纳入尼日利亚国民教育体系。纳姆迪·阿齐克韦大学孔子学院汉语本科项目于2013年顺利通过了国家教育部的评估和审查，并于2014年招收首批汉语本科专业学生。拉各斯大学也设有汉语专业，但独立于孔子学院。尼日利亚大学于2019年开设汉语选修课。

最后，"一院多点"模式。尼日利亚汉语学习资源稀缺，但国民学习汉语积极性高涨，促使孔子学院在开办过程中逐渐形成了"一院多点"格局。"一院多点"是指"一个孔子学院在所在国的不同地区和高校设立多个汉语教学点，由孔子学院统一管理，统一配置汉语教师和资源"[①]。如表2所示，纳姆迪·阿齐克韦大学孔子学院开办了4个教学点，拉各斯大学孔子学院开办了21个教学点。尼日利亚总共设有汉语教学机构39个，而属于"一院多点"的机构就有27个，占比69%，再次印证孔子学院已成为该国汉语教学的重镇。

表2　　　　两所孔子学院基本情况（数据截至2019年12月）

	纳姆迪·阿齐克韦大学孔子学院	拉各斯大学孔子学院
成立时间	2007年2月	2008年10月
中方教师	16名	11名
本土教师	6名	3名
汉语本科专业	有	无
下属教学点	4个	21个
累计HSK考生	9893人/次	4287人/次

资料来源：结合笔者掌握的信息并咨询了中国驻尼日利亚大使馆文化参赞李旭大，尼中发展研究院理事会主席刘长安，尼日利亚华助中心李新生，公派汉语教师孙伟、赵文杰、陈天路、高子娟、王清华等。

[①] 徐丽华：《非洲孔子学院：检视、问题与对策》，《浙江师范大学学报》（社会科学版）2012年第6期，第53页。

二 尼日利亚汉语教学事业发展困境

发展海外汉语教学事业面临的挑战具有一定的普遍性，如汉语教学界经常谈到的"三教"问题——教师、教材、教法，以及诸如教学条件落后、海外舆论环境差等其他问题。尼日利亚的汉语教学事业同样不同程度地面临着此类困难。但"海外汉语教学面临着纷繁复杂的外部条件，这是由各国的不同国情、社会发展程度以及文化背景的多样性等因素共同决定的，可以说一国有一国汉语教学之实际"①。就尼日利亚来说，除上述共性难题外，笔者认为该国汉语教学面临的突出发展困境包括：

（一）缺乏统筹协调和顶层设计

汉语教学在尼日利亚是一种新生事物，由于历史因素、驻在国重视不够等原因导致汉语教学事业的发展缺乏统筹协调、整体规划和顶层设计，造成教学机构的布局存在一定的随机性、汉语教学工作的开展存在各自为政的局面。

1. 教学机构布局的随机性

表1显示汉语教学机构的地域分布不够广泛，也不够均衡，拉各斯作为经济首都占据了全国一半以上的教学点，而阿布贾作为政治首都仅有两处教学点，并无孔子学院。黄长彬、陆书伟曾调查过非洲地区孔子学院的布局现状，指出非洲地区孔子学院具有"高度向所在国首都城市集中"②的特点，然而尼日利亚首都汉语教学力量较为薄弱的现状与非洲各国差异很大，实属反常。

布局的随机性还体现在单位人口数量所拥有的教学机构存在不均衡。"尼日利亚拥有超过250个民族，人数最多的是豪萨-富拉尼族（占全国人口29%），约鲁巴族（占全国人口21%），依博族（占全国人口18%）"③。三大族群所拥有的汉语教学点数量如表3。可知，三大族群单

---

① 黄长彬：《尼日利亚初级汉语学习者学习动机实证研究——以Nnamdi Azikiwe University孔子学院为例》，《华中师范大学研究生学报》2018年第4期，第133页。
② 黄长彬、陆书伟：《非洲地区孔子学院布局现状及可持续发展策略研究》，《云南师范大学学报》（对外汉语教学与研究版）2020年第1期，第87页。
③ 丁工：《尼日利亚的发展与复兴》，《海外投资与出口信贷》2018年第4期，第39页。

位人口所拥有的汉语教学机构数量排序为：约鲁巴族＞依博族＞豪萨－富拉尼族。

表3 　　　　　　三大族群拥有汉语教学机构统计表

	人口比重	汉语教学机构
豪萨－富拉尼族	29%	6个
约鲁巴族	21%	26个
依博族	18%	6个
其他族群	32%	1个
总计	100%	39个

2. 汉语教学工作各自为政

世界上有一些国家对汉语教学较为重视，通过成立专门的协调或指导机构来统筹域内汉语教学和科研工作，如菲律宾、新加坡的华教中心，美国的全美中文学校协会，法国的汉语教学协会，喀麦隆的国家中教部下设汉语总督学等。此类机构定期组织教研活动，制订工作方案，有利于从"全国一盘棋"的高度规划域内汉语教学事业的发展。

目前，尼日利亚的汉语教学呈现"自然生长"的状态，缺少人为干预和规划。各个教学机构的教学理念、教学目标、教学重点各不相同，孔子学院之间、孔子学院与下设教学点之间、教学点与教学点之间，缺乏必要的教学沟通和研讨，难以形成合力，无法"连点成线、以线带面"。"一种语言要快速健康地对外传播，顶层设计十分重要"[①]，笔者认为尼日利亚应充分借鉴经验，成立专门协调机构，为不同教学机构之间互通有无、互相借鉴提供交流的平台。

（二）驻在国汉语办学力量薄弱

尼日利亚是非洲最大的发展中国家，国民生产总值位居非洲各国前列，但"国内根深蒂固的种族问题、错综复杂的宗教纷争、结构单一的经济模式、暴恐袭击和反叛武装，都是阻碍其参与全球化、引发经济衰退

---

① 吴应辉：《汉语国际传播事业新常态特征及发展思考》，《语言文字应用》2015年第4期，第30页。

的主要因素"①，该国实际发展水平是"*石油经济一度产生的虚假繁荣*"②，总之诸多因素导致尼日利亚经济处于较为落后状态。另外，历史上明代郑和下西洋打通了中国与东非的联系，但地处西非的尼日利亚不具备这种区位优势，且尼日利亚长期被英国殖民，与中国的密切政商往来仅可以追溯至1971年两国建交。笔者认为，如上经济和历史两方面的因素导致尼日利亚汉语办学力量薄弱，具体表现为：

1. 尼方出资的汉语办学机构极少

从表1可知，尼日利亚独立出资的汉语办学机构少之又少，师资基本上都依靠中方派遣。尼日利亚现存的39个汉语办学机构中：36个办学机构的汉语师资依赖中国国家汉办提供；2个办学机构（龙之梦华文学校、华助中心华文学校）由华社筹资组建；仅有1个办学机构由尼方单独出资，即Enugu State College of Education汉语教学点。而Enugu State College of Education汉语教学点之前隶属于孔子学院，后来独立出去，脱离孔子学院之后能生存多久，我们也不持乐观态度。

由于笔者掌握的信息有限，因此就尼日利亚到底有多少当地人出资创办的汉语教学机构这一情况，笔者咨询了中国驻尼日利亚大使馆文化参赞李旭大，他指出"尼日利亚有本地创办的汉语教学班，但是人数都比较少，还不上规模"。

2. 对现有教学机构投入严重不足

驻在国汉语办学力量薄弱的另一个体现是尼日利亚对现有汉语教学机构的资金投入是不足的。李宝贵、刘家宁总结了海外孔子学院经费的来源渠道，包括总部（中国国家汉办）提供资金、外方投入资金、孔院自身活动收入。③ 表1中的汉语教学机构主要由中国国家汉办派遣师资并提供资金支持，而外方投入资金和孔院自身活动收入占比偏低。尼日利亚汉语教学事业未能形成市场化运作模式，对中国的投入依赖性很强：中方有投入，教学点就能运行；中方撤走投入，教学点就面临关闭的风险。正如郭宇路所言："有的则过分依赖中方的资源，单纯地把目光定在中方的资金

---

① 丁工：《尼日利亚的发展与复兴》，《海外投资与出口信贷》2018年第4期，第40页。
② 丁工：《尼日利亚的发展与复兴》，《海外投资与出口信贷》2018年第4期，第40页。
③ 李宝贵、刘家宁：《"一带一路"战略背景下孔子学院跨文化传播面临的机遇与挑战》，《新疆师范大学学报》（哲学社会科学版）2017年第4期，第150页。

投入上,甚至把孔子学院当作是一个免费的汉语教学资源。"①

(三)"一院多点"模式加剧师资不足

海外孔子学院在十多年的发展过程中逐步摸索出一套适合汉语教学、文化传播的路子,比如"一院多点"的办学模式。这种模式不是哪个孔子学院的独创,而是根据海外汉语教学的现实需要而催生出来的。该模式优势十分明显,既能够满足不同地区的学员"就近"学习汉语的需求,也能够扩大汉语教学和文化传播的范围,孔子学院尤其是各地下属教学点已经成为汉语教学的"孵化器"。②但这种办学模式的弊端也很明显——加剧了汉语师资的不足的不利局面,进而影响汉语教学的实际效果。

表 2 显示,纳姆迪·阿齐克韦大学孔子学院拥有汉语教师 22 名,下设 4 个教学点;拉各斯大学孔子学院拥有汉语教师 14 名,下设高达 21 个教学点。我们认为,根据纳姆迪·阿齐克韦大学孔子学院现有师资力量,其下设教学点数量在可接受范围内;但拉各斯大学孔子学院下设教学点数量则有"超额"之嫌。

就拉各斯大学孔子学院如何兼顾如此之多的教学点,笔者咨询了该孔院相关教师。具体操作为教学点的教师常驻孔子学院而非教学点,每周根据教学点教学需要分赴各个教学点进行教学,由于教学点太多而师资有限导致部分教学点每周的授课时长仅为几个小时,加剧了师资不足的现状。而纳姆迪·阿齐克韦大学孔子学院的教学点均有教师常驻,不同级别的汉语学生按照课程表安排来教学点学习,确保每个级别的学生每天都有一至两个课时的汉语学习时间,一定程度上缓解了师资不足的弊端。

"一院多点"办学模式有利有弊,这就要求孔子学院趋利避害、量力而行,是否进行"一院多点"办学以及具体开设几个教学点,应首先对自身办学能力、师资资源、教材资源等因素进行评估,既不必过于保守,也不能盲目扩张。孔子学院在海外办学过程中是追求"量"还是追求"质"?采取"广撒网"的方式还是"集中优势兵力"?走"浅尝辄止"

---

① 郭宇路:《孔子学院的发展问题与管理创新》,《学术论坛》2009 年第 6 期,第 182 页。
② 赵金铭:《孔子学院汉语教学现状与教学前景》,《华南师范大学学报》(社会科学版) 2014 年第 5 期,第 68 页。

"蜻蜓点水"的路子还是"脚踏实地""稳扎稳打"？推崇"千招会"还是推崇"一招精"？笔者答案不言自明。孔子学院的中方教师应该有一些不成文的战略意识，应能意识到若能培养出对中国友好的国家级领导人，对于推动所在国与中国的友好关系将起到多大的作用。

三 结语

21世纪以来，尼日利亚汉语教学事业取得可喜成就，开辟出新的办学局面，但也面临着突出的发展困境，要实现此项事业可持续发展仍有很长的路要走。我们认为，应依托"一带一路"建设，让汉语为尼日利亚"一带一路"铺路搭桥。汉语应该成为并且将成为深化中国与尼日利亚双边合作与交流的重要工具，加强中国人民与尼日利亚人民友谊合作的桥梁，将在各领域发挥更大的作用。

作者简介
黄长彬，南京师范大学博士研究生，主要研究方向为汉语国际教育、汉语二语习得、对外汉语教学。

Annual Report on the Current Situation and Development Dilemmaof Chinese Teaching in Nigeria（2018–2019）

Author：Huang Changbin, PhD. Candidate of Nanjing Normal University, his main research fields include international education of Chinese, second language acquisition of Chinese, Chinese courses for foreigners.

Abstract：The Chinese teaching career in Africa has the characteristics of "late start, weak foundation and poor conditions". Nigerian Chinese teaching was in a fragmented or blank state before the 21st century, and it is still in its infancy even today. At present, the layout of Chinese language teaching in the country is taking shape, and there are 39 teaching institutions of various types in the country. However, the layout of Chinese language teaching institutions is not wide enough, not balanced enough, and the number is small; But the Confucius Institute plays an important role, and has promoted the development of Chinese teaching. Nevertheless, the Chinese teaching in Nigeria is also facing many difficulties, including: lack of overall coordination and top-level design, the lower ability of running Chinese teaching in the host country, and "One Insititute, Many Point" model exacerbates the shortage of teachers, etc.

非洲水资源年度发展报告(2018—2019)

张 瑾

[内容摘要] 近年来,非洲大陆各区域间水资源的差异依然巨大,2018—2019年度尤为突出:南部非洲持续干旱肆虐,东非发生洪涝灾害,北非高温不降,西非降雨偏多。"非洲最好的城市"开普敦的大旱极为典型,牵动世界的关注,也进一步引发全球对非洲如何更好地进行"水治理"的讨论。中国以"一带一路"合作项目为抓手,在基础设施、医药、卫生、技术、教育等多个领域与非洲展开切实合作,全面支持非洲水治理。中非之间的水资源开发、利用的合作前景广阔,值得期待。

一 近年来非洲不同区域的水资源变化

水资源在世界各地的分布不均,很多地方的水需求与水供给之间存在很大缺口,在非洲更是如此。2018—2019年,这些情况的区域性变化非常明显。

自2016年开始,南部非洲持续干旱少雨,农作物产量大幅下降,1400万人受到饥荒威胁。2018年2月27日,联合国粮农组织"全球信息和预警系统"(Global Information and Early Warning System)发布警报,预计降雨不足和高温天气导致非洲南部地区水资源紧张,对作物生长产生不利影响,并可能加剧害虫秋粘虫的蔓延。①而在此之前的12日,南非政府已经宣布干旱为"国家灾害",在水库容量相当于平时20%的情况下,限制开普敦家庭用水和农业、商业用水,并号召全民节水,以此应对持续三年的干旱。②然而,对东、西部非洲而言,连续降雨却往往引发洪涝灾害致使大规模人员伤亡或流离失所。仅在2017年,就有数百人在降雨导致的洪涝灾害中丧生。③

进入2019年后,非洲各区域间的水资源差异持续加大。尽管南部非洲的降雨如期而至,但此区域的中部和南部地区,从2019年10月中旬到12月中旬,降雨仍处于不稳定且低于平均水平的情况。在安哥拉东南部、纳米比亚东北部、莱索托、博茨瓦纳、赞比亚西南部、津巴布韦东部、莫桑比克南部、纳米比亚、马达加斯加南部和南非部分地区,持续干燥的天气比正常情况更为严重。

非洲水电供应受气候变化和降雨变化制约明显,因为持续受到2015—2016年厄尔尼诺现象的影响,南部非洲多个国家——马拉维、坦桑尼亚、赞比亚和津巴布韦,都出现了因降雨减少带来的停电状况。即便像加纳一样有河流资源供电(伏尔塔河的阿克苏博水力发电大坝)的非洲国家,近年来,水电站也仅能在半数时间进行运作,且需要24小时关闭一次,无力支撑经济发展所需的电力和生活需要。④

而东非的情况却截然相反。随着降雨的增多,东非由于分散水位压力受到洪水威胁。到2019年年底,包括暴雨和山体滑坡在内的因降雨引发的灾难已造成东非至少250人死亡,约300万人受到影响,其中肯尼亚受到的影响最大。到2020年年中,乌干达和肯尼亚(特别是基苏木)已有20万人流离失所。乌干达国家气象局(UNMA)观测到,自2019年10月以来,在卢旺达、肯尼亚和布隆迪的降雨较多,很多湖泊

---

① 《干旱天气和高温或将减少非洲南部地区作物收成》,https://news.un.org/zh/story/2018/02/1003222。

② Evan Lubofsky. "A massive freshwater reservoir at the bottom of the ocean could solve Cape Town's drought — but it's going untapped", https://www.theverge.com/2018/2/15/17012678/cape-town-drought-water-solution.

③ VOA News:"East Africa Flood Deaths Surpass 400", https://www.voanews.com/a/east-africa-flood-deaths-surpass-400/4408278.html.

④ The United Nations, *World Water Development Report 2016: Water and Jobs*. Paris: UNESCO. 2016.

水位上升，水量得以补给。其中，维多利亚湖的水位一度达到 50 年来的最高水位。①

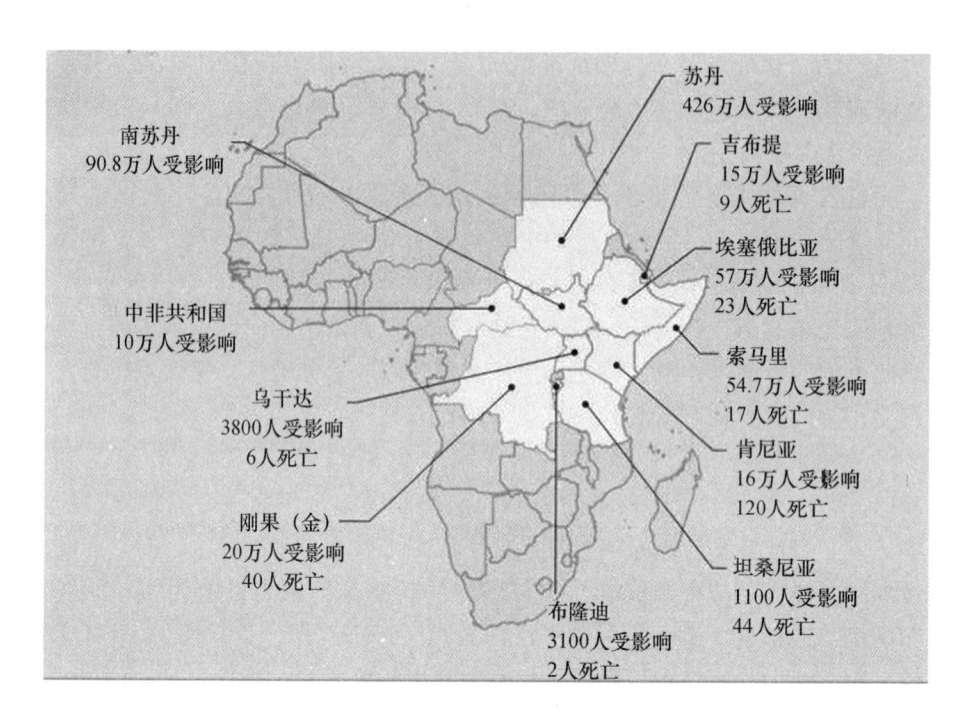

图 1　东非近期的洪水形势

资料来源：联合国人道事务协调厅（Office for the Coordination of Humanitarian Affairs, OCHA），https：//www.bbc.com/news/world-africa-50628420。

北非受到极端天气的影响也比较大，以摩洛哥为例，从 2019 年至 2020 年，该国的降雨不足率为 78%。②卡萨布兰卡-塞塔特（Casablanca-Settat）地区，在接下来的几十年中，干旱严重程度将继续提高。随着高温的持续，水资源短缺造成了土地退化和继之的人口经济型迁徙。

2018—2019 年度，最风调雨顺的地区当属西部非洲。尤其是 2019 年，西非大部分地区都得到了及时降雨，平均降雨量高于平均水平。降水

---

① "Heavy rains, direct river inflows rising water levels in Lake Victoria – Experts", DISPATCH, 2020-06-01. https://www.dispatch.ug/2020/06/01/heavy-rains-direct-river-inflows-rising-water-levels-in-lake-victoria-experts/.

② 参见 OCHA 官方统计材料。

为作物生长和牧场发展都创造了有利条件。只有马里、毛里塔尼亚南部和塞内加尔的农牧区普遍存在严重的赤字和长期干旱。

二 年度大事件：开普敦水危机

（一）非洲"最好城市"的水危机

开普敦是非洲评价最高、"管理最好，最富有的城市"之一。然而，这个"建立在水上的城市"却在2015年开始遭受干旱的威胁，并在2016年开始了之后长达三年的严重水资源短缺危机。

在正常情况下，开普敦市区的用水量约为每年3亿立方米，其中约60%储存在区域地表水库中。但在2016年和2017年，开普敦的年平均降雨量仅为221mm和154mm，在很短的几个月时间里，开普敦不得不将其大宗水消费量从每天1200立方米减少到500立方米。当局不断推出水限制措施，并加收水费。到2018年，超过300万的开普敦人用水量被限制在人均每天50升，这个数字不到美国人均用水量的1/6。除了1.9升的饮用水，剩下的水只够做一次饭、洗两次手、刷两次牙、冲一次厕所，再蓄满一个洗手池用来洗衣服或刷盘子。如果换算为配额，那么，开普敦水危机下的生活及水成本为：

表1　　　　　　　　开普敦水危机下的生活及水成本

5分钟的澡	18L水	40%的配额
浴缸澡	80L水	160%的配额
洗碗机	18L水	40%的配额
洗衣机	55L水	110%的配额
上厕所5次	25L水	50%的配额
洗手	9L水	20%的配额
浇花15分钟	150L水	300%的配额
洗车	200L水	400%的配额

到2017年年中，开普敦的水危机据称为千年一遇的事件，是"一个世纪以来最严重的干旱"。到2018年，开普敦的水资源困境已成为南非近

代历史中最严重的大都市干旱危机。

(二) 南非当局的水危机应对策略

为了积极应对环境和气候变化，以"弹性"方式应对气候危机，开普敦市政当局从官方和民众多维度展开行动。2017年3月，来自社会各界的大量人士回应西开普省穆斯林司法委员会呼吁在Lansdowne的一座清真寺祈雨时，明显指出了水危机的强度。一年后，当地著名的基督教传道者安格斯·巴肯 (Angus Buchan) 在米切尔平原 (Cape Flats, Mitchell's Plain) 讲道，和数千人一起祈祷下雨。从官方层面，开普敦市政当局通过发行绿色债券、多重维度处理污水等措施，号召全民节水。其中，作为城市节水战略的一部分，市政公共喷泉和公共游泳池关闭。

2018年，南非开普敦市提出了"零日"(Zero Day) 倡议，希望通过说服居民减少用水量，将公众的注意力集中在管理用水上。但公众仍对当局是否有效应对水危机提出了异议。南非工会大会 (Cosatu) 的省委书记托尼·埃伦赖希警告说，如果城市的供水中断，穷人的损失最大。非洲人国民大会议员批评执政党的发展议程没有让人们了解有关城市水资源的真实情况，反对党则计划引入一项耗巨资3.3亿兰特的项目，增加供水500升/天。2017年10月初，里尔 (De Lille) 在《开普敦时报》撰写了一篇文章，解释了如何实施"新常态"计划以防止城市干涸。她顺便指出，当局知道有55000户家庭和仍然不顾危机情况的人！里尔认为要继续实行水危机的"灾难应急计划"，认为如果当前的极端水配给仍无法应对水危机，就应采取部分供水的计划，将居民用水限制在有限的人均日供水量中，这意味着所有居民都必须排队以获得他们的日常供水！

(三) 水危机的缓解

2018年年中开普敦的水危机忽然又展现出新的形势。随着新一轮降雨，开普敦的地表水资源恢复到50%以上，开普敦的水资源储量得以大幅恢复；具有巧合意义的是，同期开普敦的当地政治局势已经平静下来。

不过，各方还在积极地寻求更多有效的水危机解决方案，其中之一就是寻求基于自然的解决方案。2018年11月16日，大自然保护协会 (TNC) 在开普敦设立水基金，希望通过基于自然的解决方案帮助开普敦缓解水危机。开普敦拥有非洲20%以上的植物物种，其中70%属于特有物种。研究表明，如果外来入侵植物不受到严控，将会很快取代当地的乡土物种，还会改变当地土壤生态，增加野火发生的频率和危险，威胁生态系统的稳定性。该协会认为，在大开普敦地区，由于引种和管理不当，金合欢、松树和桉树等外来入侵物种在本来就缺水的地区消耗了大量水资源，让开普敦水危机愈演愈烈。开普敦地区的外来入侵植物每年消耗水资源大概为 554 亿升（150 亿加仑），这些水本来可以满足开普敦及其周边地区 2 个月的需求。这对于滴水如金的开普敦，无疑是巨大的损失。而修复集水区和清理外来入侵植物，每年可以释放 500 多亿升水资源。这还仅仅是在目前情况下得出的数字。由于外来入侵植物扩张非常快，所消耗的水量会持续生长，因此实际上清除外来入侵植物所可能释放的水资源量不止这个数字。大自然保护协会认为，到 2045 年，经过近 30 年持续维护及阻止新的外来入侵植物生长，额外释放的水量可能会增加到 1000 亿升，相当于当前开普敦年供水量的 1/3。通过建立"灰色"基础设施解决水问题的成本，是上述自然解决方案的 5 倍—12 倍，而且没有一种"灰色"方案可以释放如此多的水量，这还不包括通过生态环境改善所增加的水源。

2019 年以来，开普敦的节水措施还在不断深化。一方面，开普敦的用水量每天减少 1500 万升；另一方面，天公作美降雨持续，开普省目前的大坝水位已基本恢复到 59.8%。根据南非官媒《24 小时》（News 24）在 2019 年 7 月 8 日的最新统计数据，开普省的四个主要水库水量都得到了提升。其中，Voëlvlei 大坝一周容积率 65.1%（2018 年：52.2%。2019 年 7 月 8 日上周：59.4%）；Bergriver 大坝一周容积率为 89.2%（2018 年：82.7%。2019 年 7 月 8 日上周：78.2%）；Theewaterskloof 大坝一周容积率 50%（2018 年：38.5%。2019 年 7 月 8 日上周：44.5%）；Clanwilliam 大坝一周容积率为 34.2%（2018 年：98.2%。2019 年 7 月 8 日上周：18.9%）。2019 年整年，开普省的最新大坝平均水位为 37.2%（2019 年：34.2%），而为开普敦市供水的大坝合计为 54.5%（2019 年：45.8%）。①

---

① Staff Writer, "Cape Town dam levels at 54.5%, low level of water consumption", IOL 2020 - 056 - 04. https://www.iol.co.za/capetimes/news/cape-town-dam-levels-at-545-low-level-of-water-consumption-47522561.

三 全球探索非洲水治理的有效路径

由于水资源与各行业、各领域的相关性和联动性，非洲水治理需要多主体、多领域的合作，这逐渐成为非洲各国、国际组织乃至全球的共识。

从2004年到2019年的15年中，世行集团和非洲发展银行共同推出非洲水利设施计划（AWF），并与"全球水体合作伙伴组织"等机构一道，从关注技术援助到项目投资，为非洲多城市推行综合性城市水资源管理等，目前累积已对非洲52个国家的104个项目进行投资，其中包括非洲"最脆弱"的国家。

2018年9月3日，非洲联盟议会（AUC）及其合作伙伴在瑞典斯德哥尔摩举行的"世界水周"上启动了非洲基础设施发展计划（PIDA）旗下的水项目——"PIDA Water"，宣布将在2019年至2024年的5年期间拨款100亿美元用于支持跨界水电项目的基础设施，以推动区域经济一体化。[1]

不少非洲国家也在财年款项中预设了与水资源有关的款项，以应对不时之需。埃塞俄比亚2017/2018财政年度预算中提供了3000万英镑（3800万美元）的拨款用于应对干旱和无法获得粮食和水的影响；南非在2018/2019财年专门拨出60亿兰特（4.2亿美元）的临时款项用于治理水危机，包括减轻干旱的措施和增加公共基础设施，并积极探索采取暂时增加"工作用水"（intake in the Working）、设立"干旱响应基金"等措施。[2]

---

[1] Water week: 7th Africa water week, https://africawaterweek.com/aww7/; Delia Paul, "African Union, Donors Launch US＄10 Billion Water Fund for Projects", http://sdg.iisd.org/news/african–union–donors–launch–us10–billion–water–fund–for–projects/（访问日期：2018年9月12日）。

[2] City of Cape Town, "WATER OUTLOOK 2018 REPORT", https://resource.capetown.gov.za/documentcentre/Documents/City%20research%20reports%20and%20review/Water%20Outlook%202018%20-%20Summary.pdf.

四 中非水合作的新兴发展

世界离不开非洲,非洲也离不开世界,中国的重要建设作用令人期待。2015年3月3日,第15届非洲环境部长会议期间,作为南南合作的典范,联合国环境规划署—中国—非洲"水行动"合作项目报告正式发布。该项目报告重点突出了各项目在流域管理、雨水蓄积、饮用水处理、污水处理、干旱农业和防治沙漠化方面的成果,尤其关注能力建设与合作模式的经验总结。据此报告,有约1000名非洲技术人员、管理人员和农民受益于该合作中的培训班、研讨班、实地考察和奖学金研究生项目。[①] 2016年上半年南部非洲大旱,中国等国家派出工程技术人员前往非洲当地开凿水井,并配置了简单的水处理装备。2018年3月,由中国企业承建的津巴布韦卡里巴南岸水电站扩机工程建成投产,为津巴布韦增加了20%—30%的电力供应,大大缓解了其电力短缺局面……截至2018年9月2日,中国水利部已与南非、尼日利亚、莱索托、埃塞俄比亚、摩洛哥、津巴布韦、埃及7个非洲国家签署了合作谅解备忘录,与南非、埃及等国水政主管部门建立了定期交流机制,定期召开联委会、工作组会议,并根据非洲国家的不同需求,有针对性地开展水资源综合管理、水能资源开发、小水电等再生能源利用、节水灌溉等领域的境内外培训,建立海外培训研发基地。目前,在非洲民众可及、可靠、可负担的前提下,中国以"一带一路"合作项目为抓手,在基础设施、医药、卫生、技术、教育等多个领域与非洲展开切实的合作,全面支持非洲水治理,为非洲提供了除自身与西方援助者们之外的第三种选择,成为非洲可以借助的重要援手、可以期待的积极力量。

作者简介

张瑾,女,博士,上海师范大学非洲研究中心副教授,主要从事非洲经济环境史、非洲水资源研究。

---

① UNEP, "The UNEP – China – Africa Cooperation Programme: Enhancing the Role of Ecosystem Management in Climate Change Adaptation", https://www.unenvironment.org/news – and – stories/press – release/unep – china – africa – cooperation – programme – enhancing – role – ecosystem.

Annual African Water Development Report (2018 – 2019)

Author: Zhang Jin, female, Ph. D. Associate Professor, Center of African Studies, Shanghai Normal University, focus on the study of economic environment in the history of Africa, Water Resources in Africa.

Abstract: In recent years, the difference of the water resources remains huge across regions of the African continent, which is notablly mirrored in the year of 2018 – 2019: persistent and rampant drought in Southern Africa, flooding in East Africa, high temperatures in North Africa and plentiful rainfall in West Africa. The severe drought Cape Town, "the Best City of Africa", suffered is typical of such diversity that has captured the world's attention and further sparked global discussions on how to perform a better "water governance" in Africa. With cooperation projects under the "B&R" initiative as the starting point, China has launched practical cooperation with Africa in areas such as infrastructure, medicine, health, technology and education, in order to fully support the water governance in Africa. The prospect of the China – Africa cooperation in the development and utilization of water resources in Africa is promising.

南苏丹油气投资风险报告(2018—2019)

金 博 谷红军

[内容摘要] 受新和平协议执行和联合过渡政府成立进展滞后的影响，2018—2019年南苏丹社会政治动荡，经济发展迟缓，南苏丹镑贬值严重，社会矛盾突出，政府治理和管控能力严重不足，国家处于安全极高风险水平。2018—2019年南苏丹政府希望通过国际油气投资和融资加快其油气工业发展从而提振经济的愿望更加强烈，同时南苏丹能源政策不连续，当地员工罢工不断，政府通过油田弃置、环保审计、超提油及提高本地化员工比例等手段加强对石油联合作业公司的干预，不断侵蚀油气投资者的利益。2018—2019年南苏丹油气投资因此也面临一系列安全、政治、经济等风险。展望2020年，南苏丹未来和平进程的前景仍不明朗，机遇与挑战并存，油气投资仍存在较大风险，投资前景存在较大不确定性。

自1997年以来，中非油气合作和投资至今已走过了20多年，中国在非洲成功获取并经营一批重要的油气勘探开发项目，在上游项目运营过程中成功实践与失败案例并存，发展机遇和风险挑战并存。由于非洲投资区块多数所在国政治风险和社会经济风险较大，商务问题较多且复杂，投资风险逐渐成为制约和影响企业自身运营和中长期发展的瓶颈。非洲投资风险主要包括：资源国政治动荡、国际制裁、国家分裂和武装冲突等造成的投资风险（资产损失和生产成本增加）；汇率扭曲、通货膨胀和资源国政策变化引起的政治经济安全风险；合同期和合同条款变更引发的投资风险；项目退出时机及其环保弃置风险等。南苏丹是全球最年轻的国家，作为非洲的一个缩影，2018—2019年油气投资风险具有代表性，依然存在上述油气投资风险并呈现出一些新的特征。

一 南苏丹油气投资环境现状

据国际货币基金组织数据，2018年南苏丹国民生产总值（GDP）为39.8亿美元，在非洲排名42，世界排名第158；2019年南苏丹国民生产总值（GDP）为31.5亿美元，在非洲排名第36，世界排名第143。2018年南苏丹石油收入约4.63亿美元，占全年财政收入的74%，非石油收入约1.62亿美元；2019年南苏丹石油收入约6.5亿美元，非石油收入约1.8亿美元。① 石油行业是南苏丹的经济支柱，政府财政收入主要来自原油出口收益。南苏丹自2011年独立后，获取了原苏丹的三个区块油田和资产，拥有原苏丹70%的石油储量和约80%的石油产量。由于政治安全不稳定和历史制裁等原因，西方石油公司2018—2019年仍未在南苏丹开展油气投资，目前主要是亚洲石油公司和少量非洲石油公司在南苏丹从事石油勘探开发。

南苏丹石油工业主要集中在上游，缺乏炼油设施，石油输出主要通过苏丹境内的两条输油管通往红海之滨的苏丹港而走向国际石油市场。南苏丹政府一直试图建立自己的炼油设施，并筹划建设自朱巴通往肯尼亚拉穆港或经埃塞俄比亚至吉布提红海港的新输油管道，以减少对苏丹的依赖。但由于自身财政、资金和技术等制约和影响炼油设施和输油管道一直进展缓慢且无法实质性付诸实施。2018—2019年南苏丹油气工业投资环境现状具有以下明显特征：

（一）南苏丹油气投资主要集中在上游，现有油田尚未全面恢复产能

南苏丹经济严重依赖石油资源，生产的石油全部出口，占全国出口额的90%以上，石油出口收入占政府财政收入的80%—98%。探明石油储量约47亿桶，可采储量为22.6亿桶，剩余可采储量9.3亿桶。② 南苏丹

---

① 数据来自国际货币基金组织2018年报告。
② 数据来自《对外投资合作国别指南——南苏丹（2018版）》第22页，商务部国际贸易经济合作研究院、中国驻南苏丹大使馆经济商务参赞处、商务部对外投资和经济合作司合编。

政府 2018 年出口石油约 304 万吨，石油收入约 16 亿美元；2019 年出口石油约 375 万吨，石油收入约 17 亿美元。

2018—2019 年南苏丹 12 个公开招标区块的有意向投资者较少。尼日利亚 Oranto 石油公司 2017 年 3 月与南苏丹政府签署产品分成合同，目前拥有 B3 区块 90% 的权益，2018 年 3—4 月完成区块重磁资料采集，2019 年未开展勘探实物工作；南非国有石油公司 SFF 公司于 2019 年 5 月与南苏丹政府签署产品分成合同，拥有 B2 区块 90% 的权益，2019 年未开展实质性勘探野外工作。

国际投资者在南苏丹的石油投资主要集中在上游，投资的主要石油区块为南苏丹的 3/7 区、1/2/4 区、5A 区和 B 区块。这些投资者分别是亚洲的一些国家石油公司、南非和尼日利亚的石油公司，与南苏丹国家石油公司（Nilepet）分别组成石油联合作业公司开展石油生产作业。2018—2019 年南苏丹油田产量约 16 万桶/天。由于南苏丹 2013 年武装冲突影响导致部分油田停产，现有油田尚未完全恢复产能。

2018—2019 年南苏丹计划引进投资建设新炼厂和恢复旧的小炼厂，向南苏丹当地市场供应成品油，同时向埃塞俄比亚和其他邻国出口成品油。上述计划因缺乏资金而缺乏实质性进展或进展迟缓。南苏丹石油部与俄罗斯国家地质公司（ROSGEO）、美国及加拿大的采矿公司分别签署石油合作谅解备忘录和矿产普查协议，在建设炼厂、石油勘探及其他石油活动等方面寻求合作，但最终由于资金落实存在较大困难未见具体实施。

（二）南苏丹希望通过加快石油开发改善和发展经济愿望强烈

在经历了五年内战带来的石油停产之后，南苏丹希望吸引更多的国际投资和技术，加强石油勘探开发和电力基础设施建设，来恢复和提振该国经济。2018—2019 年南苏丹相继在纽约、迪拜和南非约翰内斯堡举行投资招商会，分别介绍了南苏丹的石油、矿业等投资机会，但真正得到回应的很少。非洲能源商会表示，南苏丹投资环境的安全问题仍是投资商的重点关切。南苏丹自 2017 年 10 月 11—12 日在首都朱巴举行首届石油与电力大会后，2018 年和 2019 年连续举行了第 2 届和第 3 届石油与电力大会。2018 年 10 月 20—22 日第 2 届石油与电力大会重点讨论吸引外资、油田复产和区块招标问题。俄罗斯油气公司 Gzaprom 就四个区块勘探工作与南苏丹石油部签署合作备忘录。2019 年 10 月 29—30 日，南苏丹第 3 届石油与电力大会重点讨论金融、油田技术和社区发展等问题。2018年8月30日和2019年10月23日南苏丹总统基尔分别参加中非论坛北京峰会和俄非经济论坛，希望吸引投资并与中国及俄罗斯深化油气合作。由于缺乏资金以及国内武装冲突对石油作业破坏严重，南苏丹正在寻求国际投资和技术，应对其石油工业面临的挑战。由于南苏丹国内安全形势未来存在众多不确定性，2018—2019年，南苏丹两届石油与电力大会的融资效果未达预期。除B2和B3区块因道达尔公司退出，由南非国有石油公司SFF公司和尼日利亚Oranto石油公司分别进入外，其他公开招标区块均无人问津，仅有部分非洲国家（如埃及、南非等）和俄罗斯油气公司与南苏丹签署相关油气合作的谅解备忘录，由于政治不稳定及历史制裁等原因，西方国际石油公司并未进入南苏丹开展油气投资。

（三）新区块石油合同条款趋于苛刻，石油作业标准日趋严格

2019年南苏丹石油部高层宣布要采取措施减少油田的环境污染并加强油田环保审计。2019年5月B2区块的产品分成协议（EPSA）中就明确了合同者的油田弃置相关义务，并对制订弃置计划、设立弃置基金、弃置工作的实施和验收设计作出了详细的规定。根据《南苏丹共和国石油法（2012）》，石油作业中应使用国际最佳的实践和技术，以消除或将对环境的危害降到最低，实现油田产出水处理零排放，石油投资和作业者应制订弃置计划和设立弃置基金。南苏丹在新区块招标中设置苛刻的技术和经济条款，导致石油投资项目的经济性将受到严重影响；同时南苏丹不顾其国内油区安全实际状况和无法给石油作业者提供开展正常石油作业安全保障的现实，反而对现有油区石油作业采取日趋严格的标准，导致石油投资者经营和环保风险日益加大。

（四）苏丹对南苏丹和平进程和石油工业影响力日益增强

南苏丹自2013年12月武装冲突以来，经过国际社会的多次调停，和平进程仍然举步维艰，任重道远。2015年8月26日，南苏丹总统基尔与反对派领导人马查尔在朱巴正式签署《解决南苏丹冲突协议》，但2016年又爆发了"7·8"武装冲突；经过国际社会多次斡旋和调解，在时任苏丹总统巴希尔的调停下，2018年8月5日，南苏丹总统基尔与反对派领导人马查尔在苏丹首都喀土穆签署和平协议，同意分享权力、组建过渡

性联合政府。2019年4月，苏丹发生军事政变，巴希尔政权垮台，为缓解苏丹国内矛盾和财政危机，苏丹过渡军事委员会仍继续对南苏丹和平协议进程不断施加影响，以争取尽快从支持恐怖主义名单中删除和解除制裁并获取政治经济利益。2019年12月23日，苏丹和南苏丹签署一项旨在延长两国石油领域合作的协议，内容包括南苏丹使用苏丹两家公司的原油管道输送原油并支付费用，以及向苏丹的喀土穆炼油厂等提供原油，该协议将两国石油合作期限延长至2022年3月。苏丹除控制南苏丹石油通往国际市场的外输管道外，南苏丹石油生产所需物资多需要从苏丹过境，苏丹对南苏丹在产油田稳产上产和停产油田复产的影响巨大；针对南苏丹独立后欠付苏丹的30亿美元特别补助金，目前南苏丹已支付了24亿美元，但到2019年12月仍无法支付剩余的6亿美元。[1] 南苏丹石油工业的最大受益者显然是苏丹，2018—2019年苏丹持续从南苏丹石油生产中获益，以此缓解其国内经济压力。由此可见，作为南苏丹最重要的邻国，苏丹对南苏丹和平进程和石油工业影响力日益增强。

二 南苏丹油气投资主要风险及特点

2018—2019年，南苏丹国内族群矛盾和党派纷争依旧不断，经济发展缓慢，政府外汇收入骤减，国内社会政治经济矛盾较为突出，新和平协议的执行仍旧举步维艰，新过渡政府未能如期成立，国家抗风险能力仍然较差，属于安全风险极高的地区。2018—2019南苏丹与苏丹基于各自利益，双边关系有所缓和，苏丹重获对南苏丹石油工业的影响力且该影响力日益增强。2018—2019年南苏丹油气投资仍面临政局不稳和部族冲突的社会安全风险、商务风险、石油作业环保风险、资源风险和健康安全风险等一系列投资风险。

（一）地缘政治影响和内部纷争不断，南苏丹面临政局不稳的风险，部族冲突和武装冲突造成社会安全风险仍然较大

2019年南苏丹位列全球和平指数（Global Peace Index）倒数第3位。

---

[1] 中国驻苏丹大使馆经济商务参赞处网站2019年12月26日新闻，http://sd.mofcom.gov.cn/article/jmxw/201912/20191202925768.shtml。

南苏丹与苏丹在边境划分及领土上存在一定争议，目前关系尽管有所缓和但仍然不稳定。2018—2019年苏丹重获对南苏丹政治和石油工业的影响力且影响力日益增强，两国政治关系变化对油气投资和南苏丹石油工业影响巨大。2018—2019年南苏丹经济形势日益恶化，部族武装冲突、政府与反政府武装冲突频发，南苏丹政府治理能力较弱，政府缺乏对地方的强有力控制和有效治理，各种地方武装冲突爆发的风险依然存在。2018年签署的新和平协议因为过渡联合政府关于州设立数量和安全等议题存在争议且迟迟未能解决，和平协议的执行和过渡联合政府的成立一再推迟，南苏丹未来和平进程走向不明，仍可能再次发生大规模武装冲突，有政局不稳的风险。

2018—2019年南苏丹政局动荡和部族冲突导致经济形势恶化，油田周边社区和部落矛盾多发，且长期难以调和，经常发生武装冲突，冲击油田正常作业。当地居民盗窃油田物资、盗砍油井电缆、围堵施工队伍索要赔偿等治安事件频频发生，不仅对生产作业造成巨大影响，也常常危及员工生命安全；政府与反政府武装冲突频发等经常造成油田员工恐慌和油田野外施工作业暂停。此外，南苏丹与苏丹边境局势紧张也对油田设施和人员安全构成较大的威胁。

南苏丹政府将原有的10个州重新划分为32个州后，油田和区块跨越多个州，造成政府管理层级过多，作业安全环境更为复杂，当地部落和当地政府的干扰和影响进一步增大，项目运营中的巨大安全风险始终难以消除。

（二）财政收入严重依赖原油收入导致经济结构单一，经济形势日益恶化，商务风险进一步增加

近年来随着国际原油价格下跌和国内油田停产，南苏丹政府的外汇收入锐减，南苏丹镑大幅贬值，经济形势恶化，社会矛盾急剧增加。目前南苏丹经济愈加脆弱，政府不断出台更加严苛的税法，甚至要求取消在《产品分成协议》中规定的免税条款，严重侵蚀投资者利益，税务投资环境更为严苛。自2013年"12·15"武装冲突以来，南苏丹境内仅3/7区油田在产，其余油田全部停产，严重影响了南苏丹政府财政收入。此外，连年内战和武装冲突，国民经济建设基本处于停滞状态，通货膨胀严重，南苏丹镑贬值近47—100倍，经济形势日益恶化。

南苏丹经济发展高度依赖原油收入,在国际油价长期低位徘徊并需要向苏丹政府缴纳高额原油外输相关费用的前提下,维持政府财政收支平衡困难重重,政府经常通过超提外国合作伙伴的份额油勉强维系。政府无视联合公司招投标程序,经常任意指定承包商;石油管理部门往往将石油作业公司当作资金来源,经常向联合公司摊派各项费用,无形中增加联合作业公司的管理费用;当地管理层更换频繁且随意性很大,影响联合公司运行效率。政府干预引起的生产运营效率低下和经营成本攀升,经营环境恶化,联合作业公司经营风险进一步增加。武装冲突导致油田停产和设施损坏,产量难以恢复到停产前水平;南苏丹建立下游炼厂的意愿强烈,未来将减少原油出售国际市场,最终有可能导致政府欠款进一步增加。

2019年4月1日,美国宣布鉴于南苏丹形势仍然威胁地区和平,对美国国家安全及外交政策造成威胁,继续延长针对南苏丹的国家紧急状态1年。在紧急状态下,美国政府可以对南苏丹的企业和个人实施各种类别的制裁措施,南苏丹受到联合国及美国制裁导致金融汇兑、付款风险进一步增加。南苏丹政府制定了极为严苛的当地雇员用工保护标准,随意提高当地雇员工资标准,违背现有石油合同约定,强令合作伙伴投入巨额资金建立石油作业弃置基金,并通过干预联合作业公司招投标和提高本地员工所占比例等方式,向外国投资者施加压力,谋求增加政府在石油开发和利益分配方面的话语权,导致石油作业成本不断提高,商务风险进一步加大。

(三)资源政策多变和法律缺乏连续性,南苏丹油气投资面临法律纠纷的风险,石油作业环保成本和环保风险进一步加大

《南苏丹共和国石油法(2012)》对国际投资者在南苏丹境内的石油作业设定了严苛的环保标准,要求石油投资商设立油田弃置基金等,政府须开展环保审计;南苏丹尚未建立完善的税收系统,征税各个环节乱象丛生,政府部门乱罚款、乱征税,滋生腐败。而2019年修改后的税收法案则取消了原石油合同中的给予外国伙伴人员的个税减免和进出口关税豁免等条款;南苏丹2017年劳工法则进一步严格用工保护标准等。南苏丹政府立法和司法体系尚不健全且不透明,法律法规间缺乏统一性和连续性,政府各部门随意出台各种政策,政令不统一和矛盾的情况时有发生。南苏丹资源政策的多变和法律缺乏连续性,投资者在南苏丹油气投资可能面临众多法律纠纷的风险，无形中都提高了国际投资者在南苏丹境内石油作业的法律风险。

南苏丹政府强力推行最高环保标准，相继出台《石油法》以及相关环保方面的法案，严格实行作业环保许可审批制度，使石油公司工艺升级和废物排放处理等环保成本进一步增加。南苏丹现有油田处于高含水采油期，当前产出水主要通过生物降解和自然蒸发方式进行处理。无论油田内部集输管线还是原油外输管道，老化腐蚀较为严重，环保配套设施落后，致使环保隐患问题更加突出，风险进一步加大。受国际油价低位徘徊和长期内乱影响，南苏丹政府财政状况捉襟见肘，无法满足当地社区和民众的利益诉求，导致当地社区和民众严重不满，社区动辄向投资者提出高额环保索赔，而政府为缓解和转移与社区之间的矛盾，往往对社区提出的不合理要求采取默许甚至支持的态度，一定程度上造成投资者环保成本和环保风险进一步加大。

（四）优质资源获取难度进一步加大，现有公开招标区块存在一定资源风险

南苏丹境内已招标区块基本上都已经过地质详查和油气勘探，勘探潜力区域多已进行了地震作业和钻探，未来发现大型油田和优质资源的难度进一步加大。现有油田经过 20 多年的生产，水含量上升，产量持续递减明显，多数已进入开发中后期，稳产上产难度较大。

出于安全、地表及气候条件等原因，现有已勘探、开发区块难以开展有效勘探作业，新增储量有限，区块后备储量不足。南苏丹目前 12 个开放区块，总面积约 20 万平方公里，全部为陆上区块。多数区块盆地规模较小，潜力较为有限或油气成藏条件明显变差，具有较大的勘探风险。多数区块所在州安全情况、地表条件和勘探现状与潜力均不乐观，区块开展风险勘探的安全条件和作业条件较差。现有石油区块合同期即将到期，延期条件苛刻，公开招标区块中优质区块缺乏。未来只有在安全形势转好的前提下，投资商制定中长期投资计划，采用新技术新方法，才可能发现优质资源。

（五）医疗设施落后，热带传染病造成的社会健康风险长期存在

2018年，全球疟疾病例2.28亿，非洲地区2.13亿例，占93%。[①] 南苏丹热带疾病肆虐，疟疾、伤寒、霍乱、登革热等烈性传染病常见，15—49岁成人艾滋病感染率为2.7%。疟疾是南苏丹死亡率最高的疾病，占死亡总人数的1/4。[②] 据不完全统计，南苏丹2018—2019年的疟疾患病人数大约在80万—100万，死亡约8000人；2018—2019年，中资机构每年1例重症患病病例。疟疾是南苏丹疾病和死亡的主要原因，大多数病例和死亡为儿童和孕妇，尤其是在受粮食不安全和严重营养不良影响的动荡地区。目前南苏丹虽然有华人投资的友谊医院和和平医院，同时中国每年向南苏丹派遣援助医疗队，但南苏丹医疗设施和条件仍然十分落后，缺乏符合现代标准的大型医院，私人医院医疗器械缺乏，重症患者往往需要去邻国就医。南苏丹的医疗设施落后，非洲热带传染病造成的社会健康风险长期存在。

三 南苏丹油气投资未来发展趋势及应对措施

2020年，南苏丹和平进程任重道远。南苏丹政府与反对派虽然就州的数量和安全安排初步达成一致，过渡政府按计划于2月22日组建成立，南苏丹可能会吸引国际投资者关注，南苏丹油气工业可能会迎来难得的发展机遇。因此，南苏丹油气投资未来发展趋势是机遇与挑战并存，同时存在一系列风险。中资企业应密切关注，持续跟踪，并充分发挥一体化优势，在形势转好时力争抢得先机。

目前南苏丹过渡政府是在迫于国际社会压力的背景下仓促成立的，国际社会不能再容忍南苏丹和平进程的一再推迟和停步不前。南苏丹政府和反对派在州的数量和安全安排等问题上并未完全解决，仍存在一定分歧，安全形势更为敏感和复杂。过渡联合政府能否按时顺利成立存在众多变

---

① 数据来自世界卫生组织网站《2019年世界疟疾报告》，https://www.who.int/malaria/media/world-malaria-report-2019/zh/。

② 数据来自《对外投资合作国别指南——南苏丹（2018版）》第16页，商务部国际贸易经济合作研究院、中国驻南苏丹大使馆经济商务参赞处、商务部对外投资和经济合作司编。

数，双方随时可能因为各种利益纠纷引发冲突，导致和平进程受阻。安全局势有进一步恶化的可能性，爆发武装冲突甚至滑向内战的风险将进一步增大，脆弱的经济和难以推动的和平进程将严重影响南苏丹油气投资环境。南苏丹2020年提高现有油田日产量的目标存在众多困难和挑战，能否实现振兴和复苏充满众多不确定性。针对南苏丹的未来油气投资的环境、风险和机遇，中资企业应做好以下应对措施：

（一）建立风险识别与评价模型，全面提升投资风险动态管理和防控体系

中资企业应建立由技术、经济、财务、金融等专业人才组成的专业、高效的风险分析和评估团队，建立团队协同应对机制。加强非洲地区尤其南苏丹投资风险识别与评估，重点开展油气投资环境和重点风险分析，开展年度风险分析，建立投资风险识别与评价模型，以实现科学、动态、系统和实时评估分析，全面提升投资风险动态管理和防控体系。

（二）完善联动预警机制和应急管理体系，加强资源国风险预警和管控

中国应加强对南苏丹投资环境、金融政策、油气行业法律法规、环境保护法规等方面的跟踪研究，持续提升石油作业标准和公司风险管控水平。同时更要积极与中国驻南苏丹使馆建立联动预警机制，持续完善企业内部预警机制，不断提高风险防范意识和能力，加强南苏丹投资风险预警和管控，规避在南苏丹的投资和商务等风险。广泛利用多种途径，加强与当地政府和媒体交流，有效化解西方利用非政府组织等机构和媒体对中国在非政策和能源投资项目的恶意渲染和歪曲解读。

（三）发挥核心竞争优势和协同效应，探索多方互利共赢合作方式

中资企业在苏丹的石油投资中积累了丰富的经验和技术，也形成了自身的一体化核心竞争优势。在南苏丹的油气投资中，中资企业可以充分发挥自身核心竞争优势，实施差异化战略，科学评估项目投资潜力，制订合理可行的投资方案，以合作促共赢，立足现有合作伙伴，探寻与南苏丹政府的利益平衡点，开展灵活务实的合资合作，通过优势互补，创造协同效应，实现双方多方共赢。积极探索创新与南苏丹政府的合作方式，巩固与南苏丹已有的石油合作关系，确保在南苏丹的石油投资利益，积极开创合作新局面。

（四）依法开展投资全过程监管，积极防控化解重大商务风险和经营风险

加强对投资前的可行性研究、过程控制和项目后评价，进一步建立和完善不同合同模式的新项目技术经济评价标准体系，坚持油气业务风险分析的前瞻性和时效性，加强投资项目经济性评价，坚持勘探开发一体化，坚持安全、简约、高效和低成本的原则。充分考虑投资的商品化率、成本回收和收益周期。依法开展项目投资的全过程监管，遵守南苏丹石油法和税法等法律，坚持合规生产和经营。

（五）高度重视环保和弃置工作，规避企业生产经营潜在环保风险

针对南苏丹新区块石油合同条款趋于苛刻，石油作业标准日趋严格的投资环境，中资企业要吸取国际大型石油公司环保事故的深刻教训，高度重视石油作业环保和弃置工作，尽快制定海外油田弃置标准和规范，学习和跟踪国际大型石油公司的有益经验和做法，加强对南苏丹政府、油田周边当地社区和非政府组织等的沟通。同时适当加大环保投入，加强企业环保文化和理念的宣传，树立企业履行社会责任的良好形象，防范当地社区和非政府组织别有用心地恶意渲染因当地安全形势所限未及时实施的个别环保事件，努力规避企业生产经营中潜在的环保风险。

（六）坚持创新驱动高质量发展，持续提高国际化经营水平和投资合作效益

中资企业要坚持创新驱动高质量发展，充分借鉴国际大型石油公司的发展经验和教训，抓住南苏丹迫切希望通过加快石油开发改善和发展经济的发展机遇，转变和创新合作理念，提前介入和储备有利区块，开展勘探开发一体化项目。集中利用资金，前瞻性地锁定部分风险勘探区块，积极引进合作伙伴，分散投资风险，提高投资整体效益。同时结合南苏丹油气工业未来发展趋势，与其在石油合作的商业模式、生产开发、技术管理和人才培养等方面开展一系列合作，不断创造新的利润增长点，开拓新的盈利模式。

作者简介

金博,男,地质资源与地质工程博士,中油国际尼罗河公司工作,长期从事海外油气技术管理及商务工作。

谷红军,安全工程硕士,中油国际海外 HSSE 技术支持中心工作,长期从事海外安保和 HSE 管理工作。

The Annual Report on the Risk in Investment of Oil Industry in South Sudan (2018 – 2019)

Authors: Jin Bo, Doctor on Geological resource and Engineer and focus on the technical and commercial issues in oil company on oversea, His main research fields include international oil investment policy and risk. Gu Hong Jun, Master on safety Engineering. His main research fields include Security and HSE on international oil investment.

Abstract: In 2018 and 2019, South Sudan suffered from social and political turnmoil, slow economic development, significant devaluation of SSP exchange, prominent social conflicts and issues on government governance and control capabilities. This has been the result of deferment of implementation of new peace agreement and establishment of joint transitional government, which in turn has put the country security level at a very high risk. The government of South Sudan efforts and plans to accelerate the development of its oil and gas industry through getting more international oil and gas investments and financing, which aims to boost the country's economic condition. This however still faces a series of security, political, economic problems to be resolved. Some of the significant issues currently are South Sudan's energy policy is not continuous, local employees strike, government intervention in oil joint operation companies through imposing oilfield decommission fund, environmental audit, over lifting oil, increasing the proportion of local employees, etc. These have led to discouragement of international investors interests in the oil and gas sector. Looking forward to 2020, the prospect of the peace process in South Sudan is still unclear, opportunities and challenges coexist, oil and gas investment still has great risks, and investment prospects have great uncertainties.

第五篇

中国与非洲地区关系发展态势

中非经贸合作发展报告(2018—2019)

刘诗琪

[内容摘要] 2019 年，中非贸易稳步发展，并呈现出以下特点：贸易总额略微上升，中国对非出口略有提升，自非进口稍有下降；中国对非洲贸易顺差扩大；中非贸易占中国对外贸易比重仍然较小，占非洲比重较大；中国对非贸易仍然集中在少数经济实力较强的非洲国家；中非贸易商品结构稳定，但较为单一。未来中非贸易虽然受到新冠肺炎疫情和全球经济下行影响，但在"一带一路"倡议、中非合作论坛机制和《非洲大陆自由贸易协定》的三重保障下，中非经贸合作将继续向前发展。

自 2009 年以来，中国已连续十一年保持非洲最大的贸易伙伴国地位。推进中非贸易高质量发展，既是中国推动"一带一路"贸易畅通、促进中国外贸平衡发展、推动经济高质量发展的切实路径，也是非洲各国推动经济增长、提升其在全球价值链中地位的重要途径。自 2000 年中非合作论坛首次启动以来，中非双边贸易就一直稳步发展。在中非合作论坛机制下，中非提出了各项提升贸易合作的措施，注重发挥中国比较优势、契合非洲战略需求。例如，2015 年的"贸易和投资便利化合作计划"和 2018 年的"贸易便利行动"等。2019 年 4 月，第二届"一带一路"国际合作高峰论坛在北京举行，同年 5 月，《非洲大陆自由贸易协定》正式生效。这是在 2019 年里中非贸易合作领域内发生的两件大事，都将为中非贸易合作带来更多发展红利。事实上，《非洲大陆自由贸易协定》与"一带一路"倡议高度契合,未来在《非洲大陆自由贸易协定》、"一带一路"倡议和中非合作论坛机制的三重保障下,中非贸易将继续走远、走深、走实。

一 2019年以来中非经贸合作的进展与特点

(一)中非贸易总额小幅提升,中国对非洲出口提升而进口下降

2019年中国与非洲国家进出口总额约为2087.01亿美元,较2018年的2041.93亿美元小幅增长了45.08亿美元,同比增长2.2%。这是继2018年之后,中非双边贸易总额再次突破2000亿美元大关。其中,中国对非出口约1132.02亿美元,较之2018年的1049.11亿增长了82.91亿美元,同比增长7.9%;自非进口约954.99亿美元,较之2018年的992.82亿美元减少了37.83亿美元,同比下跌3.8%。从2000年至2019年中非贸易数据来看,除了2014年、2015年和2019年以外,中国对非出口和自非进口均实现了同趋势增、减,即基本实现了同增、同减的变化步调。

2019年以来,世界经济增长持续疲软,发达经济体和新兴经济体经济增长普遍减速。这一年里国际大宗商品价格宽幅震荡,除了铁矿石价格大幅上涨,国际油价、国际粮价、大豆、豆油、棉花、有色金属和煤炭价格均较上年下降。在这样的国际背景下,中国政府加大逆周期调节、积极实施"六稳"政策,总体实现了外贸发展的总体平稳与稳中提质。2019年,虽然中国对美、日等主要贸易伙伴出口下降,但对新兴经济体出口增速较快,这也从中国对非洲出口的增加上得以体现。但在出口方面,非洲受到国际大宗商品需求不振影响,非洲对中国出口减少。但总的来说,中非经贸合作在2019年总体保持了平稳发展态势。

表1　2000—2019年中非货物贸易进出口额　　　　　　(单位:万美元)

年份	出口	进口	差额	总额	年份	出口	进口	差额	总额
2000	504268	555507	-51239	1059775	2002	696166	542743	153423	1238909
2001	600656	479295	121361	1079951	2003	1018412	836131	182281	1854543

续表

年份	出口	进口	差额	总额	年份	出口	进口	差额	总额
2004	1381563	1564598	-183035	2946161	2012	8531945	11317102	-2785157	19849047
2005	1868344	2106335	-237991	3974679	2013	9280945	11742946	-2462001	21023891
2006	2669011	2877398	-208387	5546409	2014	10614653	11573688	-959035	22188341
2007	3729035	3628306	100729	7357341	2015	10866693	7036621	3830072	17903314
2008	5084040	5600183	-516143	10684223	2016	9221558	5689985	3531573	14911543
2009	4773626	4333018	440608	9106644	2017	9473869	7526104	1947765	16999973
2010	5995829	6695228	-699399	12691057	2018	10491120	9928205	562915	20419325
2011	7309881	9322056	-2012175	16631937	2019	11320199	9549934	1770265	20870133

资料来源：2019 年数据来自中华人民共和国海关总署《2019 年 12 月进出口商品国别（地区）总值表（美元值）》，http：//www.customs.gov.cn/customs/302249/302274/302277/302276/2851396/index.html，访问日期：2020-06-16。

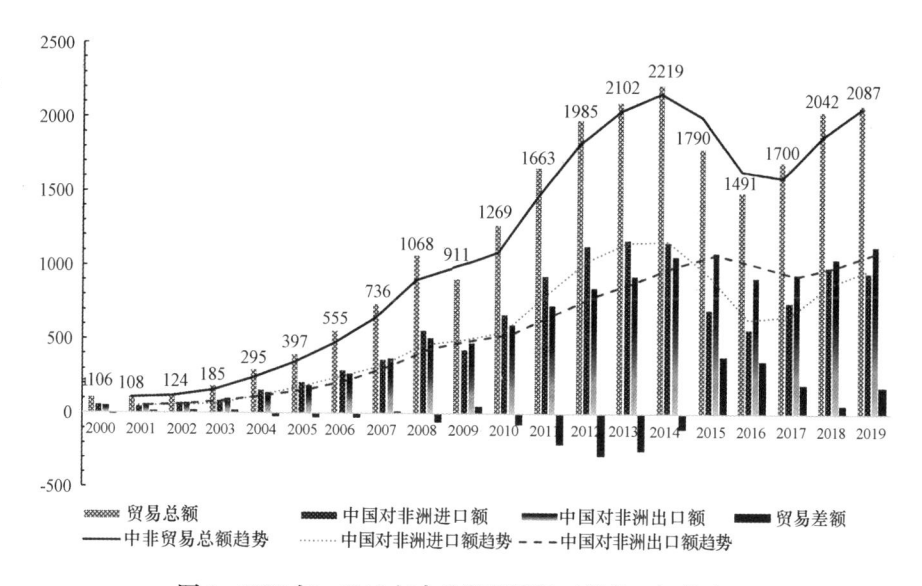

图 1　2000 年—2019 年中非贸易情况（单位：亿美元）

资料来源：2019 年数据来自中华人民共和国海关总署《2019 年 12 月进出口商品国别（地区）总值表（美元值）》，http：//www.customs.gov.cn/customs/302249/302274/302277/302276/2851396/index.html，访问日期：2020-06-16。

但是，2020 年年初，受到新冠肺炎疫情的影响，许多非洲国家开始实行"封城"等措施，中非贸易额明显下降。2020 年 1—4 月，中国与非洲地区货物贸易进出口总额为3853.6亿元,同比下跌16.22%,在中国进出口总额中的占比为4.25%。

(二) 中国对非洲贸易顺差扩大,且中非贸易的国别顺逆差分布不均衡

在2015年,中国在中非贸易中由逆差转变为顺差后,此后一直维持对非贸易顺差。在2018年,中国对非的贸易顺差下降显著,降到56.29亿美元。但在2019年贸易顺差额扩大,上升为177.03亿美元,增幅为214.48%。2019年非洲对华贸易逆差是2018年的3倍多,是中国对非洲出口额增长(达1132亿美元,增长8%)而中国自非洲进口额下降(为955亿美元,下降3.8%)的直接体现。

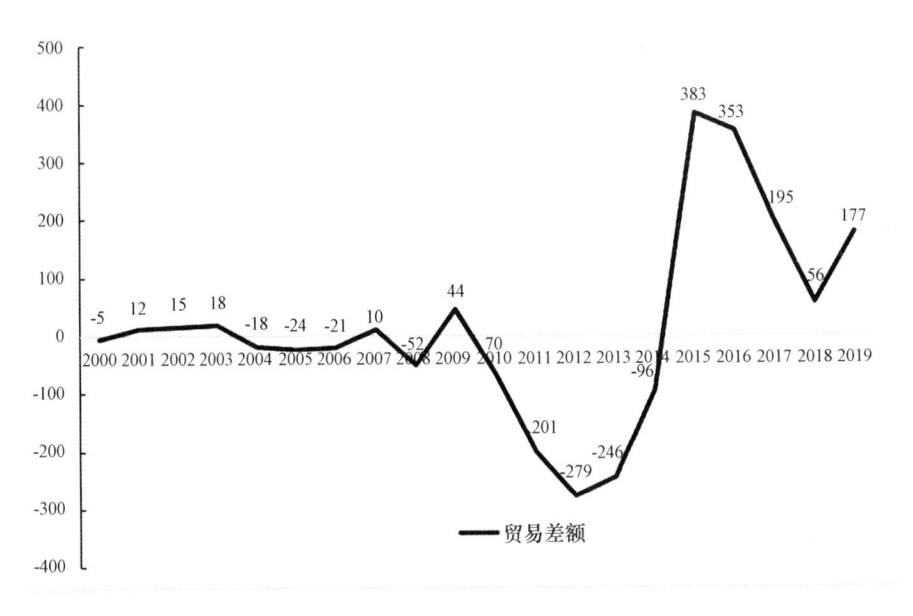

图2 2000年到2019年中非贸易差额情况(单位:亿美元)

资料来源:2019年数据来自中华人民共和国海关总署《2019年12月进出口商品国别(地区)总值表(美元值)》,http://www.customs.gov.cn/customs/302249/302274/302277/302276/2851396/index.html,访问日期:2020-06-16。

此外,中非贸易的国别顺逆差分布也不均衡。2019年,在54个非洲国家中,中国对其中40个非洲国家贸易顺差,比2018年增加1个。其中,中国对非贸易顺差较大的前10个国家依次是尼日利亚、埃及、阿尔及利亚、肯尼亚、利比里亚、坦桑尼亚、摩洛哥、加纳、吉布提和贝宁。

同年,中国对非洲贸易逆差较大的10个国家依次是安哥拉、南非、刚果(布)、加蓬、刚果(金)、利比亚、赞比亚、赤道几内亚、南苏丹和几内亚。其中,由于大量对华出口石油,安哥拉依然是中国在非洲的最大贸易逆差国。2019年,中国对安哥拉的贸易逆差额为215.98亿美元,但这与2018年的235亿美元逆差额相比也是有所下降。其次,中国对南非和刚果(布)的贸易逆差额分别为93.80亿和56.15亿美元。中国对非洲的贸易逆差国基本是矿产和能源的主要输出国。

表2　　　　　　　　　2019年中非贸易差额情况　　　　（单位:亿美元）

2019年中国对非贸易逆差前十国家		2019年中国对非贸易顺差前十国家	
贸易伙伴	贸易顺差额	贸易伙伴	贸易顺差额
安哥拉	-215.98	尼日利亚	139.71
南非	-93.80	埃及	112.01
刚果(布)	-56.15	阿尔及利亚	58.01
加蓬	-42.62	肯尼亚	48.14
刚果(金)	-23.52	利比里亚	37.80
利比亚	-23.49	坦桑尼亚	34.44
赞比亚	-22.92	摩洛哥	34.00
赤道几内亚	-16.10	加纳	23.44
南苏丹	-14.05	吉布提	21.86
几内亚	-7.42	贝宁	19.98

资料来源:2019年数据来自中华人民共和国海关总署《2019年12月进出口商品国别(地区)总值表(美元值)》,http://www.customs.gov.cn/customs/302249/302274/302277/302276/2851396/index.html,访问日期:2020-06-16。

(三)中非贸易占中国对外贸易比重小,占非洲对外贸易比重大

中非贸易占中国对外贸易的比重一直比较小。作为世界第一大出口国,中国2019年的总出口额为17.23万亿美元,其中约有49%销往亚洲其他国家,20.1%销往北美,19.9%销往欧洲。而对非洲、拉丁美洲和大洋洲的出口在中国出口商品总额中所占比例较小,其中非洲占比仅为

4.5%。中非贸易在中国对外贸易以及中国总出口和总进口中所占比重仍然较小。其中，2019年中国对非洲出口（0.11万亿美元）占中国总出口（2.50万亿美元）的比重为4.5%，中国自非洲进口（0.10万亿美元）占中国总进口（2.08万亿美元）的比重为4.8%。

2019年，中非贸易总额（2087亿美元）占非洲对外贸易总额（9638.52亿美元）的比重达到21.65%，中国对非洲出口（1131.96亿美元）占非洲总进口（5231.56亿美元）约21.64%，中国自非洲进口（954.99亿美元）占非洲总出口（4406.96万美元）约21.67%。

（四）中国对非贸易仍然集中在少数经济实力较强的非洲国家

1. 进出口总额

根据2019年的统计数据，从中国与非洲各国进出口总额来看，进出口额排名前10位的非洲国家与2018年无异，分别是南非、安哥拉、尼日利亚、埃及、阿尔及利亚、加纳、利比亚、刚果金、刚果布和肯尼亚。这10国与中国的进出口贸易额合计约达1416.15亿美元，占2019年中国与非洲国家进出口贸易总额的68.47%。

2019年老牌经济引擎国家南非、非洲三大油桶之一的安哥拉、非洲第一大经济体尼日利亚和北非经济强国埃及依然是中国在非洲的前四大贸易伙伴，且仍仅有南非、安哥拉、尼日利亚和埃及四国与中国的进出口贸易额突破百亿美元大关。可见，中国对非贸易国别仍然集中于少数经济实力较强的非洲国家。

南非继续保持中国在非第一大贸易伙伴地位。同期，中南双边贸易额占中非贸易总额的1/5，达424.6亿美元，同比下降2.5%；其中，中国自南进口总额259.2亿美元，同比下降5%；中国对南出口总额165.4亿美元，同比增长1.8%。

值得关注的是中国与吉布提的贸易情况。在中非合作论坛和共建"一带一路"框架下，两国共同完成了亚吉铁路、多哈雷多功能港、吉布提国际自贸区等重大项目。2019年，中国与吉布提双边贸易额22.26亿美元，同比增长19.42%。其中，中方出口22.06亿美元，增长18.36%，进口0.2亿美元，增长9702.74%，成绩十分亮眼。

2. 出口额

出口方面，中国对非出口排名前10位的国家分别是尼日利亚、南非、埃及、阿尔及利亚、肯尼亚、加纳、摩洛哥、利比里亚、坦桑尼亚、利比亚。中国对上述10国的出口贸易额合计约764.07亿美元，占2019年中国对非出口贸易总额的67.7%。尼日利亚和南非作为非洲前两大经济体，依然是中国出口非洲的最重要目的国，且2019年尼日利亚超过南非成为中国对非出口的最大目的地。

从非洲次区域来看，2019年中国对非洲出口排名前十位的国家中，“北非五国”主要看埃及、阿尔及利亚、摩洛哥和利比亚；东非区域是肯尼亚和坦桑尼亚并肩；西非是尼日利亚、加纳和利比里亚三国领衔；南部非洲还看区域龙头国家南非；中部非洲依然无国家进入前十。

3. 进口额

进口方面，中国自非进口排名前十位的国家分别是南非、安哥拉、刚果（布）、利比亚、加蓬、刚果（金）、赞比亚、尼日利亚、加纳和几内亚。中国自上述10国的进口贸易额合计约达804.29亿美元，占2019年中国自非进口贸易总额的85.59%。中国自非洲进口排名前10位的非洲国家依然多为资源型国家。

表3　　2019年中国与非洲前十大贸易伙伴　（单位：亿美元、%）

	中非贸易总额			
排序	国家	贸易总额	贸易增长率	占比
1	南非	424.69	-2.5	20.45
2	安哥拉	257.10	-8.4	12.38
3	尼日利亚	192.75	26.3	9.28
4	埃及	132.02	-4.5	6.36
5	阿尔及利亚	80.83	-11.2	3.89
6	加纳	74.63	2.9	3.59
7	利比亚	72.52	16.8	3.49
8	刚果（金）	65.05	-12.4	3.13
9	刚果（布）	64.85	-10.7	3.12
10	肯尼亚	51.73	-3.7	2.49

续表

中国对非洲出口			
排序	国家	出口总额	出口增长率	占比
1	尼日利亚	166.23	24	14.68
2	南非	165.44	1.8	14.61
3	埃及	122.01	1.8	10.78
4	阿尔及利亚	69.42	-12.4	6.13
5	肯尼亚	49.93	-3.9	4.41
6	加纳	49.03	1.9	4.33
7	摩洛哥	40.35	9.6	3.56
8	利比里亚	39.04	99.7	3.45
9	坦桑尼亚	38.11	6.4	3.37
10	利比亚	24.52	71.7	2.17

中国自非洲进口			
排序	国家	进口总额	进口增长率	占比
1	南非	259.23	-5	27.15
2	安哥拉	236.54	-8.4	24.77
3	刚果（布）	60.50	-11.2	6.34
4	利比亚	48.01	0.5	5.03
5	加蓬	46.39	55.8	4.86
6	刚果（金）	44.29	-21.7	4.64
7	赞比亚	32.62	-20.1	3.42
8	尼日利亚	26.52	43.1	2.78
9	加纳	25.60	4.8	2.68
10	几内亚	24.59	12.4	2.58

资料来源：2019年数据来自中华人民共和国海关总署《2019年12月进出口商品国别（地区）总值表（美元值）》，http://www.customs.gov.cn/customs/302249/302274/302277/302276/2851396/index.html，访问日期：2020-6-16。

（五）中非贸易商品结构稳定，但较为单一

1. 出口商品结构

2019年，中非进出口主要商品类别与前两年基本保持一致。出口商品结构方面，中国出口主要产品仍为机电产品、机械设备、交通运输工具、钢铁制品和劳动密集型产品。2019 年,对非洲出口的前五类产品分别是:第一,电机、设备及其部件;录音录像制作器、电视图像录音录像制作器及其制品的零部件;第二,机械、机械器具、核反应堆、锅炉;第三,铁路、有轨电车以外的车辆及其零部件;第四,铁或钢制品;第五,铁和钢。这五类产品合计约 502.23 亿美元,占中国对非出口总额的 47.58%。这与中国对外贸易的出口商品结构保持一致,2019 年中国机电产品出口 10.06 万亿元,增长 4.4%,占出口总值的 58.4%。其中,电器及电子产品出口 4.63 万亿元,增长 5.4%;机械设备 2.87 万亿元,增长 1.4%。而随着非洲工业化进程的加速,未来中国将继续保持对非机电产品的大量出口。

表4　2019 年中国对非洲出口的前 20 类商品情况　　　　（单位:亿美元、%）

商品类别	出口金额	增长率	比重
电机、设备及其部件;录音录像制作器、电视图像录音录像制作器及其制品的零部件	178.51	-2.70	16.91
机械、机械器具、核反应堆、锅炉	174.64	-13.83	16.54
铁路、有轨电车以外的车辆及其零部件	63.52	-28.79	6.02
铁或钢制品	52.14	-16.79	4.94
铁和钢	33.42	3.86	3.17
塑料及其制品	41.42	-17.95	3.92
橡胶及其制品	23.10	-10.28	2.19
家具;床上用品、床垫、床垫支架、靠垫和类似的填充家具;未指明或不包括在其他地方的灯及照明装置;照明标志、照明铭牌等;预制建筑	27.61	-38.74	2.62
鞋袜、绑腿等	30.02	-47.47	2.84
非针织或钩编的服装及服饰配件	21.08	2.18	2.00
人造纤维;人造纺织材料的条带等	21.53	-23.78	2.04
光学、摄影、电影、测量、检查、精密、医疗或外科仪器及器具;配件及附件	23.70	-42.58	2.25
有机化学物质	15.34	1.17	1.45
针织或钩编的服装制品及服装配件	26.01	-51.22	2.46

续表

商品类别	出口金额	增长率	比重
各种各样的化工产品	14.28	9.85	1.35
陶瓷产品	17.36	-45.68	1.64
人造短纤维	15.48	-11.57	1.47
铝及其制品	13.50	-8.78	1.28
其他纺织制成品；破旧的衣物和纺织品；破布	12.38	-35.49	1.17
无机化学品；贵金属、稀土金属、放射性元素或同位素的有机或无机化合物	7.91	7.67	0.75

资料来源：Trade Map 数据库，https://trademap.org/Index.aspx，访问日期：2020-6-16。

2. 进口产品结构

进口产品结构方面，石油、铜和铁等原始自然资源仍然主导着大部分非洲国家的对外贸易关系。中国从非洲主要进口矿产资源和能源资源产品。2019年，中国对非洲的铁矿砂、原油、天然气、大豆等大宗商品进口量增加。2019年，中国从非洲进口排名第一的产品是矿物燃料、矿物油及其蒸馏制品、沥青物质、矿物，金额为470.48亿美元，增长率为2.01%。紧跟其后的是矿石、矿渣、灰和铜及其制品，分别进口了140.67亿美元和46亿美元，增长率分别为17.53%和6.12%。

除此以外，近年来，中国在扩大对非贸易方面采取了诸多措施，促进了非洲农副产品的对华出口。例如，中国实施"对非贸易专项计划"，帮助非洲国家改善海关、商检设施条件，开展输非工业品装运前检验，设立非洲产品展销中心，给予非洲最不发达国家97%税目的输华商品零关税待遇等，都为中国扩大非洲特色农产品进口创造了便利条件。2019年，中国自非洲进口的含油种子和油质果实、杂粮、种子和水果、工业或药用植物、稻草和饲料等产品显著增加，增长率达到49.10%。

但是总的来说，中非贸易商品仍面临着长期存在的结构单一问题。可以看到，中国对非洲主要出口的是机电产品、机械设备、交通运输工具等工业制成品，进口商品则集中在矿产资源和能源上。并且，结构单一的问题在新冠肺炎疫情的冲击下显得越发明显。新冠肺炎疫情的暴发不仅导致非洲商品价格跌至历史低点，而且中国需求放缓也将影响那些严重依赖中国市场的国家及地区。主要向中国出口矿产资源和能源资源产品的国家受到较大冲击,例如非洲主要的石油出口国安哥拉和南苏丹,后者将其95%的资源出口到中国。2020年一季度贸易额显示,南非、安哥拉和尼日利亚仍然是中国排名前三的贸易国家,分别实现进出口贸易额103.07亿、64.42亿、51.2亿美元,但分别同比下降25.93%、27.6%、5.57%。

表5　　2019年中国自非洲进口的前20类商品情况

（单位：亿美元、%）

商品类别	进口金额	增长率	比重
矿物燃料、矿物油及其蒸馏制品；沥青物质；矿物	470.48	2.01	62.58
矿石、矿渣和灰	140.67	17.53	18.71
铜及其制品	46.00	25.48	6.12
其他贱金属及其制品	19.13	-44.82	2.54
木材、木制品及木炭	15.81	8.82	2.10
含油种子和油质果实；杂粮、种子和水果；工业或药用植物；稻草和饲料	14.73	49.10	1.96
铁和钢	9.44	18.66	1.26
可食用的水果和坚果；柑橘类水果或甜瓜的皮	4.12	33.80	0.55
盐；硫、泥土及石料；抹灰材料，石灰和水泥	2.87	103.42	0.38
棉花	2.57	-5.89	0.34
羊毛、细的或粗的动物毛；马毛纱线和机织织物	2.15	-35.01	0.29
天然珍珠、养殖珍珠、宝石、贵金属、包贵金属的金属及其制品；人造珠宝；硬币	1.90	-30.35	0.25
食物工业的残渣和废物；准备动物饲料	1.66	20.45	0.22
鱼类和甲壳类，软体动物和其他水生无脊椎动物	1.63	7.44	0.22
塑料及其制品	1.52	3.21	0.20
橡胶及其制品	1.44	142.93	0.19
木浆或其他纤维性纤维素材料的纸浆；回收（废物和废料）纸或纸板	1.38	-46.91	0.18
毛皮、皮革（毛皮除外）	1.14	-26.42	0.15
镍及其制品	1.07	13.26	0.14
电机、设备及其部件；录音录像制作器、电视图像录音录像制作器及其制品的零部件	1.03	-5.63	0.14

资料来源：Trade Map数据库，https://trademap.org/Index.aspx，访问日期：2020-6-16。

二 2020年中非经贸合作前景展望

(一) 负面因素：中非贸易的发展势头将受到新冠疫情影响

首先，在经过中美贸易战风波占主导地位的2019年之后，2020年的世界贸易正面临更为艰难的挑战。新冠肺炎疫情的爆发，加剧了非洲的卫生和经济危机。截至2020年4月9日，非洲地区43个国家的确诊病例已超过6200人，其中，南非、喀麦隆和布基纳法索受影响最为严重。

2020年4月世界货币基金组织发布《撒哈拉以南非洲地区经济展望》报告，指出新型冠状病毒疫情让全球发展面临前所未有的威胁，全球经济增长率预计将从2019年的2.9%大幅下降至2020年的-3.0%，非洲经济可能萎缩0.4%至3.9%。各国为控制新型冠状病毒疫情蔓延而不得不采取的严格防控和缓解措施将干扰生产并大幅降低需求。全球经济增长骤然减速，再加上全球金融状况收紧，对非洲造成了显著的溢出效应。大宗商品价格（特别是石油价格）的急剧下跌，将加剧该地区一些最大资源密集型经济体（例如安哥拉和尼日利亚）面临的挑战，从而加剧这些效应。

中非贸易也受到了新冠肺炎疫情的较大冲击。首先，作为非洲的最大贸易伙伴国，中国的经济增长受疫情影响预计也将放缓，进而导致外部需求减少，因此预计未来一年的中非贸易额将下降。与此同时，全球卫生冲击造成经济波动，中非双方为遏制疫情而采取的封锁措施、对传染的恐惧心理、信心丧失以及不确定性增加都会导致需求减少，对中非之间的贸易形成冲击。

其次，全球大宗商品价格预计在2020年持续大幅下跌，这对非洲各国的对外贸易来说无疑是雪上加霜。近年来，非洲资源密集型国家的经济活动一直乏力，大多数国家仍然在调整适应2014年大宗商品下跌造成的冲击。事实上，中非贸易的趋势变动主要受全球大环境和大宗商品价格的影响。在2014年冲击后，中非之间的贸易额增量在2017年才实现了近三年来的首次由负转正。当前，由于全球经济增长的严重下滑以及石油输出国组织与其他主要石油生产国之间减产协议的失败，石油价格急剧下降大约50%。另外，除了黄金等贵金属以外，其他大宗商品价格大多同步走低。新型冠状病毒疫情爆发和大宗商品价格低迷让中非贸易面临更为不利的条件。

(二) 正面因素: 中非合作的政策保障不断加强

虽然2020年的疫情让中非经贸合作蒙上阴影,但是在"一带一路"倡议和中非合作论坛的机制下,中非双方不断夯实合作基础、加强政策沟通,力图在共抗新冠肺炎疫情的同时,保障中非经贸合作的总体平稳。

2013年"一带一路"倡议提出,中非经贸关系进入了全新的发展阶段。"一带一路"倡议为中非间的贸易发展、投资合作、基础设施建设和产能合作提供了新的平台。在2018年9月举行的中非合作论坛北京峰会上,习近平主席表示中国将推进落实论坛峰会成果,把共建"一带一路"、非洲联盟《2063年议程》、联合国2030年可持续发展议程、非洲各国发展战略紧密结合起来,积极推进中非政策沟通、设施联通、贸易畅通、资金融通、民心相通。随后,中国商务部表示,为进一步落实中非合作论坛北京峰会的相关经贸成果,将从五方面加强中非经贸合作,包括创新对非经贸合作机制、加强经贸合作区建设、鼓励企业扩大对非投资、促进中非贸易发展、开展自贸合作。这些举措将在延续以往政策的基础上,不断助推中非经贸合作,将对中非贸易合作产生更加积极的影响。

中非合作论坛是中非经贸合作的另一层保障机制。中非合作论坛为中非经贸合作建立了稳定的磋商机制、提供了平等互利的合作基础、开拓了广阔的发展空间。在2018年中非合作论坛北京峰会上,习近平总书记提出,中国同非洲国家密切配合,未来三年和今后一段时间重点实施"八大行动"。这之中就包括"实施贸易便利行动"——中国决定扩大进口非洲商品特别是非资源类产品,支持非洲国家参加中国国际进口博览会,免除非洲最不发达国家参展费用;继续加强市场监管及海关方面交流合作,为非洲实施50个贸易畅通项目;定期举办中非品牌面对面活动;支持非洲大陆自由贸易区建设,继续同非洲有意愿的国家和地区开展自由贸易谈判;推动中非电子商务合作,建立电子商务合作机制。

为应对新冠肺炎疫情和助推中非合作,2020年6月17日,习近平主席在北京主持中非团结抗疫特别峰会并发表题为《团结抗疫 共克时艰》的主旨讲话,他指出我们要坚定不移携手抗击疫情、要坚定不移推进中非合作、要坚定不移践行多边主义和要坚定不移推进中非友好。

事实上,这不是第一次中非经贸合作面临挑战。在2012年金融危机后,全球经济疲软,中非贸易增速也有所下滑,但是中非贸易总额却持续增长。归根到底,这主要依托于中非政府直接推出的一系列拉动双方贸易增长的举措。如今,"一带一路"倡议和中非合作论坛机制为中非贸易的稳定发展提供了保障,相信中非经贸合作也能共克时艰,构建更加紧密的中非命运共同体。

(三) 正面因素:非洲一体化趋势加强

《建立非洲大陆自由贸易区协定》于 2019 年 5 月 30 日生效,这是非洲国家在非洲大陆创建单一市场走出的重要一步,将促进中国与非洲之间的贸易。目前,非洲大陆的人口达到 13 亿,生产总值约 2.4 万亿美元。该协定全面运行后,在加强基础设施联通、减少监管壁垒和竞争性商业环境的支持下,将推动非洲内部贸易增长 30% 以上,有助于非洲工业发展和结构转型,并增加总体福利。

其实,非洲大陆自由贸易区的建设不仅有利于促进非洲区内贸易,也有利于扩大中非贸易机会、吸引更多中国对非洲的投资,对中非双方都极为有利。首先,若非洲大陆自由贸易区成功实施,将联合 13 亿的非洲人口,形成一个区域内生产总值超过 2.4 万亿美元的巨大市场,必然大大增加非洲市场的内部需求,扩大市场空间,增加中国和非洲之间的贸易机会。其次,非洲大陆自由贸易区将助推非洲工业化发展,带动中国相关机械、设备的出口。最后,非洲大陆自由贸易区的建立意味着非洲基础设施建设状况提升、贸易壁垒减少、营商环境更为友善,这对中国企业"走出去"来说是一大利好,尤其是劳动密集型企业。预计将会有更多中国的企业、资本、技术、经验进入非洲大陆,既为非洲创造更多税收,也将推动中非贸易的增长。事实上,中国的民营企业已经成为中非贸易的重要主体。2019 年民营企业对各个主要市场出口均呈现增长态势,在保持传统市场优势的同时,中国民营企业对非洲市场出口增长了 15.6%,高于全国对非洲市场的出口增速。非洲大陆自由贸易区将进一步刺激中非贸易的发展活力。

展望未来,中非贸易发展中既有负面因素,也有正面因素。在"一带一路"倡议、中非合作论坛机制和《非洲大陆自由贸易协定》的三重促进因素作用下,中非经贸合作定能在共抗新冠肺炎疫情的同时,保持稳定发展。

作者简介

刘诗琪,女,北京师范大学"一带一路"学院博士后,主要从事中非关系与"一带一路"研究。

Annual Report on the Development of Sino – African Trade Cooperation (2018 – 2019)

Author: Liu Shiqi, Postdoctoral fellow of the Belt and Road School of Beijing Normal University. Her main research fields include Sino – African Relations and Belt and Road Initiative.

Abstract: The economic and trade development between China and Africa went on good in 2019. There are several characteristics: total trade volume increased slightly, China's exports to Africa increased slightly, and China's imports from Africa decreased slightly; China's trade surplus with Africa has widened; China – Africa trade still accounts for a small proportion of China's foreign trade and a large proportion of Africa's; China's trade with Africa is still concentrated in a few African countries with strong economic strength; the trade structure between China and Africa is stable but relatively single. In the future, China – Africa trade and economic cooperation will be affected by covid – 19 and the global economic downturn. However, thanks to the triple guarantee of the Belt and Road initiative, the platformof Forum on China – Africa Cooperation and the African Continental Free Trade Agreement, China – Africa economic and trade cooperation will continue to move forward.

中国对非洲国家贷款报告(2018—2019)*

黄玉沛

[内容摘要] 为满足非洲国家基础设施建设及生产性领域投资需求、弥补经济快速发展所产生的资金缺口，中国面向非洲国家实施各类投融资合作项目，中国成为非洲国家贷款的主要来源方之一。在中非合作论坛框架下，中国面向非洲国家采取了积极的金融举措，对相关非洲国家实施债务减免，形成了中国特色的对非援助体系，体现了中非合作"面向行动、重在务实"的特点。2000—2017年期间，中国对非洲国家贷款数额累计达1457亿美元。就地区分布而言，南部非洲是中国对非洲国家贷款较多的地区。就国别分布而言，安哥拉、埃塞俄比亚、肯尼亚、赞比亚和苏丹是中国对非洲国家贷款较多的国家。

一 中国对非洲国家贷款整体概况

21世纪以来，为满足非洲国家基础设施建设及生产性领域投资需求、弥补经济快速发展所产生的资金缺口，中国面向非洲国家实施各类投融资合作项目，对非洲信贷融资获得了较快增长，中国日益成为非洲国家贷款的主要来源方之一。据美国约翰斯·霍普金斯大学"中非研究倡议"

---

* 本报告系2019年国家社科基金青年项目"当代非洲国家债务可持续问题及对中非关系的影响与对策研究"（19CGJ025）的阶段性成果。

(China Africa Research Initiative)统计数据显示，2000—2017年期间，中国对非洲国家贷款数额累计达1457亿美元，其中2016年是中非信贷融资合作的关键节点，这一年中国对非洲国家贷款达292亿美元。①

中国面向非洲国家实施政府贷款，是中国对外援助的一个重要组成部分，在推动非洲国家经济发展和减贫惠民等方面都发挥了重要作用。中国对非洲国家的贷款大多数是优惠性质的贷款，利率较低。其中，优惠贷款本金由中国进出口银行通过市场筹措，贷款利率低于中国人民银行公布的基准利率，由此产生的利息差额由国家财政补贴。② 中国对非洲国家贷款迎合了非洲国家经济发展的巨大融资需求，为相关非洲国家节省了大量的基础设施建设成本，也为当地劳动力市场创造了大量的就业机会，顺应了中非经贸合作的良好发展态势。

（一）中国对非洲国家金融举措

中非合作论坛是中国同非洲国家在平等互利、共同发展的基础上开展集体对话、务实合作的重要平台和有效机制。在中非合作论坛框架下，中国面向非洲国家采取了一系列的信贷融资举措，助力非洲国家经济转型，努力实现包容性经济增长与可持续发展。

2000年中非合作论坛成立以来，中国加大了对非洲国家的金融合作力度，出台了一系列对非金融合作举措。首先，发布中非合作纲领性文件和行动计划。每次中非合作论坛召开之后，中国政府及时对外发布中非合

---

① 本报告有关中国对非洲国家贷款数据均取自网络公开数据。除非有特殊说明，相关数据均来自美国约翰斯·霍普金斯大学"中非研究倡议"（China Africa Research Initiative）。该机构由著名的中非关系问题研究专家黛博拉·布罗蒂加姆（Deborah Brautigam）教授领衔，可参考该机构债务数据库官方网站：http://www.sais-cari.org/data 以及相关文献（Brautigam, Deborah, Jyhjong Hwang, Jordan Link, and Kevin Acker. "Chinese Loans to Africa Database," Washington, DC: China Africa Research Initiative, Johns Hopkins University School of Advanced International Studies.）。"中非研究倡议"相关贷款数据是基于有意向或承诺的贷款协议，它没有核实是否已经发放，也没有计算债务本金和利息偿还额，因此，其相关数据与实际数额可能存在一定的差异。然而，目前国内外学术界对此项研究缺乏清晰可靠的数据来源，中国政府尚未公开对非洲国家贷款的权威数据。本报告引用"中非研究倡议"数据库相关数据，是基于数据的可获取性以及该团队对中非贷款的深入研究与客观报道，但本报告无法追溯其数据的全部来源，在此特作说明。

② 中华人民共和国国务院新闻办公室：《中国的对外援助（2014）》（白皮书），人民出版社2014年版，第3页。

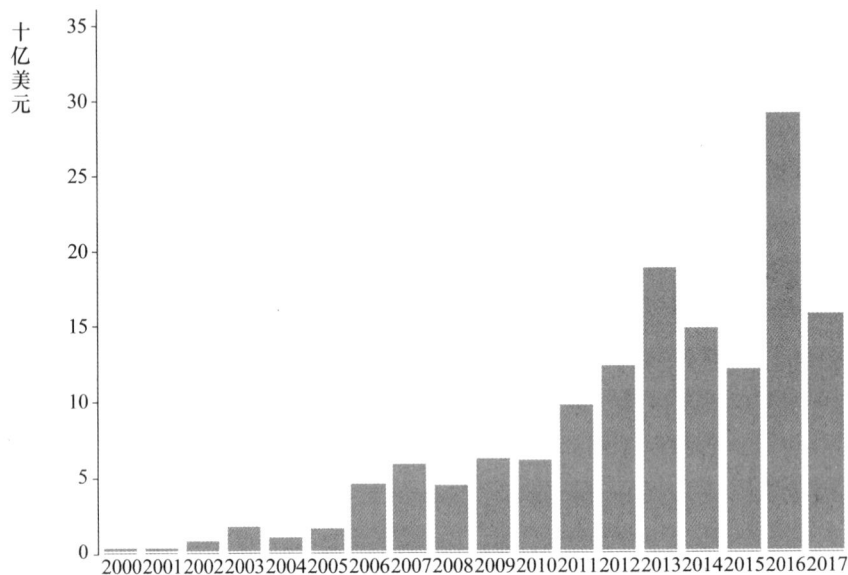

图1 中国对非洲国家历年贷款数额（2000—2017年）

资料来源：Brautigam, Deborah, Jyhjong Hwang, Jordan Link, and Kevin Acker. "Chinese Loans to Africa Database", Washington, DC: China Africa Research Initiative, Johns Hopkins University School of Advanced International Studies。

作纲领性文件和行动计划，介绍中非双方在金融领域的最新举措，形成中国对非洲国家贷款合作机制。其次，公布中国对非洲相关国家的贷款额度。例如，2015年《中非合作论坛约翰内斯堡行动计划（2016—2018年）》提出面向非洲国家"350亿美元的优惠性质贷款及出口信贷额度"[①]；2018年《中非合作论坛北京行动计划（2019—2021年）》提出"150亿美元无偿援助、无息贷款和优惠贷款；200亿美元信贷资金额度；中国企业对非投资至少100亿美元"[②]，上述措施充分体现了中国对非洲国家信贷金融政策的依法依规和公开透明。最后，建立专门机构用于中非

---

① 中非合作论坛：《中非合作论坛约翰内斯堡行动计划（2016—2018年）》，2015年12月25日。https://www.focac.org/chn/zywx/zywj/t1327766.htm，访问日期：2020 - 2 - 2。
② 中非合作论坛：《中非合作论坛北京行动计划（2019—2021年）》，2018年9月5日。https://focacsummit.mfa.gov.cn/chn/hyqk/t1592247.htm，访问日期：2020 - 2 - 2。

信贷融资合作。根据中非信贷金融合作的客观需求，先后成立了中非发展合作基金、非洲中小企业发展专项贷款、中非产能合作基金、中非开发性金融专项资金、自非洲进口贸易融资专项资金等。（参见表1）

表1　　　　　中非合作论坛框架下对非洲国家的金融举措

时间	通过的纲领性文件	贷款额度	对非投资基金
2006	《中非合作论坛北京行动计划（2007—2009年）》	30亿美元的优惠贷款和20亿美元的优惠出口买方信贷	成立中非发展基金，首期10亿美元，总额50亿美元
2009	《中非合作论坛沙姆沙伊赫行动计划（2010—2012年）》	100亿美元优惠性质贷款	设立10亿美元非洲中小企业发展专项贷款
2012	《中非合作论坛北京行动计划（2013—2015年）》	200亿美元；2014年5月李克强总理访问埃塞俄比亚等非洲国家时追加了100亿美元	2014年5月李克强总理访问非洲时为中非发展基金增加了20亿美元融资
2015	《中非合作论坛约翰内斯堡行动计划（2016—2018年）》	350亿美元的优惠性质贷款及出口信贷额度	为中非发展基金和非洲中小企业发展专项贷款各增资50亿美元；设立中非产能合作基金，首批资金100亿美元
2018	《中非合作论坛北京行动计划（2019—2021年）》	150亿美元无偿援助、无息贷款和优惠贷款；200亿美元信贷资金额度；中国企业对非投资至少100亿美元	成立100亿美元的中非开发性金融专项资金和50亿美元自非洲进口贸易融资专项资金

资料来源：笔者根据中非合作论坛等网站公开资料汇总而成。

（二）中国对非洲债务减免措施

近年来，非洲国家在经济快速发展的进程中，债务融资需求日趋扩大，债务规模出现较大增长，财政金融领域难免会遇到一些暂时性的困难。在中非合作论坛、联合国千年发展目标框架下，中国政府免除了多个非洲重债国家和最不发达国家部分欠华到期政府债务（参见表2），积极在非洲国家开展优惠性贷款项目，在力所能及的范围内帮助非洲国家渡过暂时性的困难，充分体现了中非合作"面向行动、重在务实"的特点。

表2　　　　　　　中国对非洲国家债务减免概况

时间	2000	2005	2006	2008	2009	2010	2015	2018
会议	中非合作论坛第一届部长级会议	联合国发展筹资高级别会议	中非合作论坛第三届部长级会议暨北京峰会	联合国千年发展目标高级别会议	中非合作论坛第四届部长级会议	联合国千年发展目标高级别会议	中非合作论坛第六届部长级会议暨约堡峰会	中非合作论坛第七届部长级会议暨北京峰会
减免内容	100亿元人民币	相关国家截至2004年年底债务	相关国家截至2005年年底债务	相关国家截至2008年年底债务	相关国家截至2009年年底债务	相关国家截至2010年年底债务	相关国家截至2015年年底债务	相关国家截至2018年年底债务
备注	2000—2009年减免非洲国家312笔189.6亿元人民币的债务					2010—2012年共减免16笔14.2亿元人民币的债务	减免津巴布韦等国3亿多元人民币的债务	减免非洲最不发达国家/重债穷国/内陆发展中国家/小岛屿发展中国家无息贷款

资料来源：笔者根据中非合作论坛等网站公开资料汇总而成。

（三）中国对非洲主要贷款机构

中国进出口银行和国家开发银行是中国面向非洲国家贷款的政策性银行，在中非投融资合作方面产生重要影响。除了政策性银行之外，中国工商银行、中国农业银行、中国银行等商业性银行也面向非洲国家开展贷款业务。需要指出的是，中国对非洲国家贷款流程较为复杂，涉及中国不同层级的政府职能部门、非洲国家相关政府、中国国有企业、私人资本等诸多参与方。（参见图2）

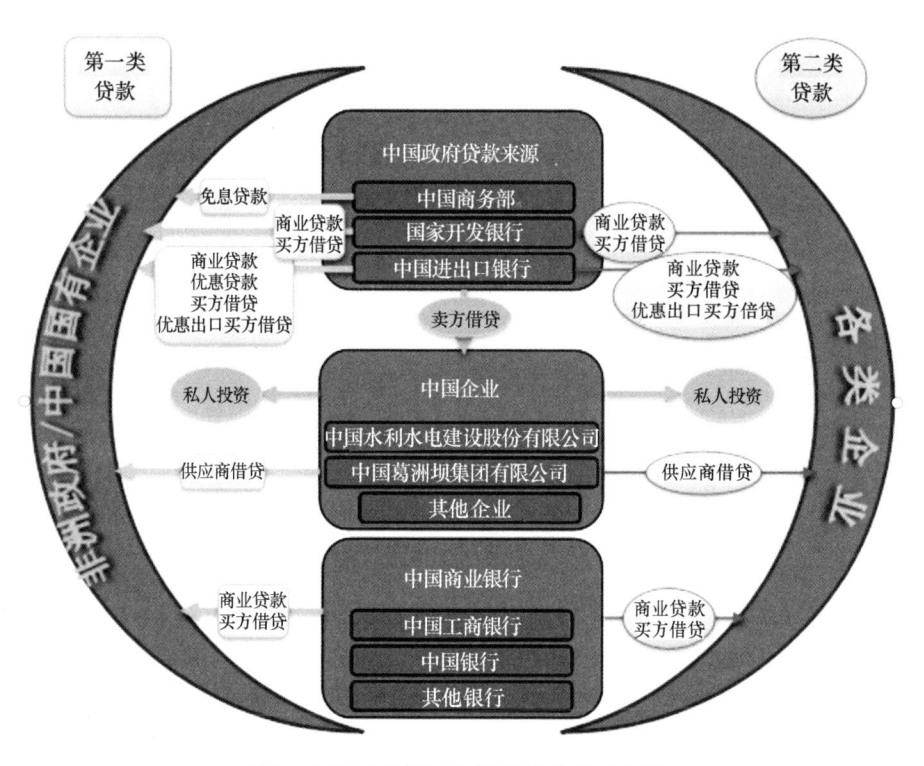

图 2　中国对非洲国家贷款关系图（举例）

资料来源：Deborah Brautigam, Jyhjong Hwang, *China – Africa LoanDatabase Research Guidebook*, China Africa Research Initiative, Johns Hopkins University School of Advanced International Studies, Washington DC: CARI, July 2019, p. 55。

中国进出口银行是由中国政府出资设立，支持中国对外经济贸易投资发展与国际经济合作的国有政策性银行。它依托国家信用支持，积极发挥在稳增长、调结构、支持外贸发展、实施"走出去"战略等方面的重要作用，加大对重点领域和薄弱环节的支持力度，促进经济社会持续健康发展。为促进中非双方互利合作，中国政府向非洲项目国政府提供具有优惠性质的资金安排，包括"援外优惠贷款"（Government Concessional Loan)① 和 "优惠出口买方信贷"（Preferential Export Buyer's Credit）②，中国进出口银行是 "两优" 贷款的唯一承办银行，它同中国商务部、非洲国家相关政府、中国执行机构（承包商或出口商）、外国执行机构（所有者或进口商）密切联系，在对非洲国家信贷金融领域发挥重要影响力。（参见图3）

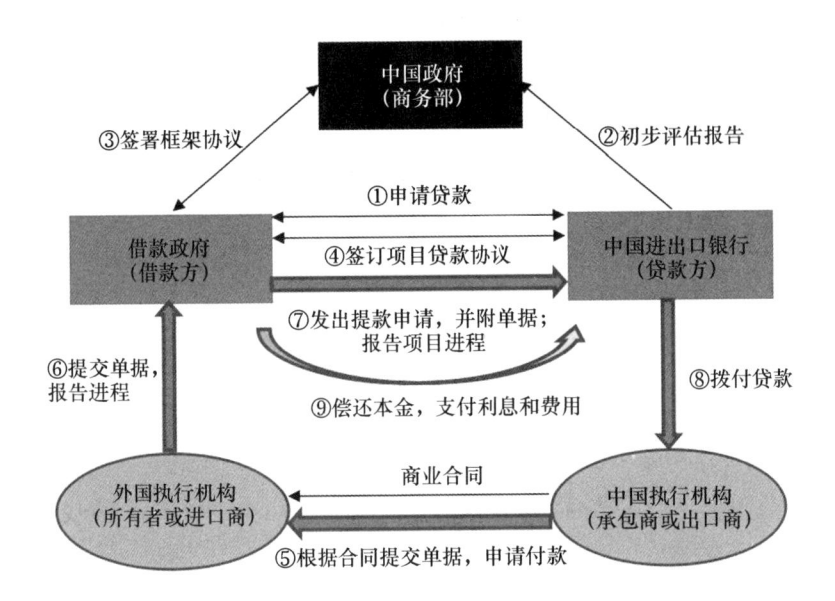

图3 中国进出口银行贷款流程图（China Eximbank Loan Cycle）

资料来源：Deborah Brautigam, Jyhjong Hwang, *China – Africa LoanDatabase Research Guiedbook*, China Africa Research Initiative, Johns Hopkins University School of Advanced International Studies, Washington DC: CARI, July 2019, p. 9。

此外，中国进出口银行作为股东之一，于2015年设立了首批100亿美元规模的中非产能合作基金，通过以股权为主的多种投融资方式，服务于非洲的 "三网一化" 建设，覆盖制造业、高新技术、农业、能源、矿产、基础设施和金融合作等各个领域。2018年9月，《中非合作

---

① "援外优惠贷款" 是由我国政府指定金融机构对外提供的具有政府援助性质、含有赠予成分的中长期低息贷款。

② "优惠出口买方信贷" 是为配合国家政治、外交需要，推动与重点国家和地区的经贸合作，采用出口买方信贷形式对外提供的具有一定优惠条件的特定贷款。

论坛北京行动计划（2019—2021年）》提出"设立50亿美元自非洲进口贸易融资专项资金"，该资金由中国进出口银行负责设立，采取市场化原则和商业准则运作，主要方式包括中国进出口银行各类融资和增信业务。[1] 在2000—2017年期间，中国进出口银行共向非洲相关国家提供贷款805.58亿美元，占中国对非洲国家全部贷款总额的55.28%。[2]（参见表3）

表3 中国对非洲国家年度贷款数据（按贷款方划分） （单位：百万美元）

年份	中国进出口银行	国家开发银行	其他
2000	80	0	50
2001	20	0	287
2002	202	0	533
2003	1100	0	609
2004	557	0	456
2005	1463	0	167
2006	2637	0	1897
2007	5809	17	37
2008	3592	50	819
2009	4913	0	1343
2010	3022	22	3038
2011	5620	2782	1364

---

[1] 中国进出口银行官方网站：《进出口银行正式设立50亿美元自非洲进口贸易融资专项资金》，2019年2月19日。http://www.eximbank.gov.cn/info/news/201905/t20190508_8926.html，访问日期：2020-5-16。

[2] Lucas Atkins, Deborah Brautigam, Yunnan Chen, and Jyhjong Hwang 2017. "China – Africa Economic Bulletin #1: Challenges of and opportunities from the commodity price slump", CARI Economic Bulletin #1. China Africa Research Initiative, Johns Hopkins University School of Advanced International Studies, Washington DC: CARI.

续表

年份	中国进出口银行	国家开发银行	其他
2012	9252	1802	1265
2013	11144	4535	3225
2014	10251	2271	2303
2015	8972	1047	2168
2016	4808	18199	6196
2017	7116	6048	2638
总计	80558	36773	28395
比例	55.28%	25.23%	19.49%

注："其他"主要是涉及中国的商业银行和承包商等。

资料来源：Lucas Atkins, Deborah Brautigam, Yunnan Chen, and Jyhjong Hwang. "China – Africa Economic Bulletin #1: Challenges of and opportunities from the commodity price slump", CARI Economic Bulletin #1. China Africa Research Initiative, Johns Hopkins University School of Advanced International Studies, Washington DC: CARI。

国家开发银行主要开展中长期信贷与投资等金融业务，是直属中国国务院领导的政策性金融机构。2006年11月，国家开发银行出资50亿美元成立了"中非发展基金"，这是中国第一支专注于非洲投资的股权基金。2015年12月，习近平主席在中非合作论坛约堡峰会上宣布为基金再增资50亿美元，基金总规模达到100亿美元。[①] 国家开发银行还成立了"非洲中小企业发展专项贷款"，该贷款2009年初始设计规模10亿美元，2015年12月中非合作论坛约堡峰会之后增资50亿美元，共达到60亿美元。此外，2018年9月，《中非合作论坛北京行动计划（2019—2021年）》提出"成立100亿美元的中非开发性金融专项资金"，该专项资金

---

① 中非发展基金官方网站：《基金简介：成立背景》，2020年1月1日。https://www.cadfund.com/Column/1/0.htm，访问日期：2020 – 5 – 16。

由国家开发银行负责承办，采取市场化、国际化运作。① 在2000—2017年期间，国家开发银行作为中国的开发性金融机构，面向非洲国家发放的贷款约合367.73亿美元，在中国对非洲国家贷款总额中的比重为25.23%。②

随着中非经贸合作日趋深入，中非投融资合作不断推进，中国的各类商业银行在对非洲国家信贷金融领域逐步拓展业务。例如，2008年中国工商银行参股南非标准银行20%的股权，成为该行单一最大股东，当年从标准银行获得了12.13亿兰特现金分红和价值5.89亿兰特的股票股息。③ 2015年10月，中国农业银行与刚果（布）政府共建的中刚非洲银行正式成立，由农业银行持股50%，开启了两国在金融领域友好合作的新模式。④ 中国银行是较早进入非洲国家的商业银行，已在南非、安哥拉、赞比亚、毛里求斯、肯尼亚、摩洛哥和坦桑尼亚7个非洲国家设立分支机构，服务范围日益扩大。⑤ 在2000—2017年期间，中国工商银行、中国农业银行、中国银行等商业银行和其他承包商面向非洲国家发放的贷款约合283.95亿美元，在中国对非洲国家贷款总额中的比重为19.49%。⑥

---

① 国家开发银行官方网站：《国开行：以开发性金融服务中非合作》，2018年9月20日。http://www.cdb.com.cn/xwzx/khdt/201809/t20180921_5421.html，访问日期：2020 – 5 – 16。

② Lucas Atkins, Deborah Brautigam, Yunnan Chen, and Jyhjong Hwang. "China – Africa Economic Bulletin #1: Challenges of and opportunities from the commodity price slump", CARI Economic Bulletin #1. China Africa Research Initiative, Johns Hopkins University School of Advanced International Studies, Washington DC: CARI.

③ 中国工商银行官方网站：《工商银行与南非标准银行战略合作渐入佳境》，2009年5月25日。http://www.icbc.com.cn/icbc/gxk_1/8997.htm，访问日期：2020 – 5 – 16。

④ 中国农业银行官方网站：《中国农业银行与刚果共和国深化金融战略合作》，2016年7月7日。http://www.abchina.com/cn/AboutABC/nonghzx/NewsCenter/201607/t20160707_898168.htm，访问日期：2020 – 5 – 12。

⑤ 中国银行官方网站：《中国银行面向非洲九国举办"一带一路"国际金融交流合作研修班》，2018年10月24日。https://www.boc.cn/aboutboc/bi1/201810/t20181024_13968071.html，访问日期：2020 – 4 – 2。

⑥ Lucas Atkins, Deborah Brautigam, Yunnan Chen, and Jyhjong Hwang. "China – Africa Economic Bulletin #1: Challenges of and opportunities from the commodity price slump", CARI Economic Bulletin #1. China Africa Research Initiative, Johns Hopkins University School of Advanced International Studies, Washington DC: CARI.

二 中国对非洲贷款地区分布

（一）南部非洲

此处统计的南部非洲国家包括安哥拉、博茨瓦纳、科摩罗、莱索托、马达加斯加、马拉维、毛里求斯、莫桑比克、纳米比亚、南非、赞比亚、津巴布韦12国，不包括斯威士兰。

2000—2015年，中国对南部非洲国家历年贷款数额起伏不定，年贷款额保持在50亿美元以下，但是在2016年实现了较大幅度的增长，高达230亿美元，随后在2017年又快速下降，回落至96.9亿美元。（参见图4）

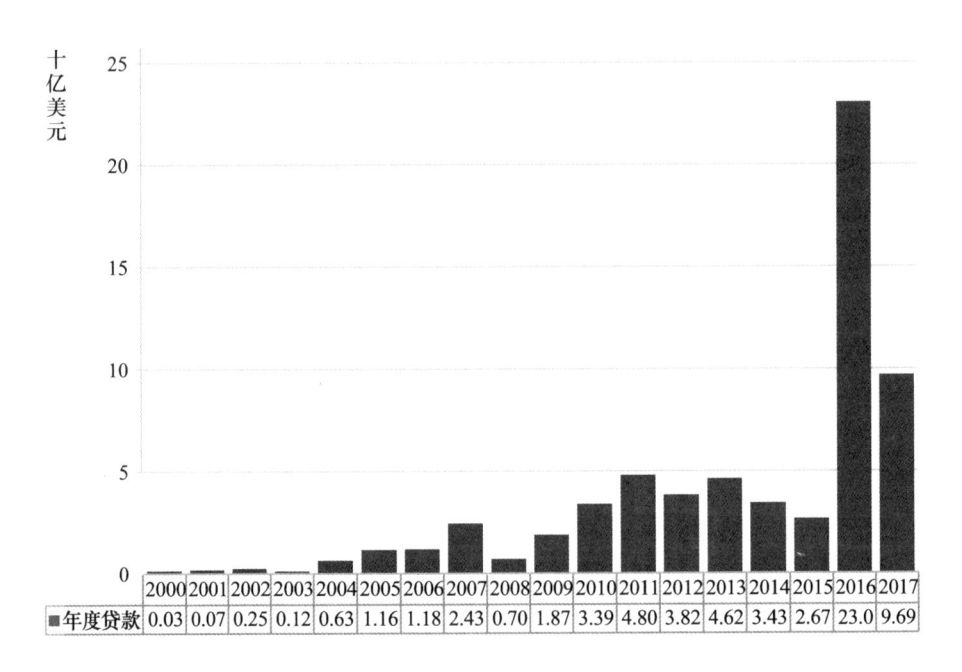

年份	2000	2001	2002	2003	2004	2005	2006	2007	2008	2009	2010	2011	2012	2013	2014	2015	2016	2017
年度贷款（十亿美元）	0.03	0.07	0.25	0.12	0.63	1.16	1.18	2.43	0.70	1.87	3.39	4.80	3.82	4.62	3.43	2.67	23.0	9.69

图4 中国对南部非洲国家历年贷款数额（2000—2017年）

资料来源：Brautigam, Deborah, Jyhjong Hwang, Jordan Link, and Kevin Acker (2019) "Chinese Loans to Africa Database", Washington, DC: China Africa Research Initiative, Johns Hopkins University School of Advanced International Studies。

中国对南部非洲国家贷款最多的国家是安哥拉，2000—2017年中国对安哥拉贷款总额高达431.5亿美元，远远高于排名第二的赞比亚（86.4亿美元）和排名第三的南非（38.2亿美元）。（参见图5）

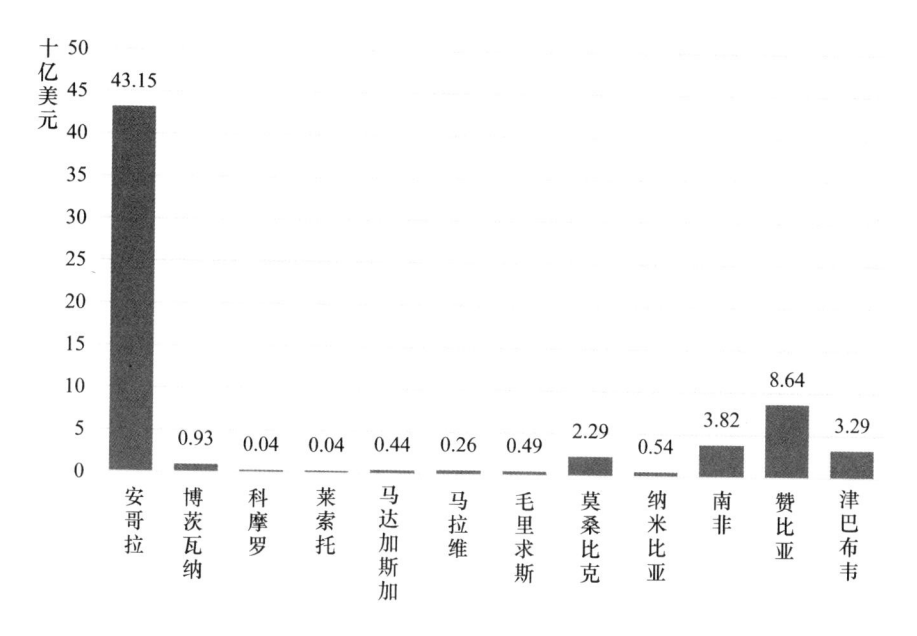

图5 中国对南部非洲各个国家贷款数据图（2000—2017年）

资料来源：Brautigam, Deborah, Jyhjong Hwang, Jordan Link, and Kevin Acker. "Chinese Loans to Africa Database", Washington, DC: China Africa Research Initiative, Johns Hopkins University School of Advanced International Studies。

安哥拉是撒哈拉以南非洲的第三大经济体和最大吸收外资国家之一。目前，安哥拉是中国在非洲仅次于南非的第二大贸易伙伴、全球第三大石油进口来源国（位列俄罗斯、沙特阿拉伯之后）、主要对外承包工程市场和重要融资合作伙伴。而中国是安哥拉第一大贸易伙伴国、第一大出口目的地国、第一大进口来源国。

中国对安哥拉贷款项目较多，是基于双方全面战略合作伙伴关系基础上的"一揽子"合作。长期以来，非洲部分国家以石油、天然气等自然资源作为抵押品向中方获取优惠贷款，中国帮助相关非洲国家加强基础设施建设。这种援助模式源自2003年中国进出口银行向安哥拉提供的石油担保贷款，因此也被外界称为"安哥拉模式"。不可否认，"安哥拉模式"是具备后发优势的非洲国家和中国共同探索出来的合作模式，是非洲国家工业化进程中的探索实践,也必然会随着非洲相关国家经济发展而转型升级。

(二) 东部非洲

此处统计的东部非洲国家包括布隆迪、吉布提、厄立特里亚、埃塞俄比亚、肯尼亚、卢旺达、塞舌尔、南苏丹、苏丹、坦桑尼亚、乌干达11国,不包括索马里。

东部非洲国家向中国贷款较高的年份集中在2013—2014年,其中,2013年中国对东部非洲国家贷款总额为85.4亿美元,2014年回落至55.2亿美元,随后呈逐年下降趋势。(参见图6)

年份	2000	2001	2002	2003	2004	2005	2006	2007	2008	2009	2010	2011	2012	2013	2014	2015	2016	2017
年度贷款	0.01	0.19	0.05	1.28	0.25	0.36	1.83	1.44	0.36	2.44	1.56	2.46	2.97	8.54	5.52	4.86	2.46	1.06

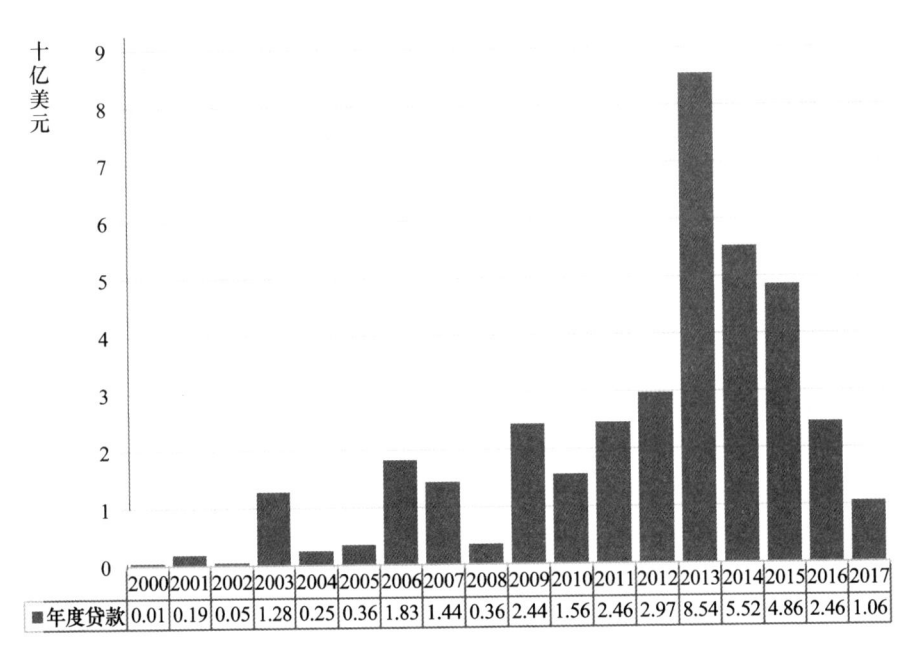

图6 中国对东部非洲国家历年贷款数额(2000—2017年)

资料来源:Brautigam, Deborah, Jyhjong Hwang, Jordan Link, and Kevin Acker. "Chinese Loans to Africa Database", Washington, DC: China Africa Research Initiative, Johns Hopkins University School of Advanced International Studies。

2000—2017年,中国对东部非洲国家贷款较多的国家分别为埃塞俄比亚(138亿美元)、肯尼亚(89亿美元)和苏丹(65亿美元)。(参见图7)

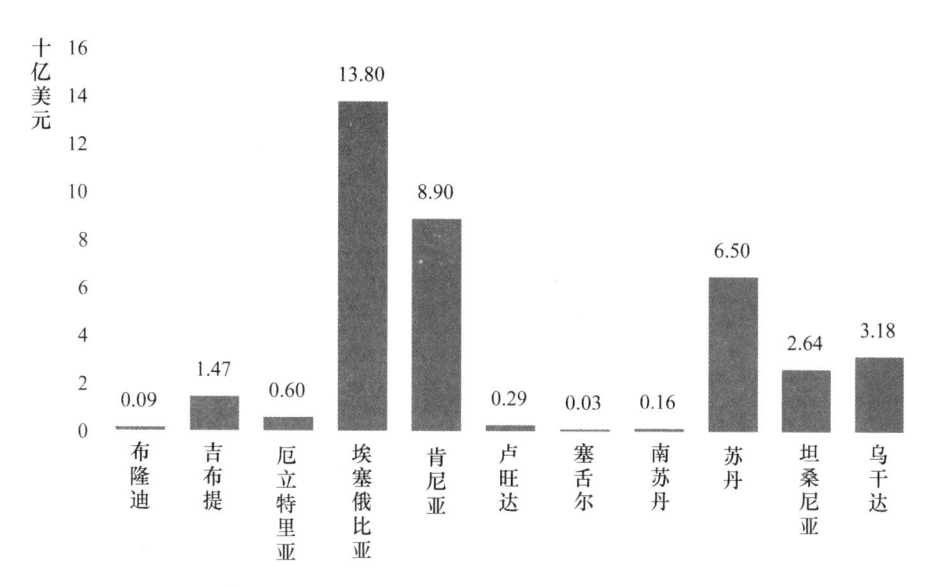

图 7　中国对东部非洲各个国家贷款数据图（2000—2017 年）

资料来源：Brautigam, Deborah, Jyhjong Hwang, Jordan Link, and Kevin Acker. "Chinese Loans to Africa Database", Washington, DC: China Africa Research Initiative, Johns Hopkins University School of Advanced International Studies。

埃塞俄比亚是首先成为中非产能合作的先行先试国家，中埃双方在基础设施建设、产业园区等方面合作取得显著成效，产生良好示范效应。2018年9月，中埃两国政府签订了"一带一路"合作谅解备忘录。

肯尼亚连续数年成为吸引中国投资最多的非洲国家。肯尼亚政府公布的30多个"旗舰项目"中，中肯合作项目近半数。中国是肯尼亚的第一大贸易伙伴、第一大工程承包商来源国、第一大投资来源国以及增长最快的海外游客来源国。

苏丹是中国在东北部非洲地区重要的经贸合作伙伴，一直是中国传统重点受援国，中国在苏丹援建了道路、桥梁、医院、学校等一批基础设施和公益性项目。中国已连续多年保持苏丹第一大投资国、第一大贸易伙伴、第一大承包工程伙伴国的地位。

(三) 西部非洲

此处统计的西部非洲国家包括贝宁、佛得角、科特迪瓦、加纳、几内亚、利比里亚、马里、毛里塔尼亚、尼日尔、尼日利亚、塞内加尔、塞拉利昂、多哥13国，不包括布基纳法索、冈比亚、几内亚比绍、西撒哈拉。

中国对西部非洲国家贷款较高的年份是2013年和2017年。其中，2013年，中国对西部非洲国家贷款总额为51.2亿美元，2017年则为29.5亿美元。（参见图8）与其他非洲区域相比，中国对西部非洲国家贷款总额相对较少。

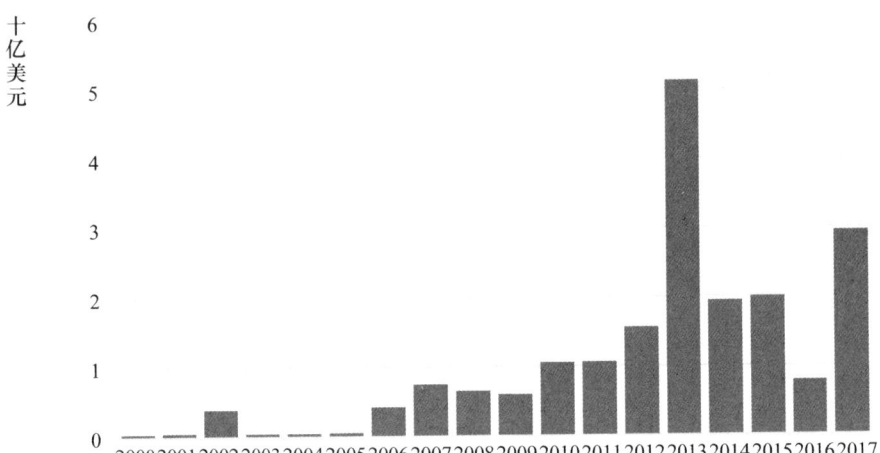

年份	2000	2001	2002	2003	2004	2005	2006	2007	2008	2009	2010	2011	2012	2013	2014	2015	2016	2017
年度贷款	0.04	0.02	0.39	0.05	0.05	0.02	0.42	0.75	0.65	0.60	1.06	1.06	1.56	5.12	1.94	2.00	0.78	2.95

图8　中国对西部非洲国家历年贷款数额（2000—2017年）

资料来源：Brautigam, Deborah, Jyhjong Hwang, Jordan Link, and Kevin Acker. "Chinese Loans to Africa Database", Washington, DC: China Africa Research Initiative, Johns Hopkins University School of Advanced International Studies。

2000—2017年，中国对西部非洲国家贷款较多的国家分别为尼日利亚（52.9亿美元）、加纳（35亿美元）和科特迪瓦（27.8亿美元）。（参见图9）

尼日利亚是非洲第一大经济体，是非洲第一大石油生产和出口国。尼

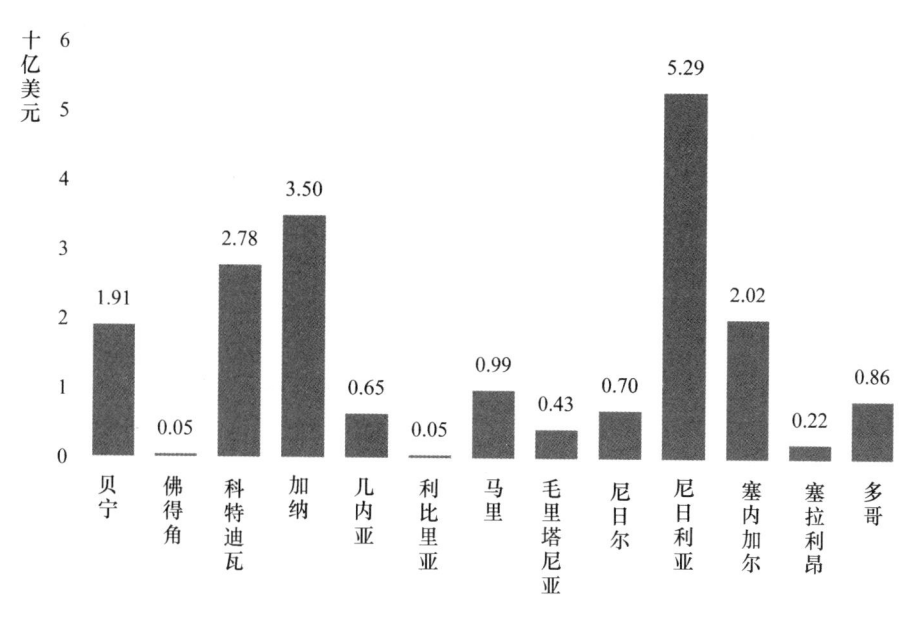

图9 中国对西部非洲各个国家贷款数额（2000—2017年）

资料来源：Brautigam, Deborah, Jyhjong Hwang, Jordan Link, and Kevin Acker. "Chinese Loans to Africa Database", Washington, DC: China Africa Research Initiative, Johns Hopkins University School of Advanced International Studies。

日利亚是中国在非洲的第二大出口市场、第三大贸易伙伴、第一大承包工程市场和主要投资目的地。2018年9月，中尼两国政府签订了"一带一路"合作谅解备忘录。

加纳是撒哈拉以南非洲国家中较早与中国建交的国家，中加贸易发展迅速，中国已成为加纳第一大进口来源地和重要的贸易伙伴。中国对加纳投资持续上扬，已连续多年成为其重要外资来源国。2018年9月，中加两国政府签订了"一带一路"合作谅解备忘录。

科特迪瓦是西部非洲重要的法语非洲国家。中资企业在科特迪瓦通信、交通、电力等基础设施领域承揽了一批有影响的项目，并在资源开发合作、农业合作领域积极开展对科投资。

（四）北部非洲

此处统计的北部非洲国家包括阿尔及利亚、埃及、摩洛哥、突尼斯4

国，不包括利比亚。

中国对北部非洲国家贷款较高的年份是 2016 年和 2017 年。其中，2016 年，中国对北部非洲国家贷款总额为 18 亿美元，2017 年则为 11.9 亿美元。（参见图 10）与其他非洲区域相比，中国对北部非洲国家贷款总额最少，这与该地区国家数量少，贷款项目集中度较高有关。

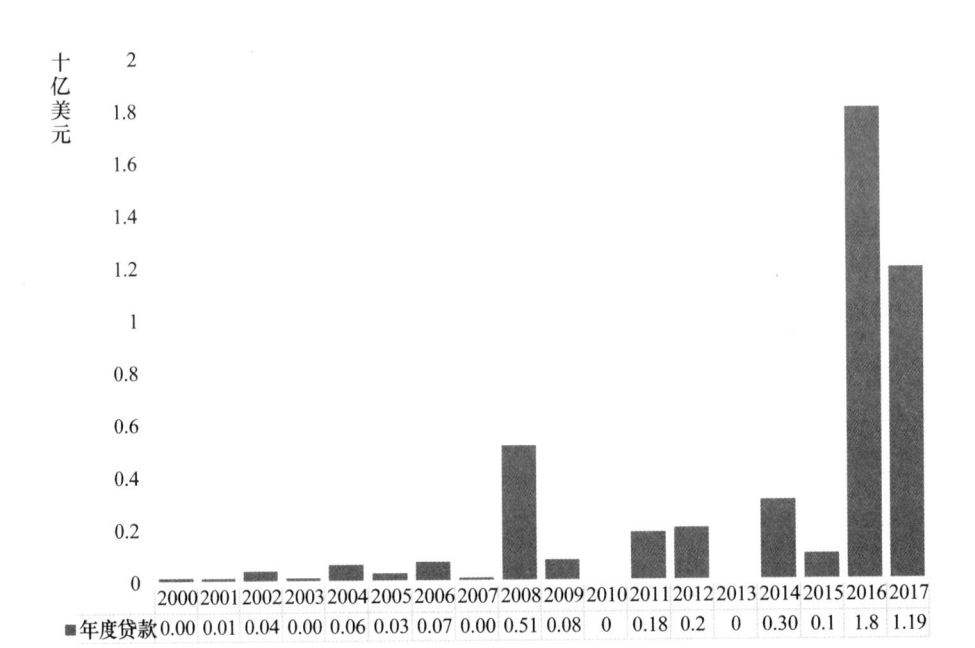

年份	年度贷款（十亿美元）
2000	0.00
2001	0.01
2002	0.04
2003	0.00
2004	0.06
2005	0.03
2006	0.07
2007	0.00
2008	0.51
2009	0.08
2010	0
2011	0.18
2012	0.2
2013	0
2014	0.30
2015	0.1
2016	1.8
2017	1.19

图 10 中国对北部非洲国家历年贷款数额（2000—2017 年）

资料来源：Brautigam, Deborah, Jyhjong Hwang, Jordan Link, and Kevin Acker. "Chinese Loans to Africa Database", Washington, DC: China Africa Research Initiative, Johns Hopkins University School of Advanced International Studies。

2000—2017 年，中国对北部非洲国家贷款较多的国家分别为埃及（34.21 亿美元）和摩洛哥（10.32 亿美元）。（参见图 11）

埃及是世界上最重要的文明古国之一，地处亚欧非三大洲交界处，扼守"21 世纪海上丝绸之路"的战略要冲，对接"一带一路"倡议有着天然的地理优势。埃及是第一个与中国建交的阿拉伯国家和非洲国家。目

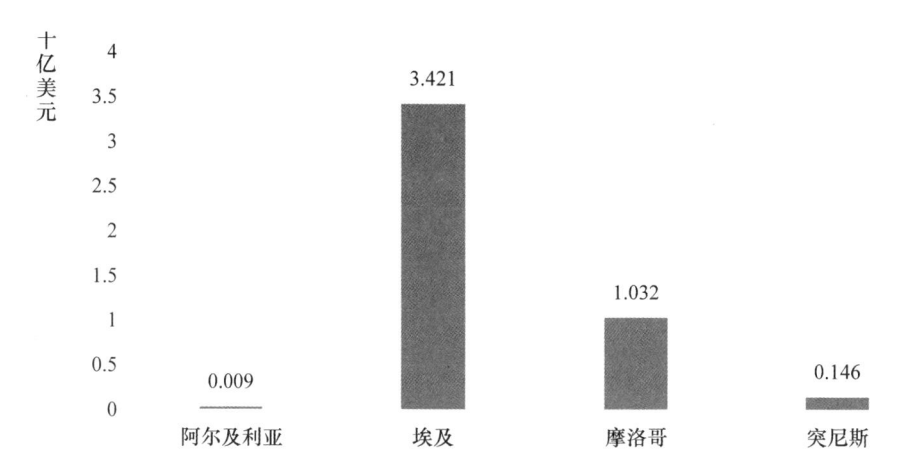

图 11　中国对北部非洲各个国家贷款数额（2000—2017 年）

资料来源：Brautigam, Deborah, Jyhjong Hwang, Jordan Link, and Kevin Acker. "Chinese Loans to Africa Database", Washington, DC：China Africa Research Initiative, Johns Hopkins University School of Advanced International Studies。

前，中国是埃及最大的贸易伙伴，双方在工业、能源、电信、基础设施建设等领域开展了全方位的合作。

摩洛哥是经济发展水平较高的非洲国家，2018 年建成了非洲第一条全长达 200 公里的高铁（从丹吉尔到盖尼特拉）。中摩两国建立了战略伙伴关系，签署了共建"一带一路"谅解备忘录。中国是摩洛哥机电产品、纺织品及原料、家具、玩具和鞋靴伞等轻工产品的第一大进口来源地，摩洛哥有优势有条件成为中国企业开拓非洲和欧洲市场的平台。

（五）中部非洲

此处统计的中部非洲国家包括喀麦隆、中非共和国、乍得、刚果（布）、刚果（金）、赤道几内亚、加蓬 7 国，不包括圣多美和普林西比。

中部非洲国家对中国贷款较高的年份是 2012 年、2015 年和 2008 年。其中，2012 年为 37.6 亿美元，2015 年为 24.5 亿美元，2008 年则为 21.9 亿美元。（参见图 12）中国对中部非洲国家年度贷款金额起伏较大，主要与区域内重大合作项目密切相关。

2000—2017 年，中国对中部非洲国家贷款较多的国家分别为喀麦隆

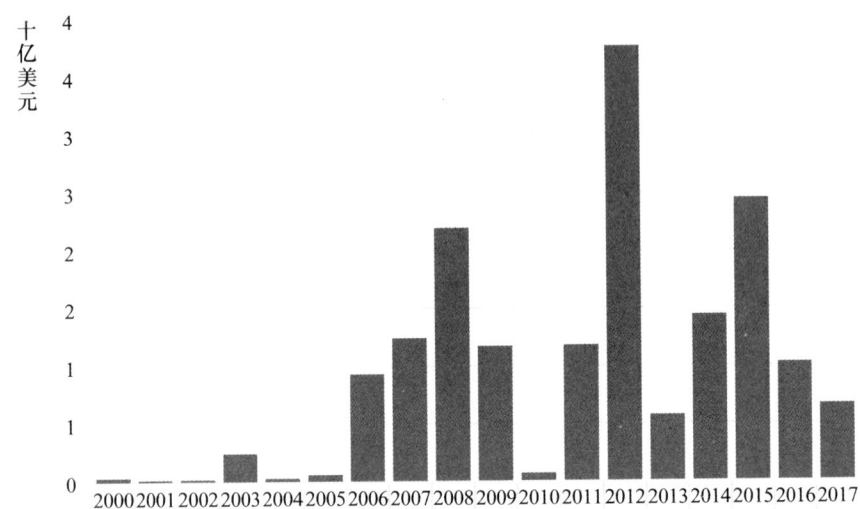

	2000	2001	2002	2003	2004	2005	2006	2007	2008	2009	2010	2011	2012	2013	2014	2015	2016	2017
年度贷款	0.04	0.02	0.01	0.25	0.02	0.06	0.93	1.24	2.19	1.17	0.07	1.18	3.76	0.57	1.44	2.45	1.03	0.67

图12 中国对中部非洲国家历年贷款数额（2000—2017年）

资料来源：China Africa Research Initiative, Johns Hopkins University School of Advanced International Studies, Washington DC：CARI. See http://www.sais-cari.org/data。

（55.6亿美元）、刚果（布）（50.7亿美元）和刚果（金）（33.4亿美元）。（参见图13）

喀麦隆是中资企业和华人华侨在中部非洲地区开展国际贸易、投资合作以及承揽工程的首选国之一，同时也具备与中国开展国际产能合作的条件。

刚果（布）是中国传统受援国，自两国建交以来承接了中国大量援外项目，包括物资、技术合作、成套项目等多个领域。刚果（布）是首先成为中非产能合作的先行先试国家，中资企业在刚果（布）的投资主要集中在承包工程、石油、矿产、林业和渔业等领域。

刚果（金）是中部非洲地区的矿产与能源大国，中资企业在刚果（金）投资合作主要集中在矿产品加工和资源合作、电信、农业等领域。中国与刚果（金）双边经贸合作不断发展，形成了以投资、发展援助、"两优"贷款项目为支撑的"三位一体"的格局。

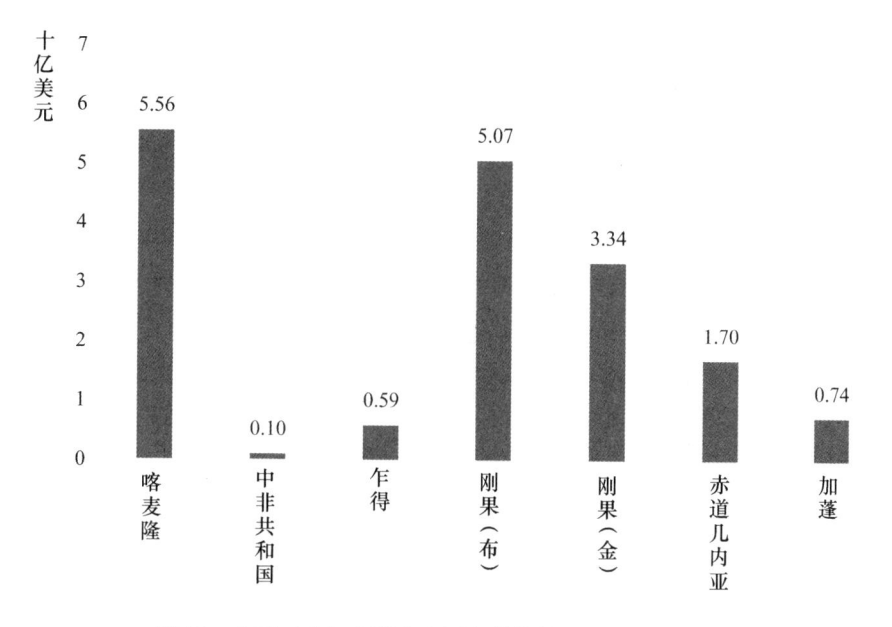

图13　中国对中部非洲各个国家贷款数额（2000—2017年）

资料来源：China Africa Research Initiative, Johns Hopkins University School of Advanced International Studies, Washington DC：CARI. See http：//www.sais-cari.org/data。

三　结语

中国对非洲国家的贷款与融资支持主要用于当地基础设施建设和生产性领域，中国在减免非洲国家债务、拓展融资渠道、增加援助与投资等方面取得了显著成效，被非洲方面所普遍肯定。在2000—2017年期间，中国对非洲国家贷款最多的5个国家分别为安哥拉（431.5亿美元）、埃塞俄比亚（138亿美元）、肯尼亚（89亿美元）、赞比亚（86.4亿美元）和苏丹（65亿美元），在中国贷款与融资的支持下，上述非洲国家自主发展能力明显增强，社会经济发展环境明显改善。当前，新冠肺炎疫情席卷全球，非洲国家不同程度陷入经济发展困境，在一段时期内对中非经贸合作产生重大影响。中国始终秉持构建人类命运共同体理念，坚持"真、实、亲、诚"的对非合作理念和正确义利观。"中国将在两年内提供20亿美元国际援助，用于支持受疫情影响的国家特别是发展中国家抗疫斗争以及经济社会恢复发展；中国将建立30个中非对口医院合作机制，加快建设非洲疾控中心总部；中国将同二十国集团成员一道落实'暂缓最贫困国家债务偿付倡议'。"① 未来，中国继续在科学规划、经济可行、循序渐进的基础上，同非洲国家加强沟通和合作，确保对非洲国家贷款与融资可持续发展。

作者简介

黄玉沛，经济史博士，浙江师范大学经济与管理学院、中非国际商学院副教授，主要从事非洲债务问题、中非经贸合作等方面的研究。

Report on China's Loans to African Countries 2018—2019

Author：Huang Yupei, PhD in Economic History, Associate professor of College of Economics and Management, China – Africa International Business School of Zhejiang Normal University. His research interest focus on African debt sustainability, China – Africa economic and trade cooperation, etc.

Abstract：In order to meet the investment needs in infrastructure construction and productive fields, and to fill the funding gap caused by rapid economic development in African countries, China has implemented various investment and financing cooperation projects and become one of the main sources of loans for African countries. Under the framework of Forum on China – Africa Cooperation, China has taken positive financial measures for African countries, implemented debt relief and formed an aid system with Chinese characteristics, which embodies the "action oriented and pragmatic" in China – Africa cooperation. China's total loans to African countries amounted to 145.7 billion US dollars during the 2000 – 2017 period. In terms of regional distribution, Southern Africa is the region where China has more loans to Africa. In terms of country distribution, Angola, Ethiopia, Kenya, Zambia and Sudan are the countries with more loans from China.

---

① 《习近平在第73届世界卫生大会视频会议开幕式上的致辞（全文）》，新华网，2020年5月18日，http://www.xinhuanet.com/politics/leaders/2020 – 05/18/c_1126001593.htm，访问日期：2020 – 5 – 19。

中国与乌干达经贸合作发展报告(2018—2019)

杨 璨

[内容摘要] 2019年中乌经贸发展态势良好。中乌贸易总额较前两年略有回升,其中中国对乌干达出口额有所增长,中国从乌干达进口额有所下降;中乌贸易总额占中非贸易总额的比重略有回升,总体呈上升趋势;中乌贸易差额呈扩大趋势,并将有长期的大额顺差,但中乌贸易顺差的增长率整体下降;中乌贸易商品品类集中、单一。展望未来,疫情过后,中乌贸易额将持续上升;中国将对乌干达出口更大比重的高附加值产品,但进口商品结构短期内不会出现太大的变化;中国对乌干达的贸易顺差过大,进口商品的结构单一,是今后中国与乌干达贸易合作中急需解决的问题。

过去20年里,中乌贸易发展迅速,中国在2016年就超过印度成为乌干达最大的进口来源国,此前印度连续七年作为乌干达的最大进口来源国,而在2001年,中国在乌干达进口来源国排名中仅排名第八。2019年9月6日习近平主席会见了乌干达总统穆塞韦尼,习近平主席表示愿同乌方一道,以共建"一带一路"和落实北京峰会成果为契机,加强治国理政特别是减贫经验交流,实施好重大基础设施建设项目,帮助乌方加快工业化进程,加强民生等领域合作,穆塞韦尼表示愿同中方深化交通运输、工业园区、电力、人力资源等领域合作。[①] 中乌两国在经贸投资领域的深化合作,将为中乌经贸合作发展迎来新的时期。

---

① 新华社:《习近平会见乌干达总统穆塞韦尼》,http://www.xinhuanet.com/politics/leaders/2018-09/06/c_1123389794.htm,访问日期:2020-5-3。

一 2018年以来中国与乌干达经贸合作的进展

（一）中乌贸易总额开始回升，发展态势良好

2001年中国加入世界贸易组织以来，中国对外贸易量长期、持续、快速增长，中乌贸易总额整体而言也在快速增长。除2013年同比2012年降低2.6%外，中乌贸易总额从2001年的1747万美元增长至2016年的8.63亿美元，平均每年增长速度为32.21%，然而中乌贸易总额在2017年和2018年连续两年下降。

2019年90%的世界各经济体放慢了发展脚步，世界经济进入中低速增长轨道。[①] 在全球经济增长降速的情况下，中乌贸易总额开始小幅回升，约为7.83亿美元，同比增长4%，发展态势良好。其中中国对乌干达出口贸易总额约7.4亿美元，同比增长4.5%。而中国从乌干达进口贸易总额约0.42亿美元，同比下降8.5%。在中国与世界各国贸易总额的排名中，2018年和2019年中乌贸易总额均排名第137。但出口贸易总额2018年排名第128，2019年排名第125，进口总额2018年排名第150，2019年排名第152。

表1　　　　　　　　　　2001—2019年中乌贸易情况

	中国对乌干达出口额 单位：千美元	中国从乌干达进口额 单位：千美元	中乌贸易总额 单位：千美元	中乌贸易总额 增长率
2001	16240	1236	17476	
2002	28059	5603	33662	92.6%
2003	51389	3503	54892	63.1%
2004	76427	11641	88068	60.4%
2005	79366	20002	99368	12.8%
2006	137802	17785	155587	56.6%
2007	202945	19898	222843	43.2%
2008	230100	17060	247160	10.9%

---

① 人民网：《2019年世界经济形势：进入中低速增长轨道》，https://baijiahao.baidu.com/s?id=1656138763338306020&wfr=spider&for=pc，访问日期：2020-5-3。

续表

	中国对乌干达出口额 单位：千美元	中国从乌干达进口额 单位：千美元	中乌贸易总额 单位：千美元	中乌贸易总额 增长率
2009	231172	20103	251275	1.7%
2010	257526	26567	284093	13.1%
2011	359382	40249	399631	40.7%
2012	495143	42875	538018	34.6%
2013	452213	71925	524138	-2.6%
2014	486569	111569	598138	14.1%
2015	555168	85576	640744	7.1%
2016	825620	37760	863380	34.7%
2017	777325	33388	810713	-6.1%
2018	706400	47167	753567	-7.0%
2019	741310	42278	783588	4.0%

资料来源：进出口贸易额、商品品类数据资料均源于 Trade Map 数据库，（下同）https：//trademap.org/Index.aspx，访问日期：2020-05-10。

（二）中乌贸易总额占中非贸易总额的比重略有回升，总体呈上升趋势

据中国海关统计，自 2001 年以来，中非贸易总额持续增长，最高为 2014 年的 2218 亿美元。2019 年中国与非洲贸易总额约为 2087 亿美元，同比上年增长约 1.9%，其中中国对非洲出口贸易总额约 1132 亿美元，同比增长 7.9%，中国从非洲进口贸易总额约 955 亿美元，同比下降 3.8%。[①] 同时中国与乌干达贸易总额持续增长，中乌贸易总额占中非贸易总额的比重也呈增长态势，最低为 2001 年的 0.16%，最高为 2016 年的 0.57%，而 2019 年约为 0.38%。

在中国与非洲各国贸易总额的排名中，2018 年中乌贸易总额排名第 34，2019 年排名第 33。出口贸易总额 2018 年和 2019 年均排名第 28，进

---

① 凤凰新闻：《2019 年中非、中南双边经贸合作数据》，https：//ishare.ifeng.com/c/s/7udqiUAF3vJ，访问日期：2020-5-3。

口总额2018年和2019年均排名第39。中国对乌干达出口贸易额的排名无论是在世界外贸范围内还是在中非贸易范围内均高于进口额，中国对乌干达的贸易顺差呈扩大趋势。

表2　　　　　中乌贸易总额占中非贸易总额的比率趋势

	中非贸易总额 单位：千美元	中乌贸易总额 单位：千美元	占比
2001	10755752	17476	0.1625%
2002	12346852	33662	0.2726%
2003	18487038	54892	0.2969%
2004	29378021	88068	0.2998%
2005	39667594	99368	0.2505%
2006	55358748	155587	0.2811%
2007	73746378	222843	0.3022%
2008	107065702	247160	0.2308%
2009	90971354	251275	0.2762%
2010	126881762	284093	0.2239%
2011	166164722	399631	0.2405%
2012	198391741	538018	0.2712%
2013	210038893	524138	0.2495%
2014	221480736	598138	0.2701%
2015	178987628	640744	0.3580%
2016	150316770	863380	0.5744%
2017	170646529	810713	0.4751%
2018	203985232	753567	0.3694%
2019	208080433	783588	0.3766%

（三）中乌贸易将长期处于大额顺差，中乌贸易顺差的增长率整体下降

2001 年以来中乌贸易中方持续大额贸易顺差，但贸易顺差的增长率整体下降。

中国对乌干达出口额与从乌干达进口额比值最低在 2004 年，也有 4 倍的差距。这是由于 2004 年进口额大幅上涨，同比 2003 年进口额增长了 232.31%，而出口额仅增长了 48%。该比值在最高时达到 2017 年的 23 倍。就增长率而言，2003 年增长最快，与 2002 年相比增长了 113.20%。近 5 年里，2016 年增长速度最快，与 2015 年相比增长了 67.80%。中乌贸易差额的增长率波动较大，2019 年呈上升趋势，但总体而言增速降低，这与中非合作努力实行降低中非贸易不平衡现象的政策有关。

2018 年乌干达出口总额为 30.87 亿美元，在乌干达与世界各国贸易总额的排名中，中国从乌干达进口额排名第 16，占比 1.04%；而中国对乌干达出口额连续四年排名第一，占比 17.6%。最近十年，中乌贸易差额增长率有四次为负值，但平均增长率为 15.41%，贸易差额的总体趋势是扩大的，中乌贸易将长期处于中方大额顺差。

表3　　　　中乌贸易差额（2001—2019 年，单位：千美元）

	中乌贸易差额	贸易差额增长率	对乌出口额与从乌进口额比值
2001	15004		13.14
2002	22456	49.70%	5.01
2003	47886	113.20%	14.67
2004	64786	35.30%	6.57
2005	59364	-8.40%	3.97
2006	120017	102.20%	7.75
2007	183047	52.50%	10.20
2008	213040	16.40%	13.49
2009	211069	-0.90%	11.50
2010	230959	9.40%	9.69
2011	319133	38.20%	8.93
2012	452268	41.70%	11.55

续表

	中乌贸易差额	贸易差额增长率	对乌出口额与从乌进口额比值
2013	380288	-15.90%	6.29
2014	375000	-1.40%	4.36
2015	469592	25.20%	6.49
2016	787860	67.80%	21.86
2017	743937	-5.60%	23.28
2018	659233	-11.40%	14.98
2019	699032	6.00%	17.53

(四) 中乌贸易商品品类集中、单一

2019年中国对乌干达出口的商品，以工业制成品为主，以HS编码的章注计算，出口额最大的是第85章的电机商品。出口额最大的前5名是第85、84、73、87、90章的电机商品、机械设备、钢铁制品、车辆及零部件、精密仪器等商品，出口额共约4.34亿美元，占中国对乌干达出口额的58.55%。出口额最大的前五名商品同比去年增长3.29%，主要是排名第5的精密仪器同比上年增长了164.22%，为4525万美元。而排名第1和第2的电机商品和机械设备的出口额分别约为1.84亿美元和1.09亿美元，分别同比去年降低10.83%、8.61%。

值得注意的是，2018年第64章的鞋类商品排名第三，出口额为2001年以来最高，约达6660万美元。2018年以前鞋类商品的出口一直是第2、3名，在2003年和2004年鞋类商品出口是第1名，而在2019年大幅下降，是自2011年以来出口额最低的一年，出口额约为3931万美元，排名第6，同比下降40.98%。第63章和第76章的纺织制成品和铝及其制品2019年出口额分别约为1738万美元和1552万美元，同比增长幅度达到154.83%和106.50%，分别排名第10和第13。第5章的动物商品在2001年至2018年期间从未出口至乌干达，而2019年出口额约为850万美元，排名直接上升至第19。

2019年中国对非洲出口商品中，出口额最大的前5名占出口总额的41.7%；且排名第5的为第39章的塑料及其制品；按八位数的HS编码统

计，对非洲出口的商品品类达6156种。

相比而言，中国对乌干达出口商品中，出口额最大的前5名占出口总额的比重更高；塑料及其制品的出口额排名在第9名；出口的商品品类仅2392种。说明中国对乌干达出口的商品品类较为集中、单一。

表4　　　中国对乌干达出口前20类商品的基本情况　（单位：千美元）

	商品类别	2018年出口额	2019年出口额	同比差额	同比增长率	排名
	中国对乌干达出口总额	706400	741310	34910	4.94%	
85	电机、电气设备及其零件；录音机及放声机、电视图像、声音的录制和重放设备及其零件、附件	206159	183832	-22327	-10.83%	1
84	核反应堆、锅炉、机器、机械器具及其零件	119281	109010	-10271	-8.61%	2
73	钢铁制品	46437	48424	1987	4.28%	3
87	车辆及其零件、附件（铁道及电车道车辆除外）	31206	47536	16330	52.33%	4
90	光学、照相、电影、计量、检验、医疗或外科用仪器及设备、精密仪器及设备；上述物品的零件、附件	17126	45251	28125	164.22%	5
64	鞋靴、护腿和类似品及其零件	66605	39311	-27294	-40.98%	6
40	橡胶及其制品	17450	20461	3011	17.26%	7
39	塑料及其制品	13945	20411	6466	46.37%	8
67	已加工羽毛、羽绒及其制品；人造花；人发制品	15748	18544	2796	17.75%	9
63	其他纺织制成品；成套物品；旧衣着及旧纺织品；碎织物	6821	17382	10561	154.83%	10

续表

章注		2018年出口额	2019年出口额	同比差额	同比增长率	排名
94	家具；寝具、褥垫、弹簧床垫、软座垫及类似的填充制品；未列名灯具及照明装置；发光标志、发光铭牌及类似品；活动房屋	16028	16477	449	2.80%	11
30	药品	24808	16220	-8588	-34.62%	12
76	铝及其制品	7518	15525	8007	106.50%	13
54	化学纤维长丝	8902	13714	4812	54.06%	14
38	杂项化学商品	13846	13121	-725	-5.24%	15
29	有机化学品	10517	12358	1841	17.50%	16
42	皮革制品；鞍具及挽具；旅行用品、手提包及类似容器；动物肠线（蚕胶丝除外）制品	9818	12106	2288	23.30%	17
62	非针织或非钩编的服装及衣着附件	10215	8555	-1660	-16.25%	18
05	其他动物商品	0	8501	8501	无	19
83	贱金属杂项制品	6077	6803	726	11.95%	20

2019年中国从乌干达进口的商品，以初级商品为主，以HS编码的章注计算，进口额最大的第12章的商品，进口额为1233万美元，同比降低28.61%。进口额最大的前5名分别是第12、52、41、35、9章的植物及果实、棉花、生皮及皮革、胶、咖啡和茶等商品，进口额共3287万美元，占中国从乌干达进口额的77.75%。进口额最大的前5名商品同上年下降16.99%，进口的商品还是集中在这五类。

较2018年而言，2019年各项不同商品的进口额变化都较大。出口额前10名中，第52章的棉花在2017、2018年中国均没有进口，2019年进口了708万美元，直接排名第2；第35章的胶类商品从2001年至2018年期间我国从未进口，而2019年进口了449万美元，排名直接上升至第4；

排名第 1、3、9 的第 12、41、6 章的植物及果实、生皮及皮革、活植等三类商品进口额均有一定程度的下降，同比分别下降了 28.61%、74.85%、19.67%；进口额增幅最大的是第 13 章的植物液类商品，同比增长 634.64%，进口额为 114 万美元。

2019 年中国从非洲进口商品中，进口额最大的前五名占进口总额的 89%；且排名前 5 的分别为第 27、26、71、74、81 章的矿物燃料、矿砂、珠宝、铜及其制品、贱金属等商品；按 8 位数的 HS 编码统计，从非洲进口的商品品类达 2091 种。

相比而言，中国从乌干达进口商品中，进口额最大的前 5 名占进口总额的比重更低；且进口额前五的商品品类与从非洲进口额前五的商品品类完全不同，这与乌干达的对外贸易以农产品为主有关；中国从乌干达进口的商品品类仅 60 种。说明进口的商品品类也较为集中、单一。

表5　中国从乌干达进口前 20 类商品的基本情况　　　（单位：千美元）

	商品类别	2018 年进口额	2019 年进口额	同比差额	同比增长率	排名
	中国从乌干达进口总额	47167	42278	-4889	-10.37%	
12	含油子仁及果实；杂项子仁及果实；工业用或药用植物；稻草、秸秆及饲料	17270	12329	-4941	-28.61%	1
52	棉花	0	7077	7077	无	2
41	生皮（毛皮除外）及皮革	19820	4984	-14836	-74.85%	3
35	蛋白类物质；改性淀粉；胶；酶	0	4487	4487	无	4
9	咖啡、茶、马黛茶及调味香料	2510	3993	1483	59.08%	5
39	塑料及其制品	1040	2664	1624	156.15%	6
3	鱼、甲壳动物、软体动物及其他水生无脊椎动物	656	2334	1678	255.79%	7
13	虫胶；树胶、树脂及其他植物液、汁	179	1315	1136	634.64%	8

续表

	商品类别	2018年进口额	2019年进口额	同比差额	同比增长率	排名
6	活树及其他活植物；鳞茎、根及类似品；插花及装饰用簇叶	1408	1131	-277	-19.67%	9
20	蔬菜、水果、坚果或植物其他部分的制品	271	623	352	129.89%	10
78	铅及其制品	0	371	371	无	11
48	纸及纸板；纸浆、纸或纸板制品	223	296	73	32.74%	12
44	木及木制品；木炭	90	246	156	173.33%	13
26	矿砂、矿渣及矿灰	3561	199	-3362	-94.41%	14
5	其他动物商品	90	114	24	26.67%	15
25	盐；硫磺；泥土及石料；石膏料、石灰及水泥	0	70	70	无	16
99	其他未注明的商品	18	21	3	16.67%	17
33	精油及香膏；芳香料制品及化妆盥洗品	0	8	8	无	18
84	核反应堆、锅炉、机器、机械器具及其零件	8	3	-5	-62.50%	19
90	光学、照相、电影、计量、检验、医疗或外科用仪器及设备、精密仪器及设备；上述物品的零件、附件	1	3	2	200.00%	20

二 中乌经贸合作前景展望

（一）疫情过后，中乌贸易额将持续上升

首先，受新冠肺炎疫情影响，根据国际货币基金组织的预测，世界贸易额（货物和服务）在2020年将降低3%[1]，但疫情过后，根据预测，

---

[1] World Economic Outlook, April 2020: The Great Lockdown, https://www.imf.org/en/Publications/WEO/Issues/2020/04/14/weo-april-2020，访问日期：2020-5-6。

2021年将增加5.8%。世界各国经济体量的持续增长，为中乌贸易的稳定提供基础支撑。

其次，乌干达自由市场经济的发展：乌干达在过去5年中平均国内生产总值（按购买力平价计算）增长了4.7%，并预计未来两年中平均增长6%。拥有庞大且快速增长的消费市场：乌干达的4300万人的人口以每年3%的速度增长，其中一半人口年龄在15岁以下。拥有丰富的农、林、牧、渔业资源：乌干达拥有大量的肥沃土地，充沛的水资源，适宜的天气条件。乌干达加入了东部非洲共同体（EAC）：加入EAC可以向1.6亿人口的EAC市场免税出口。乌干达较为稳定的经济发展环境和人口数量的提升为中乌贸易的增长提供了基本保障。

再次，中国"一带一路"倡议稳步推进；中非合作论坛北京峰会上审议并通过了《中非合作论坛—北京行动计划（2019—2021年）》；2019年6月25日，国家主席习近平在人民大会堂同乌干达总统穆塞韦尼举行会谈，并一致同意将中乌关系提升为全面合作伙伴关系；2019年12月18日，中共中央政治局委员、中央外事工作委员会办公室主任杨洁篪在恩德培总统府会见穆塞韦尼，双方表示，将推进共建"一带一路"和乌干达"2040年远景规划"密切对接。① 这些契机为中乌两国贸易额稳步提升提供了双边政策支持。中乌贸易额在2020年大幅下降后，将迎来一个稳定的增长期。

（二）中国将对乌干达出口更大比重的高附加值产品，但进口商品结构短期内不会出现太大的变化

乌干达现行的对某些行业的投资进行激励的引导性政策和乌干达工业园区的建设，将逐步改变中乌进出口贸易商品品类的情况。

根据乌干达《国家发展计划2020/2021—2024/2025》，乌干达政府将积极促进对农业、制造业、矿产、石油和天然气以及旅游业等核心经济领域的投资。同时乌干达政府将农业、矿产和石油开发、制造业、旅游业作为优先部门，专注于以资源为主导的工业化，对这几个行业的投资给予较多的优惠政策，如通过乌干达开发银行或其他政府银行以优惠利率利用政

---

① 外交部：《杨洁篪会见乌干达总统穆塞韦尼》，https：//www.fmprc.gov.cn/web/zyxw/t1725940.shtml，访问日期：2020－5－3。

府贷款促进优先部门的私人投资，或根据当地法律，通过财政、计划和经济发展部向优先部门参与者提供税收优惠，以增加这些产业的投资①，对这几个行业的投资给予较多的优惠政策。

同时，中国致力于帮助乌干达进行工业化建设，提高乌干达产品深加工能力。湖南省把乌干达作为对非合作的重点国家，将围绕农业、矿产、园区、能源以及旅游等五大重点领域开展深度合作。② 乌干达政府正在全国范围内布署建立至少 22 个工业园区③，也致力于促进国家工业化、经济多样化，包括中国与乌干达合作建设的乌干达湖南产业园、中国–乌干达国际产能合作工业园、乌干达辽沈工业园、中乌姆巴莱工业园等。

乌干达的这些发展政策将影响中乌贸易商品结构，无论是制造业、矿业、信息通信技术行业的投资，还是工业园区、基础设施的建设都将增加乌干达对较高附加值商品的进口。而乌干达矿业和农业加工业的发展，将增加对矿物燃料、矿砂、金属及其制品、农产品等商品的出口。但是乌干达的工业化进程是一个长期的过程，现阶段乌干达出口贸易商品以咖啡、贵金属、茶和珠宝为主，第 9、71 章的咖啡商品是乌干达主要的出口创汇项目，仅这两章的商品出口额在 2018 年占乌干达出口总额的 34%。因此，中国从乌干达进口商品结构将与中国从非洲进口商品结构趋同，但三至五年内，中国从乌干达进口商品结构不会出现太大的变化。

（三）中国对乌干达的贸易顺差过大，进口商品的结构单一，是今后中国与乌干达贸易合作中急需解决的问题

随着中乌关系的升级，要保证双方贸易合作的可持续性，增加从乌干达的进口尤其重要。

乌干达自 2001 年以来对外贸易一直是逆差，2018 年贸易逆差达 36 亿美元，是乌干达出口额的 1.18 倍。乌干达对贸易逆差问题相当重视，

---

① Ministry of Health, Republic of Uganda："The National Development Plan (NDPIII) 2020/21 – 2024/25"，https：//www. health. go. ug/cause/third – national – development – plan – ndpiii – 2020 – 21 – 2024 – 25/，访问日期：2020 – 5 – 6。

② 潇湘晨报：《乌干达往事中的湘非友谊》，http：//epaper. xxcb. cn/xxcba/html/2019 – 06/07/content_2992148. htm，访问日期：2020 – 5 – 3。

③ Government of Uganda："INDUSTRIAL AND BUSINESS PARKS"，https：//gou. go. ug/content/industrial – and – business – parks，访问日期：2020 – 5 – 6。

穆塞韦尼对杨洁篪表示，非洲国家希望中国向非洲大陆的农产品开放市场，他说，尽管出口到欧洲和美国，非洲的农产品还是有富余。中国对非洲国家的出口远远大于从非洲国家的进口，非洲国家的目标是通过研究中国消费者的需求调整贸易关系，以缩小贸易逆差。乌干达也不例外，穆塞韦尼说，中国有兴趣从乌干达进口一些水产品，例如尼罗河鲈鱼。[1]

中乌传统友谊深厚，建交58年来，两国各领域友好互利合作成果丰硕[2]，展望未来，中乌经贸合作将给两国人民带来实实在在的实惠。

表6　　　　　　　　　　乌干达对外贸易差额

年份	贸易差额单位：千美元
2001	-554952
2002	-606373
2003	-843506
2004	-1066673
2005	-1241327
2006	-1595114
2007	-2156686
2008	-2801564
2009	-2679757
2010	-3045735
2011	-3471798
2012	-3686654
2013	-3409774
2014	-3811564
2015	-3261108
2016	-2347146
2017	-2694239
2018	-3642103

---

[1] South China Morning Post：“Uganda asks China to buy African agricultural products to cut trade deficit”，https：//www.scmp.com/news/china/diplomacy/article/3043040/uganda-asks-china-buy-african-agricultural-products-cut-trade，访问日期：2020-5-6。

[2] 第一财经：《习近平：为中国乌干达关系发展注入新动力》，https：//www.yicai.com/news/4593005.html，访问日期：2020-5-6。

作者简介

杨璨，男，湘潭大学法学院非洲法方向博士生，主要从事非洲金融法研究。

Annual Report on the Development of China and Uganda Trade Cooperation (2018 – 2019)

Author: Yang Can, a doctoral student in the field of African law in the school of law of Xiangtan University, majoring in African Financial Law research.

Abstract: In 2019, the economic and trade development trend of China and Uganda is good. Compared with the previous two years, the total trade volume between China and Uganda has slightly increased, of which China's export to Uganda has increased, and China's import from Uganda has decreased; the proportion of total trade between China and Uganda in the total trade between China and Africa has risen slightly, showing an overall upward trend; the trade balance between China and Uganda is expanding, and there will be a long – term large surplus, but the growth rate of the trade surplus between China and Uganda will decline as a whole; The categories of trade goods between China and Uganda are centralized and single. Looking forward to the future, after the epidemic, the trade volume between China and Uganda will continue to rise; China will export a larger proportion of high value – added commodities to Uganda, but the import commodity structure will not change much in the short term; China's trade surplus with Uganda is too large, and the import commodity structure is single, which is an urgent problem to be solved in the future trade co – operation between China and Uganda.

中非人文交流发展报告(2018—2019)

王 珩　王丽君

[内容摘要] 人文交流是政治互信的基础、经贸互通的保障、民心互动的桥梁，对中非合作具有基础性、战略性的长远意义。在"一带一路"国际合作背景下，近年中非在教育、文化、科技、旅游、媒体、卫生、智库、影视、体育等领域以及地方间的交流与合作取得了诸多成果，呈现出程度更深入、机制更成熟、领域更广泛、主体更多元等特点，有效促进了民心相通。在当前国际格局加速演变的形势下，中非双方应秉持真实亲诚的合作理念，贯彻落实峰会成果，深化中非合作共识，发挥多主体聚合优势，为推动中非人文交流的进一步发展、构建更加紧密的中非命运共同体打下坚实基础。

党的十九大报告指出，人文交流作为党和国家对外工作的重要组成部分，是夯实中外关系社会民意基础、提高我国对外开放水平的重要途径。在人类百年未有之大变局的时代背景下，人文交流的重要性日益凸显，与政治互信、经贸往来一道，成为我国对外关系的三大支柱。人文交流对于中非合作具有基础性战略意义，是提升中非合作大局、维护中非共同发展利益的长期投资与风险防控举措。[①] 中非合作之舟的行稳致远，离不开人文交流的保驾护航。2018 年中非合作论坛北京峰会通过的《中非合作论坛—北京行动计划（2019—2021 年）》对今后一段时期内中非各领域的务

[①] 王珩：《奏响中非人文交流新乐章》，《光明日报》2018 年 9 月 4 日。

实合作进行了规划，描绘了中非合作共赢、共同发展的崭新蓝图。

一　传统领域人文交流深入开展

中非人文交流由来已久，在教育、文化、卫生、体育、地方交流等传统领域积累了丰富的经验和丰硕的成果，为双方未来的长远发展打下了深厚基础。

（一）教育合作不断推进

中非教育合作是人文交流的重要组成部分。中非高等教育合作在培养高端人才、助力教育外交中作用突出。2019年4月2日举办的"中非高等教育论坛"为推动中非各国扩大文化交流、落实中非合作论坛北京峰会成果打下良好基础。6月26日，"中非教育合作与人文交流"研讨会举办，浙江师范大学非洲研究院中非教育合作研究中心揭牌，这是高校进一步深化中非教育合作与人文交流研究，对接"一带一路"建设，助推中非关系发展和浙非战略合作的又一重要举措。[①] 职业教育方面，中国在非洲建设的"鲁班工坊"为非洲青年提供了学历教育和职业培训机会；黄河水利职业技术学院赞比亚大禹学院培养了非洲急需的本土技术型人才。留学生教育方面，2018年来华的非洲留学生总数为81562人，占来华留学生总人数的16.57%，各学历层次人数均有所增加。此外，中国已在46个非洲国家开设了61所孔子学院和48个孔子课堂，2019年新设立的圣多美和普林西比大学孔子学院、毛里塔尼亚努瓦克肖特大学孔子学院、突尼斯迦太基大学孔子学院皆是落实"一带一路"倡议和"八大行动"的具体成果。它们通过国际汉语教育抓住民心，提高了中国在非的影响力，成为传播中华文化的重要途径。

（二）文化交流异彩纷呈

为更好对接《非盟文化和创意产业行动计划》的需求，中方积极支

[①] 浙江师范大学非洲研究院：《"中非教育合作与人文交流"研讨会顺利召开　浙江师范大学非洲研究院中非教育合作研究中心成立》，http：//ias.zjnu.cn/2019/0627/c6141a294161/page.htm，2019-6-27。

持非洲国家加入丝绸之路国际剧院、博物馆、艺术节等联盟，鼓励中非双方开展思想对话和沟通，共同推动国际汉学和非洲研究的发展。南非政府宣布将每年的 9 月 17 日定为"南非中文日"，以推进中南双方通过语言交流加强两国人民之间的相互理解。2019 年 7 月 15 日，首次在摩洛哥首都拉巴特开幕的"艺术中国汇·新青年"画展呈现了中国当代优秀青年艺术家的艺术思考和创作面貌，也为两国青年艺术家交流与对话搭建了平台。同年 8 月 7 日，中国文化之旅系列讲座及交流活动——"儒家传统的复兴与中华文化认同的重构"在埃及最高文化委员会举行，该活动使中国优秀传统文化在海外得到了更好的传播。中国驻摩洛哥大使馆、拉巴特中国文化中心共同策划举办了"讲述中国"摩洛哥名人系列讲座，旨在通过摩洛哥知名人士的讲述，使更为真实和全面的中国形象得以在当地主流社会得到展现。此外，由浙江师范大学非洲研究院参与举办的第三届"中非水文明国际研讨会"与首届"中非纺织服装合作暨中非文化交流国际论坛"，进一步拓展了中非水文明与服饰文明两个方面的国际交流合作。

（三）公共卫生合作升温

中非公共卫生合作在以往抗击埃博拉病毒、沙拉热疫情、疟疾等疾病时已取得很大进展。2000 年成立的中非合作论坛，推动了中非卫生健康合作进入"快车道"。从 2015 年中非合作论坛约翰内斯堡峰会的"十大合作计划"将中非公共卫生合作计划涵盖其中，到 2018 年中非合作论坛北京峰会的"八大行动"提出实施健康卫生行动，中国对非医疗卫生援助顺应了非洲发展需求，为共筑更加紧密的中非命运共同体增添了力量。[1] 为切实解决偏远地区百姓的就医困难问题，增进中非人民之间的友谊，2019 年 11 月 27 日，在中非共和国首都班吉由中国援建的友谊医院里举行了中国援非"光明行"眼科白内障手术义诊活动及设备药品捐赠仪式。近年来，中国在非洲开展"爱心行""光明行"和"微笑行"等项目，让"走出去""请进来"相结合的中国援外医疗模式在非洲开花结

---

[1] 《救死扶伤，让人道主义精神熠熠生辉——顺应非洲发展需求，中国援非医疗队为当地医疗卫生事业作出特殊贡献》，https：//www.focac.org/chn/zfgx/rwjl/t1720978.htm，2019 - 12 - 3。

果，为提高非洲国家卫生事业自主发展能力提供了有力支持。2019年中非双方在中医药医疗服务、科学研究、教育培训等方面进行了全面战略合作，推动了中医药海外发展。援摩医疗队首次将中医带进摩洛哥的大学医学院，将精湛的医疗技术与中国传统医学相结合，在助力"一带一路"建设、传播中医药文化方面起到了积极作用。在抗击新冠肺炎疫情中，中非守望相助，生动诠释了中非命运共同体的内涵。

（四）体育合作影响广泛

体育合作现已成为中非传统友谊生命力的生动体现。随着中国的不断发展和中非体育交流的不断加深，中国向非洲一些国家派出了不少顶尖的体育专家，使非洲国家乒乓球、排球等项目的水平有了明显提高。在"一带一路"建设推进过程中，体育交流进一步加深中非人民的友好情感，为树立中国形象和传播中华文化提供更为广阔的平台。[①] 自2008年始，中方资助的中国大使杯乒乓球赛已在非洲多国举办，促进了这些国家乒乓球运动的发展，增进了双方的友谊。3月12日，"2019非洲文化体育交流会"在埃及首都开罗举办。该会以6月将在埃及举行的非洲国家杯（非洲杯）为契机，促进中国与非洲国家通过足球实现更深入的交流与融合。借着这波足球热潮，驻马里使馆联合医疗队成立首支在马中国足球队，与马里青年和体育部公务员足球队进行友谊赛，在丰富使馆开展公共外交思路的同时，拉近了使馆与马里政府官员和普通民众之间的距离。此外，中方一直致力于中国武术在非洲的推广，中国驻坦桑尼亚使馆、坦新闻文化艺术和体育部于8月11日共同举办的2019年坦桑尼亚国际武术比赛，促使越来越多的当地民众开始喜欢并学习中国武术。

（五）地方交流不断拓展

地方交流一直是中非合作不可或缺的部分。国际友城交往是国家交往的重要组成部分，是增进人民感情、促进合作共赢的重要纽带，其根在人

---

① 商务部：《体育交流成为中非合作广阔平台》，http：//www.mofcom.gov.cn/article/i/dxfw/gzzd/201901/20190102824643.shtml，2019 - 1 - 3。

民，其源在交心。① 长沙与相隔万里的刚果（布）首都布拉柴维尔是中非第一对正式缔约的友好城市，其友好交往历史可追溯到1982年8月。2019年10月11日在杭州举行的首届浙江省国际友城媒体合作传播论坛是新时代中非地方交流的续写，该论坛以"交流互鉴与合作传播"为主题，来自亚洲、欧洲、美洲、非洲等67个国家的近120位媒体代表、海外知名智库高层参与其中，共同探讨了媒体格局和舆论生态深刻变革形势下，全球媒体面临的机遇挑战、承载的时代使命。同年11月11日，由金华市人民政府和浙江师范大学共同主办的2019金华中非文化合作交流周暨中非经贸论坛以"加强中非文化互动，促进中非经贸繁荣"为主题，来自25个非洲国家和加拿大等国的政府官员、驻华使节、商协会代表、专家和文化学者、企业代表等近千人齐聚一堂，共叙友情、共商合作、共话未来。本次活动是金华市和浙江师范大学进一步整合对非资源，搭建互学互鉴新桥梁的一次有效尝试，对拓展中非经贸交流，充分发挥金华在国际市场上的贸易优势和推进跨境电商发展意义重大。② 地方友好的交流互动必将增益中非交往的大局。

二 新兴人文交流领域不断拓展

中非在人文交流中不断开辟新的领域，近年来在科技、旅游、媒体、智库、影视等领域的合作不断加强，并积极落实中非合作论坛项目，对接"一带一路"发展，加快推进中非命运共同体的建设。

（一）科技合作受到关注

面对新一轮科技革命所带来的机遇与挑战，中非有必要加强科技人才培养，促进科技提案交流，深化科技产品创新，加快科研成果转化。习近平主席在中非合作论坛北京峰会上提出中方将继续推进实施"一带一路"科技创新行动计划和"中非科技伙伴计划2.0"，重点围绕改善民生和推动国家经济社会发展的科技创新领域，并与非方合作推进实施"非洲科

---

① 浙江师范大学非洲研究院：《刘鸿武院长受邀带团出席首届浙江省国际友城媒体合作传播论坛》，http://ias.zjnu.cn/2019/1013/c6141a302186/page.htm，2019-10-13。
② 张伟伦：《发挥地方优势 让中非合作走深走实》，《中国贸易报》2019年11月14日。

技和创新战略",帮助非方加强科技创新能力建设。2019年5月14日,由科技部国际合作司、外交部非洲司和湖北省科技厅共同主办的"非洲青年科技人员创新中国行"活动是《中非合作论坛——北京行动计划(2019—2021年)》确定的内容之一,也是落实中非合作论坛北京峰会成果的重要举措。此外,中方也欢迎非方科技人员积极参与"先进适用技术与科技管理培训班""国际杰出青年科学家交流计划"与"藤蔓计划(国际青年创新创业计划)"等项目。同年11月2日,由北京大学与联合国教科文组织非洲部主办的北京论坛(2019)"中非大学科技创新与科技成果转化"专场论坛在北京大学举行。该论坛围绕中非高校科技创新与国际合作、科技成果转化与高校科技园建设议题深入开展对话交流,进一步推动了中非在科技创新与科研成果转化等领域加深合作。

(二)旅游交流受到追捧

在"一带一路"倡议下,中非文化和旅游的交流合作迎来了新的发展机遇。近年来,非洲的旅游业得到较快发展,已成为当地经济发展的新动力。在签证放宽、直飞航线增加等利好因素的刺激下,非洲已成为当前中国民众出境旅游的热门目的地之一。2019年,南非旅游局为不断拓展在中国的发展机遇,进行了更为精准的市场规划,在中国举办了一系列旅游推广活动,推出"走进南非、狂野本真"主题,提供了大量的旅游资源、建立了相关品牌合作伙伴关系、出台了"为中国服务"(China-Ready)的各项旅游计划。同年5月10日,350名"万人游非洲"首航体验团成员从浙江杭州前往吉布提、坦桑尼亚、津巴布韦三国,开启为期11天的非洲之行,这是浙江与非洲共同开启五年旅游交流合作计划的第一步。为达到"以文化提升旅游品质,以旅游促进文化传播"文旅融合的目标,中国文化和旅游部于6月22日在埃及首都开罗主办了全球联动大型文化旅游推介活动——2019"功夫之旅——中国旅游文化周",并于11月14日与赞比亚旅游与艺术部共同举办"超乎想象的中国——赞比亚中国旅游推介会",以深化中非旅游合作、助推双边关系发展、加强双方人文交流。此外,在中非合作不断深化的背景下,中非航空合作也日渐升温。在非洲东部、北部,以埃塞俄比亚和埃及航企为代表的航空公司正加速搭建飞往中国的"空中桥梁"。

(三) 媒体交流不断深化

随着互联网、手机等媒介的不断普及和推广，中国拥有了更多的国际观察视角与发声渠道。2019 年中非影视交流频繁。10 月 21 日，由央视国际视频通讯社（CCTV+）发起组建的非洲视频媒体联盟（ALU）的第四次理事会及年会在摩洛哥卡萨布兰卡举行，会议就中非媒体全球合作传播成果、挑战与责任进行了深入探讨。11 月 25 日，中国国家广播电视总局在纳米比亚首都温得和克与纳米比亚广播电视台（NBC）签订合作协议，授权纳方播出 10 部以英文配音的中国优质节目，使当地观众可无障碍地体验中国影视作品，了解当代中国社会的风貌。此外，中非媒体人也进行了更深入的交流。"非洲国家记者研修项目"是外交部非洲司落实中非合作论坛北京峰会成果的重要项目，8 月 24 日起，来自 8 个非洲国家的 21 位资深媒体人士参与其中，推动了中非媒体间的务实合作。

(四) 智库合作持续推进

智库作为国家思想力量的贡献者，越来越成为各国在国际舞台上话语权构建的重要力量。2018 年中非合作论坛北京峰会通过的《中非合作论坛——北京行动计划（2019—2021 年）》提出，中非双方应成立专门机构支持中非学术界建立长期稳定的合作，鼓励论坛和相关机构开展联合研究，在中非智库论坛框架下建立中非智库合作网络，为中非合作发展提供智力支持。作为北京峰会人文合作领域的重要成果，于 2019 年 4 月 9 日成立的中国非洲研究院，将汇聚中非学术智库资源，促进中非人民相互了解，对接"一带一路"发展倡议，进一步深化中非人文交流，为中非关系发展贡献更大力量。由新华社研究院联合 15 家中外智库共同发起的"一带一路"国际智库合作委员会 4 月 24 日在北京宣告成立，这是响应中国国家主席习近平"要发挥智库作用，建设好智库联盟和合作网络"建议的重要举措，也是对中外专家关于搭建合作平台、推动"一带一路"学术交流机制化常态化共同意愿的积极回应。[1] 8 月 27 日，中非智库论坛第八届会议在北京钓鱼台国宾馆举行，来自非洲 45 个国家的驻华使节、

---

[1] 《"一带一路"国际智库合作委员会在京成立》，"中非合作论坛"网站，https://www.focac.org/chn/zfgx/rwjl/t1657735.htm，2019-4-25。

51个非洲国家的政府官员、智库学者、媒体代表和中国外交部、国内知名智库机构代表、企业代表及媒体人士近400人参加了此次会议，双方就共建"一带一路"、打造中非联合研究交流计划"增强版"、加强中非治国理政经验交流等话题进行讨论与阐述。

（五）影视交流方兴未艾

影视作为生动形象的文化窗口，对推动不同文化的深入交流有着不可替代的重要作用。2019年中非双方在影视领域开展了一系列活动：1月1日，中埃双方合作译制的阿拉伯语版中国电视剧《欢乐颂》在埃及国家电视台开播，受到埃及当地观众的热议与喜爱；5月29日，DISCOP非洲电视节（法语区）在科特迪瓦经济首都阿比让开幕，由四达时代、央视网、上海炫动汇展、左袋创意等多家影视动漫公司组成的"中国动漫联合展台"首次在该电视节上亮相。浙江师范大学非洲研究院较早地开展了非洲影视研究与制作工作，坚持"学术研究与现实需求相结合"的学术导向，于2015年12月成立了中国首个非洲影视研究中心，相继自主策划、拍摄、制作了由中非学者联手导演制作的六集大型公共外交纪录片《我从非洲来》（又名《非洲人在义乌》），以及由中非英三方学者合作拍摄的三集纪录片《重走坦赞铁路》。两部纪录片以国际化的视角和民间化的叙事方式，分别讲述了非洲人在中国的故事以及中国人在非洲的故事，在业内外、国内外获得一致认可，斩获了一系列奖项。[①] 7月4日，第三届中非影视合作论坛在喀麦隆举办，加强了中国与中西非法语国家的电影文化交流；11月20日，非洲电视节在南非约翰内斯堡桑顿会议中心开幕，由九家中方参展单位组成的中国联合展台带去的百余部参展作品，成为电视节一大亮点。

三　中非文化交流合作的发展特点

在以习近平同志为核心的党中央坚强领导下，中非人文交流日益兴盛，走出了一条具有鲜明中国特色的人文交流之路，有力推动了双方的交

[①] 浙江师范大学非洲研究院：《刘鸿武院长赴京出席"2019中国（国际）纪录片论坛"》，http://ias.zjnu.cn/2019/0405/c6141a286839/page.htm，2019-4-5。

流合作与文明互鉴①，形成了交流机制更成熟、交流领域更广泛、交流亮点更纷呈、交流主体更多元的特点。

（一）交流机制更成熟

自 2017 年中国—南非建立了中非首个高级别人文交流机制后，中非人文交流迈上了新台阶，相关交流机制更为成熟。教育合作机制方面，由教育部中外人文交流中心与南非高等教育和培训部工业和制造业培训署以及中南两国相关政府、院校、企业等 58 家单位共同发起成立的中国—南非职业教育合作联盟，在中外人文交流和国家职业教育宏观政策指导下，围绕中南两国和中非双多边职业教育人文交流开展活动，对于推动中南和中非双多边职教合作、创新技术技能人才培养模式、夯实国家间社会和民意基础具有重要作用。中非媒体与科技机制更健全。2019 年 6 月 24 日，中国科技日报社与南非科技促进局在南非行政首都比勒陀利亚签署了科技新闻交流合作协议，贯彻落实了习近平主席 2018 年访问南非时与拉马福萨总统达成的关于加强两国科技创新合作的共识，大力促进了中南双方科技新闻交流与合作。此外，中国科学院与非洲科学院于 9 月 2 日在肯尼亚首都内罗毕举行会议，双方就促进"一带一路"沿线国家科技创新及能力建设合作、中非科技合作达成一系列共识，签署了合作谅解备忘录，进一步深化了双方科研合作。

（二）交流领域更广泛

随着中非对人文项目的日益重视，双方的交流领域不断拓展，在教育、文化、科技、旅游、媒体、青年、妇女、智库、影视、法律、卫生、体育等人文领域开展了广泛的交流与合作，鼓励政府、社团、智库、高校、媒体、学者、企业、民间组织等积极参与到中非人文合作的大潮中去，构建了全方位、宽领域、多渠道、官民并举、全线参与的人文交流格局。中非双方通过师生互访、科研合作、学术研讨、文化展览、才艺演出、旅游投资、媒体交流、代表团往来、友谊比赛等多种形式，有序推动了人文交流走深走实。浙江师范大学非洲研究院创办的中非智库论坛为中非双方搭建了一个开放、平等、共享的思想对话平台。今后将有越来越多

---

① 柴如瑾：《中外人文交流的新方向》，《光明日报》2018 年 2 月 8 日。

的高校成立非洲研究机构，吸引更多专家学者参与到中非文化交流的研究领域。2019 年 12 月 20 日，长征四号乙运载火箭搭载中国赠埃塞俄比亚首颗人造地球卫星在太原卫星发射中心成功发射，这是中国在航天高科技领域对他国进行援助赠送的重要项目之一，标志着中埃两国携手在航空航天领域书写了"南南合作"新篇章。同年 10 月 17 日，由乌干达麦克雷雷大学孔子学院主办的"新时代中非法律文化比较与交流研讨会"在乌干达首都坎帕拉召开，中非交流在法律领域也取得了新突破。

（三）交流亮点更凸显

中非双方在教育、文化、科技、媒体等领域的合作亮点不断增多。在非孔子学院不仅积极开展汉语教学，还积极探索"本土化"和"汉语 + plus"发展新模式，开办"特色孔院"。如约堡孔院设立了"中国研究中心"，并积极探讨共建国家重点科技实验室，努力办成以"汉语 + 学术科研"为特色的孔院。[①] 2019 年 3 月 25 日，赞比亚 - 中国友好协会在赞比亚首都卢萨卡成立，这是两国民间友好交往历史上的又一标志，将在增进两国人民友谊、推动民间务实合作、共创"一带一路"的新领域等方面发挥重要作用。2002 年建立的开罗中国文化中心是中国在海外设立的第一个中国文化中心，它结合当地特点创立了诸多自己的品牌项目，如"唱响埃及"中文歌曲大奖赛，"丝路心语"说汉语讲故事比赛，2019 年创立的系列讲座"外国人眼中的中国"等，在传播中国文化、增进民心相通方面发挥了重要作用，已成为中国在埃及乃至中东地区的一张文化名片。[②] 此外，中国国际广播电台近年来先后推出了一批以非洲本土语言译制的中国优秀影视剧，扩大了本土媒体人员雇用数量，通过让非洲人讲中国生活、让非洲人听懂中国故事，使媒体影视更贴生活、更懂民心。

（四）交流主体更多元

中非的人文合作日益深入，政府、企业、社会组织、青年群体等纷纷

[①] 《林松添大使批驳所谓的中国"文化新殖民主义论"》，"中非合作论坛"网站，https：//www.focac.org/chn/zfgx/rwjl/t1687572.htm，2019 - 8 - 9。

[②] 《开罗中国文化中心——中东地区的中国文化名片》，国际在线，http：//news.cri.cn/20190813/145482b0 - bdd8 - ee09 - d9f3 - 44aeee705bcd.html，2019 - 8 - 13。

参与其中,使交流主体更加多元化。政府部门积极落实中非合作论坛项目。企业开始在中非人文交流中崭露头角。内罗毕大学与长江传媒英爵意文化发展有限公司、肯尼亚国家图书馆与湖北中图长江文化传媒有限公司在第22届内罗毕国际书展分别签署的"中国书架""荆楚书架"合作协议,将促进肯中两国的文化繁荣和文化融合,增进两国读者互动。华侨华人将在人文交流中发挥更重要的作用。以"华侨华人和国家形象"为主题的首届非洲华侨华人民间外交论坛8月5日在博茨瓦纳首都哈博罗内举行,来自10余个国家的约300名华侨华人代表共聚一堂,就中国和平统一、文化艺术交流、野生动植物保护、"一带一路"与中企发展等话题进行了讨论。青年是中非友好的未来。8月31日,第四届中非青年大联欢活动在广州开幕,来自51个中非合作论坛非方成员的近百名青年代表、数十名广东青年代表在此共话青年发展,落实了中非合作论坛框架内的青年交往项目。3月8日,非洲驻华大使夫人协会(GAAS)在北京举办庆祝"国际劳动妇女节"主题活动,就中非合作中的妇女问题等进行了交流和探讨。相对而言,中非妇女领域交流合作较少,还有较大提升空间。

四 2020年中非文化交流合作趋势展望

中非人文交流是一项系统工程,因此要强化顶层设计、深化协同创新,统筹各类资源,创新交流布局,在《关于加强和改进中外人文交流工作的若干意见》《中国对非政策文件》《中非合作论坛——北京行动计划(2019—2021)》指导下,坚持循序渐进、由点及面、全面布局、精准发力、久久为功的原则,进行长远规划、精准对接。未来中非双方将通过相互借鉴、全面发展、统筹布局等方式,推动国家、地方及民间、个体层面多层次结合,促进媒体智库、文化旅游、影视产业等多领域融合,发挥企业、青年、华人华侨多主体聚合优势,以此构建中非人文交流新体系,形成多元互动的人文交流格局。

(一) 处理好顶层布局与民间互动的关系

一要积极推广"一带一路"倡议。开展好"一带一路"建设与联合国《2030年可持续发展议程》、非洲联盟《2063年议程》、非洲各国发展战略三个层面的对接,在"一带一路"倡议顺利实施的背景下,推进中华文化"走出去",促进中非各国民心相通。二要积极发挥重要人群作用。培养未来的"知华派""亲华派",把政治互信工作做到年轻人一代,让中非合作成果惠及广大中非青年;发挥华侨华人的作用,打造一支"民间外交官"队伍,使其成为"中国故事"的宣介者、"一带一路"的开拓者、"文明互鉴"的推动者[1];推动企业履行责任,立足中非、着眼长远、把握机遇、积极创新,在经济合作中做中非友好的连接纽带。三要打造中非人文交流网络。不断拓展交流合作层次,加强地方交往,打造中非城市间文化交流合作机制;共同打造中非媒体合作网络,中方将继续实施中非新闻交流中心项目,继续举办非洲国家新闻官员和记者研修班;继续举办"中非合作论坛——智库论坛",鼓励论坛和相关机构开展联合研究,在中非智库论坛框架下建立中非智库合作网络。

(二) 处理好国际比较与非洲特色的关系

文明互鉴交流是推动人文发展的重要动力。中国与他国进行的人文外交多用某一"媒介"进行沟通:半个世纪以来,中日"芭蕾外交"见证了中日两国友谊,以《白毛女》等为代表的红色经典芭蕾舞剧架起了中日两国民众心灵的桥梁[2];法国一直是文化大国,有着浓厚的阅读氛围,自欧洲第一家实体中文绘本馆——"三点水"在巴黎开办后,以"阅读"为契机,递给了在法华人"发声筒",搭建起了中法文化沟通的桥梁;在中韩关系中,"博物馆外交"作为"软实力"展现的一种新的方式,一直是两国对话中的一个高频词,在中韩外交中占据着重要地位,且将继续发挥其作用。此外,柬埔寨国王西哈莫尼的对华佛教外交、中国与巴布亚新几内亚的乒乓外交等,都表明与中国的人文交流进入了一个快速发展时期,打造了具有不同特色的人文交流品牌项目,并不断推动这些项目的横向交流与纵深发展,这些都为中非未来的人文交流提供可资借鉴的方向和可以吸取的经验。非洲大陆国家众多,除了借鉴与他国的交流方式外,中方不能局限于某一特定方式,在做好顶层设计的同时,更应该形成一国一

---

[1] 杨孟曦:《首届非洲华侨华人民间外交论坛在博茨瓦纳举行》,新华网,http://www.xinhuanet.com/2019-08/06/c_1124842759.htm, 2019-8-6。

[2] 吉伟伟、张玉楠:《"芭蕾外交"助力中日关系迈进新时代》,《公共外交季刊》夏季号2019年第2期。

策、一国多策的特色外交，使中非人文交流更加多元。

（三）处理好全面发展与重点拓展的关系

中非人文交流应补齐短板，完善合作，探索新领域，形成全面、全程、全方位、立体化的发展格局。一要推进特色领域合作。中非继续加强性别平等与妇女赋权领域的交流与合作，鼓励并支持开展高层女性对话、专题研讨、技能培训、女企业家对口合作交流等，共同促进妇女全面发展，实施面向弱势群体的妇幼心连心工程，并在中国同联合国合作设立的有关基金项下，专门开展支持发展中国家妇女能力建设的项目。二要巩固重点领域合作。加强教育与科技领域合作，共同制定基于非洲本土需求和中国本土优势的长远战略性教育合作规划，加强中非高校之间的联系；加强智库媒体合作，创新叙事方式和路径，提升话语权和影响力，为共筑中非命运共同体提供思想智慧支持。三要开发新兴领域合作。聚焦治国理政、减贫发展、职业教育、出版传播、法律服务等领域，拓展生态、旅游、非遗、反腐、航空等新兴领域的交流合作，为传统中非人文交流赋予时代新动能。

作者简介

王珩，博士、浙江师范大学非洲研究院党总支书记、副院长、教授，主要从事非洲智库研究。

王丽君，浙江师范大学非洲研究院2019级硕士研究生。

Report on the Development of China – Africa People – to – People Exchanges（2018—2019）

Authors：Dr. Wang Heng, Professor, Party Secretary, Deputy Director and master supervisor of the Institute of African Studies at Zhejiang Normal University. Her main research fields include African think tank research. Wang Lijun, 2019 master student of the Institute of African Studies Zhejiang Normal University.

Abstract：People – to – people and cultural exchanges are the foundation of political mutual trust, the guarantee of economic and trade connectivity and the bridge of people – to – people exchanges. They are of fundamental, strategic and long – term significance to China – Africa cooperation. Under the background of "One Belt One Road", China – Africa international cooperation has made great achievements in education, culture, science and technology, tourism, media, health, think tanks, film and television, sports and local areas in recent years. It has shown a deeper degree, more mature mechanisms, wider fields and more diversified subjects, which has effectively promoted the common aspiration of the people. Under the current situation of the evolution of international pattern, China and Africa should adhere to the concept of true, friendly and sincere cooperation, implement the outcomes of the summit, deepen the consensus on China – Africa cooperation, give full play to the advantages of multi – agent convergence, and lay a solid foundation for promoting the further development of China – Africa people – to – people exchanges and building a closer China – Africa community of common destiny.

中非安全合作报告(2018—2019)

宛 程

[内容摘要] 本年度非洲依然面临着多种安全威胁，但中非安全合作依然有序推进，并取得了一系列新成果。本年度的非洲安全局势延续着新世纪以来总体上趋于稳定的态势，例如恐怖主义活动的分散化，局部军事冲突频发，国家选举中伴随着暴力冲突和示威游行等不稳定因素，治安威胁的凸显。此外，由于非洲安全态势同发展问题息息相关，非洲的卫生安全、环境安全和农业安全等非传统安全因素也都一直存在。为了有效应对和解决非洲安全问题，打造命运休戚相关的中非人类命运共同体，在坚持不干涉主权和内政的外交原则的自觉下，中国继续对非进行安全援助，推进中非安全合作，并在防务合作、农业和医疗援助，以及联合国和平建设体系下的维和、护航等行动方面都取得了新的成果。

一 防务合作

防务合作涉及面广，主要应对严重突出的安全问题及其威胁，是安全合作的主要内容。本年度防务合作在以下几个方面取得进展：第一，中非军事高层互访频繁，中国军队高级将领在访问非洲国家时都受到了最高级别的接待。3月24日，中国国务委员兼国防部长魏凤和访问埃及，同埃及国防部长扎齐举行会谈。3月25日，埃及总统塞西在开罗会见了正在访埃的魏凤和。塞西在会谈中表达了希望双方加强防务领域合作，在反恐、联演联训、军兵种建设以及国防工业领域开展更多务实合作。魏凤和说，在两国元首引领下，中埃两军合作取得丰硕成果，我们愿与埃军一道，落实好两国元首共识，为发展更高水平的两军关系作出努力。6月25日，安哥拉总统洛伦索在罗安达会见了到访的中央军委副主席许其亮。洛伦索说，安方愿同中国深化政治互信和双多边合作。安方高度重视两国防务关系，希望双方继续深化防务领域务实合作。许其亮说，两军在各领域的交流合作稳步推进，不断取得新的成果。中方愿与安方一道，坚决落实两国元首共识，扩大合作领域，提升合作水平，为两国战略伙伴关系发展提供坚强安全保障。访问期间，许其亮与安国防部部长塞凯拉举行正式会谈，并检阅安三军仪仗队。6月26日莫桑比克总统纽西在马普托会见了到访的中央军委副主席许其亮。纽西在会见中表达了莫方高度重视莫中两国军事合作，对近年来两军关系发展感到满意，希望双方共同努力，推动各领域合作取得新的发展。许其亮在会谈中称中方愿与莫方一道，继续密切友好交往和互利合作，不断推动两军关系向前发展，为两国全面战略合作伙伴关系增添新内涵，打造更加紧密的命运共同体。

第二，与非洲多个国家或联合非洲域外第三国成功举行联合军事演习。2018年11月21日，针对马里加奥地区日益恶化的安全局势，中国第六批赴马里维和工兵分队与塞内加尔维和步兵营以应对不明身份武装人员恐怖袭击为背景，举行联合施工防卫演练。此次演练主要包括应急反应、支援行动、火力反击、伤员救治等内容。12月1日，中国驻吉布提基地与西班牙海军以遭受飓风灾害为背景，在亚丁湾西部海域开展联合医疗演练。此次联演中，该基地首次指挥直升机编队护送伤员降落至基地机场，探索实践了海外联合行动指挥控制和远海卫勤保障体系运行模式。2019年8月19日，中国海军第32批护航编队西安舰完成为期4天的技术停靠，驶离埃及亚历山大港，并在亚历山大港以北海域与埃及海军"阿拉法特"号护卫舰举行了联合演练。联合演练的主题是反恐，随后双方还进行了队形变换、灯光通信、直升机着舰、特战队员索降、临检拿捕以及海上航行补给等演练。演练过程中，西安舰和"阿拉法特"号护卫舰轮流担任指挥舰，双方互派观察员全程观摩演练。第32批护航编队领导表示，此次演练进一步提高了中埃舰艇之间的协同配合能力，深化了两国海军的互信与合作。2019年11月25日，中国、俄罗斯、南非3国海军首次在非洲南部海域举行海上联合演习，参演兵力包括中国海军潍坊舰，俄海军"乌斯季诺夫元帅"号巡洋舰、中型油船"维亚兹玛"号、SB-406救生拖船，南非海军"阿马托拉"号护卫舰、"龙山"号辅助船。12月23日，"真诚伙伴—2019"中坦两军联合训练在坦桑尼亚某综合训练中心举行开训仪式。中国驻坦桑尼亚首席军事专家、坦桑尼亚人民国防军作训部长、双方参训官兵和坦桑尼亚某综合训练中心部分官兵代表，共300余人参加。此次联合训练为期约25天，主要包括作战经验和技能交流、实兵联训和指挥所推演等内容。此次联合训练，是继"超越—2014"中坦海军陆战队联训之后，两军合作交流的又一次积淀与升华，也是首次由两国陆军参与的联合训练，将进一步巩固和深化中坦两军之间的友好合作。

第三，举办首届中非和平安全论坛。为了响应和实践习近平主席于2018年中非合作论坛北京峰会开幕式的主旨讲话中"中国决定设立中非和平安全合作基金，支持中非开展和平安全和维和维稳合作，继续向非洲联盟提供无偿军事援助。支持萨赫勒、亚丁湾、几内亚湾等地区国家维护地区安全和反恐努力；设立中非和平安全论坛，为中非在和平安全领域加强交流提供平台；在共建'一带一路'、社会治安、联合国维和、打击海盗、反恐等领域推动实施50个安全援助项目"的精神，2019年7月15日，首届中非和平安全论坛开幕。包括15位国防部长、军队总参谋长在内的50个非洲国家及非盟防务部门的近百名高级代表共聚北京，探讨新时代中非安全合作的新途径。本届论坛主题为"携手合作，共筑安全"。各方代表围绕习近平主席在中非合作论坛北京峰会上提出的"携手打造安全共筑的中非命运共同体"重大倡议，重点就"新时代中非关系与中非和平安全合作""地区海上安全形势与军队在和平安全领域的角色"等议题深入研讨。国防部国际军事合作办公室领导代表中方致辞时表示，这次论坛旨在贯彻落实习主席与非洲各国领导人达成的重要共识，为加强中非和平安全领域合作建言献策、凝势聚力，推动新时代中非和平安全合作不断迈向更高水平。这次会议体现了综合安全、合作安全、共同安全以及可持续安全等总体安全理念，明确了中非安全合作的方向。

第四，军事文化软实力被非洲国家认可。2019年3月，应卢旺达军方邀请，中国人民解放军仪仗大队的指导组从3月开始为卢旺达解放25周年庆典阅兵式进行指导，改进受阅队伍队列动作。卢旺达解放25周年庆典7月4日在卢首都基加利举行。经中国人民解放军仪仗大队教官指导，卢旺达军队官兵和警队在庆典阅兵中使用中国队列动作和口令，圆满完成阅兵任务。

二 维和行动和护航

参与联合国框架下的维和行动，是中国向非洲进行安全援助的重要组成部分。自 1990 年起，除了向非洲和平安全建设提供大量资金之外，截至本年度中国已向非洲派出维和人员超过 3000 人，先后参与 15 项联合国在非洲维和行动，目前仍在非洲七个维和区执行任务，并且仍然是联合国刚果（金）稳定团、南苏丹特派团和苏丹达尔富尔缓和行动团中的重要力量。本年度中国维和团继续参加联合国框架下的维和行动，并在一些地区顺利完成交接工作。其中，2019 年 5 月 19 日下午，中国第六批、第七批赴马里维和部队在马里加奥举行轮换交接仪式，完成指挥权转换。这次轮换交接包括工作任务、外事关系、装备器材、后勤物资、机动经费五大项内容，涉及装备物资器材 37 大类、1300 余种、15 余万件（套）。交接仪式结束后，中国第七批赴马里维和部队正式上岗，开始执行为期 1 年的维和任务。这支维和部队分为警卫、工兵和医疗 3 支分队，人数由此前的 395 人增加至 413 人。

2019 年中国海军在亚丁湾实施护航任务已经 10 周年。亚丁湾护航是我国首次使用军事力量赴海外维护国家战略利益，首次组织海上作战力量赴海外履行国际人道主义义务，首次在远海保护重要运输线安全。自 2008 年 12 月 26 日海军首批护航编队执行护航任务以来，10 年间海军圆满完成了 1198 批中外船舶护航任务，在亚丁湾、索马里海域履行了中国负责任大国的国际义务，赢得了国内外广泛赞誉。10 年来，中国海军累计派出 31 批护航编队、100 艘次舰艇、67 架次直升机、26000 余人次官兵执行护航任务，共为 6600 余艘次中外船舶护航，解救、接护和救助遇险船舶 70 余艘，3 次武力营救被海盗劫持船舶，抓捕海盗 3 名，持续保护被护船舶和编队自身的绝对安全。

除此之外，2019 年 4 月，中国海军护航编队再次顺利完成任务交接，第 32 批护航编队开始在亚丁湾执行护航任务。这次交接工作是在 2018 年 12 月 28 日中国海军第 30 批、第 31 批护航编队在亚丁湾西部某海域完成分行仪式，成功交接任务，开始由第 31 批护航编队执行任务以来，中国海军护航编队再次顺利完成任务交接，第 32 护航编队开始在亚丁湾执行任务。第 32 批护航编队于 4 月 4 日从浙江舟山某军港出发，编队由导弹驱逐舰西安舰、导弹护卫舰安阳舰以及综合补给舰高邮湖舰组成，携带舰载直升机 2 架、特战队员数十名，任务官兵共 700 余人。除高邮湖舰执行过护航任务外，西安舰、安阳舰均是首次执行护航任务。

三 农业和医疗援助

粮食和卫生安全长期以来是非洲的重要安全议题，因此对非进行农业和医疗援助也是中非安全合作的重要组成部分。本年度对非农业和医疗援助的主要工作包括以下几个方面：

在农业援助方面，本年度对非主要工作有：第一，援助农业技术，派遣农业专家。2019 年，中国在贝宁、莫桑比克、苏丹、利比里亚和卢旺达等国家援建的农业技术示范中心相继竣工。此外，中国向非洲派遣高级农业专家和农业技术组，积极参与受援农业规划工作。其中，援助贝宁专家组协助起草该国《农业法》和《农业管理法》，援助博茨瓦纳和几内亚比绍专家分别参与编写两国《农业发展规划》，援助莱索托专家协助该国向世界卫生组织申请无口蹄疫国家地位，援助毛里塔尼亚专家组协助制订农业综合分析测试中心实验室建设方案等。

第二，建设公益事业，在非洲主要是打井供水项目。其中，中国在多哥的卡拉区和中央区各打出 200 眼饮用水井，在苏丹达尔富尔地区和南苏丹朱巴市克托尔地区共打出 38 眼水井。

第三，开展人道主义援助，帮助非洲应对粮食危机。2019 年，非洲之角和萨赫勒地区连续遭遇严重旱灾，超过 3000 万民众陷入饥饿之中。本年度中国政府先后 3 次向埃塞俄比亚、肯尼亚、吉布提和索马里等非洲之角国家提供紧急粮食援助，合计金额约达 4.4 亿元人民币；向乍得、尼日尔和马里等萨赫勒地区国家提供粮食援助总计 7000 万元人民币。

第四，召开中非农业合作会议。2019 年 11 月 25 日至 26 日，中国—联合国粮农组织（FAO）南南合作 10 周年高级别会议在乌干达首都坎帕拉举行。此次会议主题为"激励、包容和创新：南南合作与三方合作未来展望"，会议发布了中国—FAO 南南合作 10 周年回顾报告，并在会议期间签署了多项合作协议，参与到中国—FAO 南南合作工作的国际机构、研究机构、公司以及各国政府代表出席了此次大会，来自乌干达、蒙古等国的农民代表也参加了此次会议，对南南农业合作项目对其生产生活的影响作了生动的分享。中国是最早参与 FAO 框架下南南合作的国家之一，也是首个与 FAO 建立南南合作战略联盟的国家。

除此之外，首届中非农业合作论坛于 2019 年 12 月 9—10 日在海南三亚举行，来自非洲各个国家、联合国粮农三机构、其他国际机构以及国内农业管理部门、企业、高校、科研机构代表共 600 多人参加此次盛会。论坛聚焦中非农业经贸合作、科教合作以及农业三方合作等相关议题，回顾和分享了中非农业合作的经验和成就，探讨了未来中非农业合作的方向和潜力。首届中非农业合作论坛是落实 2018 年中非合作论坛北京峰会后续行动计划的重要行动，是中非农业合作走向机制化的重要标志。

在医疗援助方面，本年度对非工作主要包括：第一，援助医疗设施和设备。2019 年中国向非洲国家援建的医疗设施项目包括综合性医院、流动医院、保健中心、专科诊疗中心和中心医院等，有效缓解了受援国医疗卫生设施不足的问题。与此同时，中国向受援国提供了包括多普勒彩超仪、CT 扫描仪、全自动生化仪、母婴监护仪、重要手术器械、重症监护设备等医疗器械和设备。第二，派遣医疗队，开展医疗活动。2019 年 11 月，中国"光明行"医疗队首次到达非洲，为津巴布韦、马拉维、莫桑比克和苏丹等国千余名白内障患者进行治疗。第三，提供传染病防控援助。2019 年，中国与科摩罗启动青蒿素复方快速控制疟疾合作项目，使科摩罗埃利岛的疟疾发病率较同期下降 90%。

中国对非医疗援助得到了非洲人民的高度认可，非洲联盟（非盟）委员会社会事务委员阿米拉 2019 年 11 月 17 日在埃塞俄比亚首都亚的斯亚贝巴接受新华社记者采访时称非洲疾控中心总部位于亚的斯亚贝巴，目前正在设计规划阶段，中国派遣专家进行指导，并通过各种形式培训非洲疾控中心人员，非洲疾控中心人员还实地考察了中国疾控中心。阿米拉还说中国还将加强中国疾控中心和非洲疾控中心的联系和业务交流，这将会进一步提升非洲疾控中心的技术水平。他表示，中国提供了持续性的技术援助。通过中国的援助，非盟未来对流行病和疫情的防控能力将会进一步提升。

四 挑战及前景

尽管本年度中非安全合作取得了颇为丰硕的成果，但是未来在该领域继续深化合作仍然面临一系列主客观因素的挑战，主要在以下几个方面：

第一，中国的非洲政策不断遭到西方国家的指责，甚至是攻击。随着近年来中美两国在全球领域的竞争和博弈日趋激烈，以美国为代表的西方国家加大了对中国总体外交政策的攻击力度，中国的对非政策遭抹黑的程度尤为严重。2018年6月18日，美国国务卿彭佩奥在底特律经济俱乐部的演讲中就指出，要将中国驱逐出非洲，让非洲走上"美国模式"。不仅在总体上攻击中国对非政策，西方国家还炮制出中国对非"新殖民主义""债务陷阱"等论调来抹黑中国对非政策和外交活动。具体到中非安全合作领域，西方大国不愿意看到中国在非投入军事力量或设立军事基地，更不愿看到中国打破西方长期主导非洲安全合作框架的局面，因此近年来西方大国都加强了在非的军事力量存在。由此可见，未来中非安全合作将会面临西方国家持续的抹黑和挤压。

第二，在非安全合作领域竞争加剧。未来，中国在非洲遭遇的大国竞争会日趋激烈，这其中既包括新兴的印度、巴西、土耳其等国家对非洲的投入越来越多，也包括日本、俄罗斯等传统强国在不同领域同非洲关系的日益密切。具体到安全合作领域，未来中国会遭到俄罗斯的强有力挑战。2019年10月在俄罗斯索契举办的"俄罗斯—非洲峰会暨经济论坛"，是俄罗斯自苏联解体以来以其继承国身份宣示重返非洲的高调声明。在会议期间，俄罗斯与非洲30多个国家签订了安全防务协定，俄总统普京也直言不讳地宣称俄罗斯将会继续参与制定加强非洲大陆安全以及保障地区安全的战略。除了官方表态之外，俄主流学者也积极支持俄罗斯以防务为抓手积极实施对非战略。

第三，中非双方的能力、意愿、理念和认知等方面的挑战。首先是能力。尽管近年来中非安全合作取得了长足的进展，也收获了丰硕的成果，但是客观来看中非安全合作的时间并不长，同西方强国相比，中国在外交、舆论、情报和人员等方面的积累和建设都有差距。其次是意愿。主要表现在随着非洲对自身安全事务的自主意识明显上升，"非洲问题的非洲解决"开始向"非洲中心方法"转变，在这一背景下非盟对资助自身安全的自主性明显上升，非洲区域安全合作倡议不断增加。这一转变导致了西方大国以此为契机不断削减国际多边合作机制经费，也考验着中国在日益复杂的国际环境下的外交能力。最后是理念和认知的差异。其中最明显地体现在某种情况下非洲要求介入和中国对外政策坚持"不干涉内政"的原则。这一中非之间理念和认知上的差异会降低中非安全合作的效率，也为中国如何实施更具建设性的促和以及维持地区和平方案提出了挑战。

尽管在未来中非安全合作将面临一系列的挑战，但是依然拥有广阔的前景。首先，从能力和意愿上来说，非洲仍然有解决安全问题的需求，而中国则具备安全合作的能力和意愿。虽然近年来非洲安全问题从总体上已经趋于缓和，但是未来仍然面临以下安全隐患：恐怖主义的威胁，尤其是萨赫勒地区和非洲之角地区有成为新的全球性恐怖主义活动策源地的危险，以及非洲不同区域之间恐怖活动的联动问题，如萨赫勒地区和马格里布地区恐怖主义的联动性正在逐渐凸显；族群冲突以及族群冲突对国家政权合法性的挑战，甚至导致局部战争的风险；国家内战导致小武器的外流，以及毒品走私和有组织犯罪的兴起，这些综合问题又会引发严重的社会治安问题；亚丁湾和几内亚湾的海盗袭击；依然面临严峻的粮食和卫生安全等。面对这些问题，非洲虽然自主意识明显增强，但是从长期来看依靠自身解决这些问题依然是不现实的。而自2008年国际金融危机以来，西方大国利用非洲自主解决安全问题的话语，不断削减各种全球性合作机制的经费。但未来中国仍然有能力和意愿去同非洲进行安全合作。其次，从安全合作的各个领域来看，中非还都有进一步深化合作的空间。例如在联合国主导的安全和平援助框架下，中国目前仅仅参与了上游的维和行动，对中游和下游行动的参与度有待提高。最后，面对日益复杂的国际环境，中非安全合作的深化拓展，还有待中非双方进一步明确合作理念，深化合作机制，妥善处理认知差异等。

作者简介

宛程，浙江师范大学非洲研究院助理研究员。

China – Africa security cooperation（2018 – 2019）

Author：Wan Cheng, assistant research fellow from the Institute of African

Studies at Zhejiang Normal University.

Abstract: Africa is still facing a variety of security threats this year, but China – Africa security cooperation is still effectively promoted, and a series of new achievements have been made. This year's security situation in Africa continues the general trend of stability since the new century, but it still faces more serious security threats, such as the decentralization of terrorist activities, frequent local military conflicts, unstable factors such as violent conflicts and demonstrations in national elections, and public security threats. In addition, as Africa's security situation is closely related to development issues, non – traditional security factors such as health security, environmental security and agricultural security have always existed in Africa. In order to effectively deal with and solve Africa's security problems and build a community of shared future for human beings in China and Africa, China continues to provide security assistance to Africa, promote China Africa security cooperation, and provide peace keeping and escort in defense cooperation, agricultural and medical assistance, as well as peace keeping and escort under the United Nations peace building system New results have been achieved in action.

中部非洲环境法律制度的发展与中国投资风险防范[*]

张小虎 王朝乾

[内容摘要] 在中非共建"一带一路"和构建更加紧密的"中非命运共同体"行动的推动下，2018—2019年间，中国对较为贫困的中部非洲地区的投资也逐步提升，中国对中部非洲的投资集中于石油等资源开发和基础设施工程承包等与环境有密切关联的领域，中部非洲各国大多建立了以环境权入宪为基石、以环境政策为引导、以环境基本法律为支撑、以国际合作为助力的环境法律体系，并设有专门的环境管理机构和严格的环评制度。因此，为了减少投资风险，应当从中国政府和中资企业两个层面，从事前国家提供法律、政策、平台支撑，企业加强信息了解，强化社会意识，事中企业加强环境保护，事后通过诉讼或非诉手段维护自身合法权益，以全方位防控投资中部非洲地区环境问题与风险。

---

[*] 本文为2017年国家社科基金项目"'一带一路'背景下我国企业对非投资的环境法律风险及对策研究"（编号：17CGJ020）成果。

一　中国在中部非洲地区的投资概况

（一）中部非洲的发展优势与问题

中部非洲地势起伏，自北向南为提贝斯提高原、乍得盆地、阿赞德高原、刚果盆地、下几内亚高原与隆达－加丹加高原，分属撒哈拉沙漠、苏丹草原、热带雨林带。金刚石、铜、锰、钴、金、铀、锡、镭、铌、钽、铁等矿产在世界占重要地位。石油也是中部非洲北部和东部国家的主要出口产品，占乍得等国国内生产总值的很大比例。亚热带森林，产棕油、棕榈仁、橡胶、可可等。经济以农业为主，矿业次之，多属低收入国，其主要的农业经济活动是耕作、放牧和捕鱼。中部非洲北部和东部至少40%的农村人口生活贫困，长期面临粮食短缺的问题。根据非盟官方的划分，中部非洲包括九个国家，依次为乍得、中非、喀麦隆、赤道几内亚、加蓬、刚果（布）、刚果（金）、布隆迪、圣多美和普林西比。

20世纪60年代后，伴随着非洲民族解放运动的开展，非洲各个国家逐步实现独立自主，中部非洲国家也不例外。由于殖民历史和世界潮流的影响，中部非洲各国基本上都是以总统共和制为政治制度，通过制定宪法，实行立法、司法和行政三权分立，并且强调司法权的独立，形成了相对完善的制度体系。但中部非洲地区仍然有一些国家处于政局不稳定状态，如中非共和国，2012年年底发生独立以来最严重武装冲突，国家行政机构和基础设施遭到严重破坏，经济遭受重创，政府财政极度困难，形势严峻；如刚果（金），虽在2018年年底首次通过民主方式实现国家权力的和平过渡，但武装冲突、群族暴力、埃博拉和霍乱疫情等威胁着社会治安；如喀麦隆，局部地区安全形势严峻，在极北大区，"博科圣地"恐怖组织残余势力仍构成较大威胁，在西北和西南大区，分离势力和极端分子不断发动武装袭击，在东部大区，聚集大量中非战乱难民等。并且这些国家自身经济发展水平低下，极度依赖国外的援助和经贸合作，仍有如布隆迪、刚果（金）、圣多美和普林西比等国家属于联合国认证的最不发达国家。

（二）中国在中部非洲投资的基本情况

2018—2019年度，虽然中国在中部非洲地区的贸易和投资有所下滑，但是在工程承包领域，中国承接新项目和完成营业额的表现相对突出。

表1　　　　中国与中部非洲各国2018—2019经贸合作概况

国别	双边贸易	中国对该国投资	承包工程
圣多美和普林西比	2019年，双边贸易额900万美元，同比增长22.3%。其中，自圣普进口1.37万美元，其余为中方出口。	2019年，中企对圣普无新增直接投资。	2019年，在圣普新签工程承包合同额238万美元，同比下降98.4%，完成营业额90万美元，同比增长650%。
布隆迪	2019年，双边贸易额0.79亿美元，同比增长61.07%，其中，中方出口0.66亿美元，增长77.87%，进口0.13亿美元，增长8.51%。	截至2018年年底，中企对布直接投资存量1054万美元。2019年，中企对布直接投资额为270万美元。	2019年，中企在布新签工程承包合同额5379万美元，完成营业额8619万美元。
刚果（金）	2019年，与刚果（金）双边贸易额65.05亿美元，同比下降12.51%，其中，中方出口20.77亿美元，增长17.04%，进口44.29亿美元，下降21.78%。	截至2018年年底，中企对刚（金）直接投资存量101.12亿美元。2019年，中企对刚（金）直接投资额为1.66亿美元。	2019年，中企在刚（金）新签工程承包合同额35.63亿美元，完成营业额24.47亿美元。
中非	2019年，与中非双边贸易额0.62亿美元，同比下降15.31%，其中，中方出口0.26亿美元，增长35.5%，进口0.36亿美元，下降33.1%。	截至2018年年底中企对中非直接投资存量1.85亿美元。2019年，中企对中非直接投资额为25万美元。	2019年，中企在中非新签工程承包合同额2352万美元，完成营业额8743万美元。

续表

国别	双边贸易	中国对该国投资	承包工程
乍得	2019年，与乍得双边贸易额7.26亿美元，同比增长158.97%，其中，中方出口2.79亿美元，增长51.04%，进口4.48亿美元，增长366.61%。	截至2018年年底，中企对乍直接投资存量34.18亿美元。2019年，中企对乍直接投资额为2331万美元。	2019年，中企在乍新签工程承包合同额6.73亿美元，完成营业额7.33亿美元。
加蓬	2019年，与加蓬双边贸易额50.2亿美元，同比增长49.1%，其中，中方出口3.8亿美元，下降2.2%，进口46.4亿美元，增长55.7%。	2019年，中企对加全行业直接投资额为2180万美元。	2019年，在加新签工程承包合同额2.5亿美元，同比下降10.7%，完成营业额2.7亿美元，同比增长68.8%。
赤道几内亚	2019年，与赤道几内亚双边贸易额18.36亿美元，同比下降19.83%，其中，中方出口1.13亿美元，下降22%，进口17.23亿美元，下降19.68%。	2019年，中企对赤几直接投资额2654万美元。	2019年，在赤几新签工程承包合同额6.84亿美元，同比增长270.4%，完成营业额5.82亿美元，同比增长7.2%。
喀麦隆	2019年，与喀麦隆双边贸易额26.8亿美元，同比下降3.9%，其中，中方出口16.7亿美元，同比下降1.4%，进口10.1亿美元，下降7.9%。	2019年，中企对喀全行业直接投资额为6322万美元。	2019年，在喀新签工程承包合同额8.6亿美元，同比下降29%，完成营业额14亿美元，同比增长170%。
刚果（布）	2019年，与刚果（布）双边贸易额64.9亿美元，同比下降10.5%，其中，中方出口4.4亿美元，下降2.2%，进口60.5亿美元，下降11%。	2019年，中企对刚（布）全行业直接投资额1.3亿美元。	2019年，在刚（布）新签工程承包合同额3亿美元，同比增长4%，完成营业额3.7亿美元，同比下降23%。

资料来源：中华人民共和国商务部西亚非洲司。

通过数据整理与分析可以发现：一方面，在双边贸易领域，第一，中部非洲各国和中国的双边贸易额普遍偏低，贸易额最多的刚果（布）64.9 亿美元，远不及非洲其他地区最多的国家，如南非，2019 年中南双边贸易额 424 亿美元，贸易额最少的国家圣多美和普林西比仅仅 900 万美元；第二，2019 年，大多数国家［刚果（布）、刚果（金）、中非、加蓬、赤道几内亚、喀麦隆］与中国的双边贸易额下降了，其中赤道几内亚、喀麦隆、刚果（布）不仅双边贸易额下降，中国的出口和进口都下降了；由此可以得知，中部非洲与中国的贸易合作规模小，发展道路也没有一帆风顺。另一方面，在投资领域，最明显的特征也是中国对中部非洲各国的投资量很低，2019 年仅有刚果（布）、刚果（金）超过 1 亿美元，最低的如圣多美和普林西比无新增直接投资。综上，中国在非洲主要的投资类型和中企主要经营的领域集中在油气矿产开发、工程承包等领域，由于工程承包是中企在中部非洲乃至整个非洲主要的投资合作领域，其数据有非常重要的代表性，即"工程承包合同额与双边贸易额呈现出正相关性"，即双边贸易额越多，表明双边合作态势相对较好，能够在一定程度促进中企在中部非洲国家的工程承包业务拓展。

二　中部非洲地区环境立法体系的发展

20 世纪 60 年代以来，非洲多国陆续建立了环境法律体系。迄今，以该体系为中心、以环境政策为引导、以环境基本法律为支撑、以国际合作为助力、以可持续发展为理念的非洲环境保护法律机制已基本形成。[①] 不仅如此，非洲国家在环境权立法过程中将环境权入宪，此举走在世界前列。中部非洲地区受法国、德国、比利时等大陆法系立法影响较深，由此形成了以环境法法典化为特征的环境立法体系，各国基本建立了从宪法、环境法规，到环境政策、国际条约等位阶层次鲜明的环境法律体系。

（一）中部非洲地区的环境权入宪

环境权入宪基于两点：一是现实需要，近 30 年来，非洲环境不断恶化，自然资源消耗显著，生物多样性锐减，荒漠化严重，大气和水质污染

---

① 范纯：《非洲环境保护法律机制研究》，《西亚非洲》2008 年第 4 期，第 52—58、80 页。

凸显，气候变化影响恶劣。除了经济发展手段等因素的影响，还有一方面就是环境保护法律机制不够健全，环境权入宪，将环境权上升到宪法的高度，相当于给环境法律体系打下了一个坚实的基础，并且将环境权入宪，增设了公民的基本权利，以便执政党获得更多的民意支持。二是历史渊源，通过法律移植的方式，许多西方的法律制度和观念也被杂糅进非洲本土的法律体系之中。①

分析中部非洲九国宪法，截至目前已有七个国家将环境权写入了宪法，分别是乍得、中非、刚果（金）、加蓬、喀麦隆、圣多美和普林西比、刚果（布）。虽然上述国家在宪法中明确了公民环境权，但条款设置方式差别较大，主要有以下几类：第一类，通过简单的宣示性条款，明确了环境权是公民的基本权利，不过无法直接适用于司法实践当中。例如，1996年乍得宪法第47条："所有人民均有健康的环境权。"② 2004年中非宪法第9条列举出每个公民都有卫生环境权、教育权等基本权利。③ 第二类，明确了公民环境权利并设置相应的国家环保责任，但对相关概念解析伸缩不定，难以让公民环境权真正落实到位。例如，2006年刚果（金）宪法第53条："任何人均有权获得有利于全面发展的健康环境。任何人均有义务保护环境。国家监督保护环境和人民健康。"④ 2014年加蓬宪法第8条明确了拥有良好的自然环境是公民的权利，而且国家应保障这种权利。⑤ 第三类，通过复合型条款设计让环境权具备执行力，可直接成为法院审判的宪法依据，为环境公益诉讼主体资格的放宽提供了有力保障。例如，1996年喀麦隆宪法序言："任何人都享有良好的环境权。保护环境是

---

① 张小虎：《非洲国家宪法环境权的实证研究》，《人权研究·第21卷》，社会科学文献出版社2019年版，第242—267页。
② 孙谦、韩大元主编：《世界各国宪法·非洲卷》，《世界各国宪法》编辑委员会编译，中国检察出版社2012年版，第1102页。
③ 吴卫星：《环境权研究——公法学的视角》，法律出版社2007年版，第233—244页。
④ 孙谦、韩大元主编：《世界各国宪法·非洲卷》，《世界各国宪法》编辑委员会编译，中国检察出版社2012年版，第220页。
⑤ Article 8 of Gabon's Constitution of 2014: The state, subject to its resources shall guarantee to all, notably to the child, the mother, the handicapped, to aged workers and to the elderly, the protection of health, social security, a preserved natural environment, rest and leisure.

所有人的责任。国家应关心、保护和改善环境。"[1] 2003年圣多美和普林西比宪法第49条:"1. 所有人均享有拥有一个人居环境的权利,并有保护环境的义务;2. 国家应在其管辖的领土范围内规划并实施一个环境政策。"而且第10条还确定了保护自然和环境的和谐平衡是国家的初期目标之一。[2] 第四类,构建公民环境权利、国家环保责任、环境保护措施、环境权司法救济四位一体的综合体系。例如,刚果(布)的宪法第41—44条。[3] 但正如一些学者所言,宪法条款为保护环境提供了广泛而有力的工具,但迄今为止,这些工具在非洲基本上没有得到充分利用[4],如何将环境权入宪的作用落到实处,仍然是任重而道远。

(二)中部非洲地区各国环境法律法规

中部非洲各国大多原为法国的殖民地,其法律制度深受法国大陆法系影响,各国基本颁布有实体性的环境法典,并多以"环境保护法"或"环境法"等命名,这显著区别于非洲英语国家的环境立法,因为这些国家的环境立法多为程序性的环境管理法律。

---

[1] 孙谦、韩大元主编:《世界各国宪法·非洲卷》,《世界各国宪法》编辑委员会编译,中国检察出版社2012年版,第566页。

[2] 孙谦、韩大元主编:《世界各国宪法·非洲卷》,《世界各国宪法》编辑委员会编译,中国检察出版社2012年版,第894页。

[3] Article 41, 42, 43, 44 of Congo (Republic of the)'s Constitution of 2015. Article 41: Every citizen has the right to a healthy, satisfying and durable environment and has the duty of defending it. The State sees to the protection and the conservation of the environment. Article 42: The conditions of storage, of handling, of incineration and of disposal of toxic wastes, pollutants or radioactive [materials] originating from factories and other industrial or artisan sites installed on the national territory, are established by the law. All pollution or destruction resulting from an economic activity gives rise to compensation. The law determines the nature of the compensatory measures and the modalities of their execution. Article 43: The transit, the importation, the storage, landfill, [and] dumping in the continental waters and the maritime spaces under national jurisdiction, the expanding in the airspace of toxic wastes, pollutants, radioactive [matter] or of any other dangerous product, originating or not from abroad, constitute crimes punished by the law. Article 44: Any act, any agreement, any convention, any administrative arrangement or any other act, which has as [a] consequence to deprive the Nation of all or part of its own means of existence deriving [tirés] from its natural resources or from its wealth, is considered as an crime of pillage and punished by the law.

[4] Bruch, C, W Coker & C Van Arsdale. "Constitutional environmental law: giving force to fundamental principles in Africa," *26 Columbia Journal of Environmental Law*, pp. 131-212.

表 2　　　　　　　　　中部非洲各国环境基本法概况

国家	环境法名称
布隆迪	《布隆迪环境法典》（2000 年 6 月）
赤道几内亚	《环境保护调节法》（2003 年 11 月 27 日第 7 号法律）
刚果（布）	《环保法》（1991 年 4 月 23 日第 003/91 号法律）
刚果（金）	《环境保护法》（2011 年）
加蓬	《环境法》
喀麦隆	《环境管理法律框架》（1996 年 8 月 5 日第 96/12 号法律）
中非	《环境法》
乍得	《环境保护法》（1998 年 7 月 17 日）

资料来源：商务部国际贸易经济合作研究院、中国驻上述八国大使馆经济商务处等编《对外投资合作国别（地区）指南（2019 年版）》*。

目前，中部非洲各国基本上已经制定了相应的环境基本法律，而且部分国家还制定了与环境相关的部门法，进一步完善了本国的环境立法体系，如刚果（金）颁布有 1994 年《组织开采和出口水族鱼类法律》、2002 年《森林法》、2002 年《矿业法》（2018 年修改）；刚果（布）颁布了《森林法》《石油天然气法》，以及保护野生动物、植物的法律规定等。此外，基于对各国环境法律的分析，可以得出以下几个结论：

第一，由于中部非洲各国政府财政紧张，单靠自身力量无法有效进行环境保护研究以及将环保政策和行动落到实处，因此在环保法中设置环保基金能有效解决这一点：例如，喀麦隆《环境管理法律框架》在第 11、12 条就对其国家环境和可持续发展基金作出了规定，严格设置了基金的用途和方式，并且规定了基金来自喀麦隆政府、捐助、国际援助、与环保相关的罚款和税收等。

第二，环境影响评估制度（简称环评制度）是各国环境基本法中的必备条款，如赤道几内亚《环境保护调节法》中就规定，投资者在赤道几内亚境内投资前，需要对投资项目作环境影响评估报告，企业有责任消除投资项目对当地环境的影响。投资者因环境保护不力，对当地环境造成损害时，须接受赤道几内亚环境保护主管部门的处罚；喀麦隆《环境管

* 注：圣多美和普林西比的资料不详。

理法律框架》在第三部第二节第17—20条对环评制度作了规定。

第三，部分中部非洲国家的环境基本法中详细规定了违反相关环境法律的处罚规定。如喀麦隆《环境管理法律框架》第77—81条规定了不同情形下需要承担的不同种类的责任；中非《环境法》对大气和水体污染事故处理和赔偿标准作出了详细规定；乍得在环境基本法中有规定，还在具体的部门法，如《森林、动物和渔业资源管理条例》《植物保护法》《水法》对破坏森林、动物、植物、水体等行为作出了具体的惩罚性规定。

（三）中部非洲各国环境政策

由于法律具有稳定性而中部非洲国家环境保护形势复杂多变，环境法律法规难免会滞后，因此，大部分中部非洲国家都会制定相应的环境政策以应对环境问题及其变化，如喀麦隆《环境管理法律框架》第13条就明确政府每五年应当制订一份国家环境管理计划。关于非洲中部各国的环境政策，有几点值得注意：第一，虽然中部非洲各国基本上都会制定与环境相关的政策，不过通过研究就能发现，由于经济建设方面的巨大压力，其侧重点仍然在如何通过利用本国的优势资源发展经济，如在赤道几内亚的《环境与社会管理计划》之中，是以发展本国的渔业等优势产业为主要目标，并在年度报告中明确经济发展和基础设施建设的优先地位；第二，环境政策（制定）层级偏低导致环境管理部门权限偏弱，且缺乏相应的社会激励措施。对比非洲其他国家，如在南部非洲的马拉维，国家政策由总统颁布，并建立环境事务协调机构，能协调跨部门事务，减少其他部门对环境事务管理的干预，还设立相应的激励措施和多种惩罚手段双向并行，中部非洲国家的环境政策尤为缺乏这些内容。

（四）中部非洲各国参与的国际环境条约

中部非洲各国签订了大量与环保相关的国际条约，具体分为两类：一是全球性的国际条约，如1993年《生物多样性公约》、1994年《联合国气候变化框架公约》、1997年《京都议定书》和2016年《巴黎协定》，以及专门性公约如1996年《联合国关于在发生严重干旱和/或荒漠化的国家特别是在非洲防治荒漠化的公约》等。二是地区性国际条约，可追溯到1933年的《保护天然动植物伦敦条约》。该条约虽为英、法等殖民国家所签署，但它的适用范围为非洲的大部分殖民地，包括非洲中部国家，1968年9月15日《非洲保护自然界和自然资源公约》由非洲国家政府及领导人签署，涉及土壤、水、动植物资源，要求对环境予以保护和利用。同时，以下政策文件足以说明非洲国家对环境保护的承诺：《非洲统一组织宪章》《拉格斯行动计划和拉格斯最终法案》《非洲经济共同体条约》《非洲统一组织部长理事会决议》。2009年环境部长会议签署了应对气候变化的《内罗毕宣言》。非洲国家认为：非洲应该从发达国家那里得到由于气候变化而导致的环境、社会、经济损失的补偿；新的国际气候制度谈判必须坚持业已形成的"共同但有区别的责任"原则，优先考虑到非洲在可持续发展、减贫和实现千年发展目标方面的需要；同时，发达国家应切实履行减排义务，并以可操作和可验证的方式向非洲提供资金、技术和能力建设方面的支持。[①]

三 中部非洲地区环境管理制度的发展

（一）环境行政主管机构

虽然中部非洲地区的环境管理法律制度有较大的完善空间，但各国还是基本建立有专门负责生态环境、自然资源以及可持续发展的国家行政管理部门，并明确了职能与权责。

表3　　　　　　　　中部非洲各国环境管理机构及其职责

国家	国家环境主管机构	主要职责
布隆迪	环境、农业与牧业部	制定和实施环境的国家政策、环境标准、环境政策，管理国家自然资源
赤道几内亚	农业、畜牧业、森林与环境部	制定和实施与环境相关的政策，管理国家农业、畜牧业
刚果（金）	环境与可持续发展部	以科学先进的方式保护自然环境，推动和协调所有与环境相关的活动

---

① 詹世明：《应对气候变化：非洲的立场与关切》，《西亚非洲》2009年第10期，第44—51、82页。

续表

国家	国家环境主管机构	主要职责
刚果（布）	林业经济、可持续发展和环境部	制定与环境相关的国家政策并实施保护环境的行动
加蓬	森林、环境和气候计划部	做好规划、保护加蓬生态环境，促进可持续发展
喀麦隆	环境、自然保护和可持续发展部	制定并落实政府在环境和自然保护领域的政策，促进可持续发展
乍得	环境、水利和渔业部环境总局	负责环境评估、动植物等自然资源保护
中非	环境和可持续发展部	制定并实施环境保护和可持续发展政策

资料来源：商务部国际贸易经济合作研究院、中国驻上述八国大使馆经济商务处等编《对外投资合作国别（地区）指南（2019年版）》*。

结合和各国环境法以及环境政策，可以发现：第一，中部非洲各国基本上都设置了部级行政主管部门，不过大部分环境主管部门未单独成为一个独立的部级部门，管理权限十分有限。虽然诸如刚果（金）、喀麦隆进行了机构改革，成立了独立的环境部级机构，不过正如前文提到，环境政策是由部级机构制定，很难做到协调其他部门在完成本部门工作的同时兼顾环境保护落到实处，这一点也是中部非洲国家之后进一步完善机构设置的必经之路。第二，由于环境主管机构的相对"弱势"，中部非洲国家设置了一些机构以增强环境主管机构的执行能力，如中非在《环境法》第7、8条规定应设立一个联合机构，称为国家环境和可持续发展委员会，由国家、民选代表、地方当局和非政府组织代表组成以协助环境主管部门制定和落实政策。同时，在中非《环境法》第6条中规定了地方当局和环保组织有义务协助环境主管机构。第三，中部非洲部分国家设置了单独的级别较高的环境评估管理机构，如喀麦隆的环评管理机构就是喀麦隆环境、自然保护和可持续发展部，刚果（金）的国家环境和技术中心设立了一个环境影响评估管理和批准机构，称为刚果环境研究小组，突出对环境评估的重视。

* 注：圣多美和普林西比的资料不详。

(二) 中部非洲各国的环境评估制度

中部非洲各国基本建立有环境影响评估制度，有较为明确的负责机构，但在实践中，具有环评资质的机构较少，环评执法也受制于各方，中资企业应当高度关注由此引发的风险。

表4　　　　　　　　中部非洲各国环境管理机构概况

国家	环评管理机构	环评报告撰写	环评依据
乍得	环境、水利和渔业部下属环境总局	Agritchad 和 Sahel Conseil Études et Travaux 公司	《环境影响研究管理条例》《环境影响研究实施指南》
刚果（布）	林业经济、可持续发展和环境部	林业经济、可持续发展和环境部认可的环评咨询公司	
赤道几内亚	农业、畜牧业、森林与环境部环境司	有资质的环评公司	主要参照世界银行标准和做法
刚果（金）	环境与可持续发展部、矿业部		主要参照世界银行标准和做法
中非	环境和可持续发展部	环境和可持续发展部授权机构	《环境法》
布隆迪	投资促进署下属环评办公室	专门咨询公司	
加蓬	环境和自然保护局	重大项目多聘用欧美公司	
喀麦隆	环境、自然保护和可持续发展部	政府认可的咨询公司、研究机构、非政府组织、协会	《环境管理法律框架》

资料来源：商务部国际贸易经济合作研究院、中国驻上述八国大使馆经济商务处编《对外投资合作国别（地区）指南（2019年版）》*。

中部非洲各国的环境评估制度是其对环境监督和管理的最重要的手段

---

*　注：圣多美和普林西比的资料不详。

之一，其重要性不言而喻，甚至中非和喀麦隆是由环保部级别的部门直接管辖。其他国家至少也是部级下设机构管理。对于具有环评资质的机构，中部非洲各国都十分缺乏，乍得仅有两家公司而中非仅有一家公司，加蓬则主要聘请国外公司进行环评报告撰写，且部分国家缺少本国专门制定的环评法律依据。各国的环评管理机构的职责略有不同，大致可分为：第一类，如赤道几内亚的农业、畜牧业、森林与环境部环境司，不承担具体的环评管理和监督等职责，主要是为承包商寻找有资质的环评公司出具报告再到农业部认证；第二类，如中非、乍得等大部分中部非洲国家的环评管理机构的职责为接收申请、对环评报告进行审核，如喀麦隆环境、自然保护和可持续发展部赴项目现场考察，撰写考察报告，实地考察后对环评报告提出修改意见。

表5　　　　　　　　　　　环评审核费用及期限

国家	环评审核费用	环评程序所耗时间
喀麦隆	简明报告400万非郎，详细报告700万非郎	批准30日内审核需20日内
刚果（布）	一般较大项目收费在6000万到7000万非郎之间	4个月到1年
中非	由投资或承包项目金额大小决定	1个月
加蓬	由具体项目决定	由具体项目决定
布隆迪	约为200万—500万布郎（约合1800—4000美元）	两周至1个月不等

资料来源：商务部国际贸易经济合作研究院、中国驻上述五国大使馆经济商务处等编《对外投资合作国别（地区）指南（2019年版）》。

关于环评制度，还有几点需要注意：第一，环评的启动条件，大部分国家直接规定国内外企业开展投资或承包工程的项目都需要环评，刚果（金）进一步具体明确为开展矿业等项目投资以及实施可能对环境造成影响的工程项目；第二，环评程序的前置性和严格性，各国都毫无例外地规定了环评程序置于具体项目正式实施之前，环评报告的内容和批准的程序需要符合法律法规的要求，并且对环评资质获得后同样有限制要求，在一定期限内不进行项目建设,则需要重新环评;第三,对违反环评的后果作出了严格规定,以喀麦隆为例,其《环境管理法律框架》第 79 条规定:企业如果在没有进行环保设计的情况下就实施必须进行环保设计的项目,或不按照环保设计要求的标准、规范和措施实施项目,将被处以 200 万至 500 万非郎的罚款,或对相关责任人处 6 个月至 2 年的监禁,或两者并处。由此可见,违反环评需要承担民事刑事等多种责任。

四 投资中部非洲地区面临的环境法律风险

根据中国在中部非洲地区的投资概况,从整体长远的发展过程来看,中国对中部非洲的投资量有了很大的增长,但在 2018—2019 年间投资量呈现上下波动。究其原因,很重要一点是中国对中部非洲的投资基本上是石油等资源开发和少量的工程承包,其中的环境保护问题就显得十分突出,如中国石化在加蓬洛南果(Lonango)国家公园勘探时,一些环保组织指责其"野蛮施工",破坏原始森林。喀麦隆军警抓捕了一百余名外国非法淘金者,而其中有不少中国人。这些淘金者不仅违反当地规定,私自投资开采小型金矿,而且不顾环境后果,不对开挖过的矿坑进行回填,并破坏水体和耕地,最终引发了当地社会的强烈抗议,同时受到当地政府的严肃处理。乍得政府因为中石油在当地开采时未按法律规定清理溢出的原油而暂停了后者在该国的油田开采活动。中国石化在加蓬贝林加建设一座大坝,没有进行环境影响评估,会威胁到森林、生物多样性,且协议的细节公布前不久刚被爆出了森林砍伐丑闻,这些行为都损害中国在非投资的声誉。[①] 这些事例说明了由于中资企业在投资过程中存在少量的违反当地环境法律法规的行为,使其在投资上造成了不必要的损失。

过去数年间,国际上有多篇对驻非中资企业环境影响的实证研究。米歇尔·陈·费舍尔和马塞尔·基提苏和蒂纳·巴特勒指出,中国采矿和伐木公司对非洲环境造成了负面影响,但他们同时认为中国企业的行为并不

[①] 谢卜罗特·埃索诺·翁多(Protet Essono Ondo)、吕维菊:《加蓬贝林加(BELINGA)铁矿开采项目》,《系列案例:中国优秀投资者责任的典范案例》,National Committee of The Netherlands(IUCN)2016,第 1—5 页。

比其他国家企业的更糟糕。① 道格拉斯·斯科特在一份报告中指出，中国在非洲的采矿和油气投资对当地一些保护区造成了威胁。② 非洲环保 NGO 和中部非洲国家多次以东道国环境法和环境权为由叫停了中国融资的大型工程项目，西方则以中国投资非洲能源矿业为借口大肆渲染"中国环境新殖民主义""中国环境威胁论"，各种原因综合导致了中资企业在中非地区投资面临环境法律风险。

一方面，从中国国家政府的层面上看，国家保护企业对非经贸合作的形式与措施相对单一，力度也需加大，国家现存防范安全风险的法律体系与制度与之不相适应，无法充分保障国家利益和投资者合法权益，缺乏健全的中国海外投资保险法律制度、担保制度和中国特色投资条约"保护与安全"和"保护伞"条款等保障措施。近十年来，中国政府以母国立法和司法、发布规范性文件、加强审核监督等的方式规制海外投资者及其环保守法行为，但相关法规缺乏具体标准和要求，可操作性较低；缺失的信息公开和公众参与规定，易成为 NGO 的反对理由；母国司法规制则受"不方便法院"原则和非洲各国具体规定的影响而具有不确定性。此外，中国还未完全建立起银行、保险机构和证交所对可持续性融资与贷款的环保评估机制。

另一方面，在中部非洲的层面，首先，从实践上看，中部非洲地区还有部分国家政治局势不稳定，导致国家环境管理结构经常出现非正常变化，环境法律和环境政策执行力下降，并且，部分国家政局腐败，司法执行不够透明且违法执法的情况多发，致使企业的合法权益受到侵犯；其次，分析中部非洲国家环境立法体系可以发现，中部非洲国家逐步构建了以环境权入宪为依据，基本环境法律为基础，环境政策为指导的体系化环境法律制度结构，并且，确实强化了环境保护力度，如设置民事刑事等各

---

① Marcel Kitissou and Tina Butler, "Growing Pains and Growing Alliances: China, Timber and Africa", in Marcel Kitissou, ed., *Africa in China's Global Strategy*, London: Adonis & Abbey, 2007; Michelle Chan - Fishe, l "Environmental Impact: More of the Same", in Firoze Manji and Stephen Marks, eds., *African Per - spectives on China in Africa*, Cape Town, Nairobi and Oxford: Fahamu / Pambazuka News, 2007.

② Douglas Scott, "Do Chinese Extraction (Mining, Oil & Gas) Activities in Africa Overlap with Areas of Conservation Value?" http://www.academia.edu/1002354/Do_Chinese_Extraction_Mining_Oil_ and _Gas_Activities_in_Africa_overlap_with_Areas_of_Conservation_Value.

种责任、建立严格的环评制度等。

除此之外，在中资企业的层面，首先，中资企业对中部非洲各国的环境法律体系的认识存在不足，主要原因是信息渠道不通；其次，企业的社会责任感不强，如在环境领域，只关注经济、政治、市场和融资等因素，忽略环境和社会风险，为了避免环评许可和环境诉讼对投资利益的减损，投资大多以经济手段解决了环境风险，引发了舆论批评。并且，企业缺乏自身风险的预防手段，导致自身容易出现一些违规操作的情况。

五 中部非洲地区环境法律风险的化解路径

通过对中部非洲国家环境制度的研究，结合2018—2019年中国投资中部非洲的概况以及对面临的环境问题的剖析，防控投资中部非洲环境问题的具体路径应当从两个层次构建，即宏观上的国家政府层面和微观上的中资企业层面，通过国家政府的保驾护航和企业自身的防控能力提高，才能切实解决环境问题带来的不良影响。

从国家层面上来看。第一，从事前预防的角度，中国政府应当加强与非洲地区的高层互访，建立沟通机制，通过相关专业部门，建立中部非洲国家环境法律资源库，加强拓宽对中部非洲各国的了解，整合官方和学界相关智库，全面具体整理分析中部非洲地区各国环境法律体系。第二，从环境立法角度，从国内法角度，可以增加法律法规和规范性文件，指引企业保护非洲环境、履行企业社会责任；加强环境保护行政主管部门的审批与监管责任，系统性、连续性地开展环境影响跟踪评价；秉承企业投资项目透明的原则，加强环境信息披露和公众参与，避免与NGO正面对抗；建立国家联系点制度，处理跨国公司和子公司因环境问题引发的诉讼和调解，辅助法律查明；规定银行、保险和证交所等融资、担保机构对赴非投资客户进行环评、监管的绿色金融服务。从国际法角度，在中非BITs中增加母国和投资者保护非洲环境的责任和义务，修正和更新现有BITs并吸纳环境条款，并且约定环境法律争端解决的途径和效力。[1]

从中资企业层面上看。首先，要进一步加强对中部非洲各国环境法律

---

[1] 韩秀丽：《中国海外投资的环境保护问题——基于投资法维度的考察》，《厦门大学学报》（哲学社会科学版）2018年第3期，第148—159页。

制度的学习研究，树立承担社会责任的意识。以刚果（布）为例，要了解刚果（布）环境保护法规，实时跟踪当地的环保标准。刚果（布）的环保立法目前除了《环保法》之外主要体现在《石油法》和《森林法》中。2008年10月底，第六届国际可持续发展会议在布拉柴维尔举行以后，从中非国家共同体到刚果（布）政府都比较重视落实京都议定书的有关要求，目前政府正在陆续出台一些清洁生产和可持续发展的法律。以及中部非洲国家参与了哪些国际组织，其中制定了哪些环保规则，除此之外，还有中部非洲各国参与的国际环保条约等，做到熟悉中部非洲国家法律制度、政策国情，做到政策沟通，促使贸易畅通。其次，要切实做好环境保护，如：企业对于生产经营中可能产生的废气、废水和其他影响环保的排放物，要事先进行科学评估，在规划设计中选好解决方案。此外，要根据环保部门的要求，制定有效的环保规划，并切实加以执行。在生产过程中，如出现环境污染等问题，涉事企业要高度重视，主动配合当地主管部门采取应对措施，并根据环境污染的具体情况，分清责任，对受到损害的当地居民依法作出赔偿，及时挽回社会影响。再次，在面对法律纠纷的时候，可依据双边投资保护条约中有关诉讼和救济程序的规定，严格依照东道国法律，合理承担法律责任，防止当地政府提出无依据的赔偿请求，依法维护投资权益；可以尝试通过仲裁化解投资中的环境法律争端，利用解决投资争端国际中心（ICSID）、中非联合仲裁中心（CAJAC）等机制，基于中非双边投资协定（BIT）的约定，采取第三方仲裁的方式化解环境法律争端，减少企业经济损失。[①]

作者简介

张小虎（1986— ），法学博士，湘潭大学法学院副教授，南非斯坦陵布什大学访问学者，中非经贸法律研究院研究员。

王朝乾（1995— ），湘潭大学法学院硕士研究生。

[①] 张小虎：《"一带一路"倡议下中国对非投资的环境法律风险与对策》，《外国法制史研究》，法律出版社2018年版，第147—178页。

Institutional Development and Risk Prevention of Environmental Law in Central Africa

Authors: Zhang Xiaohu (1986 –), Doctor of Laws, Associate Professor of Law Faculty of Xiangtan University School of Law, Visiting Scholar at Stellenbosch University and Researcher of China – African Institute for Business and Law. Wang Chaoqian (1995 –), master student of Xiangtan University Law School.

Abstract: Driven by the "the Belt and Road Initiative" and "China – Africa community with a shared future" and other major backgrounds, China's investment in Africa's poorer Central Africa region has also gradually increased. China's investment in Central Africa is focused on oil and other resource development and infrastructure projects. In areas such as contracting, which are closely related to the environment, most Central African countries have established an environmental legal system that takes environmental rights as the cornerstone of the constitution, guided by environmental policies, supported by basic environmental laws, and assisted by international cooperation. Special environmental management agencies and strict environmental impact assessment system. Therefore, in order to reduce investment risks, it is necessary to provide laws, policies and platform support from the former government and the two levels of the national government and Chinese companies. Enterprises should strengthen information understanding and strengthen social awareness; enterprises should strengthen environmental protection during the incident; Non – litigation means to protect their legitimate rights and interests to prevent and control environmental issues in Central Africa.

第六篇

非洲年度专题数据汇编

非洲经济领域相关数据

表1　　非洲国家GDP总量(2014—2019年,现价美元)　　单位:10亿美元

国家/年份	2014	2015	2016	2017	2018	2019
阿尔及利亚	213.81	165.98	160.03	167.39	173.76	169.99
安哥拉	145.71	116.19	101.12	122.12	101.35	94.64
贝宁	13.28	11.39	11.82	12.70	14.25	14.39
博茨瓦纳	16.25	14.42	15.65	17.41	18.66	18.34
布基纳法索	13.94	11.83	12.82	14.17	16.20	15.75
布隆迪	2.71	3.10	2.96	3.17	3.04	3.01
佛得角	1.86	1.60	1.66	1.77	1.97	1.98
喀麦隆	34.99	30.93	32.64	35.01	38.69	38.76
中非共和国	1.89	1.70	1.83	2.07	2.22	2.22
乍得	13.94	10.95	10.10	10.00	11.24	11.31
科摩罗	1.15	0.97	1.01	1.08	1.18	1.19
刚果(布)	14.20	8.56	9.04	9.04	11.66	10.82
刚果(金)	35.91	37.92	37.13	38.02	46.83	47.32
科特迪瓦	35.36	45.81	47.96	51.59	57.72	58.79
吉布提	2.21	2.43	2.60	2.75	3.01	3.32
厄立特里亚	—	—	—	—	—	—
埃及	305.53	332.70	332.93	235.37	250.89	303.18
赤道几内亚	21.77	13.19	11.24	12.20	13.28	11.03
埃塞俄比亚	55.61	64.59	74.30	81.77	84.27	96.11

续表

国家/年份	2014	2015	2016	2017	2018	2019
加蓬	18.20	14.38	14.02	14.93	16.86	16.66
冈比亚	1.23	1.35	1.47	1.50	1.62	1.76
加纳	53.66	48.56	55.01	59.00	65.56	66.98
几内亚	8.78	8.79	8.60	10.34	12.21	13.59
几内亚比绍	1.05	1.05	1.18	1.35	1.46	1.34
肯尼亚	61.45	64.01	69.19	78.97	87.78	95.50
莱索托	2.50	2.37	2.17	2.41	2.58	2.46
利比里亚	3.14	3.18	3.28	3.29	3.26	3.07
利比亚	41.14	27.84	26.20	37.88	52.61	52.08
马达加斯加	12.52	11.32	11.85	13.18	13.85	14.08
马拉维	6.05	6.37	5.43	6.30	6.92	7.67
马里	14.37	13.10	14.02	15.38	17.17	17.51
毛里塔尼亚	6.59	6.17	6.40	6.76	7.05	7.59
毛里求斯	12.80	11.69	12.23	13.26	14.18	14.18
摩洛哥	110.08	101.18	103.31	109.71	117.92	118.73
莫桑比克	17.72	15.95	11.94	13.22	14.72	14.93
纳米比亚	12.36	11.27	10.67	12.74	13.45	12.37
尼日尔	10.82	9.67	10.28	11.17	12.83	12.93
尼日利亚	568.50	494.58	404.65	375.75	398.16	448.12
卢旺达	8.28	8.58	8.73	9.25	9.63	10.12
圣多美和普林西比	0.35	0.32	0.35	0.38	0.42	0.43
塞内加尔	19.80	17.77	19.04	21.00	23.24	23.58
塞舌尔	1.34	1.38	1.43	1.52	1.59	1.70
塞拉利昂	5.02	4.22	3.67	3.74	4.09	3.94
索马里	—	—	—	—	—	—
南非	350.90	317.62	296.36	349.55	368.29	351.43
苏丹	64.94	74.29	51.77	45.38	26.08	18.90
南苏丹	13.96	12.00	—	—	—	—
斯威士兰	4.42	4.07	3.84	4.45	4.71	4.41
坦桑尼亚	49.96	47.38	49.77	53.32	58.00	63.18
多哥	4.57	4.18	4.49	4.82	5.36	5.46

续表

国家/年份	2014	2015	2016	2017	2018	2019
突尼斯	47.63	43.17	41.80	39.80	39.77	38.80
乌干达	32.35	32.12	28.97	30.76	32.77	34.39
赞比亚	27.15	21.24	20.95	25.87	27.01	23.06
津巴布韦	19.50	19.96	20.55	22.04	24.31	21.44

注：-表示数据缺失，GDP按现价美元计算（下同）。

资料来源：世界银行数据库，http://data.worldbank.org/（2020年7月获取）（整理人：欧玉芳）。

表2　非洲国家人均GDP（2014—2019年，现价美元）　　　单位：美元

国家/年份	2014	2015	2016	2017	2018	2019
阿尔及利亚	5493.0	4177.9	3946.4	4531.0	4114.7	3948.3
安哥拉	5408.4	4167.0	3506.1	14591.9	3289.6	2973.6
贝宁	1291.4	1076.8	1087.3	17391.4	1240.8	1219.4
博茨瓦纳	7780.6	6799.9	7243.9	7893.2	8279.6	7961.3
布基纳法索	792.8	653.3	687.7	7893.2	820.2	774.8
布隆迪	274.9	305.5	282.2	7893.2	271.8	261.2
佛得角	3588.7	3043.0	3131.0	58622.8	3617.3	3603.8
喀麦隆	1542.6	1327.5	1364.3	2453.7	1534.5	1497.9
中非共和国	424.4	377.4	402.2	1548.2	476.0	467.9
乍得	1020.3	776.0	693.4	1548.2	726.1	709.5
科摩罗	1513.8	1242.6	1273.1	2453.7	1416.0	1393.5
刚果（布）	2996.9	1762.0	1815.3	58622.8	2223.9	2011.1
刚果（金）	486.8	497.3	471.3	58622.8	557.1	545.2
科特迪瓦	1561.5	1972.5	2013.4	2453.7	2302.6	2286.2
吉布提	2464.3	2659.0	2802.5	2453.7	3141.9	3408.8
厄立特里亚	0.0	0.0	0.0	0.0	0.0	0.0
埃及	3378.8	3599.0	3525.0	14591.9	2549.1	3020.0
赤道几内亚	19394.0	11283.5	9250.3	7893.2	10144.2	8131.9
埃塞俄比亚	566.9	640.5	717.1	14591.9	771.5	857.5
加蓬	9663.4	7384.7	6984.5	2453.7	7956.6	7667.4
冈比亚	607.4	649.5	684.0	58622.8	712.5	751.3

续表

国家/年份	2014	2015	2016	2017	2018	2019
加纳	1971.0	1743.9	1931.4	2453.7	2202.3	2202.1
几内亚	787.2	769.3	733.0	2453.7	983.3	1064.1
几内亚比绍	622.5	603.2	661.0	2453.7	778.0	697.8
肯尼亚	1315.8	1336.9	1410.5	765.7	1708.0	1816.5
莱索托	1223.3	1152.1	1043.6	765.7	1221.9	1157.5
利比里亚	721.2	710.4	714.6	765.7	677.3	621.9
利比亚	6466.9	4337.9	4035.2	765.7	7877.1	7683.8
马达加斯加	530.9	467.2	476.0	765.7	527.5	522.2
马拉维	371.3	380.6	315.8	765.7	381.3	411.6
马里	848.3	751.5	780.4	765.7	900.1	890.7
毛里塔尼亚	1677.1	1524.1	1536.9	765.7	1600.9	1677.9
毛里求斯	10153.9	9260.4	9681.6	765.7	11208.2	11203.5
摩洛哥	3171.7	2875.3	2896.7	765.7	3222.2	3204.1
莫桑比克	674.0	589.9	428.9	765.7	499.0	491.8
纳米比亚	5435.2	4869.4	4523.1	765.7	5495.4	4957.5
尼日尔	562.1	483.3	494.7	765.7	571.5	554.6
尼日利亚	3222.7	2730.4	2176.0	765.7	2032.7	2229.9
卢旺达	747.0	754.9	748.5	765.7	782.6	801.7
圣多美和普林西比	1782.8	1595.9	1710.1	765.7	2001.1	1994.9
塞内加尔	1396.7	1219.2	1269.9	765.7	1465.6	1446.8
塞舌尔	14700.3	14745.3	15068.6	765.7	16390.8	17401.7
塞拉利昂	714.7	588.2	501.4	765.7	534.0	504.5
索马里	0.0	0.0	0.0	1548.2	0.0	0.0
南非	6433.2	5734.6	5272.9	765.7	6374.0	6001.4
苏丹	1710.0	1909.7	1299.3	1548.2	623.9	441.5
南苏丹	1322.8	1119.7	0.0	765.7	0.0	0.0
斯威士兰	4038.6	3689.5	3447.7	1548.2	4146.0	3837.0
坦桑尼亚	1030.1	947.9	966.3	1548.2	1061.0	1122.1
多哥	640.9	570.9	597.5	10467.7	679.0	675.5
突尼斯	4305.5	3861.7	3697.9	1548.2	3438.8	3317.5
乌干达	876.4	840.4	730.6	1548.2	767.1	776.8

续表

国家/年份	2014	2015	2016	2017	2018	2019
赞比亚	1763.1	1337.8	1280.6	1548.2	1556.3	1291.3
津巴布韦	1434.9	1445.1	1464.6	2453.7	1683.7	1464.0

注：- 表示数据缺失。另外，2019年中国人均GDP为10261.67美元，美国为65280.68美元，越南为2715.27美元，世界平均水平为11435.61美元。

资料来源：世界银行数据库，http://data.worldbank.org/（数据2020年7月获取）（整理人：欧玉芳）。

表3　　非洲国家GDP增长率（2014—2019年）　　单位：%

国家/年份	2014	2015	2016	2017	2018	2019
阿尔及利亚	3.8	3.7	3.2	1.3	1.4	0.8
安哥拉	4.8	0.9	-2.6	-0.1	-2.0	-0.9
贝宁	6.4	1.8	3.3	5.7	6.7	6.9
博茨瓦纳	4.1	-1.7	4.3	2.9	4.5	3.0
布基纳法索	4.3	3.9	6.0	6.2	6.8	5.7
布隆迪	4.2	-3.9	-0.6	0.5	1.6	1.8
佛得角	0.6	1.0	4.7	3.7	4.5	5.7
喀麦隆	5.9	5.7	4.6	3.5	4.1	4.0
中非共和国	0.1	4.3	4.8	4.5	3.8	3.0
乍得	6.9	2.8	-6.3	-3.0	2.4	3.2
科摩罗	2.1	1.1	3.3	3.8	3.4	2.7
刚果（布）	6.8	2.6	-2.8	-1.8	1.6	-0.9
刚果（金）	9.5	6.9	2.4	3.7	5.8	4.4
科特迪瓦	8.8	8.8	7.2	7.4	6.8	6.9
吉布提	7.1	7.7	6.7	5.4	8.4	7.5
厄立特里亚	—	—	—	—	—	—
埃及	2.9	4.4	4.3	4.2	5.3	5.6
赤道几内亚	0.4	-9.1	-8.8	-5.7	-6.4	-5.6
埃塞俄比亚	10.3	10.4	9.4	9.6	6.8	8.3
加蓬	4.3	3.9	2.1	0.5	0.8	3.4
冈比亚	-1.4	4.1	1.9	4.8	6.5	6.0
加纳	2.9	2.2	3.4	8.1	6.3	6.5
几内亚	3.7	3.8	10.8	10.3	6.2	5.6
几内亚比绍	1.0	6.1	6.3	5.9	3.8	4.6

续表

国家/年份	2014	2015	2016	2017	2018	2019
肯尼亚	5.4	5.7	5.9	4.8	6.3	5.4
莱索托	2.9	2.7	5.0	-1.3	-0.5	1.5
利比里亚	0.7	0.0	-1.6	2.5	1.2	-2.3
利比亚	-24.0	-8.9	-2.8	26.7	15.1	2.5
马达加斯加	3.3	3.1	4.0	3.9	4.6	4.8
马拉维	5.7	2.8	2.5	4.0	3.2	4.4
马里	7.1	6.2	5.8	5.4	4.7	5.0
毛里塔尼亚	4.3	5.4	1.3	3.5	2.1	5.9
毛里求斯	3.7	3.6	3.8	3.8	3.8	3.6
摩洛哥	2.7	4.5	1.1	4.2	3.0	2.3
莫桑比克	7.4	6.7	3.8	3.7	3.4	2.2
纳米比亚	5.8	4.5	-0.3	-0.3	0.7	-1.1
尼日尔	6.6	4.4	5.7	5.0	7.0	5.8
尼日利亚	6.3	2.7	-1.6	0.8	1.9	2.2
卢旺达	6.2	8.9	6.0	4.0	8.6	9.4
圣多美和普林西比	6.5	3.8	4.2	3.9	2.7	2.4
塞内加尔	6.6	6.4	6.4	7.4	6.4	5.3
塞舌尔	4.5	4.9	4.6	4.4	3.8	4.7
塞拉利昂	4.6	-20.6	6.1	4.2	3.4	5.5
索马里	—	—	—	—	—	—
南非	1.8	1.2	0.4	1.4	0.8	0.2
苏丹	2.7	4.9	4.7	4.3	-2.3	-2.6
南苏丹	3.4	-10.8	—	—	—	—
斯威士兰	0.9	2.3	1.3	2.0	2.4	2.0
坦桑尼亚	6.7	6.2	6.9	6.8	5.4	5.8
多哥	5.9	5.7	5.6	4.4	4.9	5.3
突尼斯	3.0	1.2	1.2	1.9	2.7	1.0
乌干达	5.1	5.2	4.8	3.9	6.2	6.5
赞比亚	4.7	2.9	3.8	3.5	4.0	1.7
津巴布韦	2.4	1.8	0.8	4.7	4.8	-8.1

注：-表示数据缺失（下同），表中小数点后第一位数采用四舍五入方法计算。另外，2019年，中国GDP增长率为6.1%，越南为7.0%，美国为2.3%。

资料来源：世界银行数据库，http://data.worldbank.org/（数据为2020年7月获取）（整理人：欧玉芳）。

表4　　非洲国家外债总额存量(2014—2018年)　　单位:百万美元

国家/年份	2014	2015	2016	2017	2018
阿尔及利亚	5521.13	4671.37	5463.16	5706.71	5710.42
安哥拉	56935.50	56272.31	57167.39	52617.59	54563.37
贝宁	2041.49	2178.02	2316.21	2897.82	3690.59
博茨瓦纳	2545.57	2225.56	2109.18	1717.71	1748.74
布基纳法索	2550.59	2631.94	2825.46	3128.87	3285.72
布隆迪	690.17	625.98	602.77	613.97	589.34
佛得角	1543.47	1542.54	1542.56	1761.71	1735.39
喀麦隆	5768.40	7308.37	7830.25	10013.69	10864.66
中非共和国	661.78	682.42	688.20	729.51	778.90
乍得	3751.64	2973.00	3018.31	3145.12	3242.40
科摩罗	141.75	130.56	160.59	166.99	191.13
刚果(布)	3903.05	4022.44	3758.29	4926.17	5147.31
刚果(金)	5522.88	5373.70	5063.83	5126.99	4983.72
科特迪瓦	9805.33	11385.81	11448.05	13444.12	15659.66
吉布提	2170.99	2603.62	2991.45	3355.83	3264.07
厄立特里亚	907.68	872.99	795.98	818.53	791.22
埃及	41742.76	49847.23	69173.09	84428.72	98704.88
赤道几内亚	—	—	—	—	—
埃塞俄比亚	16945.03	21021.01	23795.57	26656.54	28026.98
加蓬	4541.91	5059.19	5285.62	6458.62	6766.55
冈比亚	528.01	532.87	515.98	653.65	681.39
加纳	17838.99	20105.29	21166.28	22353.66	23315.99
几内亚	2045.90	2136.09	2174.23	2337.20	2554.74
几内亚比绍	271.38	314.85	295.21	342.99	420.71
肯尼亚	16900.14	19767.09	21693.86	26829.78	31511.13
莱索托	890.48	888.42	883.22	935.62	914.77
利比里亚	686.48	845.58	970.20	1146.76	1255.92
利比亚	—	—	—	—	—

续表

国家/年份	2014	2015	2016	2017	2018
马达加斯加	2962.34	3006.71	2975.70	3381.73	3716.24
马拉维	1666.42	1721.09	1849.74	2183.65	2265.97
马里	3458.33	3691.93	3788.90	4374.58	4896.23
毛里塔尼亚	4531.59	4993.51	5080.23	5233.41	5218.05
毛里求斯	12768.55	10311.75	10454.20	10637.20	11207.48
摩洛哥	42874.99	43070.20	46375.38	49796.16	49041.42
莫桑比克	13051.05	13862.96	13850.81	15197.55	15217.63
纳米比亚	—	—	—	—	—
尼日尔	2023.26	2239.45	2535.01	3058.91	3260.01
尼日利亚	25295.48	29273.48	31248.54	40474.78	47047.23
卢旺达	2909.86	3451.96	4318.72	4825.39	5402.74
圣多美和普林西比	228.96	243.18	248.22	266.31	249.64
塞内加尔	5631.71	5904.88	6689.58	8897.55	12273.26
塞舌尔	—	—	—	—	—
塞拉利昂	1426.86	1551.20	1598.31	1715.62	1712.92
索马里	2960.45	2893.86	2864.54	2958.04	2932.00
南非	141598.63	138077.50	146040.98	180496.79	179306.41
苏丹	21781.76	21426.45	21114.08	21744.62	21595.90
南苏丹	—	—	—	—	—
斯威士兰	396.69	367.50	487.15	652.17	509.24
坦桑尼亚	14503.04	15277.88	16189.11	18396.73	18584.99
多哥	986.28	1064.23	1170.36	1634.11	1760.69
突尼斯	26473.57	27244.85	28363.50	33468.23	34660.99
乌干达	8654.68	9573.69	10090.50	11688.54	12330.46
赞比亚	9338.72	11916.83	15359.00	17520.33	19116.04
津巴布韦	8372.11	9380.36	11223.48	12114.77	12286.24

资料来源:世界银行数据库,http://data.worldbank.org/(数据为2020年7月获取)(整理人:欧玉芳)。

表5 非洲国家偿还债务总量占货物、服务和收入出口比例(2011—2018年)

单位:%

国家/年份	2011	2012	2013	2014	2015	2016	2017	2018
阿尔及利亚	0.79	1.09	0.75	0.45	1.72	1.01	1.01	0.60
安哥拉	5.79	8.37	9.64	14.09	22.69	33.61	33.61	25.62
贝宁	2.80	2.93	3.12	2.48	3.59	4.17	4.17	3.96
博茨瓦纳	1.06	0.79	2.15	0.67	3.32	1.99	1.99	2.45
布基纳法索	2.33	2.12	2.43	2.78	3.90	3.55	3.55	3.47
布隆迪	4.21	8.91	13.76	13.86	13.92	16.02	16.02	14.04
佛得角	4.94	4.60	4.63	4.83	6.30	5.97	5.97	6.00
喀麦隆	4.32	3.13	3.35	6.06	7.35	14.39	14.39	10.69
中非共和国	—	—	—	—	—	—	—	—
乍得	—	—	—	—	—	—	—	—
科摩罗	3.81	13.20	0.54	0.65	7.39	3.54	3.54	1.92
刚果(布)	1.18	1.63	3.15	3.19	4.42	3.23	3.23	—
刚果(金)	2.47	3.08	3.33	3.22	3.67	4.05	4.05	3.42
科特迪瓦	5.27	5.41	7.99	7.16	6.37	12.99	12.99	17.10
吉布提	33.27	29.97	28.99	29.21	28.82	31.60	31.60	57.79
厄立特里亚	—	—	—	—	—	—	—	—
埃及	7.90	6.62	7.65	12.67	9.98	19.50	19.50	15.33
赤道几内亚	—	—	—	—	—	—	—	—
埃塞俄比亚	5.91	7.05	10.70	11.87	17.24	20.77	20.77	20.82
加蓬	3.78	4.01	11.86	4.97	7.69	—	—	—
冈比亚	10.45	9.37	10.99	17.60	14.41	15.33	15.33	16.78
加纳	2.40	2.99	4.31	5.18	6.02	8.56	8.56	9.37
几内亚	12.98	8.16	4.37	3.75	5.60	3.14	3.14	1.92
几内亚比绍	1.72	4.42	0.76	1.20	1.03	3.14	3.14	1.90
肯尼亚	4.31	4.80	4.90	11.52	8.14	10.97	10.97	14.64
莱索托	2.09	2.44	2.94	3.09	3.69	4.20	4.20	3.66
利比里亚	0.75	1.17	0.94	2.40	8.73	3.08	3.08	2.82
利比亚	—	—	—	—	—	—	—	—

续表

国家/年份	2011	2012	2013	2014	2015	2016	2017	2018
马达加斯加	1.83	2.53	2.29	2.82	4.49	3.66	3.66	3.21
马拉维	1.42	2.06	3.15	4.11	4.54	6.18	6.18	5.71
马里	2.39	1.76	3.01	2.98	3.28	3.56	3.56	4.36
毛里塔尼亚	4.04	5.19	5.79	10.87	14.15	15.02	15.02	15.72
毛里求斯	20.61	40.94	20.32	43.26	32.87	12.82	12.82	17.00
摩洛哥	9.88	10.94	15.33	12.99	10.49	10.80	10.80	9.81
莫桑比克	18.31	10.02	10.76	13.23	15.09	14.12	14.12	24.59
纳米比亚	—	—	—	—	—	—	—	—
尼日尔	2.42	2.37	4.05	6.27	6.20	8.39	8.39	8.49
尼日利亚	0.51	1.34	0.49	5.32	3.15	6.33	6.33	6.82
卢旺达	4.85	7.63	8.43	12.76	12.46	14.45	14.45	12.07
圣多美和普林西比	5.34	33.44	10.96	13.86	2.86	2.76	2.76	4.06
塞内加尔	8.91	7.68	8.89	7.84	8.77	9.05	9.05	13.45
塞舌尔	—	—	—	—	—	—	—	—
塞拉利昂	3.41	1.67	1.55	2.33	6.65	4.08	4.08	7.16
索马里	—	—	—	—	—	—	—	—
南非	4.76	7.86	10.61	6.61	8.83	14.35	14.35	13.43
苏丹	4.87	7.13	4.91	4.31	10.65	6.34	6.34	4.02
南苏丹	—	—	—	—	—	—	—	—
斯威士兰	2.83	2.37	1.86	1.68	1.71	2.24	2.24	2.21
坦桑尼亚	1.88	1.81	2.73	3.02	3.92	7.39	7.39	8.42
多哥	0.72	1.15	2.26	2.80	3.21	4.79	4.79	4.98
突尼斯	11.61	11.58	11.01	8.60	11.34	11.73	11.73	16.81
乌干达	1.48	1.36	1.79	4.19	2.00	17.38	17.38	3.68
赞比亚	2.34	2.20	2.85	3.70	6.63	9.91	9.91	9.27
津巴布韦	22.67	15.97	13.32	12.07	15.76	28.83	28.83	14.29

资料来源：世界银行数据库, http://data.worldbank.org/（数据为2020年7月获取）（整理人：欧玉芳）。

表6　非洲国家已收到的净官方发展援助（2011—2018年）

单位：百万美元

国家/年份	2011	2012	2013	2014	2015	2016	2017	2018
阿尔及利亚	193.35	147.32	203.42	160.62	71.13	144.55	174.68	143.98
安哥拉	192.94	243.61	285.54	235.39	380.06	206.53	223.22	159.45
贝宁	672.61	507.88	660.20	599.32	436.63	500.72	680.00	570.27
博茨瓦纳	118.50	73.07	107.37	99.37	65.54	90.57	102.09	82.48
布基纳法索	981.98	1152.32	1045.08	1123.36	998.39	1029.48	891.61	1110.58
布隆迪	572.24	524.17	558.83	515.40	366.56	742.64	435.82	449.83
佛得角	251.37	245.64	245.16	231.39	153.25	115.24	123.01	83.19
喀麦隆	612.08	597.17	751.96	856.12	664.12	756.61	1216.59	1164.13
中非共和国	268.77	228.02	202.82	611.00	486.73	506.61	511.98	655.66
乍得	457.66	475.13	459.34	391.93	606.41	624.46	647.71	875.40
科摩罗	55.35	101.61	81.23	74.95	65.78	53.75	67.22	86.59
刚果（布）	261.24	140.13	150.99	106.18	88.80	86.90	107.04	144.47
刚果（金）	5526.46	2846.17	2584.01	2400.02	2599.04	2102.21	2292.64	2509.78
科特迪瓦	1437.71	2908.35	1273.46	925.04	651.67	615.79	828.92	953.70
吉布提	141.40	148.46	149.25	166.11	173.39	185.35	142.49	177.33
厄立特里亚	133.41	135.97	81.31	84.19	93.92	66.82	79.13	83.72
埃及	423.73	1813.43	5512.51	3537.60	2524.53	2437.35	32.84	2063.74
赤道几内亚	24.55	14.45	4.63	0.52	7.49	6.92	6.93	5.52
埃塞俄比亚	3495.89	3243.29	3885.54	3583.96	3238.89	4084.25	4124.27	4930.05
加蓬	69.45	68.85	87.21	111.27	98.78	41.50	106.35	116.23
冈比亚	135.71	138.98	112.30	100.34	113.94	91.99	278.45	232.63
加纳	1803.87	1799.29	1328.17	1123.13	1770.48	1318.65	1263.05	1067.25
几内亚	202.12	633.36	467.54	563.12	538.93	566.76	472.27	590.60
几内亚比绍	120.64	80.32	105.63	110.25	95.04	196.82	113.36	152.37
肯尼亚	2478.82	2653.66	3306.84	2661.03	2463.52	2188.39	2480.22	2488.39
莱索托	256.77	276.26	320.67	107.17	86.49	112.07	145.66	151.84
利比里亚	762.25	566.71	535.93	749.59	1094.43	819.03	630.63	570.75
利比亚	641.10	87.12	128.83	210.28	157.37	179.49	431.87	303.31

续表

国家/年份	2011	2012	2013	2014	2015	2016	2017	2018
马达加斯加	447.28	368.49	499.28	588.12	677.51	621.58	779.04	690.57
马拉维	798.28	1170.91	1132.55	931.16	1049.38	1241.61	1517.56	1270.97
马里	1267.62	995.58	1397.56	1235.84	1201.60	1205.06	1359.97	1492.24
毛里塔尼亚	381.72	409.79	294.74	260.71	329.46	307.29	290.89	447.18
毛里求斯	185.69	176.68	145.74	44.59	78.42	42.34	11.65	66.70
摩洛哥	1440.24	1471.14	2008.65	2240.15	1518.28	2062.31	2416.27	811.65
莫桑比克	2065.47	2071.70	2312.70	2106.01	1819.12	1533.77	1806.09	1819.79
纳米比亚	278.21	252.44	261.04	226.22	142.38	170.19	186.69	150.03
尼日尔	644.67	891.14	797.30	917.78	869.28	952.48	1223.09	1196.32
尼日利亚	1809.86	1916.17	2515.72	2478.60	2431.54	2498.19	3358.96	3301.52
卢旺达	1263.21	878.64	1086.29	1035.03	1088.32	1150.47	1231.20	1119.27
圣多美和普林西比	73.48	50.70	53.75	41.38	48.95	47.04	40.23	44.34
塞内加尔	1054.60	1075.78	994.48	1108.68	869.40	731.22	907.16	991.59
塞舌尔	22.72	34.75	27.42	12.00	6.78	5.76	16.20	—
塞拉利昂	423.89	439.75	449.07	914.03	946.82	693.26	541.17	505.90
索马里	1098.98	990.46	1054.58	1109.20	1260.56	1183.64	1760.37	1573.01
南非	1396.97	1065.83	1295.34	1077.40	1420.27	1180.28	1014.81	914.81
苏丹	1742.40	1369.13	1507.33	874.68	969.70	809.09	861.34	963.47
南苏丹	435.83	1186.26	1399.30	1964.12	1674.83	1587.03	2183.24	1577.30
斯威士兰	124.09	89.62	117.79	86.37	92.63	147.49	146.61	119.57
坦桑尼亚	2441.83	2822.23	3433.24	2650.52	2584.71	2317.89	2585.44	2453.26
多哥	542.38	245.08	226.32	210.94	199.47	168.15	344.41	296.42
突尼斯	925.23	1022.13	714.66	922.70	495.87	646.82	811.64	805.27
乌干达	1572.92	1642.50	1697.09	1633.68	1638.16	1762.60	2009.20	1940.80
赞比亚	1033.47	957.14	1145.25	997.73	797.14	966.40	1040.49	991.87
津巴布韦	722.58	1001.59	827.54	760.57	788.29	654.25	725.84	793.61

资料来源:世界银行数据库,http://data.worldbank.org/(数据为2020年7月获取)(整理人:欧玉芳)。

表7　非洲国家已收到的人均官方发展援助（2011—2018年）　　单位：美元

国家/年份	2011	2012	2013	2014	2015	2016	2017	2018
阿尔及利亚	5.27	3.94	5.33	4.13	1.79	3.56	4.22	3.41
安哥拉	7.97	9.70	10.98	8.74	13.63	7.16	7.49	5.18
贝宁	71.09	52.20	65.99	58.26	41.29	46.06	60.85	49.65
博茨瓦纳	58.80	35.83	52.06	47.58	30.90	41.93	46.30	36.59
布基纳法索	61.06	69.54	61.21	63.88	55.13	55.21	46.45	56.23
布隆迪	63.88	56.69	58.58	52.36	36.08	70.81	40.25	40.25
佛得角	503.89	486.19	479.06	446.47	292.05	216.96	228.86	152.99
喀麦隆	29.28	27.79	34.06	37.74	28.51	31.62	49.52	46.17
中非共和国	60.83	51.40	45.60	136.87	108.33	111.64	111.40	140.51
乍得	37.02	37.16	34.74	28.68	42.97	42.88	43.13	56.56
科摩罗	78.34	140.37	109.55	98.70	84.61	67.56	82.59	104.03
刚果（布）	59.44	31.07	32.66	22.42	18.29	17.45	20.94	27.55
刚果（金）	82.79	41.24	36.21	32.53	34.09	26.68	28.17	29.85
科特迪瓦	68.37	134.98	57.66	40.84	28.06	25.85	33.92	38.04
吉布提	165.64	171.01	168.97	184.83	189.71	199.49	150.93	184.93
厄立特里亚	41.51	—	—	—	—	—	—	—
埃及	5.01	20.98	62.36	39.12	27.31	25.81	0.34	20.97
赤道几内亚	24.88	14.01	4.30	0.46	6.41	5.69	5.49	4.22
埃塞俄比亚	38.78	34.98	40.74	36.54	32.12	39.42	38.76	45.14
加蓬	41.23	39.35	47.99	59.07	50.72	20.67	51.51	54.84
冈比亚	73.43	72.95	57.19	49.57	54.62	42.80	125.77	102.03
加纳	71.05	69.21	49.92	41.25	63.57	46.30	43.37	35.85
几内亚	19.40	59.46	42.92	50.50	47.14	48.28	39.14	47.57
几内亚比绍	77.19	50.04	64.09	65.14	54.71	110.42	62.01	81.29
肯尼亚	57.41	59.84	72.65	56.98	51.45	44.61	49.39	48.42
莱索托	128.14	137.10	158.08	52.45	42.01	54.01	69.65	72.03
利比里亚	189.74	137.03	126.15	171.94	244.72	178.56	134.11	118.44
利比亚	102.62	13.86	20.38	33.05	24.52	27.65	65.63	45.42

续表

国家/年份	2011	2012	2013	2014	2015	2016	2017	2018
马达加斯加	20.57	16.49	21.74	24.93	27.96	24.97	30.47	26.30
马拉维	53.35	76.05	71.50	57.16	62.67	72.16	85.88	70.05
马里	81.71	62.30	84.96	72.98	68.90	67.08	73.46	78.22
毛里塔尼亚	106.07	110.56	77.21	66.32	81.42	73.81	67.92	101.56
毛里求斯	148.27	140.68	115.79	35.36	62.11	33.51	9.21	52.71
摩洛哥	43.93	44.26	59.58	65.52	43.80	58.71	67.91	22.53
莫桑比克	85.39	83.33	90.48	80.12	67.27	55.11	63.04	61.70
纳米比亚	129.00	115.02	116.87	99.51	61.51	72.17	77.70	61.28
尼日尔	37.67	50.08	43.09	47.70	43.46	45.82	56.62	53.30
尼日利亚	11.12	11.46	14.65	14.05	13.42	13.43	17.60	16.86
卢旺达	122.72	83.29	100.48	93.38	95.73	98.59	102.76	90.98
圣多美和普林西比	398.21	269.10	279.82	211.42	245.45	231.47	194.26	210.11
塞内加尔	80.91	80.27	72.16	78.22	59.64	48.77	58.83	62.54
塞舌尔	259.83	393.53	304.84	131.35	72.58	60.84	169.03	—
塞拉利昂	64.59	65.51	65.42	130.26	132.02	94.59	72.27	66.13
索马里	88.80	77.89	80.73	82.63	91.36	83.44	120.66	104.81
南非	26.86	20.17	24.13	19.75	25.64	21.00	17.80	15.83
苏丹	47.20	36.30	39.14	22.23	22.38	19.69	19.93	—
南苏丹	44.33	117.29	135.13	186.09	156.30	146.51	200.10	143.71
斯威士兰	115.75	83.04	108.38	78.88	83.90	132.40	130.35	105.24
坦桑尼亚	53.46	59.98	70.81	53.05	50.21	43.69	47.30	43.56
多哥	82.23	36.18	32.54	29.55	27.24	22.39	44.74	37.57
突尼斯	86.13	94.23	65.25	83.40	44.35	57.22	70.99	69.63
乌干达	46.99	47.53	47.54	44.26	42.86	44.46	48.81	45.43
赞比亚	73.70	66.17	76.73	64.79	50.20	59.06	61.74	57.16
津巴布韦	56.04	76.37	61.99	55.98	57.06	46.63	50.98	54.96

资料来源:世界银行数据库,http://data.worldbank.org/(数据为2020年7月获取)(整理人:欧玉芳)。

表8　非洲国家总储蓄占GDP的百分比(2011—2019年)　　单位:%

国家/年份	2011	2012	2013	2014	2015	2016	2017	2018	2019
阿尔及利亚	48.49	47.19	45.37	43.10	36.43	37.38	37.79	—	—
安哥拉	37.89	37.23	32.03	29.97	25.02	24.43	23.35	25.17	—
贝宁	12.13	13.53	16.28	18.60	13.86	17.40	17.40	19.72	—
博茨瓦纳	40.97	41.10	36.66	40.74	35.79	33.93	34.50	33.37	—
布基纳法索	—	—	—	—	12.13	11.53	16.66	22.14	—
布隆迪	1.95	10.88	3.93	0.62	11.22	5.88	6.07	4.36	—
佛得角	34.02	28.31	28.63	25.92	28.16	32.80	30.55	34.36	35.04
喀麦隆	18.92	18.00	17.61	19.07	16.66	17.24	18.23	17.47	—
中非共和国	—	—	—	—	—	—	—	—	—
乍得	—	—	—	—	—	—	—	—	—
科摩罗	10.80	12.03	—	9.56	13.36	8.20	11.46	12.80	—
刚果(布)	29.66	26.99	20.12	27.16	11.15	-4.41	—	—	—
刚果(金)	19.17	8.16	12.54	15.39	13.35	10.85	21.65	17.16	—
科特迪瓦	13.47	15.11	17.73	21.24	22.53	20.31	17.44	16.68	—
吉布提	—	—	29.95	29.90	59.36	39.60	25.56	50.02	—
厄立特里亚	—	—	—	—	—	—	—	—	—
埃及	18.06	12.77	14.01	11.89	9.54	9.69	10.36	13.85	—
赤道几内亚	—	—	—	—	—	—	—	—	—
埃塞俄比亚	32.56	30.91	28.33	31.45	29.52	30.95	30.59	33.16	—
加蓬	43.76	43.89	40.31	42.39	38.38	—	—	—	—
冈比亚	6.29	15.72	7.24	9.67	3.06	9.45	12.18	8.65	—
加纳	3.88	5.27	17.47	17.74	19.51	17.47	22.44	20.95	—
几内亚	3.39	5.76	-7.78	-3.61	-7.38	7.74	12.75	12.37	—
几内亚比绍	10.87	2.18	1.06	12.02	10.09	7.75	8.42	8.82	—
肯尼亚	13.57	12.54	9.61	10.54	11.19	11.44	9.18	—	—
莱索托	24.18	23.65	31.08	34.56	29.47	19.45	21.31	24.93	24.96
利比里亚	-18.88	-20.30	-29.54	-38.13	-30.96	-38.33	-48.78	-64.10	—
利比亚	—	—	—	—	—	—	—	—	—

续表

国家/年份	2011	2012	2013	2014	2015	2016	2017	2018	2019
马达加斯加	16.02	13.47	8.79	14.56	12.94	16.03	15.08	18.62	—
马拉维	10.23	2.17	13.87	12.76	7.40	2.76	9.47	10.60	—
马里	14.29	16.47	16.49	15.43	15.43	16.68	14.41	16.37	—
毛里塔尼亚	—	36.69	35.53	22.87	21.47	27.98	30.54	29.19	—
毛里求斯	12.30	17.17	18.07	15.63	16.07	16.47	17.86	16.72	—
摩洛哥	28.07	25.25	27.03	26.54	28.85	28.25	29.17	27.68	27.65
莫桑比克	14.46	11.32	12.35	10.56	12.66	10.25	12.47	12.85	—
纳米比亚	14.31	18.33	18.86	23.08	16.40	5.38	12.83	11.99	8.85
尼日尔	15.17	18.40	18.37	18.94	16.81	15.26	16.85	16.65	—
尼日利亚	25.16	33.12	19.23	22.31	16.94	15.85	18.27	19.25	—
卢旺达	16.98	13.38	16.15	18.63	19.12	19.12	14.54	13.84	—
圣多美和普林西比	—	—	—	—	—	—	—	—	—
塞内加尔	13.78	16.34	16.50	19.00	20.54	21.15	22.54	23.41	—
塞舌尔	8.97	11.83	23.50	18.34	17.78	14.13	13.38	15.54	11.15
塞拉利昂	0.95	9.44	-12.88	15.12	-1.47	-13.79	4.27	-7.29	—
索马里	—	—	—	—	—	—	—	—	—
南非	17.54	15.10	15.36	15.66	16.48	16.53	16.14	14.88	14.95
苏丹	19.19	16.74	18.22	23.47	20.43	20.13	19.38	15.48	—
南苏丹	—	—	—	10.61	6.18	—	—	—	—
斯威士兰	9.72	23.60	27.87	28.01	27.63	19.31	17.28	13.85	—
坦桑尼亚	22.58	25.82	27.02	27.74	25.32	27.99	30.54	—	—
多哥	17.91	15.72	16.43	17.89	21.20	22.28	21.41	22.61	—
突尼斯	15.48	16.00	14.09	13.48	10.47	8.84	8.40	8.09	—
乌干达	16.72	18.72	22.65	25.32	16.73	23.95	23.60	21.83	23.87
赞比亚	30.67	35.47	32.95	32.37	33.68	34.55	36.26	43.90	44.17
津巴布韦	-2.47	-14.06	-4.94	-3.03	-8.20	-1.22	-2.21	—	—

资料来源:世界银行数据库,http://data.worldbank.org/(数据为2020年7月获取)(整理人:欧玉芳)。

表9　非洲国家农业增加值占GDP的百分比（2011—2019年）　　单位:%

国家/年份	2011	2012	2013	2014	2015	2016	2017	2018	2019
阿尔及利亚	8.11	8.77	9.85	10.29	11.58	12.22	11.95	11.98	11.97
安哥拉	5.85	6.07	6.51	7.55	9.12	9.83	10.02	8.61	—
贝宁	25.80	25.77	25.28	25.62	26.39	27.75	28.49	28.09	26.88
博茨瓦纳	2.51	2.70	2.30	2.09	2.20	2.05	1.99	1.99	1.95
布基纳法索	23.04	23.76	23.64	23.69	22.63	21.73	21.34	20.42	20.30
布隆迪	36.70	35.42	38.37	34.96	30.68	31.54	28.55	29.01	28.90
佛得角	7.84	8.45	8.28	8.02	8.74	8.00	6.74	5.29	4.80
喀麦隆	13.48	13.72	13.90	14.23	14.77	14.54	14.37	14.42	15.38
中非共和国	37.57	36.81	32.26	33.99	31.53	31.92	32.79	31.24	32.43
乍得	51.20	54.90	50.05	50.65	50.40	46.13	48.61	45.10	42.59
科摩罗	30.56	30.17	30.79	30.01	30.60	31.37	31.90	32.64	—
刚果（布）	3.38	3.93	4.36	4.83	7.24	7.24	6.18	7.15	6.32
刚果（金）	20.92	20.44	19.32	18.56	18.37	18.60	19.70	19.18	19.97
科特迪瓦	26.69	22.19	20.98	21.05	18.36	19.74	18.74	17.47	15.69
吉布提	—	—	1.19	1.23	1.15	1.22	1.37	1.46	1.43
厄立特里亚	—	—	—	—	—	—	—	—	—
埃及	13.87	11.27	11.27	11.34	11.39	11.77	11.49	11.23	11.05
赤道几内亚	1.05	1.06	1.19	1.29	1.89	2.33	2.32	2.22	2.53
埃塞俄比亚	41.25	44.33	41.24	38.52	36.06	34.70	33.78	31.22	33.88
加蓬	3.43	3.35	3.33	3.62	4.31	4.97	5.27	5.44	5.71
冈比亚	27.20	27.39	26.22	22.46	22.21	21.86	21.00	19.87	16.79
加纳	23.66	22.13	20.45	20.00	20.25	20.98	19.70	18.27	17.31
几内亚	16.07	16.83	17.55	17.52	18.48	17.59	18.80	20.52	20.34
几内亚比绍	45.02	46.89	44.14	41.13	46.79	46.35	49.16	47.46	52.54
肯尼亚	26.30	26.17	26.44	27.45	30.19	31.07	34.83	34.10	34.15
莱索托	4.47	4.80	4.95	3.87	3.76	5.58	5.40	4.38	4.38
利比里亚	44.30	38.80	37.23	35.77	34.37	37.24	37.09	37.28	39.11
利比亚	—	—	—	—	—	—	—	—	—

续表

国家/年份	2011	2012	2013	2014	2015	2016	2017	2018	2019
马达加斯加	29.05	28.00	26.49	25.85	25.74	25.13	24.55	23.84	23.16
马拉维	28.77	28.29	28.67	28.70	27.48	25.93	26.10	26.33	25.54
马里	34.56	38.11	36.75	37.46	37.72	37.42	37.41	37.39	37.32
毛里塔尼亚	14.52	16.09	16.28	18.81	20.63	21.74	20.86	20.04	18.72
毛里求斯	3.70	3.66	3.38	3.26	3.15	3.19	3.10	2.78	2.86
摩洛哥	13.12	12.33	13.39	11.66	12.63	12.00	12.36	12.26	11.38
莫桑比克	25.75	24.91	23.50	23.93	22.92	22.85	25.04	24.52	24.04
纳米比亚	8.23	8.05	7.53	7.73	6.18	6.25	7.06	6.96	6.61
尼日尔	34.09	34.06	32.60	33.73	32.61	35.88	36.01	38.44	38.18
尼日利亚	22.23	21.86	20.76	19.99	20.63	20.98	20.85	21.20	21.91
卢旺达	23.75	24.67	24.83	24.59	23.88	25.05	26.35	24.64	24.07
圣多美和普林西比	11.65	11.83	12.33	11.66	12.23	11.67	12.08	11.35	—
塞内加尔	12.88	13.97	13.69	13.37	14.28	14.41	14.98	15.02	14.79
塞舌尔	2.22	2.04	2.67	2.37	2.05	2.01	1.88	1.98	2.32
塞拉利昂	54.59	50.59	47.98	51.79	58.65	58.21	60.28	58.93	57.40
索马里	—	—	—	—	—	—	—	—	—
南非	2.29	2.17	2.10	2.17	2.09	2.22	2.36	2.18	1.88
苏丹	31.96	31.33	27.13	30.51	27.72	24.75	22.38	20.90	28.41
南苏丹	4.68	6.18	9.64	7.60	10.36	—	—	—	—
斯威士兰	9.72	10.20	10.12	9.24	9.32	8.90	8.34	8.59	8.77
坦桑尼亚	24.98	26.55	26.79	25.80	26.75	27.44	28.74	—	—
多哥	29.88	42.52	37.51	25.68	24.37	24.13	23.62	23.42	22.82
突尼斯	8.53	9.09	8.89	9.15	10.28	9.39	9.69	10.40	—
乌干达	28.40	26.66	25.78	24.61	23.30	22.43	23.46	22.81	21.92
赞比亚	9.65	9.32	8.23	6.78	4.98	6.23	4.02	2.79	2.74
津巴布韦	8.67	8.04	7.14	8.75	8.28	7.87	8.34	8.30	—

资料来源:世界银行数据库,http://data.worldbank.org/(数据为 2020 年 7 月获取)(整理人:欧玉芳)。

表10　非洲国家工业增加值占GDP的百分比(2011—2019年)　单位:%

国家/年份	2011	2012	2013	2014	2015	2016	2017	2018	2019
阿尔及利亚	49.63	47.85	44.25	42.31	35.73	34.70	37.40	39.60	37.41
安哥拉	56.03	56.92	53.36	46.20	41.93	42.64	42.17	47.93	—
贝宁	18.14	16.96	17.24	16.41	16.39	15.70	15.11	14.65	16.31
博茨瓦纳	35.05	29.72	31.48	33.08	29.98	32.09	29.84	29.46	28.30
布基纳法索	28.37	26.87	24.10	24.93	24.35	24.92	24.87	22.72	22.36
布隆迪	14.81	15.75	15.58	15.50	11.76	12.21	10.99	11.11	10.96
佛得角	17.76	17.00	17.52	18.73	18.12	17.13	18.19	19.28	19.61
喀麦隆	27.19	28.15	27.63	27.14	25.18	24.46	25.29	25.78	25.05
中非共和国	26.64	27.52	24.19	19.48	22.13	21.64	20.74	20.56	21.13
乍得	12.61	12.93	13.33	14.51	13.65	13.66	14.63	14.37	14.27
科摩罗	11.70	11.22	11.65	11.61	10.41	9.85	9.14	8.86	—
刚果(布)	76.63	74.77	72.02	69.42	54.67	53.88	53.83	52.72	58.25
刚果(金)	40.94	40.25	41.29	42.98	41.70	41.16	42.19	43.82	40.73
科特迪瓦	24.20	24.03	25.95	27.41	19.53	19.09	20.46	21.86	23.18
吉布提	—	—	11.45	11.64	11.37	11.34	12.32	16.57	17.09
厄立特里亚	—	—	—	—	—	—	—	—	—
埃及	35.95	39.25	39.89	39.89	36.63	32.46	33.75	34.96	35.62
赤道几内亚	78.06	77.31	72.45	70.19	59.10	52.33	56.86	57.50	50.48
埃塞俄比亚	9.66	9.48	10.94	13.47	16.30	21.93	23.58	27.31	24.77
加蓬	60.88	58.82	56.61	52.72	48.18	45.04	45.47	48.78	48.47
冈比亚	11.51	11.96	11.89	13.21	17.14	20.94	17.89	15.57	16.35
加纳	23.86	27.14	34.86	34.59	31.68	28.23	30.39	31.53	31.99
几内亚	32.61	31.58	29.64	29.69	26.32	30.10	29.70	20.68	21.02
几内亚比绍	12.40	13.54	14.42	14.42	12.25	12.55	12.60	12.64	13.20
肯尼亚	18.91	18.60	18.02	17.44	17.30	17.89	16.79	16.41	16.15
莱索托	32.66	30.23	28.37	31.41	33.56	29.86	28.52	31.43	30.47
利比里亚	8.30	16.40	15.76	15.71	12.54	7.99	10.20	12.51	11.97
利比亚	—	—	—	—	—	—	—	—	—

续表

国家/年份	2011	2012	2013	2014	2015	2016	2017	2018	2019
马达加斯加	10.97	11.22	12.45	13.49	12.59	13.37	13.51	16.73	17.13
马拉维	15.41	15.03	14.78	14.65	14.81	14.65	14.35	13.92	12.92
马里	20.65	19.87	17.18	18.38	17.60	17.89	18.83	20.11	20.84
毛里塔尼亚	44.11	37.47	38.61	28.44	22.75	25.22	25.48	24.48	25.39
毛里求斯	21.60	20.94	20.60	19.83	19.24	18.58	17.64	17.46	17.37
摩洛哥	26.61	26.41	26.17	26.49	26.09	25.89	26.15	25.92	26.03
莫桑比克	16.53	16.66	16.35	17.33	18.10	20.42	24.02	24.33	23.59
纳米比亚	27.81	30.04	26.63	26.58	27.61	27.59	25.95	26.91	26.59
尼日尔	20.98	25.09	24.59	22.40	21.59	19.91	20.25	18.07	18.44
尼日利亚	28.28	27.07	25.74	24.64	20.16	18.17	22.32	25.73	27.38
卢旺达	18.33	18.40	17.78	17.73	17.64	17.03	17.28	17.23	18.00
圣多美和普林西比	16.32	15.54	15.44	16.61	15.04	15.42	15.12	14.77	—
塞内加尔	23.09	22.79	24.10	23.15	23.59	23.34	23.28	24.18	24.38
塞舌尔	13.71	14.24	12.62	12.15	11.82	10.94	11.12	11.98	11.14
塞拉利昂	7.87	14.53	21.23	15.61	4.56	5.61	5.16	5.27	5.60
索马里	—	—	—	—	—	—	—	—	—
南非	26.94	26.68	26.67	26.55	26.03	26.25	26.29	25.85	26.00
苏丹	23.33	16.34	18.54	16.93	14.12	18.70	17.52	28.25	30.77
南苏丹	61.23	51.15	22.22	46.70	33.09	—	—	—	—
斯威士兰	36.78	36.81	35.65	35.62	35.63	35.11	33.54	32.88	33.80
坦桑尼亚	26.38	25.40	25.45	25.14	24.49	24.86	25.10	—	—
多哥	17.12	18.40	17.63	16.17	15.59	16.94	15.33	15.46	15.54
突尼斯	29.81	29.64	28.77	26.88	24.98	23.99	23.16	22.74	—
乌干达	25.78	25.39	24.69	25.27	26.52	26.40	26.03	26.54	27.07
赞比亚	34.44	32.01	32.56	32.94	33.66	34.88	37.30	35.47	42.12
津巴布韦	21.72	25.33	23.80	23.72	22.36	22.12	21.40	20.64	—

资料来源：世界银行数据库，http://data.worldbank.org/（数据为2020年7月获取）（整理人：欧玉芳）。

表11　非洲国家货物和服务出口占GDP的百分比（2011—2019年）　单位：%

国家/年份	2011	2012	2013	2014	2015	2016	2017	2018	2019
阿尔及利亚	38.79	36.89	33.21	30.22	23.17	20.87	22.66	25.62	22.57
安哥拉	60.67	55.94	50.75	44.70	29.75	28.12	29.00	40.84	—
贝宁	20.85	23.90	27.57	31.43	24.72	27.61	27.21	27.30	29.63
博茨瓦纳	49.95	49.25	61.52	58.47	49.82	52.56	39.67	40.34	33.59
布基纳法索	26.20	26.60	27.08	26.93	26.11	25.94	26.32	27.85	27.73
布隆迪	8.80	9.70	9.10	7.60	5.73	6.65	7.44	9.40	9.13
佛得角	35.52	40.43	40.49	40.36	44.91	44.23	45.92	49.23	50.86
喀麦隆	25.93	26.12	25.57	24.94	22.26	19.24	18.58	19.31	16.56
中非共和国	13.13	11.55	14.97	16.68	17.07	14.82	17.26	18.88	18.66
乍得	38.88	38.47	33.57	34.16	30.00	26.30	33.87	36.19	36.74
科摩罗	9.96	8.95	9.05	9.68	10.14	10.67	11.90	13.25	—
刚果（布）	87.28	83.78	76.53	72.99	69.28	66.47	90.78	97.82	77.45
刚果（金）	39.52	30.80	36.45	36.83	27.73	23.96	35.25	34.34	32.07
科特迪瓦	53.82	48.93	41.53	39.27	27.36	24.60	24.92	22.60	23.51
吉布提	—	—	156.54	158.37	141.46	100.62	147.83	149.18	154.71
厄立特里亚	18.15	—	—	—	—	—	—	—	—
埃及	20.57	16.40	17.02	14.24	13.18	10.35	15.82	18.91	—
赤道几内亚	75.10	71.90	67.65	65.96	56.66	51.41	58.86	58.81	55.13
埃塞俄比亚	16.69	13.77	12.48	11.64	9.36	7.81	7.63	8.37	7.92
加蓬	61.74	60.95	57.36	44.52	46.03	44.04	50.23	50.54	51.38
冈比亚	16.86	19.84	19.18	19.82	16.27	16.44	22.49	21.85	21.34
加纳	36.94	40.36	25.83	28.82	31.96	31.88	35.26	35.26	35.98
几内亚	32.60	33.14	26.47	26.69	21.50	29.22	44.36	44.69	42.27
几内亚比绍	25.67	15.48	18.26	20.21	27.54	26.51	27.77	25.34	23.50
肯尼亚	21.63	22.23	19.93	18.30	16.57	14.33	13.23	13.17	12.03
莱索托	46.94	40.99	37.39	37.25	42.66	44.70	45.53	49.73	43.63
利比里亚	21.81	32.91	34.58	28.43	19.47	21.42	24.28	26.01	28.73
利比亚	54.83	74.62	70.43	47.01	39.97	26.14	49.94	56.95	64.84

续表

国家/年份	2011	2012	2013	2014	2015	2016	2017	2018	2019
马达加斯加	22.72	21.78	23.27	28.28	28.39	29.09	30.90	28.68	26.46
马拉维	20.78	26.20	35.66	33.70	29.16	32.97	29.16	30.88	31.01
马里	22.73	27.86	24.94	22.55	24.04	23.45	22.20	24.38	23.02
毛里塔尼亚	50.18	48.26	45.55	37.39	33.82	31.93	39.10	39.27	41.84
毛里求斯	52.44	53.79	48.42	48.85	47.86	44.25	42.45	40.78	39.17
摩洛哥	34.70	34.93	32.78	34.63	34.80	35.35	37.21	38.73	39.14
莫桑比克	30.10	28.88	26.74	31.28	31.08	33.55	38.58	47.76	38.03
纳米比亚	45.53	43.41	37.56	39.25	35.56	35.17	34.03	36.34	35.81
尼日尔	15.41	16.21	17.09	16.02	13.65	11.96	12.80	11.31	11.74
尼日利亚	31.62	31.55	18.05	18.44	10.67	9.22	13.17	15.50	—
卢旺达	12.96	12.20	13.68	14.10	15.91	15.56	19.05	19.10	19.02
圣多美和普林西比	—	—	—	—	—	—	—	—	—
塞内加尔	21.19	22.26	22.20	21.78	22.68	21.56	21.93	23.01	22.79
塞舌尔	95.77	99.33	90.81	88.01	81.09	80.73	88.64	84.10	68.89
塞拉利昂	16.27	32.91	28.63	30.76	19.36	24.91	26.05	17.47	—
索马里	—	—	—	—	—	—	—	—	—
南非	30.46	29.72	30.97	31.47	30.15	30.58	29.63	29.91	29.85
苏丹	14.32	9.22	8.84	8.15	8.18	9.83	9.69	10.25	12.63
南苏丹	66.08	42.83	9.74	38.39	36.65	—	—	—	—
斯威士兰	34.83	36.69	40.53	43.86	42.96	43.78	43.08	40.50	
坦桑尼亚	21.63	22.37	19.01	18.07	17.10	16.35	15.14	—	—
多哥	43.64	45.21	46.48	39.72	35.85	35.18	33.11	31.32	29.64
突尼斯	48.53	48.55	46.97	44.92	40.64	40.64	44.39	49.04	49.83
乌干达	12.96	15.62	16.65	15.07	12.98	12.53	16.66	15.16	19.37
赞比亚	40.47	40.08	40.48	38.82	37.14	35.32	34.99	36.98	35.02
津巴布韦	34.80	25.16	21.99	20.93	19.16	19.94	19.66	19.00	—

资料来源：世界银行数据库，http://data.worldbank.org/（数据为2020年7月获取）（整理人：欧玉芳）。

表12　非洲国家货物和服务进口占GDP的百分比(2011—2019年)　单位:%

国家/年份	2011	2012	2013	2014	2015	2016	2017	2018	2019
阿尔及利亚	28.68	28.51	30.40	31.93	36.52	35.05	33.22	32.34	29.47
安哥拉	39.31	35.86	36.06	34.64	33.13	25.25	23.25	25.54	—
贝宁	26.37	26.84	31.63	33.84	32.04	31.38	34.27	34.55	34.05
博茨瓦纳	53.60	61.40	61.03	55.42	56.12	44.20	35.93	39.17	40.52
布基纳法索	31.30	34.64	36.96	31.89	32.98	32.00	32.67	31.90	32.45
布隆迪	34.20	34.00	37.50	34.15	26.81	25.09	26.95	29.81	32.73
佛得角	64.33	59.85	54.85	60.69	59.16	59.96	67.38	68.04	65.35
喀麦隆	31.00	30.27	30.04	30.13	27.61	23.97	22.61	23.70	24.00
中非共和国	21.35	21.51	23.43	36.42	36.08	35.71	39.88	46.98	47.48
乍得	41.80	42.11	39.08	42.47	36.56	37.00	39.70	38.01	37.83
科摩罗	30.04	31.86	30.19	29.56	27.67	26.46	28.26	29.85	—
刚果(布)	57.84	60.33	66.07	70.25	96.37	85.68	62.92	57.46	34.80
刚果(金)	45.68	37.55	41.02	41.86	31.61	31.97	39.07	37.95	35.22
科特迪瓦	37.33	44.75	38.60	34.37	25.36	22.92	23.62	23.08	22.09
吉布提	—	—	191.46	140.99	122.64	109.37	156.50	139.04	143.55
厄立特里亚	29.24	—	—	—	—	—	—	—	—
埃及	24.69	24.31	23.36	22.68	21.66	19.90	29.31	29.37	—
赤道几内亚	39.28	44.77	39.24	38.42	42.22	41.19	43.57	45.70	52.25
埃塞俄比亚	31.55	31.63	28.99	29.10	30.29	27.09	23.47	22.83	20.83
加蓬	28.75	31.39	33.28	29.00	27.92	26.10	24.84	21.51	21.56
冈比亚	25.78	27.86	26.93	32.89	32.65	31.65	38.99	41.51	44.14
加纳	49.36	52.81	35.86	36.35	43.63	37.48	38.39	36.41	35.40
几内亚	53.35	53.54	53.96	50.08	50.95	80.83	68.58	77.16	66.45
几内亚比绍	30.95	25.70	25.82	31.39	32.24	31.30	33.07	32.46	33.51
肯尼亚	38.82	35.54	33.21	33.00	27.61	23.37	24.16	22.98	21.37
莱索托	100.40	106.33	92.98	86.07	86.37	88.40	90.21	93.32	90.99
利比里亚	94.46	89.25	96.41	108.54	106.55	100.26	98.71	94.33	98.73
利比亚	44.79	39.75	64.83	91.88	74.28	44.08	39.79	35.82	53.49

续表

国家/年份	2011	2012	2013	2014	2015	2016	2017	2018	2019
马达加斯加	33.76	30.87	33.10	33.69	32.83	31.74	34.44	33.82	33.36
马拉维	28.01	41.68	42.61	39.63	35.75	44.94	36.17	38.10	35.60
马里	31.19	31.26	39.88	38.08	39.60	40.34	35.83	35.41	34.17
毛里塔尼亚	48.30	62.53	56.85	54.22	57.27	47.36	52.89	57.29	52.37
毛里求斯	65.09	65.71	61.55	59.29	57.15	53.74	54.91	54.34	53.63
摩洛哥	48.73	50.20	47.24	47.14	42.40	45.51	46.76	49.26	48.32
莫桑比克	50.13	72.99	76.41	80.18	62.83	72.09	61.14	84.22	74.12
纳米比亚	57.48	60.16	60.38	64.47	62.00	59.70	48.17	46.40	47.67
尼日尔	35.24	29.19	29.51	29.93	30.51	24.57	26.30	26.27	27.98
尼日利亚	21.66	12.99	13.00	12.45	10.67	11.50	13.18	17.51	—
卢旺达	28.72	30.33	31.00	23.23	25.95	25.25	31.46	30.39	34.64
圣多美和普林西比	—	—	—	—	—	—	—	—	—
塞内加尔	35.91	39.00	38.05	36.66	35.43	32.55	35.78	37.50	37.71
塞舌尔	111.39	117.15	92.00	99.24	86.12	92.95	100.71	98.25	86.35
塞拉利昂	64.45	60.37	58.83	52.43	47.44	54.50	48.03	39.23	
索马里	—	—	—	—	—	—	—	—	—
南非	29.65	31.18	33.27	32.97	31.46	30.06	28.35	29.56	29.35
苏丹	17.26	15.50	14.89	11.31	10.92	12.53	11.82	12.35	14.09
南苏丹	27.15	28.79	41.07	26.24	28.90	—	—	—	
斯威士兰	45.93	42.97	46.26	44.49	40.84	42.32	43.84	43.91	
坦桑尼亚	34.53	32.00	29.62	27.29	23.65	19.07	17.10		
多哥	64.47	59.21	66.28	57.75	57.81	53.49	43.73	42.29	41.60
突尼斯	56.00	57.98	56.48	55.90	51.59	51.37	56.96	62.20	60.70
乌干达	27.12	28.24	26.81	21.24	25.01	18.94	20.18	21.71	26.65
赞比亚	35.74	39.02	44.11	41.24	47.18	38.63	36.59	35.98	35.01
津巴布韦	54.67	49.00	36.67	33.74	37.59	31.28	30.37	31.00	—

资料来源:世界银行数据库,http://data.worldbank.org/(数据为2020年7月获取)(整理人:欧玉芳)。

表 13　　　　　　　外国直接投资净流入（2014—2019 年）　　　　单位：百万美元

国家/年份	2014	2015	2016	2017	2018	2019
阿尔及利亚	1502	-538	1638	1201	1506	—
安哥拉	3658	10028	-180	-7397	-6456	-4098
贝宁	406	132	132	135	141	—
博茨瓦纳	515	379	122	177	229	—
布基纳法索	357	232	391	3	268	—
布隆迪	82	50	0	0	1	—
佛得角	181	96	126	112	108	105
喀麦隆	726	694	664	814	765	—
中非共和国	3	3	7	7	18	—
乍得	-676	560	245	335	662	—
科摩罗	5	5	4	4	7	—
刚果（布）	2887	4278	51	4406	4313	—
刚果（金）	1500	1166	932	1048	1285	—
科特迪瓦	439	494	578	975	620	—
吉布提	153	144	160	165	170	—
厄立特里亚	47	49	52	55	61	—
埃及	4612	6925	8107	7409	8141	9010
赤道几内亚	168	233	54	304	396	—
埃塞俄比亚	1855	2627	4143	4017	3360	—
加蓬	1263	42	1241	1498	846	—
冈比亚	23	-2	-1	5	33	—
加纳	3363	3192	3485	3255	2989	—
几内亚	-74	53	1618	578	353	—
几内亚比绍	29	19	14	16	21	—
肯尼亚	821	620	393	671	1626	—
莱索托	94	207	159	123	129	118
利比里亚	502	233	312	248	129	—
利比亚	—	—	—	—	—	—

续表

国家/年份	2014	2015	2016	2017	2018	2019
马达加斯加	555	328	541	465	612	—
马拉维	598	516	116	90	102	—
马里	144	275	356	559	467	—
毛里塔尼亚	503	502	271	588	71	—
毛里求斯	456	216	379	443	372	—
摩洛哥	3525	3253	2153	2680	3544	1600
莫桑比克	4999	3868	3128	2319	2678	—
纳米比亚	446	810	371	374	183	-13
尼日尔	823	529	301	339	466	—
尼日利亚	4694	3064	4449	3503	1997	—
卢旺达	315	223	266	270	302	—
圣多美和普林西比	26	28	23	34	24	—
塞内加尔	403	409	472	588	848	—
塞舌尔	108	106	41	124	308	236
塞拉利昂	375	252	138	198	218	—
索马里	261	303	334	384	409	—
南非	5792	1521	2215	2059	5569	4625
苏丹	1251	1728	1064	1065	1136	—
南苏丹	1	0	-8	1	60	—
斯威士兰	26	31	27	-58	31	128
坦桑尼亚	1416	1506	864	938	1056	—
多哥	54	258	-46	89	-181	—
突尼斯	1025	971	623	811	989	—
乌干达	1059	738	626	803	1055	1266
赞比亚	1508	1583	663	1108	408	481
津巴布韦	473	399	343	247	745	—

资料来源：世界银行数据库，http://data.worldbank.org/（数据为2020年7月获取）（整理人：欧玉芳）。

表14　　　　　　　　创办企业所需时间（2011—2019年）　　　　　单位：天

国家/年份	2011	2012	2013	2014	2015	2016	2017	2018	2019
阿尔及利亚	22	22	22	20	18	18	18	18	18
安哥拉	66	66	66	66	36	36	36	36	36
贝宁	32.5	29.5	18.5	12.5	12.5	8.5	8.5	8.5	8.5
博茨瓦纳	40	40	41	48	48	48	48	48	48
布基纳法索	13	13	13	13	13	13	13	13	13
布隆迪	13	7	5	5	4	4	4	5	5
佛得角	18	18	18	18	18	18	18	18	9
喀麦隆	16.5	16.5	16.5	16.5	16.5	16.5	16.5	13.5	13.5
中非共和国	22	22	22	22	22	22	22	22	22
乍得	53	60	60	60	60	60	60	58	58
科摩罗	22	20	16	16	16	16	16	16	16
刚果（布）	158.5	158.5	98.5	50.5	50.5	50.5	49.5	49.5	49.5
刚果（金）	65.5	58.5	31.5	16.5	11.5	11.5	7	7	7
科特迪瓦	32	32	8	7	7	7	8	6	6
吉布提	37	37	17	14	14	14	14	14	14
厄立特里亚	84	84	84	84	84	84	84	84	84
埃及	12.5	12.5	12.5	12.5	16.5	16.5	16.5	11.5	12.5
赤道几内亚	150	150	150	150	150	149	33	33	33
埃塞俄比亚	40	40	39	39	35	35	33	32	32
加蓬	54	54	47	47	47	47	33	31	10
冈比亚	27	27	27	26	25	25	25	25	8
加纳	11	11	14	14	14	14	14	14	13
几内亚	40	43	23	15	15	15	15	15	15
几内亚比绍	8.5	8.5	8.5	8.5	8.5	8.5	8.5	8.5	8.5
肯尼亚	35	34	34	32	28	22	23	23	23
莱索托	39	29	29	29	29	29	29	29	15
利比里亚	7	7	6	6	6	6	6	18	18
利比亚	0	35	35	35	35	35	35	35	35

续表

国家/年份	2011	2012	2013	2014	2015	2016	2017	2018	2019
马达加斯加	12	12	12	12	13	12	8	8	8
马拉维	36	37	40	38	38	37	37	37	37
马里	8	8	11	11	8.5	8.5	11	11	11
毛里塔尼亚	19	19	19	8	8	8	6	6	6
毛里求斯	6.5	6.5	6.5	6.5	6.5	6.5	5.5	5	4.5
摩洛哥	12	12	11.5	11.5	10.5	10	9	9	9
莫桑比克	21	21	21	21	21	21	17	17	17
纳米比亚	66	66	66	66	66	66	54	54	54
尼日尔	18	18	18	16	16	11	8	10	10
尼日利亚	0	0	30.3	30.3	30.3	24.9	18.9	10.9	7.2
卢旺达	7	8	7	7	6	4	4	4	4
圣多美和普林西比	11	8	8	7	7	7	7	7	7
塞内加尔	6	6	6	6	6	6	6	6	6
塞舌尔	33	33	32	32	32	32	32	32	32
塞拉利昂	12	12	12	12	10	8	8	8	8
索马里	0	0	0	0	70	70	70	70	70
南非	45	45	45	46	46	45	45	40	40
苏丹	36.5	36.5	36.5	36.5	36.5	36.5	36.5	34.5	34.5
南苏丹	0	14	14	14	14	14	13	13	13
斯威士兰	56	56	38	30	30	30	30	30	21.5
坦桑尼亚	31	29	29	29	29	29	29	27.5	29.5
多哥	84	38	19	10	10	6	6	5.5	2.5
突尼斯	13	13	13	13	13	13	13	9	9
乌干达	26	29	28	28	27	26	24	24	24
赞比亚	19	18.5	8.5	8.5	8.5	8.5	8.5	8.5	8.5
津巴布韦	87	87	91	91	91	91	61	32	27

资料来源：世界银行数据库，http://data.worldbank.org/（数据为2020年7月获取）（整理人：欧玉芳）。

表15　　非洲国家物流绩效指数：综合分数（1＝很低 5＝很高）

国家/年份	2012	2014	2016	2018
阿尔及利亚	2.41	2.65	2.77	2.45
安哥拉	2.28	2.54	2.24	2.05
贝宁	2.85	2.56	2.43	2.75
博茨瓦纳	2.84	2.49	3.05	—
布基纳法索	2.32	2.64	2.73	2.62
布隆迪	1.61	2.57	2.51	2.06
佛得角	—	—	—	—
喀麦隆	2.53	2.30	2.15	2.60
中非共和国	—	2.36	—	2.15
乍得	2.03	2.53	2.16	2.42
科摩罗	2.14	2.40	2.58	2.56
刚果（布）	2.08	2.08	2.38	2.49
刚果（金）	2.21	1.88	2.38	2.43
科特迪瓦	2.73	2.76	2.60	3.08
吉布提	1.80	2.15	2.32	2.63
厄立特里亚	2.11	2.08	2.17	2.09
埃及	2.98	2.97	3.18	2.82
赤道几内亚	—	2.35	1.88	2.32
埃塞俄比亚	2.24	2.59	2.38	—
加蓬	2.34	2.20	2.19	2.16
冈比亚	2.46	2.25	—	2.40
加纳	2.51	2.63	2.66	2.57
几内亚	2.48	2.46	2.36	2.20
几内亚比绍	2.60	2.43	2.37	2.39
肯尼亚	2.43	2.81	3.33	2.81
莱索托	2.24	2.37	2.03	2.28
利比里亚	2.45	2.62	2.20	2.23
利比亚	2.28	2.50	2.26	2.11

续表

国家/年份	2012	2014	2016	2018
马达加斯加	2.72	2.38	2.15	2.39
马拉维	2.81	2.81	—	2.59
马里	—	2.50	2.50	2.59
毛里塔尼亚	2.40	2.23	1.87	2.33
毛里求斯	2.82	2.51	—	2.73
摩洛哥	3.03	—	2.67	2.54
莫桑比克	—	2.23	2.68	—
纳米比亚	2.65	2.66	2.74	—
尼日尔	2.69	2.39	2.56	2.07
尼日利亚	2.45	2.81	2.63	2.53
卢旺达	2.27	2.76	2.99	2.97
圣多美和普林西比	2.48	2.73	2.33	2.65
塞内加尔	2.49	2.62	2.33	2.25
塞舌尔	—	—	—	—
塞拉利昂	2.08	—	2.03	2.08
索马里	—	1.77	1.75	2.21
南非	3.67	3.43	3.78	3.38
苏丹	2.10	2.16	2.53	2.43
南苏丹	—	—	—	—
斯威士兰	—	—	—	—
坦桑尼亚	2.65	2.33	2.99	—
多哥	2.58	2.32	2.62	2.45
突尼斯	3.17	2.55	2.50	2.57
乌干达	—	—	3.04	2.58
赞比亚	—	2.46	2.43	2.53
津巴布韦	2.55	2.34	2.08	2.12

资料来源：世界银行数据库，http://data.worldbank.org/（数据为2020年7月获取）（整理人：欧玉芳）。

表16　　非洲国家外部债务存量占国民总收入（GNI）的百分比（2011—2018年）　　单位：%

国家/年份	2011	2012	2013	2014	2015	2016	2017	2018
阿尔及利亚	3.06	2.69	2.56	2.64	2.89	3.45	3.46	3.22
安哥拉	33.27	37.63	43.33	41.60	51.02	59.63	44.45	54.00
贝宁	23.74	20.72	22.05	21.16	26.48	27.14	31.57	35.91
博茨瓦纳	15.38	15.34	16.38	16.00	15.67	14.02	10.21	9.72
布基纳法索	22.21	23.06	21.90	21.22	26.11	26.92	26.25	23.42
布隆迪	27.25	28.68	27.86	25.57	20.18	20.38	19.38	19.16
佛得角	57.97	74.24	83.32	87.34	100.31	96.20	103.01	89.30
喀麦隆	10.66	13.57	16.32	16.65	23.98	24.42	29.23	28.74
中非共和国	23.38	22.90	35.03	34.61	39.76	37.27	33.58	32.65
乍得	19.81	19.57	23.67	28.17	28.01	30.47	31.95	29.29
科摩罗	27.01	24.88	13.22	12.33	13.16	15.60	15.55	16.46
刚果(布)	24.57	26.91	31.22	33.25	47.51	44.86	62.68	51.13
刚果(金)	22.44	20.30	20.68	16.80	15.30	13.93	13.88	10.94
科特迪瓦	52.44	36.81	33.01	28.50	35.44	32.53	36.81	37.92
吉布提	—	—	134.75	137.66	147.37	157.92	171.68	157.61
厄立特里亚	40.83	—	—	—	—	—	—	—
埃及	15.30	14.67	16.54	14.00	15.24	21.06	36.58	40.35
赤道几内亚	—	—	—	—	—	—	—	—
埃塞俄比亚	26.99	24.21	26.47	30.55	32.74	32.14	32.82	33.44
加蓬	19.71	20.44	29.00	26.36	38.38	40.89	46.29	42.97
冈比亚	58.91	62.03	41.61	42.92	39.45	36.47	44.73	42.71
加纳	27.15	30.11	26.01	34.40	41.43	39.22	38.92	36.28
几内亚	54.40	21.68	23.46	24.10	25.03	25.73	23.69	24.63
几内亚比绍	25.68	28.09	27.04	24.88	29.33	24.44	25.41	28.89
肯尼亚	24.20	23.65	25.32	27.90	31.22	31.53	34.36	36.14
莱索托	24.67	28.35	31.35	30.78	31.85	33.67	32.30	29.22
利比里亚	19.73	19.81	19.25	24.42	29.19	32.37	38.45	44.66

续表

国家/年份	2011	2012	2013	2014	2015	2016	2017	2018
利比亚	—	—	—	—	—	—	—	—
马达加斯加	29.45	31.16	28.63	28.55	32.09	31.16	30.43	31.76
马拉维	15.38	22.59	29.24	28.31	27.76	34.32	34.77	32.16
马里	23.35	25.62	26.89	24.77	28.83	27.79	29.15	29.47
毛里塔尼亚	74.69	84.87	83.03	88.49	107.33	110.16	106.88	97.84
毛里求斯	88.21	88.64	95.07	92.55	81.30	79.02	72.92	71.77
摩洛哥	30.07	35.19	37.30	39.88	43.40	45.72	46.39	42.24
莫桑比克	51.22	50.22	72.31	77.87	95.60	130.20	123.98	107.57
纳米比亚	—	—	—	—	—	—	—	—
尼日尔	35.12	26.68	26.86	25.05	31.70	34.42	38.52	36.06
尼日利亚	4.56	4.15	4.32	4.60	6.08	7.89	11.11	12.42
卢旺达	22.45	25.07	30.92	37.13	42.73	52.25	54.01	58.04
圣多美和普林西比	98.70	82.61	71.25	64.56	76.66	71.22	71.22	58.77
塞内加尔	24.58	27.90	28.01	29.04	33.98	36.10	43.41	52.37
塞舌尔	—	—	—	—	—	—	—	—
塞拉利昂	36.20	34.00	28.52	29.14	37.27	48.77	47.27	45.09
索马里	—	—	47.60	45.33	43.58	42.07	41.69	39.35
南非	28.82	37.60	39.15	41.49	44.59	50.79	53.34	50.56
苏丹	32.81	34.96	50.07	29.35	24.36	24.39	19.33	56.91
南苏丹	—	—	—	—	—	—	—	—
斯威士兰	12.67	9.68	9.38	9.04	9.05	12.80	14.98	10.87
坦桑尼亚	29.43	29.63	29.20	29.51	32.87	33.27	35.31	33.06
多哥	15.17	19.25	20.62	21.37	24.64	26.25	34.25	33.27
突尼斯	52.13	58.82	58.31	57.64	65.16	69.81	86.51	90.03
乌干达	16.44	16.68	35.56	32.43	35.97	42.65	46.05	46.34
赞比亚	22.86	23.27	23.91	35.06	57.27	74.94	70.87	73.66
津巴布韦	62.12	59.84	49.05	47.45	52.17	59.79	58.10	39.81

资料来源：世界银行数据库，http://data.worldbank.org/（数据为2020年7月获取）（整理人：欧玉芳）

表17　非洲国家总税率占商业利润的百分比（2011—2019年）　　单位:%

国家/年份	2011	2012	2013	2014	2015	2016	2017	2018	2019
阿尔及利亚	72.50	72.40	72.30	73.20	73.20	66.00	66.10	66.10	66.10
安哥拉	52.30	52.30	52.60	52.60	49.00	48.00	49.10	49.10	49.10
贝宁	55.00	55.00	48.90	48.90	48.90	48.90	48.90	48.90	48.90
博茨瓦纳	19.50	25.40	25.30	25.10	25.10	25.10	25.10	25.10	25.10
布基纳法索	42.70	42.70	41.30	41.30	41.30	41.30	41.30	41.30	41.30
布隆迪	46.50	46.50	45.20	40.30	40.30	40.30	41.50	41.50	41.20
佛得角	37.90	37.20	36.50	36.50	36.50	36.60	36.60	37.00	37.50
喀麦隆	48.80	48.80	48.80	48.80	48.80	57.70	57.70	57.70	57.70
中非共和国	54.60	67.40	73.30	73.30	73.30	73.30	73.30	73.30	73.30
乍得	75.80	75.70	72.40	63.50	63.50	63.50	63.50	63.50	63.50
科摩罗	217.90	217.90	216.50	216.50	216.50	216.50	216.50	219.60	219.60
刚果（布）	63.10	64.50	55.80	55.00	56.00	54.30	54.30	54.30	54.30
刚果（金）	339.10	339.10	55.70	54.70	54.60	54.60	54.60	54.60	50.70
科特迪瓦	50.10	44.20	52.50	51.90	51.90	51.30	50.10	50.10	50.10
吉布提	38.10	38.10	37.60	37.60	37.60	37.70	37.90	37.90	37.90
厄立特里亚	84.50	84.50	83.70	83.70	83.70	83.70	83.70	83.70	83.70
埃及	43.60	42.60	40.10	44.70	44.90	43.50	45.80	46.90	44.40
赤道几内亚	47.10	47.10	47.10	47.10	47.10	79.40	79.40	79.40	79.40
埃塞俄比亚	29.10	33.20	35.00	35.70	36.90	37.70	37.70	37.70	37.70
加蓬	44.40	44.40	44.20	41.70	46.80	46.80	46.80	47.10	47.10
冈比亚	277.10	277.10	272.10	60.10	51.30	51.30	51.30	56.60	48.40
加纳	32.90	32.80	32.70	32.70	32.70	32.90	33.20	32.40	55.40
几内亚	83.10	83.10	61.40	61.40	61.40	61.40	61.40	61.40	69.30
几内亚比绍	45.90	45.90	45.50	45.50	45.50	45.50	45.50	45.50	45.50
肯尼亚	48.90	43.70	37.70	37.10	37.10	37.40	37.40	37.20	37.20
莱索托	14.00	13.80	13.60	13.60	13.60	13.60	13.60	13.60	13.60
利比里亚	42.50	25.30	26.90	31.40	47.70	45.50	45.50	45.50	46.20
利比亚	—	32.60	32.60	32.60	32.60	32.60	32.60	32.60	32.60

续表

国家/年份	2011	2012	2013	2014	2015	2016	2017	2018	2019
马达加斯加	41.20	39.80	38.90	38.10	38.10	38.10	38.10	38.30	38.30
马拉维	29.00	32.40	33.50	35.20	34.50	34.50	34.50	34.50	34.50
马里	51.10	51.10	48.30	48.30	48.30	48.30	48.30	48.30	54.50
毛里塔尼亚	59.30	59.30	52.70	67.00	67.00	67.00	67.00	67.00	67.00
毛里求斯	28.30	26.90	23.60	23.60	21.50	21.80	21.90	22.10	22.20
摩洛哥	49.70	49.70	48.80	49.00	49.10	49.30	49.80	49.80	45.80
莫桑比克	37.00	37.00	36.10	36.10	36.10	36.10	36.10	36.10	36.10
纳米比亚	21.80	21.80	21.20	20.70	21.30	20.70	20.70	20.70	20.70
尼日尔	44.30	44.30	47.30	47.30	48.10	48.10	47.20	47.20	47.20
尼日利亚	—	—	33.00	33.00	33.90	34.90	34.80	34.80	34.80
卢旺达	34.70	34.50	33.00	33.00	33.00	33.00	33.20	33.20	33.20
圣多美和普林西比	38.00	38.00	38.00	37.50	37.50	37.00	37.00	37.00	37.00
塞内加尔	45.50	45.50	45.30	45.10	47.30	45.10	45.10	45.10	44.80
塞舌尔	30.00	23.50	25.50	29.80	30.10	30.10	30.10	30.10	30.10
塞拉利昂	32.40	32.40	31.00	31.00	30.70	30.70	30.70	30.70	30.70
索马里	—	—	—	—	—	—	—	—	—
南非	31.80	32.00	28.70	28.90	28.80	28.80	28.90	29.10	29.20
苏丹	36.10	36.10	45.40	45.40	45.40	45.40	45.40	45.40	45.40
南苏丹	—	26.40	29.20	29.00	29.00	31.40	31.40	31.40	31.40
斯威士兰	37.60	36.80	36.70	36.90	34.70	35.10	35.20	35.70	35.80
坦桑尼亚	44.90	44.90	44.30	44.30	43.90	43.90	44.10	44.00	43.80
多哥	48.90	48.90	48.90	50.30	48.50	48.50	48.50	48.20	48.20
突尼斯	62.80	62.80	62.80	62.80	60.20	60.20	64.10	60.20	60.70
乌干达	33.50	33.50	33.50	33.50	33.50	33.70	33.70	33.70	33.70
赞比亚	14.40	16.20	15.90	15.50	18.60	18.60	15.60	15.60	15.60
津巴布韦	33.50	33.40	34.10	31.40	31.60	31.60	31.60	31.60	31.60

资料来源:世界银行数据库,http://data.worldbank.org/(数据为2020年7月获取)(整理人:欧玉芳)

表 18　非洲国家法律权利力度指数(0 = 弱,12 = 强,2013—2019 年)

国家/年份	2013	2014	2015	2016	2017	2018	2019
阿尔及利亚	2	2	2	2	2	2	2
安哥拉	1	1	1	1	1	1	1
贝宁	6	6	6	6	6	6	6
博茨瓦纳	5	5	5	5	5	5	5
布基纳法索	6	6	6	6	6	6	6
布隆迪	2	2	2	2	2	2	2
佛得角	1	1	1	1	1	1	1
喀麦隆	6	6	6	6	6	6	6
中非共和国	6	6	6	6	6	6	6
乍得	6	6	6	6	6	6	6
科摩罗	6	6	6	6	6	6	6
刚果(布)	6	6	6	6	6	6	6
刚果(金)	6	6	6	6	6	6	6
科特迪瓦	6	6	6	6	6	6	6
吉布提	1	1	1	1	1	5	8
厄立特里亚	0	0	0	0	0	0	0
埃及	2	2	2	2	2	5	5
赤道几内亚	6	6	6	6	6	6	6
埃塞俄比亚	3	3	3	3	3	3	3
加蓬	6	6	6	6	6	6	6
冈比亚	4	4	4	6	6	6	6
加纳	6	6	6	6	6	6	6
几内亚	6	6	6	6	6	6	6
几内亚比绍	6	6	6	6	6	6	6
肯尼亚	7	7	7	7	7	10	11
莱索托	5	5	5	5	5	5	5
利比里亚	5	5	9	9	10	10	10
利比亚	0	0	0	0	0	0	0

续表

国家/年份	2013	2014	2015	2016	2017	2018	2019
马达加斯加	1	1	2	2	2	2	2
马拉维	5	5	5	9	11	11	11
马里	6	6	6	6	6	6	6
毛里塔尼亚	2	2	2	2	2	2	2
毛里求斯	6	6	6	6	6	6	6
摩洛哥	2	2	2	2	2	2	2
莫桑比克	1	1	1	1	1	1	1
纳米比亚	5	5	5	5	5	5	5
尼日尔	6	6	6	6	6	6	6
尼日利亚	6	6	6	6	9	9	9
卢旺达	9	10	10	10	10	11	11
圣多美和普林西比	0	0	0	0	0	0	0
塞内加尔	6	6	6	6	6	6	6
塞舌尔	2	2	2	2	2	2	2
塞拉利昂	5	5	5	5	5	5	5
索马里	0	0	0	0	0	0	0
南非	5	5	5	5	5	5	5
苏丹	3	3	3	3	3	5	3
南苏丹	2	2	2	2	2	2	2
斯威士兰	4	4	4	4	4	4	4
坦桑尼亚	5	5	5	5	5	5	5
多哥	6	6	6	6	6	6	6
突尼斯	3	3	3	3	3	3	3
乌干达	5	5	5	5	5	5	5
赞比亚	7	7	7	7	11	11	11
津巴布韦	5	5	5	5	5	5	6

资料来源:世界银行数据库,http://data.worldbank.org/(数据为2020年7月获取)(整理人:欧玉芳)

表19　　　　非洲国家贷款利率(2011—2019年)　　　　单位:%

国家/年份	2011	2012	2013	2014	2015	2016	2017	2018	2019
阿尔及利亚	8.00	8.00	8.00	8.00	8.00	8.00	8.00	8.00	8.00
安哥拉	18.76	16.66	15.81	16.38	16.88	15.78	15.81	20.68	19.30
贝宁	5.26	5.04	5.29	5.34	5.15	5.30	5.14	—	—
博茨瓦纳	11.00	11.00	10.19	9.00	7.95	7.30	6.88	6.50	6.40
布基纳法索	5.26	5.04	5.29	5.34	5.15	5.30	5.14	—	—
布隆迪	13.23	14.32	15.15	15.67	15.33	14.24	14.80	14.79	14.53
佛得角	9.81	9.90	10.52	10.89	10.41	9.61	9.49	8.97	9.14
喀麦隆	—	—	—	—	—	—	—	—	—
中非共和国	—	—	—	—	—	—	—	—	—
乍得	—	—	—	—	—	—	—	—	—
科摩罗	10.50	10.50	10.50	10.50	10.50	10.50	10.50	10.50	10.50
刚果(布)	—	—	—	—	—	—	—	—	—
刚果(金)	43.75	28.45	19.37	18.69	19.37	19.05	20.62	24.75	26.75
科特迪瓦	5.26	5.04	5.29	5.34	5.15	5.30	5.14	—	—
吉布提	—	—	—	—	—	—	—	—	—
厄立特里亚	—	—	—	—	—	—	—	—	—
埃及	11.03	12.00	12.29	11.71	11.63	13.60	18.18	18.32	16.12
赤道几内亚	—	—	—	—	—	—	—	—	—
埃塞俄比亚	—	—	—	—	—	—	—	—	—
加蓬	—	—	—	—	—	—	—	—	—
冈比亚	28.00	28.00	28.00	28.50	—	—	29.00	28.00	—
加纳	—	—	—	—	—	—	—	—	—
几内亚	—	—	—	—	—	—	—	—	—
几内亚比绍	5.26	5.04	5.29	5.34	5.15	5.30	5.14	—	—
肯尼亚	15.05	19.72	17.31	16.51	16.09	16.56	13.67	13.06	—
莱索托	10.43	10.12	9.92	10.34	10.57	11.58	11.58	11.35	11.33
利比里亚	13.75	13.52	13.49	13.50	13.61	13.59	13.25	—	—
利比亚	6.00	6.00	6.00	6.00	—	—	—	—	—

续表

国家/年份	2011	2012	2013	2014	2015	2016	2017	2018	2019
马达加斯加	52.50	56.13	58.98	60.00	56.72	60.00	60.00	55.39	49.00
马拉维	23.75	32.33	46.01	44.29	44.39	44.11	38.59	32.29	—
马里	5.26	5.04	5.29	5.34	5.15	5.30	5.14	—	—
毛里塔尼亚	17.00	17.00	17.00	17.00	17.00	17.00	17.00	—	—
毛里求斯	8.92	8.67	8.50	8.50	8.50	8.50	8.50	8.50	8.45
摩洛哥	—	—	—	—	—	—	—	—	—
莫桑比克	19.10	16.81	15.32	14.80	14.87	21.18	27.86	22.98	18.96
纳米比亚	8.73	8.65	8.29	8.70	9.32	9.84	10.03	10.14	9.88
尼日尔	5.26	5.04	5.29	5.34	5.15	5.30	5.14	—	—
尼日利亚	16.02	16.79	16.72	16.55	16.85	16.87	17.55	16.90	15.38
卢旺达	16.67	16.70	17.32	17.26	17.33	17.29	17.17	16.95	16.53
圣多美和普林西比	26.95	26.17	25.93	23.18	23.31	19.59	19.61	19.87	—
塞内加尔	5.26	5.04	5.29	5.34	5.15	5.30	5.14	—	—
塞舌尔	11.19	12.19	12.29	11.65	12.36	12.36	12.24	12.31	12.60
塞拉利昂	21.00	21.00	20.56	19.41	18.73	18.04	17.92	17.92	17.92
索马里	—	—	—	—	—	—	—	—	—
南非	9.00	8.75	8.50	9.13	9.42	10.46	10.38	10.08	10.13
苏丹	—	—	—	—	—	—	—	—	—
南苏丹	—	12.03	13.56	18.66	13.78	10.37	10.13	16.18	15.65
斯威士兰	9.00	8.75	8.50	8.63	9.04	10.25	10.75	10.31	10.13
坦桑尼亚	14.96	15.56	15.86	16.29	16.10	15.96	17.77	17.42	17.02
多哥	5.26	5.04	5.29	5.34	5.15	5.30	5.14	—	—
突尼斯	—	—	—	—	—	—	—	—	—
乌干达	21.83	26.15	23.28	21.58	22.60	23.89	21.28	19.85	—
赞比亚	18.84	12.15	9.52	11.57	13.25	15.50	12.38	9.79	10.29
津巴布韦	—	11.60	9.74	9.47	8.54	7.11	6.91	7.13	16.18

资料来源：世界银行数据库，http://data.worldbank.org/（数据为2020年7月获取）（整理人：欧玉芳）

表20 非洲国家通货膨胀率（2011—2019年） 单位：%

国家/年份	2011	2012	2013	2014	2015	2016	2017	2018	2019
阿尔及利亚	4.52	8.89	3.25	2.92	4.78	6.40	5.59	4.27	1.95
安哥拉	13.48	10.28	8.78	7.28	-21.53	32.38	31.69	20.19	17.15
贝宁	2.70	6.74	0.43	-0.55	0.22	-0.79	1.77	0.85	-0.92
博茨瓦纳	8.46	7.54	5.88	4.40	3.06	2.81	3.31	3.24	2.77
布基纳法索	2.76	3.82	0.53	-0.26	0.72	0.44	1.48	1.96	-3.23
布隆迪	9.59	18.16	7.94	4.41	5.54	5.56	16.05	-2.81	-0.69
佛得角	4.47	2.54	1.51	-0.24	0.13	-1.41	0.78	1.26	1.11
喀麦隆	2.94	2.74	2.05	1.85	2.68	0.87	0.64	1.07	2.45
中非共和国	—	—	—	—	—	—	—	—	—
乍得	2.03	7.52	0.22	1.68	4.38	-0.79	-1.54	4.27	-0.97
科摩罗	1.84	6.31	-4.29	—	—	—	—	—	—
刚果（布）	1.76	5.01	4.63	0.91	3.17	3.19	0.45	1.15	2.21
刚果（金）	15.32	9.72	0.81	1.24	0.74	2.89	—	—	—
科特迪瓦	4.91	1.30	2.58	0.45	1.25	0.72	0.69	0.36	-1.11
吉布提	5.07	3.73	2.71	1.34	-0.85	2.74	0.57	0.15	3.32
厄立特里亚	—	—	—	—	—	—	—	—	—
埃及	10.06	7.11	9.47	10.07	10.37	13.81	29.51	14.40	
赤道几内亚	4.81	3.66	2.95	4.31	1.68	1.41	0.75	1.35	1.24
埃塞俄比亚	32.01	23.38	7.46	6.89	9.57	6.63	10.69	13.83	15.81
加蓬	1.26	2.65	0.51	4.69	-0.34	2.11	2.65	4.75	2.46
冈比亚	4.80	4.25	5.70	5.95	6.81	7.23	8.03	6.52	7.12
加纳	8.73	7.13	11.67	15.49	17.15	17.45	12.37	7.81	7.18
几内亚	21.35	15.23	11.89	7.07	10.82	8.17	8.91	9.83	9.47
几内亚比绍	5.05	2.13	1.21	-1.51	—	—	—	—	—
肯尼亚	14.02	9.38	5.72	6.88	6.58	6.30	8.01	4.69	
莱索托	5.04	6.05	4.87	5.37	3.22	6.60	4.45	4.75	5.19
利比里亚	8.49	6.83	7.58	9.86	7.75	8.83	12.42	23.56	—
利比亚	15.52	6.06	2.61	—	—	—	—	—	—

续表

国家/年份	2011	2012	2013	2014	2015	2016	2017	2018	2019
马达加斯加	9.48	5.71	5.83	6.08	7.40	6.04	8.59	8.60	5.63
马拉维	7.62	21.27	27.28	23.79	21.87	21.71	11.54	12.42	9.37
马里	2.96	5.32	-0.61	0.88	1.45	-1.80	1.76	0.30	-1.66
毛里塔尼亚	5.69	4.90	4.13	3.53	3.24	1.49	2.28	3.05	2.30
毛里求斯	6.52	3.85	3.54	3.22	1.29	0.98	3.67	3.22	0.41
摩洛哥	0.91	1.29	1.88	0.44	1.56	1.64	0.75	1.91	0.20
莫桑比克	11.17	2.60	4.26	2.56	3.55	17.42	15.11	3.91	2.78
纳米比亚	5.01	6.72	5.60	5.35	3.40	6.73	6.14	4.29	3.73
尼日尔	2.94	0.46	2.30	-0.93	-0.58	1.65	2.80	2.97	-2.49
尼日利亚	10.84	12.22	8.48	8.06	9.01	15.68	16.52	12.09	11.40
卢旺达	3.10	10.27	5.94	2.33	2.53	7.18	8.27	-0.31	3.35
圣多美和普林西比	14.33	10.64	8.11	7.00	5.25	5.43	5.70	7.86	—
塞内加尔	3.40	1.42	0.71	-1.09	0.14	0.84	1.32	0.46	1.76
塞舌尔	2.56	7.11	4.34	1.39	4.04	-1.02	2.86	3.70	1.81
塞拉利昂	6.79	6.59	5.52	4.65	6.69	10.88	18.22	16.03	14.80
索马里	—	—	—	—	—	—	—	—	—
南非	5.02	5.72	5.78	6.14	4.51	6.59	5.18	4.50	4.12
苏丹	18.10	35.56	36.52	36.91	16.91	17.75	32.35	63.29	50.99
南苏丹	47.31	45.08	-0.04	1.66	52.81	379.85	187.85	—	—
斯威士兰	6.11	8.94	5.62	5.68	4.95	7.85	6.22	4.81	—
坦桑尼亚	12.69	16.00	7.87	6.13	5.59	5.17	5.32	3.49	3.46
多哥	3.56	2.58	1.83	0.19	2.59	1.29	-0.98	0.93	0.67
突尼斯	3.24	4.61	5.32	4.63	4.44	3.63	5.31	7.31	6.72
乌干达	15.13	12.68	4.90	3.07	5.41	5.45	5.64	2.62	2.87
赞比亚	6.43	6.58	6.98	7.81	10.11	17.87	6.58	7.49	9.15
津巴布韦	3.48	3.72	1.63	-0.21	-2.41	-1.57	0.91	—	—

资料来源：世界银行数据库，http://data.worldbank.org/（数据为2020年7月获取）（整理人：欧玉芳）

非洲社会领域相关数据

表1　　　　　非洲国家的人口（2011—2019年）　　　　单位：10万

国家/年份	2011	2012	2013	2014	2015	2016	2017	2018	2019
阿尔及利亚	366.61	373.84	381.40	389.24	397.28	405.51	413.89	422.28	430.53
安哥拉	242.21	251.08	260.16	269.42	278.84	288.42	298.17	308.10	318.25
贝宁	94.61	97.29	100.05	102.87	105.76	108.72	111.75	114.85	118.01
博茨瓦纳	20.15	20.40	20.63	20.89	21.21	21.60	22.05	22.54	23.04
布基纳法索	160.82	165.71	170.73	175.86	181.11	186.46	191.93	197.52	203.21
布隆迪	89.58	92.46	95.40	98.44	101.60	104.88	108.27	111.75	115.31
佛得角	4.99	5.05	5.12	5.18	5.25	5.31	5.37	5.44	5.50
喀麦隆	209.06	214.85	220.77	226.82	232.98	239.27	245.66	252.16	258.76
中非共和国	44.19	44.36	44.48	44.64	44.93	45.38	45.96	46.66	47.45
乍得	123.61	127.85	132.20	136.64	141.11	145.62	150.17	154.78	159.47
科摩罗	7.07	7.24	7.42	7.59	7.77	7.96	8.14	8.32	8.51
刚果（布）	43.95	45.10	46.23	47.37	48.56	49.81	51.11	52.44	53.81
刚果（金）	667.55	690.21	713.59	737.67	762.45	787.89	813.99	840.68	867.91
科特迪瓦	210.29	215.47	220.88	226.48	232.26	238.23	244.37	250.69	257.17
吉布提	8.54	8.68	8.83	8.99	9.14	9.29	9.44	9.59	9.74
厄立特里亚	32.14	—	—	—	—	—	—	—	—
埃及	845.29	864.22	884.05	904.25	924.43	944.47	964.43	984.24	1003.88
赤道几内亚	9.87	10.31	10.76	11.22	11.69	12.15	12.62	13.09	13.56
埃塞俄比亚	901.40	927.27	953.86	980.94	1008.35	1036.04	1064.00	1092.25	1120.79

续表

国家/年份	2011	2012	2013	2014	2015	2016	2017	2018	2019
加蓬	16.85	17.50	18.17	18.84	19.48	20.08	20.65	21.19	21.73
冈比亚	18.48	19.05	19.64	20.24	20.86	21.49	22.14	22.80	23.48
加纳	253.88	259.96	266.08	272.24	278.49	284.82	291.21	297.67	304.18
几内亚	104.20	106.52	108.93	111.51	114.32	117.38	120.68	124.14	127.71
几内亚比绍	15.63	16.05	16.48	16.92	17.37	17.82	18.28	18.74	19.21
肯尼亚	431.78	443.43	455.20	467.00	478.78	490.52	502.21	513.93	525.74
莱索托	20.04	20.15	20.29	20.43	20.59	20.75	20.91	21.08	21.25
利比里亚	40.17	41.36	42.48	43.60	44.72	45.87	47.02	48.19	49.37
利比亚	62.47	62.86	63.20	63.62	64.18	64.92	65.81	66.79	67.77
马达加斯加	217.44	223.47	229.61	235.90	242.34	248.94	255.71	262.62	269.69
马拉维	149.62	153.96	158.39	162.90	167.45	172.05	176.70	181.43	186.29
马里	155.15	159.79	164.50	169.34	174.39	179.65	185.12	190.78	196.58
毛里塔尼亚	35.99	37.07	38.17	39.31	40.46	41.64	42.83	44.03	45.26
毛里求斯	12.52	12.56	12.59	12.61	12.63	12.63	12.65	12.65	12.66
摩洛哥	327.82	332.42	337.16	341.92	346.64	351.26	355.81	360.29	364.72
莫桑比克	241.87	248.63	255.61	262.86	270.42	278.30	286.49	294.96	303.66
纳米比亚	21.57	21.95	22.34	22.73	23.15	23.58	24.03	24.48	24.95
尼日尔	171.15	177.95	185.04	192.40	200.02	207.89	216.02	224.43	233.11
尼日利亚	1628.05	1672.29	1717.66	1764.05	1811.37	1859.60	1908.73	1958.75	2009.64
卢旺达	102.93	105.50	108.12	110.84	113.69	116.69	119.81	123.02	126.27
圣多美和普林西比	1.85	1.88	1.92	1.96	1.99	2.03	2.07	2.11	2.15
塞内加尔	130.34	134.02	137.82	141.75	145.78	149.94	154.19	158.54	162.96
塞舌尔	0.87	0.88	0.90	0.91	0.93	0.95	0.96	0.97	0.98
塞拉利昂	65.63	67.13	68.64	70.17	71.72	73.29	74.88	76.50	78.13
索马里	123.76	127.16	130.64	134.24	137.97	141.86	145.89	150.08	154.43
南非	520.04	528.34	536.89	545.46	553.86	562.04	570.00	577.80	585.58
苏丹	353.50	361.94	370.73	379.78	389.03	398.47	408.13	418.02	428.13
南苏丹	98.31	101.14	103.55	105.55	107.16	108.33	109.11	109.76	110.62
斯威士兰	10.72	10.79	10.87	10.95	11.04	11.14	11.25	11.36	11.48
坦桑尼亚	456.73	470.52	484.82	499.60	514.83	530.51	546.64	563.18	580.05
多哥	65.96	67.74	69.55	71.38	73.23	75.10	76.98	78.89	80.82

续表

国家/年份	2011	2012	2013	2014	2015	2016	2017	2018	2019
突尼斯	107.42	108.47	109.53	110.63	111.80	113.04	114.33	115.65	116.95
乌干达	334.77	345.59	356.95	369.12	382.25	396.48	411.62	427.23	442.70
赞比亚	140.23	144.65	149.27	154.00	158.79	163.64	168.54	173.52	178.61
津巴布韦	128.94	131.15	133.50	135.87	138.15	140.30	142.37	144.39	146.45

资料来源：世界银行数据库，http://data.worldbank.org/（数据为2020年7月获取）（整理人：欧玉芳）

表2　　非洲国家的人口密度（2011—2018年）　　单位：人/平方公里

国家/年份	2011	2012	2013	2014	2015	2016	2017	2018
阿尔及利亚	15.4	15.7	16.0	16.3	16.7	17.0	17.4	17.7
安哥拉	19.4	20.1	20.9	21.6	22.4	23.1	23.9	24.7
贝宁	83.9	86.3	88.7	91.2	93.8	96.4	99.1	101.9
博茨瓦纳	3.6	3.6	3.6	3.7	3.7	3.8	3.9	4.0
布基纳法索	58.8	60.6	62.4	64.3	66.2	68.2	70.2	72.2
布隆迪	348.8	360.0	371.5	383.3	395.6	408.4	421.6	435.2
佛得角	123.8	125.4	127.0	128.6	130.2	131.8	133.4	134.9
喀麦隆	44.2	45.5	46.7	48.0	49.3	50.6	52.0	53.3
中非共和国	7.1	7.1	7.1	7.2	7.2	7.3	7.4	7.5
乍得	9.8	10.2	10.5	10.9	11.2	11.6	11.9	12.3
科摩罗	379.7	389.0	398.4	408.1	417.7	427.5	437.3	447.2
刚果（布）	12.9	13.2	13.5	13.9	14.2	14.6	15.0	15.4
刚果（金）	29.4	30.4	31.5	32.5	33.6	34.8	35.9	37.1
科特迪瓦	66.1	67.8	69.5	71.2	73.0	74.9	76.8	78.8
吉布提	36.8	37.5	38.1	38.8	39.4	40.1	40.7	41.4
厄立特里亚	31.8	—	—	—	—	—	—	—
埃及	84.9	86.8	88.8	90.8	92.9	94.9	96.9	98.9
赤道几内亚	35.2	36.8	38.4	40.0	41.7	43.3	45.0	46.7
埃塞俄比亚	90.1	92.7	95.4	98.1	100.8	103.6	106.4	109.2
加蓬	6.5	6.8	7.1	7.3	7.6	7.8	8.0	8.2
冈比亚	182.6	188.2	194.0	200.0	206.1	212.4	218.8	225.3
加纳	111.6	114.3	116.9	119.6	122.4	125.2	128.0	130.8
几内亚	42.4	43.4	44.3	45.4	46.5	47.8	49.1	50.5
几内亚比绍	55.6	57.1	58.6	60.2	61.8	63.4	65.0	66.7

续表

国家/年份	2011	2012	2013	2014	2015	2016	2017	2018
肯尼亚	75.9	77.9	80.0	82.1	84.1	86.2	88.2	90.3
莱索托	66.0	66.4	66.8	67.3	67.8	68.3	68.9	69.4
利比里亚	41.7	42.9	44.1	45.3	46.4	47.6	48.8	50.0
利比亚	3.6	3.6	3.6	3.6	3.6	3.7	3.7	3.8
马达加斯加	37.4	38.4	39.5	40.5	41.7	42.8	44.0	45.1
马拉维	158.7	163.3	168.0	172.8	177.6	182.5	187.4	192.4
马里	12.7	13.1	13.5	13.9	14.3	14.7	15.2	15.6
毛里塔尼亚	3.5	3.6	3.7	3.8	3.9	4.0	4.2	4.3
毛里求斯	616.9	618.7	620.0	621.1	622.0	622.4	623.0	623.3
摩洛哥	73.5	74.5	75.5	76.6	77.7	78.7	79.7	80.7
莫桑比克	30.8	31.6	32.5	33.4	34.4	35.4	36.4	37.5
纳米比亚	2.6	2.7	2.7	2.8	2.8	2.9	2.9	3.0
尼日尔	13.5	14.0	14.6	15.2	15.8	16.4	17.1	17.7
尼日利亚	178.8	183.6	188.6	193.7	198.9	204.2	209.6	215.1
卢旺达	417.2	427.6	438.2	449.3	460.8	473.0	485.6	498.7
圣多美和普林西比	192.2	196.3	200.1	203.9	207.7	211.7	215.7	219.8
塞内加尔	67.7	69.6	71.6	73.6	75.7	77.9	80.1	82.3
塞舌尔	190.1	192.0	195.5	198.6	203.1	205.8	208.4	210.4
塞拉利昂	90.9	93.0	95.1	97.2	99.4	101.5	103.7	106.0
索马里	19.7	20.3	20.8	21.4	22.0	22.6	23.3	23.9
南非	42.9	43.6	44.3	45.0	45.7	46.3	47.0	47.6
苏丹	—	—	—	—	—	—	—	—
南苏丹	—	—	—	—	—	—	—	—
斯威士兰	62.3	62.7	63.2	63.7	64.2	64.8	65.4	66.1
坦桑尼亚	51.6	53.1	54.7	56.4	58.1	59.9	61.7	63.6
多哥	121.3	124.5	127.9	131.2	134.6	138.1	141.5	145.0
突尼斯	69.1	69.8	70.5	71.2	72.0	72.8	73.6	74.4
乌干达	167.0	172.3	178.0	184.1	190.6	197.7	205.3	213.1
赞比亚	18.9	19.5	20.1	20.7	21.4	22.0	22.7	23.3
津巴布韦	33.3	33.9	34.5	35.1	35.7	36.3	36.8	37.3

注：人口密度是年中人口除以平方公里为单位的土地面积。2018年中国人口密度为148.35，美国为35.71，越南为308.13，世界平均水平为59.62。

资料来源：世界银行数据库，http：//data.worldbank.org/（数据2020年7月获取）（整理人：欧玉芳）

表3　　非洲国家的人口增长率（2011—2019年）　　单位：%

国家/年份	2011	2012	2013	2014	2015	2016	2017	2018	2019
阿尔及利亚	1.88	1.95	2.00	2.03	2.05	2.05	2.04	2.01	1.93
安哥拉	3.63	3.60	3.55	3.50	3.44	3.38	3.32	3.28	3.24
贝宁	2.80	2.80	2.79	2.78	2.77	2.76	2.75	2.73	2.72
博茨瓦纳	1.41	1.19	1.12	1.26	1.53	1.83	2.07	2.20	2.18
布基纳法索	3.01	3.00	2.98	2.96	2.94	2.92	2.89	2.87	2.84
布隆迪	3.21	3.16	3.13	3.14	3.16	3.18	3.18	3.17	3.13
佛得角	1.25	1.27	1.28	1.27	1.24	1.21	1.19	1.16	1.13
喀麦隆	2.74	2.73	2.72	2.70	2.68	2.66	2.64	2.61	2.58
中非共和国	0.72	0.40	0.26	0.36	0.65	0.99	1.28	1.52	1.67
乍得	3.36	3.37	3.35	3.30	3.22	3.14	3.08	3.02	2.99
科摩罗	2.42	2.42	2.41	2.38	2.35	2.31	2.27	2.24	2.21
刚果（布）	2.79	2.59	2.47	2.44	2.48	2.54	2.57	2.58	2.56
刚果（金）	3.34	3.34	3.33	3.32	3.30	3.28	3.25	3.23	3.19
科特迪瓦	2.39	2.44	2.48	2.50	2.52	2.54	2.55	2.55	2.55
吉布提	1.59	1.68	1.73	1.73	1.69	1.64	1.60	1.56	1.52
厄立特里亚	1.36	—	—	—	—	—	—	—	—
埃及	2.11	2.21	2.27	2.26	2.21	2.15	2.09	2.03	1.98
赤道几内亚	4.48	4.39	4.29	4.17	4.04	3.91	3.78	3.65	3.53
埃塞俄比亚	2.81	2.83	2.83	2.80	2.76	2.71	2.66	2.62	2.58
加蓬	3.66	3.79	3.78	3.61	3.34	3.04	2.80	2.60	2.48
冈比亚	3.02	3.03	3.03	3.03	3.01	2.99	2.97	2.95	2.92
加纳	2.42	2.37	2.32	2.29	2.27	2.25	2.22	2.19	2.16
几内亚	2.22	2.20	2.24	2.34	2.49	2.64	2.77	2.83	2.83
几内亚比绍	2.62	2.65	2.66	2.65	2.61	2.57	2.53	2.49	2.46
肯尼亚	2.69	2.66	2.62	2.56	2.49	2.42	2.36	2.31	2.27
莱索托	0.41	0.56	0.67	0.73	0.76	0.77	0.79	0.80	0.81
利比里亚	3.19	2.90	2.69	2.58	2.55	2.53	2.49	2.45	2.43
利比亚	0.80	0.61	0.55	0.66	0.88	1.14	1.35	1.48	1.47

续表

国家/年份	2011	2012	2013	2014	2015	2016	2017	2018	2019
马达加斯加	2.76	2.73	2.71	2.70	2.69	2.69	2.68	2.67	2.66
马拉维	2.86	2.86	2.84	2.80	2.76	2.71	2.67	2.64	2.64
马里	3.04	2.95	2.90	2.90	2.94	2.98	3.00	3.01	3.00
毛里塔尼亚	2.95	2.95	2.95	2.93	2.89	2.86	2.82	2.78	2.74
毛里求斯	0.16	0.28	0.22	0.18	0.13	0.07	0.09	0.05	0.03
摩洛哥	1.35	1.39	1.42	1.40	1.37	1.33	1.29	1.25	1.22
莫桑比克	2.75	2.75	2.77	2.80	2.83	2.87	2.90	2.91	2.91
纳米比亚	1.77	1.75	1.75	1.77	1.81	1.85	1.87	1.88	1.87
尼日尔	3.88	3.90	3.91	3.90	3.88	3.86	3.84	3.82	3.79
尼日利亚	2.68	2.68	2.68	2.67	2.65	2.63	2.61	2.59	2.56
卢旺达	2.50	2.46	2.45	2.49	2.54	2.60	2.64	2.64	2.61
圣多美和普林西比	2.28	2.08	1.94	1.88	1.88	1.89	1.88	1.88	1.89
塞内加尔	2.77	2.79	2.80	2.81	2.81	2.81	2.80	2.78	2.75
塞舌尔	-2.63	0.98	1.85	1.56	2.23	1.34	1.22	0.95	0.89
塞拉利昂	2.27	2.25	2.23	2.21	2.18	2.16	2.15	2.14	2.11
索马里	2.72	2.70	2.70	2.72	2.75	2.78	2.80	2.83	2.86
南非	1.53	1.58	1.61	1.58	1.53	1.46	1.41	1.36	1.34
苏丹	2.30	2.36	2.40	2.41	2.41	2.40	2.40	2.39	2.39
南苏丹	3.33	2.84	2.36	1.91	1.51	1.08	0.72	0.60	0.78
斯威士兰	0.67	0.67	0.70	0.75	0.82	0.90	0.96	1.01	1.05
坦桑尼亚	2.95	2.97	2.99	3.00	3.00	3.00	3.00	2.98	2.95
多哥	2.68	2.66	2.64	2.60	2.56	2.52	2.48	2.45	2.42
突尼斯	1.00	0.97	0.97	1.00	1.05	1.10	1.14	1.15	1.11
乌干达	3.18	3.18	3.23	3.35	3.50	3.65	3.75	3.72	3.56
赞比亚	3.02	3.10	3.14	3.12	3.07	3.00	2.95	2.91	2.89
津巴布韦	1.54	1.70	1.78	1.75	1.66	1.55	1.46	1.41	1.42

资料来源：世界银行数据库，http://data.worldbank.org/（数据为2020年7月获取）（整理人：欧玉芳）

表4　非洲国家的城镇人口占总人口比例（2011—2019年）　　单位:%

国家/年份	2011	2012	2013	2014	2015	2016	2017	2018	2019
阿尔及利亚	68.24	68.92	69.58	70.22	70.85	71.46	72.05	72.63	73.19
安哥拉	60.53	61.27	62.00	62.73	63.45	64.15	64.84	65.51	66.18
贝宁	43.61	44.13	44.64	45.17	45.70	46.23	46.77	47.31	47.86
博茨瓦纳	63.87	64.77	65.57	66.37	67.16	67.93	68.70	69.45	70.17
布基纳法索	25.20	25.77	26.35	26.93	27.53	28.13	28.74	29.36	29.98
布隆迪	10.92	11.19	11.48	11.78	12.08	12.39	12.71	13.03	13.37
佛得角	62.32	62.82	63.32	63.81	64.30	64.78	65.26	65.73	66.20
喀麦隆	52.16	52.77	53.37	53.98	54.58	55.18	55.78	56.37	56.97
中非共和国	39.14	39.39	39.66	39.96	40.28	40.62	40.98	41.36	41.77
乍得	22.05	22.14	22.25	22.37	22.52	22.68	22.86	23.06	23.28
科摩罗	28.04	28.12	28.22	28.34	28.47	28.62	28.78	28.97	29.16
刚果（布）	63.71	64.17	64.63	65.09	65.54	66.00	66.46	66.92	67.37
刚果（金）	40.54	41.08	41.63	42.18	42.74	43.31	43.88	44.46	45.05
科特迪瓦	47.75	48.17	48.59	49.01	49.44	49.88	50.33	50.78	51.24
吉布提	77.06	77.14	77.22	77.31	77.42	77.53	77.65	77.78	77.92
厄立特里亚	35.77	—	—	—	—	—	—	—	—
埃及	43.00	42.95	42.89	42.84	42.79	42.73	42.71	42.70	42.73
赤道几内亚	67.49	69.00	69.54	70.08	70.62	71.14	71.65	72.14	72.63
埃塞俄比亚	17.74	18.16	18.58	19.00	19.43	19.87	20.31	20.76	21.23
加蓬	86.09	86.63	87.16	87.65	88.12	88.56	88.98	89.37	89.74
冈比亚	56.38	57.11	57.82	58.53	59.23	59.92	60.60	61.27	61.93
加纳	51.39	52.07	52.75	53.42	54.09	54.75	55.41	56.06	56.71
几内亚	33.97	34.26	34.55	34.84	35.14	35.46	35.79	36.14	36.50
几内亚比绍	40.51	40.91	41.31	41.72	42.12	42.53	42.95	43.36	43.78
肯尼亚	23.97	24.38	24.79	25.22	25.66	26.11	26.56	27.03	27.51
莱索托	25.31	25.70	26.10	26.50	26.91	27.32	27.73	28.15	28.59
利比里亚	48.19	48.58	48.99	49.40	49.82	50.25	50.70	51.15	51.62
利比亚	78.28	78.51	78.76	79.01	79.27	79.54	79.82	80.10	80.39

续表

国家/年份	2011	2012	2013	2014	2015	2016	2017	2018	2019
马达加斯加	32.58	33.23	33.88	34.53	35.19	35.86	36.52	37.19	37.86
马拉维	15.67	15.81	15.97	16.13	16.31	16.51	16.71	16.94	17.17
马里	36.80	37.60	38.40	39.20	39.99	40.78	41.57	42.36	43.14
毛里塔尼亚	47.49	48.40	49.31	50.20	51.09	51.96	52.82	53.67	54.51
毛里求斯	41.44	41.33	41.22	41.11	41.00	40.91	40.84	40.79	40.77
摩洛哥	58.58	59.14	59.70	60.26	60.81	61.36	61.91	62.45	62.99
莫桑比克	32.34	32.85	33.36	33.88	34.40	34.93	35.46	35.99	36.53
纳米比亚	42.64	43.69	44.76	45.83	46.90	47.96	49.01	50.03	51.04
尼日尔	16.22	16.21	16.21	16.22	16.25	16.29	16.35	16.43	16.52
尼日利亚	44.37	45.25	46.12	46.98	47.84	48.68	49.52	50.34	51.16
卢旺达	16.94	16.94	16.95	16.97	17.00	17.06	17.13	17.21	17.31
圣多美和普林西比	66.06	67.16	68.21	69.21	70.17	71.09	71.97	72.80	73.60
塞内加尔	44.19	44.60	45.02	45.44	45.86	46.30	46.74	47.19	47.65
塞舌尔	53.72	54.12	54.54	54.97	55.40	55.83	56.26	56.69	57.12
塞拉利昂	39.25	39.64	40.04	40.43	40.83	41.23	41.64	42.06	42.48
索马里	41.00	41.56	42.12	42.68	43.25	43.82	44.39	44.97	45.55
南非	62.75	63.27	63.79	64.31	64.83	65.34	65.85	66.36	66.86
苏丹	33.21	33.35	33.51	33.69	33.89	34.12	34.37	34.64	34.94
南苏丹	18.03	18.22	18.42	18.63	18.85	19.09	19.35	19.62	19.90
斯威士兰	22.70	22.85	23.00	23.15	23.30	23.46	23.63	23.80	23.98
坦桑尼亚	28.80	29.49	30.20	30.90	31.62	32.33	33.05	33.78	34.50
多哥	38.03	38.55	39.06	39.58	40.10	40.63	41.16	41.70	42.25
突尼斯	66.94	67.22	67.50	67.77	68.06	68.35	68.64	68.95	69.25
乌干达	19.90	20.42	20.96	21.50	22.06	22.62	23.20	23.77	24.36
赞比亚	39.85	40.35	40.87	41.38	41.91	42.44	42.98	43.52	44.07
津巴布韦	33.02	32.83	32.65	32.50	32.39	32.30	32.24	32.21	32.21

资料来源：世界银行数据库，http://data.worldbank.org/（数据为2020年7月获取）（整理人：欧玉芳）

表5　非洲国家的总失业人数占劳动力总数的比例（2011—2019年）　单位：%

国家/年份	2011	2012	2013	2014	2015	2016	2017	2018	2019
阿尔及利亚	9.96	10.97	9.82	10.21	11.21	10.20	12.00	11.88	11.70
安哥拉	7.36	7.38	7.40	7.33	7.28	7.22	7.12	7.02	6.89
贝宁	2.65	2.66	2.68	2.62	2.58	2.54	2.46	2.39	2.23
博茨瓦纳	17.86	17.89	17.92	17.82	17.75	17.66	17.50	17.35	18.19
布基纳法索	5.14	5.60	6.09	6.48	6.42	6.34	6.22	6.09	6.26
布隆迪	1.72	1.68	1.64	1.57	1.55	1.53	1.49	1.45	1.43
佛得角	10.94	11.22	11.51	11.70	11.91	12.11	12.24	12.17	12.25
喀麦隆	3.97	3.84	3.71	3.53	3.51	3.47	3.41	3.36	3.38
中非共和国	3.93	3.94	3.96	3.90	3.86	3.82	3.74	3.66	3.68
乍得	1.63	1.70	1.78	1.80	1.83	1.86	1.85	1.84	1.89
科摩罗	4.55	4.56	4.58	4.53	4.49	4.45	4.38	4.30	4.34
刚果（布）	11.90	10.00	10.02	9.96	9.91	9.86	9.76	9.67	9.47
刚果（金）	4.22	4.49	4.50	4.45	4.41	4.36	4.27	4.19	4.24
科特迪瓦	6.95	7.22	4.25	3.65	3.10	2.60	3.27	3.21	3.32
吉布提	10.69	10.70	10.73	10.64	10.58	10.51	10.38	10.26	10.30
厄立特里亚	5.41	5.43	5.44	5.38	5.34	5.28	5.19	5.10	5.14
埃及	11.85	12.60	13.15	13.10	13.05	12.41	11.74	11.59	10.76
赤道几内亚	6.73	6.74	6.76	6.69	6.64	6.59	6.48	6.38	6.43
埃塞俄比亚	2.30	2.28	2.25	2.22	2.19	2.17	2.12	2.08	2.08
加蓬	20.40	20.42	20.46	20.34	20.26	20.16	19.98	19.81	20.00
冈比亚	9.40	9.42	9.44	9.36	9.31	9.25	9.14	9.03	9.06
加纳	5.62	5.94	6.27	6.53	6.81	5.45	4.22	4.16	4.33
几内亚	4.49	4.50	4.52	4.47	4.43	4.39	4.32	4.25	4.30
几内亚比绍	2.66	2.67	2.68	2.63	2.60	2.57	2.50	2.44	2.47
肯尼亚	2.84	2.85	2.87	2.82	2.79	2.76	2.69	2.63	2.64
莱索托	26.04	25.30	24.58	24.47	24.39	24.30	24.13	23.97	23.41
利比里亚	2.24	2.21	2.20	2.13	2.08	3.08	3.00	2.93	2.81
利比亚	19.00	19.03	19.06	18.96	18.88	18.79	18.63	18.47	18.56
马达加斯加	2.02	0.60	0.94	1.33	1.78	1.76	1.73	1.69	1.76

续表

国家/年份	2011	2012	2013	2014	2015	2016	2017	2018	2019
马拉维	5.91	5.93	5.95	5.89	5.85	5.80	5.71	5.62	5.65
马里	6.90	7.10	7.30	6.38	7.73	7.55	7.33	7.11	7.22
毛里塔尼亚	9.85	9.86	9.89	9.81	9.76	9.69	9.58	9.46	9.55
毛里求斯	7.45	7.47	7.32	7.47	7.41	6.81	6.75	6.66	6.67
摩洛哥	8.91	8.99	9.23	9.70	9.46	9.30	9.19	9.08	9.02
莫桑比克	3.31	3.36	3.42	3.42	3.43	3.38	3.31	3.24	3.24
纳米比亚	19.33	16.77	19.03	18.52	20.88	23.35	21.57	19.88	20.27
尼日尔	0.32	0.38	0.46	0.52	0.51	0.50	0.49	0.47	0.47
尼日利亚	3.77	3.73	3.70	4.56	4.31	7.06	8.39	8.24	8.10
卢旺达	1.10	1.14	1.18	1.17	1.14	1.11	1.06	1.02	1.03
圣多美和普林西比	14.11	13.59	13.62	13.53	13.47	13.40	13.27	13.15	13.37
塞内加尔	10.36	9.43	8.54	7.61	6.76	6.71	6.61	6.53	6.60
塞舌尔	—	—	—	—	—	—	—	—	—
塞拉利昂	4.29	4.44	4.60	4.68	4.64	4.59	4.50	4.42	4.43
索马里	11.73	11.75	11.77	11.69	11.62	11.55	11.41	11.28	11.35
南非	24.65	24.73	24.57	24.90	25.16	26.55	27.07	26.92	28.18
苏丹	17.44	17.47	17.50	17.39	17.32	17.22	17.06	16.90	16.53
南苏丹	12.68	12.70	12.73	12.64	12.57	12.50	12.36	12.23	12.24
斯威士兰	26.24	25.60	24.97	24.19	23.45	22.72	22.54	22.36	22.08
坦桑尼亚	3.47	3.19	2.93	2.13	2.10	2.08	2.03	1.99	1.98
多哥	1.98	2.05	2.13	2.16	2.20	2.17	2.13	2.08	2.04
突尼斯	18.33	17.63	15.93	15.06	15.22	15.51	15.38	15.46	16.02
乌干达	3.58	3.55	1.91	1.88	1.86	1.83	1.79	1.75	1.84
赞比亚	10.34	7.85	8.62	9.34	10.10	10.88	11.63	11.50	11.43
津巴布韦	5.37	5.38	5.40	5.34	5.30	5.25	5.17	5.09	4.95

资料来源：世界银行数据库，http://data.worldbank.org/（数据为2020年7月获取）（整理人：欧玉芳）

表6　非洲国家的男性失业人数占男性劳动力比例（2011—2019年）　单位:%

国家/年份	2011	2012	2013	2014	2015	2016	2017	2018	2019
阿尔及利亚	8.40	9.57	8.28	8.99	9.99	8.35	10.02	9.93	9.70
安哥拉	7.01	6.97	7.03	6.94	6.88	6.88	6.77	6.71	6.83
贝宁	2.43	2.44	2.44	2.41	2.39	2.33	2.26	2.21	2.13
博茨瓦纳	14.84	14.84	14.73	14.85	14.81	14.57	14.51	14.33	15.32
布基纳法索	3.77	3.90	4.01	4.03	4.02	3.94	3.86	3.79	3.88
布隆迪	2.21	2.16	2.11	2.03	2.02	1.97	1.93	1.90	1.88
佛得角	10.57	10.97	11.26	11.40	11.57	11.68	11.83	12.66	12.85
喀麦隆	3.34	3.27	3.20	3.08	3.06	3.04	3.00	2.93	2.94
中非共和国	4.02	4.02	4.09	3.89	3.94	3.91	3.84	3.76	3.78
乍得	1.93	1.96	2.04	2.03	2.06	2.08	2.03	2.00	2.05
科摩罗	4.30	4.30	4.30	4.27	4.23	4.17	4.11	4.04	4.07
刚果（布）	10.94	9.32	9.33	9.09	9.09	9.16	9.19	9.10	8.86
刚果（金）	5.03	5.31	5.31	5.34	5.23	5.20	5.17	5.07	4.98	5.01
科特迪瓦	7.13	7.14	3.62	3.04	2.52	2.07	2.86	2.79	2.99
吉布提	10.64	10.70	10.63	10.57	10.42	10.37	10.30	10.19	10.22
厄立特里亚	5.55	5.58	5.59	5.53	5.48	5.43	5.33	5.26	5.31
埃及	8.77	9.23	9.79	9.72	9.43	8.88	8.25	8.09	7.24
赤道几内亚	6.80	6.77	6.87	6.78	6.78	6.74	6.64	6.56	6.58
埃塞俄比亚	1.69	1.66	1.65	1.62	1.59	1.57	1.52	1.49	1.49
加蓬	14.70	14.71	14.67	14.57	14.52	14.50	14.43	14.28	14.29
冈比亚	6.98	6.82	6.93	6.88	6.76	6.78	6.58	6.51	6.56
加纳	5.24	5.79	6.22	6.65	7.01	5.46	4.08	4.07	4.22
几内亚	5.65	5.65	5.69	5.64	5.60	5.47	5.51	5.40	5.46
几内亚比绍	2.90	2.93	2.91	2.87	2.83	2.81	2.74	2.67	2.70
肯尼亚	2.67	2.69	2.68	2.64	2.60	2.59	2.54	2.46	2.49
莱索托	21.66	21.18	20.81	20.73	20.84	20.84	21.12	20.82	20.34
利比里亚	2.28	2.31	2.35	2.34	2.34	3.75	3.66	3.58	3.35
利比亚	16.17	15.90	16.12	15.77	15.54	15.46	15.33	15.30	15.46

续表

国家/年份	2011	2012	2013	2014	2015	2016	2017	2018	2019
马达加斯加	1.72	0.57	0.90	1.29	1.77	1.74	1.70	1.66	1.67
马拉维	4.97	4.99	4.98	4.94	4.91	4.86	4.76	4.71	4.74
马里	5.59	6.24	6.86	6.44	6.90	6.79	6.65	6.52	6.66
毛里塔尼亚	8.70	8.62	8.65	8.59	8.66	8.55	8.44	8.32	8.37
毛里求斯	4.91	4.93	4.93	5.36	5.29	4.53	4.65	4.55	4.51
摩洛哥	8.44	8.66	9.11	9.50	9.14	8.84	8.70	8.61	8.57
莫桑比克	3.51	3.38	3.30	3.20	3.16	3.15	3.08	2.98	3.01
纳米比亚	17.46	14.67	17.37	16.71	19.06	21.81	21.58	21.13	20.85
尼日尔	0.39	0.46	0.54	0.60	0.59	0.58	0.56	0.55	0.56
尼日利亚	3.84	3.92	3.99	3.87	3.66	6.20	7.68	7.54	7.43
卢旺达	1.12	1.12	1.12	1.09	1.07	1.05	1.01	0.97	0.99
圣多美和普林西比	9.51	9.16	9.18	9.09	9.06	8.99	8.89	8.83	9.11
塞内加尔	8.21	7.78	7.43	6.88	6.39	6.34	6.23	6.16	6.03
塞舌尔	—	—	—	—	—	—	—	—	—
塞拉利昂	5.10	5.27	5.47	5.51	5.45	5.36	5.29	5.20	5.22
索马里	11.81	11.83	11.85	11.76	11.70	11.63	11.50	11.36	11.43
南非	22.59	22.87	22.97	23.16	23.22	24.56	25.24	25.15	26.39
苏丹	12.19	12.34	12.06	11.99	11.94	11.82	11.69	11.57	11.64
南苏丹	11.63	11.53	11.46	11.46	11.40	11.30	11.20	11.09	11.11
斯威士兰	24.13	23.45	22.89	22.48	21.87	21.07	21.01	20.92	20.63
坦桑尼亚	2.64	2.39	2.11	1.58	1.58	1.55	1.51	1.47	1.53
多哥	2.30	2.42	2.53	2.62	2.70	2.68	2.62	2.57	2.52
突尼斯	15.07	14.67	13.29	12.67	12.57	12.63	12.58	12.70	13.38
乌干达	2.92	2.86	1.38	1.38	1.36	1.36	1.29	1.27	1.40
赞比亚	10.26	7.71	8.39	8.98	9.57	10.19	10.75	10.61	10.66
津巴布韦	4.73	4.76	4.79	4.71	4.68	4.64	4.58	4.55	4.43

资料来源：世界银行数据库，http://data.worldbank.org/（数据为2020年7月获取）（整理人：欧玉芳）

表7　非洲国家的女性失业人数占女性劳动力比例（2011—2019年）　单位：%

国家/年份	2011	2012	2013	2014	2015	2016	2017	2018	2019
阿尔及利亚	17.14	17.01	16.27	15.64	16.67	18.63	21.11	21.06	21.08
安哥拉	7.72	7.79	7.77	7.72	7.68	7.56	7.47	7.33	6.94
贝宁	2.87	2.88	2.92	2.84	2.78	2.75	2.66	2.57	2.34
博茨瓦纳	21.30	21.27	21.35	20.97	20.84	20.91	20.65	20.52	21.22
布基纳法索	6.90	7.75	8.68	9.51	9.39	9.32	9.13	8.95	9.22
布隆迪	1.26	1.24	1.22	1.15	1.13	1.12	1.07	1.03	1.01
佛得角	11.46	11.57	11.86	12.10	12.36	12.67	12.77	11.55	11.49
喀麦隆	4.68	4.48	4.29	4.05	4.01	3.96	3.88	3.84	3.87
中非共和国	3.82	3.85	3.80	3.92	3.77	3.71	3.62	3.55	3.57
乍得	1.27	1.40	1.47	1.52	1.56	1.58	1.63	1.64	1.71
科摩罗	4.91	4.93	4.97	4.89	4.86	4.84	4.75	4.67	4.70
刚果（布）	12.89	10.71	10.73	10.86	10.77	10.58	10.36	10.27	10.10
刚果（金）	3.37	3.61	3.64	3.61	3.56	3.49	3.43	3.35	3.40
科特迪瓦	6.68	7.34	5.21	4.55	3.95	3.35	3.86	3.80	3.77
吉布提	10.75	10.70	10.88	10.76	10.84	10.73	10.51	10.36	10.40
厄立特里亚	5.26	5.25	5.27	5.21	5.17	5.12	5.03	4.92	4.95
埃及	22.45	24.01	24.16	23.98	24.91	23.68	23.09	23.00	22.15
赤道几内亚	6.61	6.69	6.58	6.54	6.41	6.32	6.21	6.08	6.18
埃塞俄比亚	3.02	2.99	2.95	2.92	2.90	2.86	2.81	2.75	2.76
加蓬	28.86	28.89	29.01	28.85	28.72	28.56	28.27	28.10	28.51
冈比亚	12.56	12.79	12.68	12.56	12.58	12.41	12.41	12.24	12.24
加纳	6.05	6.10	6.33	6.39	6.57	5.43	4.39	4.25	4.46
几内亚	3.51	3.54	3.54	3.48	3.46	3.49	3.33	3.29	3.32
几内亚比绍	2.40	2.38	2.43	2.38	2.36	2.30	2.24	2.18	2.21
肯尼亚	3.04	3.03	3.07	3.02	3.00	2.94	2.86	2.82	2.80
莱索托	31.19	30.20	29.13	28.99	28.68	28.48	27.78	27.76	27.12
利比里亚	2.19	2.11	2.03	1.89	1.78	2.33	2.28	2.21	2.22
利比亚	24.50	25.08	24.75	25.11	25.33	25.22	25.00	24.60	24.57

续表

国家/年份	2011	2012	2013	2014	2015	2016	2017	2018	2019
马达加斯加	2.33	0.63	0.97	1.36	1.80	1.79	1.75	1.72	1.85
马拉维	6.91	6.93	6.98	6.89	6.84	6.78	6.70	6.57	6.62
马里	8.64	8.23	7.88	6.29	8.79	8.53	8.20	7.86	7.95
毛里塔尼亚	12.40	12.63	12.63	12.49	12.17	12.19	12.05	11.95	12.11
毛里求斯	11.72	11.72	11.16	10.84	10.70	10.42	10.05	9.90	10.00
摩洛哥	10.23	9.95	9.57	10.29	10.42	10.70	10.72	10.54	10.41
莫桑比克	3.13	3.35	3.53	3.61	3.67	3.60	3.52	3.47	3.45
纳米比亚	21.34	19.00	20.70	20.37	22.80	25.01	21.57	18.59	19.69
尼日尔	0.22	0.29	0.35	0.43	0.42	0.41	0.39	0.37	0.36
尼日利亚	3.69	3.52	3.36	5.40	5.11	8.11	9.26	9.10	8.91
卢旺达	1.09	1.16	1.23	1.25	1.22	1.17	1.11	1.06	1.07
圣多美和普林西比	22.43	21.60	21.65	21.56	21.42	21.31	21.09	20.80	20.92
塞内加尔	13.90	12.06	10.29	8.73	7.30	7.25	7.18	7.07	7.45
塞舌尔	—	—	—	—	—	—	—	—	—
塞拉利昂	3.47	3.60	3.70	3.83	3.81	3.80	3.70	3.62	3.63
索马里	11.42	11.46	11.50	11.45	11.37	11.26	11.11	11.01	11.08
南非	27.25	27.09	26.55	27.05	27.54	29.01	29.30	29.06	30.33
苏丹	30.30	29.94	30.62	30.30	30.02	29.88	29.51	29.13	27.77
南苏丹	13.79	13.93	14.06	13.87	13.79	13.74	13.55	13.39	13.41
斯威士兰	28.43	27.82	27.14	25.98	25.13	24.46	24.16	23.92	23.66
坦桑尼亚	4.33	4.04	3.80	2.71	2.67	2.64	2.60	2.55	2.46
多哥	1.65	1.67	1.72	1.70	1.70	1.66	1.62	1.59	1.55
突尼斯	27.42	25.66	23.05	21.49	22.42	23.44	23.12	23.13	23.41
乌干达	4.28	4.28	2.46	2.40	2.38	2.33	2.30	2.24	2.30
赞比亚	10.43	8.01	8.86	9.73	10.69	11.63	12.57	12.45	12.24
津巴布韦	5.99	5.98	5.98	5.95	5.89	5.84	5.74	5.60	5.46

资料来源：世界银行数据库，http://data.worldbank.org/（数据为2020年7月获取）（整理人：欧玉芳）

表8　非洲国家的通电率占人口的百分比（2011—2018年）　　单位:%

国家/年份	2011	2012	2013	2014	2015	2016	2017	2018
阿尔及利亚	99.05	98.76	99.54	99.84	99.93	99.99	100.00	100.00
安哥拉	34.60	35.67	36.87	32.00	42.00	40.67	41.96	43.26
贝宁	36.90	38.40	35.63	34.10	37.70	38.97	34.50	41.53
博茨瓦纳	53.24	53.38	53.70	55.89	58.12	60.35	62.60	64.85
布基纳法索	15.04	15.44	15.60	19.20	16.30	16.86	17.51	14.40
布隆迪	6.19	6.50	6.90	7.00	8.63	9.64	9.30	11.02
佛得角	79.37	80.75	82.83	84.94	87.09	89.25	91.42	93.59
喀麦隆	53.70	54.95	56.17	56.80	58.72	60.03	61.34	62.66
中非共和国	13.15	15.97	18.55	21.18	24.11	27.09	29.83	32.42
乍得	7.00	7.49	8.02	8.59	7.70	10.42	10.90	11.76
科摩罗	69.61	69.30	69.50	71.95	74.43	76.92	79.42	81.92
刚果（布）	44.53	41.60	49.05	52.39	60.40	60.74	64.71	68.52
刚果（金）	13.35	15.40	14.82	13.50	16.44	17.40	18.23	18.98
科特迪瓦	59.04	55.80	61.19	61.90	62.60	64.30	65.60	66.99
吉布提	55.96	54.60	56.13	56.42	57.53	58.69	60.20	60.40
厄立特里亚	40.87	42.03	43.24	44.48	45.74	47.03	48.32	49.62
埃及	99.45	99.70	99.73	99.80	99.30	100.00	100.00	100.00
赤道几内亚	66.10	65.68	65.84	66.05	66.27	66.52	66.78	67.03
埃塞俄比亚	23.00	35.04	36.04	27.20	29.00	42.90	44.30	44.98
加蓬	90.50	89.30	86.40	88.54	89.65	90.77	91.90	93.04
冈比亚	48.90	50.37	51.50	52.86	54.43	56.05	56.20	60.30
加纳	64.06	69.22	70.70	78.30	75.72	79.30	79.00	82.39
几内亚	28.56	26.20	31.18	32.54	33.93	33.50	35.40	44.00
几内亚比绍	13.27	14.68	16.14	17.20	20.30	23.29	26.00	28.66
肯尼亚	38.58	40.79	43.05	36.00	41.60	65.40	63.59	75.00
莱索托	22.20	20.56	26.62	27.80	31.82	35.29	33.70	47.00
利比里亚	4.10	9.30	9.80	9.40	16.11	19.80	24.20	25.92
利比亚	79.71	78.08	76.50	74.95	73.43	71.92	70.43	67.00

续表

国家/年份	2011	2012	2013	2014	2015	2016	2017	2018
马达加斯加	14.30	18.51	12.90	19.64	20.25	22.90	24.10	25.91
马拉维	7.60	7.40	9.00	11.90	10.80	11.00	12.70	18.02
马里	29.73	25.60	33.68	35.71	37.60	41.24	43.10	50.90
毛里塔尼亚	35.14	36.44	37.50	38.80	39.50	41.47	42.90	44.53
毛里求斯	99.40	97.39	97.34	97.33	97.35	97.38	97.42	97.47
摩洛哥	92.72	93.75	97.20	91.60	99.61	99.74	100.00	100.00
莫桑比克	20.20	21.40	22.78	24.80	24.00	27.72	29.27	31.10
纳米比亚	42.30	46.46	47.40	48.68	51.60	49.70	52.50	53.87
尼日尔	14.30	14.40	15.14	15.71	16.60	17.49	18.18	17.60
尼日利亚	55.90	53.28	55.60	54.92	52.50	59.30	54.40	56.50
卢旺达	10.80	17.50	15.20	19.80	22.80	29.37	34.10	34.72
圣多美和普林西比	61.34	57.90	63.42	68.60	66.17	68.07	69.75	71.00
塞内加尔	56.50	56.50	57.00	61.00	60.50	64.50	61.70	66.96
塞舌尔	98.33	98.61	98.00	100.00	100.00	100.00	100.00	100.00
塞拉利昂	14.20	16.85	13.50	18.67	19.66	20.30	23.40	26.10
索马里	22.67	24.38	26.13	27.92	29.74	31.57	33.41	35.26
南非	84.70	85.30	85.40	86.00	85.50	84.20	84.40	91.23
苏丹	41.42	42.34	43.30	44.90	49.37	53.05	56.50	59.78
南苏丹	5.45	8.76	11.84	14.97	18.40	21.87	25.12	28.20
斯威士兰	51.69	55.30	58.67	65.00	65.81	69.59	73.50	76.50
坦桑尼亚	14.20	15.30	16.40	23.50	26.53	32.80	32.73	35.56
多哥	39.70	39.11	40.99	45.70	45.14	47.42	48.00	51.35
突尼斯	99.50	99.50	99.70	99.80	99.90	100.00	100.00	99.80
乌干达	14.60	18.61	13.90	20.40	18.50	26.70	31.82	42.65
赞比亚	26.45	27.20	28.01	27.90	31.10	35.31	40.30	39.81
津巴布韦	36.90	44.00	38.34	32.30	33.70	39.92	40.48	41.04

资料来源：世界银行数据库，http://data.worldbank.org/（数据为2020年7月获取）（整理人：欧玉芳）

表9　　非洲国家艾滋病病毒感染率（2011—2018年）　　单位：%

国家/年份	2011	2012	2013	2014	2015	2016	2017	2018
阿尔及利亚	0.1	0.1	0.1	0.1	0.1	0.1	0.1	0.1
安哥拉	1.8	1.8	1.9	1.9	1.9	1.9	2.0	2.0
贝宁	1.1	1.1	1.1	1.1	1.1	1.1	1.0	1.0
博茨瓦纳	22.9	22.6	22.2	21.9	21.6	21.2	20.7	20.3
布基纳法索	1.1	1.1	1.0	1.0	0.9	0.8	0.8	0.7
布隆迪	1.5	1.4	1.3	1.3	1.2	1.2	1.1	1.0
佛得角	0.6	0.6	0.6	0.6	0.6	0.6	0.6	0.6
喀麦隆	4.4	4.3	4.2	4.1	3.9	3.8	3.7	3.6
中非共和国	4.8	4.6	4.4	4.2	4.0	3.9	3.7	3.6
乍得	1.5	1.4	1.4	1.4	1.4	1.4	1.3	1.3
科摩罗	0.1	0.1	0.1	0.1	0.1	0.1	0.1	0.1
刚果（布）	3.1	3.0	3.0	2.9	2.8	2.8	2.7	2.6
刚果（金）	1.1	1.0	1.0	0.9	0.9	0.8	0.8	0.8
科特迪瓦	3.5	3.3	3.2	3.1	2.9	2.8	2.7	2.6
吉布提	1.5	1.4	1.3	1.3	1.3	1.2	1.2	1.2
厄立特里亚	0.9	0.9	0.8	0.8	0.8	0.8	0.7	0.7
埃及	0.1	0.1	0.1	0.1	0.1	0.1	0.1	0.1
赤道几内亚	5.9	6.2	6.3	6.5	6.7	6.9	7.0	7.1
埃塞俄比亚	1.3	1.3	1.2	1.2	1.1	1.1	1.1	1.0
加蓬	4.1	4.1	4.0	4.0	4.0	3.9	3.9	3.8
冈比亚	1.9	1.9	1.9	1.9	1.9	1.9	1.9	1.9
加纳	1.9	1.8	1.8	1.8	1.8	1.8	1.7	1.7
几内亚	1.6	1.6	1.6	1.6	1.5	1.5	1.5	1.4
几内亚比绍	3.8	3.8	3.8	3.8	3.7	3.6	3.6	3.5
肯尼亚	5.8	5.6	5.5	5.4	5.2	5.1	4.9	4.7
莱索托	24.3	24.4	24.5	24.6	24.5	24.3	24.0	23.6
利比里亚	1.7	1.6	1.6	1.5	1.4	1.4	1.3	1.3
利比亚	0.2	0.2	0.2	0.2	0.2	0.2	0.2	0.2
马达加斯加	0.2	0.2	0.2	0.2	0.2	0.2	0.3	0.3

续表

国家/年份	2011	2012	2013	2014	2015	2016	2017	2018
马拉维	10.5	10.3	10.2	10.0	9.8	9.7	9.4	9.2
马里	1.4	1.4	1.4	1.3	1.3	1.3	1.3	1.4
毛里塔尼亚	0.4	0.3	0.3	0.3	0.3	0.2	0.2	0.2
毛里求斯	1.3	1.3	1.3	1.3	1.3	1.3	1.3	1.3
摩洛哥	0.1	0.1	0.1	0.1	0.1	0.1	0.1	0.1
莫桑比克	12.1	12.2	12.3	12.4	12.5	12.5	12.6	12.6
纳米比亚	13.2	13.1	13.0	12.8	12.6	12.3	12.1	11.8
尼日尔	0.4	0.4	0.4	0.4	0.3	0.3	0.3	0.3
尼日利亚	1.6	1.6	1.6	1.6	1.6	1.5	1.5	1.5
卢旺达	3.3	3.2	3.1	3.0	2.9	2.7	2.6	2.5
圣多美和普林西比	—	—	—	—	—	—	—	—
塞内加尔	0.6	0.5	0.5	0.5	0.5	0.4	0.4	0.4
塞舌尔	—	—	—	—	—	—	—	—
塞拉利昂	1.5	1.5	1.5	1.5	1.5	1.5	1.5	1.5
索马里	0.2	0.2	0.2	0.2	0.2	0.1	0.1	0.1
南非	19.3	19.6	19.9	20.1	20.3	20.4	20.5	20.4
苏丹	0.2	0.2	0.2	0.2	0.2	0.2	0.2	0.2
南苏丹	2.4	2.4	2.4	2.4	2.4	2.4	2.5	2.5
斯威士兰	27.6	27.8	28.0	28.2	28.1	28.0	27.7	27.3
坦桑尼亚	5.0	4.9	4.9	4.9	4.8	4.8	4.7	4.6
多哥	2.8	2.7	2.7	2.6	2.5	2.4	2.4	2.3
突尼斯	0.1	0.1	0.1	0.1	0.1	0.1	0.1	0.1
乌干达	6.8	6.6	6.5	6.4	6.2	6.1	5.9	5.7
赞比亚	12.9	12.7	12.5	12.3	12.1	11.8	11.6	11.3
津巴布韦	15.0	14.7	14.4	14.1	13.8	13.4	13.1	12.7

注：艾滋病病毒感染率指的是15—49岁的感染艾滋病病毒的人口占总人口的百分比。

资料来源：世界银行数据库，http://data.worldbank.org/（数据为2020年7月获取）（整理人：欧玉芳）

表10　非洲国家总生育率（女性人均生育数，2011—2018年）　单位：%

国家/年份	2011	2012	2013	2014	2015	2016	2017	2018
阿尔及利亚	2.9	3.0	3.0	3.0	3.0	3.1	3.0	3.0
安哥拉	6.1	6.0	6.0	5.9	5.8	5.7	5.6	5.5
贝宁	5.3	5.2	5.2	5.1	5.0	5.0	4.9	4.8
博茨瓦纳	3.0	3.0	3.0	3.0	3.0	2.9	2.9	2.9
布基纳法索	5.8	5.7	5.6	5.5	5.4	5.4	5.3	5.2
布隆迪	6.1	6.0	5.9	5.8	5.7	5.6	5.5	5.4
佛得角	2.5	2.5	2.5	2.4	2.4	2.3	2.3	2.3
喀麦隆	5.0	5.0	4.9	4.8	4.8	4.7	4.6	4.6
中非共和国	5.2	5.1	5.1	5.0	4.9	4.9	4.8	4.7
乍得	6.5	6.4	6.3	6.2	6.0	5.9	5.8	5.7
科摩罗	4.7	4.6	4.6	4.5	4.4	4.3	4.3	4.2
刚果（布）	4.7	4.7	4.7	4.6	4.6	4.5	4.5	4.4
刚果（金）	6.5	6.4	6.4	6.3	6.2	6.1	6.0	5.9
科特迪瓦	5.0	5.0	4.9	4.9	4.8	4.8	4.7	4.6
吉布提	3.2	3.1	3.1	3.0	2.9	2.8	2.8	2.7
厄立特里亚	4.5	4.4	4.3	4.3	4.2	4.2	4.1	4.1
埃及	3.3	3.4	3.4	3.4	3.4	3.4	3.4	3.3
赤道几内亚	5.1	5.0	5.0	4.9	4.8	4.7	4.6	4.5
埃塞俄比亚	5.0	4.9	4.8	4.7	4.6	4.5	4.4	4.2
加蓬	4.1	4.1	4.1	4.1	4.1	4.0	4.0	4.0
冈比亚	5.6	5.5	5.5	5.4	5.4	5.3	5.3	5.2
加纳	4.2	4.2	4.1	4.1	4.0	4.0	3.9	3.9
几内亚	5.3	5.2	5.1	5.0	4.9	4.9	4.8	4.7
几内亚比绍	5.0	4.9	4.9	4.8	4.7	4.6	4.6	4.5
肯尼亚	4.2	4.1	4.0	3.9	3.8	3.7	3.6	3.5
莱索托	3.3	3.3	3.3	3.2	3.2	3.2	3.2	3.1
利比里亚	4.9	4.8	4.7	4.6	4.5	4.5	4.4	4.3
利比亚	2.5	2.4	2.4	2.4	2.4	2.3	2.3	2.2

续表

国家/年份	2011	2012	2013	2014	2015	2016	2017	2018
马达加斯加	4.5	4.4	4.4	4.3	4.2	4.2	4.1	4.1
马拉维	5.2	5.0	4.8	4.7	4.5	4.4	4.3	4.2
马里	6.5	6.4	6.3	6.2	6.1	6.1	6.0	5.9
毛里塔尼亚	4.9	4.9	4.8	4.8	4.7	4.7	4.6	4.6
毛里求斯	1.6	1.5	1.4	1.4	1.4	1.4	1.4	1.4
摩洛哥	2.6	2.6	2.6	2.6	2.5	2.5	2.5	2.4
莫桑比克	5.3	5.3	5.2	5.1	5.1	5.0	4.9	4.9
纳米比亚	3.6	3.6	3.6	3.6	3.5	3.5	3.4	3.4
尼日尔	7.4	7.4	7.3	7.2	7.2	7.1	7.0	6.9
尼日利亚	5.8	5.8	5.7	5.7	5.6	5.5	5.5	5.4
卢旺达	4.4	4.3	4.3	4.2	4.2	4.1	4.1	4.0
圣多美和普林西比	4.7	4.6	4.6	4.5	4.5	4.4	4.4	4.3
塞内加尔	5.0	5.0	5.0	4.9	4.8	4.8	4.7	4.6
塞舌尔	2.3	2.4	2.3	2.3	2.3	2.4	2.4	2.4
塞拉利昂	5.1	4.9	4.8	4.7	4.6	4.5	4.4	4.3
索马里	6.8	6.7	6.6	6.5	6.4	6.3	6.2	6.1
南非	2.6	2.6	2.5	2.5	2.5	2.5	2.4	2.4
苏丹	4.8	4.8	4.7	4.7	4.6	4.5	4.5	4.4
南苏丹	5.3	5.2	5.1	5.0	4.9	4.9	4.8	4.7
斯威士兰	3.3	3.2	3.1	3.1	3.1	3.0	3.0	3.0
坦桑尼亚	5.4	5.3	5.2	5.1	5.1	5.0	5.0	4.9
多哥	4.8	4.7	4.7	4.6	4.5	4.4	4.4	4.3
突尼斯	2.2	2.2	2.2	2.3	2.3	2.2	2.2	2.2
乌干达	6.0	5.8	5.7	5.5	5.4	5.2	5.1	5.0
赞比亚	5.3	5.2	5.1	5.0	4.9	4.8	4.7	4.6
津巴布韦	4.1	4.1	4.0	4.0	3.9	3.8	3.7	3.6

注：总生育率表示：一个国家或地区的妇女在育龄期间平均生育子女数。

资料来源：世界银行数据库，http：//data.worldbank.org/（数据为2020年7月获取）（整理人：欧玉芳）。

表11　非洲国家新生儿死亡率（2011—2018年）　　　　单位：‰

国家/年份	2011	2012	2013	2014	2015	2016	2017	2018
阿尔及利亚	16.6	16.2	15.9	15.7	15.5	15.2	14.9	14.6
安哥拉	35.0	33.8	32.7	31.7	30.8	29.9	29.2	28.5
贝宁	34.3	34.0	33.5	33.1	32.6	32.2	31.8	31.3
博茨瓦纳	29.5	28.8	28.2	27.6	26.9	26.1	25.2	24.5
布基纳法索	29.6	28.7	27.8	27.1	26.4	25.8	25.3	24.7
布隆迪	27.1	26.1	25.1	24.3	23.5	22.9	22.3	21.7
佛得角	14.6	14.2	13.8	13.3	12.8	12.4	12.0	11.6
喀麦隆	29.9	29.4	29.0	28.6	28.1	27.6	27.1	26.6
中非共和国	46.3	45.5	44.8	44.1	43.3	42.6	41.8	41.2
乍得	38.0	37.5	37.1	36.6	36.0	35.4	34.8	34.2
科摩罗	36.5	35.8	35.1	34.3	33.6	32.9	32.2	31.6
刚果（布）	22.5	22.3	22.0	21.8	21.4	21.0	20.7	20.3
刚果（金）	32.1	31.5	31.0	30.4	29.8	29.3	28.7	28.3
科特迪瓦	38.6	37.9	37.1	36.4	35.5	34.9	34.3	33.5
吉布提	37.1	36.4	35.5	34.8	33.9	33.2	32.4	31.7
厄立特里亚	21.4	20.9	20.5	20.0	19.6	19.2	18.8	18.4
埃及	14.8	14.1	13.5	13.0	12.5	12.0	11.6	11.2
赤道几内亚	34.4	33.8	33.2	32.5	31.8	31.2	30.5	29.9
埃塞俄比亚	35.5	34.2	33.0	31.8	30.7	29.7	28.9	28.1
加蓬	24.6	24.0	23.5	23.1	22.5	22.0	21.5	21.0
冈比亚	30.7	29.9	29.3	28.7	28.1	27.5	26.9	26.3
加纳	29.3	28.5	27.6	26.8	26.1	25.3	24.6	23.9
几内亚	34.6	34.2	33.6	33.1	32.5	32.1	31.6	31.1
几内亚比绍	43.7	42.4	41.3	40.1	39.2	38.3	37.4	36.6
肯尼亚	22.4	22.0	21.6	21.2	20.8	20.4	20.0	19.6
莱索托	38.2	38.0	37.7	37.3	36.8	36.1	35.5	34.9
利比里亚	28.6	27.9	27.3	26.7	26.1	25.5	25.0	24.5
利比亚	8.5	8.0	7.7	7.4	7.1	6.8	6.6	6.4
马达加斯加	23.2	22.7	22.3	22.0	21.6	21.3	20.9	20.6

续表

国家/年份	2011	2012	2013	2014	2015	2016	2017	2018
马拉维	28.4	27.4	26.3	25.4	24.5	23.8	23.0	22.4
马里	38.2	37.3	36.4	35.6	34.8	34.1	33.3	32.7
毛里塔尼亚	38.4	37.8	37.1	36.3	35.5	34.8	34.2	33.5
毛里求斯	8.8	8.8	8.7	8.6	8.5	8.5	8.7	9.2
摩洛哥	19.0	18.1	17.3	16.5	15.8	15.1	14.4	13.8
莫桑比克	32.3	31.6	30.9	30.2	29.6	29.0	28.4	27.8
纳米比亚	16.9	16.9	16.8	16.6	16.4	16.2	15.9	15.6
尼日尔	29.7	28.9	28.2	27.5	26.8	26.3	25.7	25.2
尼日利亚	37.9	37.7	37.3	37.0	36.8	36.6	36.4	36.0
卢旺达	21.7	20.5	19.5	18.6	17.9	17.3	16.7	15.9
圣多美和普林西比	17.9	17.5	17.0	16.5	15.9	15.2	14.6	14.0
塞内加尔	25.7	24.8	24.0	23.3	22.5	21.8	21.2	20.6
塞舌尔	8.8	8.8	8.9	9.0	9.0	9.0	8.9	8.8
塞拉利昂	40.2	39.1	37.9	36.7	35.6	34.6	33.7	32.8
索马里	42.4	41.6	41.0	40.3	39.7	38.9	38.2	37.5
南非	12.9	12.5	12.2	11.9	11.6	11.3	11.1	10.7
苏丹	32.2	31.8	31.4	30.9	30.3	29.7	29.2	28.6
南苏丹	41.6	40.7	40.3	40.1	40.1	40.3	40.1	40.0
斯威士兰	19.7	19.4	19.0	18.7	18.3	18.0	17.6	17.2
坦桑尼亚	24.7	24.1	23.6	23.1	22.7	22.2	21.7	21.3
多哥	28.2	27.7	27.2	26.7	26.3	25.8	25.3	24.9
突尼斯	11.9	11.7	11.5	11.4	11.3	11.4	11.5	11.5
乌干达	24.5	23.9	23.2	22.5	21.8	21.1	20.4	19.9
赞比亚	25.7	25.5	25.3	25.0	24.7	24.3	24.0	23.5
津巴布韦	27.5	26.4	25.3	24.2	23.1	22.3	21.5	20.9

注：新生儿死亡率是指特定年每千名活产婴儿中28天以内死亡的新生儿人数。

资料来源：世界银行数据库，http：//data.worldbank.org/（数据为2020年7月获取）（整理人：欧玉芳）。

表12　非洲国家军事支出占GDP的比例（2011—2018年）　　单位：%

国家/年份	2011	2012	2013	2014	2015	2016	2017	2018
阿尔及利亚	4.33	4.46	4.84	5.55	6.27	6.38	6.01	5.27
安哥拉	3.26	3.24	4.46	4.70	3.11	2.73	2.42	1.78
贝宁	0.00	0.96	0.94	0.96	1.10	0.93	1.26	0.86
博茨瓦纳	2.32	2.21	2.06	2.13	2.66	3.30	3.02	2.78
布基纳法索	1.29	1.32	1.39	1.44	1.33	1.23	1.43	2.06
布隆迪	0.00	2.53	2.37	2.12	2.20	2.12	1.87	1.88
佛得角	0.52	0.56	0.53	0.54	0.56	0.62	0.54	0.55
喀麦隆	1.31	1.34	1.33	1.25	1.25	1.32	1.31	1.25
中非共和国	2.27	1.97	3.16	2.26	1.69	1.53	1.44	1.41
乍得	5.01	—	5.59	2.81	2.02	3.07	2.24	2.13
科摩罗	—	—	—	—	—	—	—	—
刚果（布）	—	—	2.62	5.01	—	6.38	4.27	2.55
刚果（金）	0.97	1.21	1.15	0.95	1.28	0.95	0.74	0.67
科特迪瓦	1.39	1.52	1.38	1.48	1.74	1.69	1.28	1.36
吉布提	—	—	—	—	—	—	—	—
厄立特里亚	—	—	—	—	—	—	—	—
埃及	1.84	1.65	1.61	1.69	1.72	1.67	1.42	1.25
赤道几内亚	—	—	—	0.78	—	0.18	—	—
埃塞俄比亚	1.09	0.87	0.81	0.77	0.71	0.70	0.68	0.64
加蓬	1.46	1.62	1.60	1.14	1.19	1.45	1.81	1.53
冈比亚	—	1.23	1.15	1.75	1.53	—	—	1.07
加纳	0.59	0.80	0.53	0.68	0.53	0.38	0.40	0.41
几内亚	—	2.98	3.16	2.97	3.31	2.49	2.71	2.47
几内亚比绍	1.60	2.48	2.08	2.04	1.64	—	—	—
肯尼亚	1.54	1.67	1.56	1.33	1.32	1.32	1.29	1.22
莱索托	1.96	1.89	1.81	1.84	1.85	1.83	2.01	1.81
利比里亚	0.86	0.87	0.77	0.72	0.73	0.70	0.73	0.77
利比亚	—	3.75	7.64	15.48	—	—	—	—

续表

国家/年份	2011	2012	2013	2014	2015	2016	2017	2018
马达加斯加	0.73	0.69	0.68	0.65	0.60	0.59	0.58	0.60
马拉维	0.66	0.81	1.19	0.82	0.63	0.64	0.76	0.85
马里	1.24	1.20	1.16	1.52	2.36	2.58	3.01	2.87
毛里塔尼亚	0.00	2.72	2.56	2.70	2.75	2.91	2.91	3.02
毛里求斯	0.16	0.15	0.19	0.16	0.18	0.19	0.18	0.16
摩洛哥	3.30	3.46	3.81	3.68	3.23	3.21	3.19	3.10
莫桑比克	0.91	0.91	0.99	1.02	0.81	1.03	1.02	0.99
纳米比亚	3.57	3.17	3.07	4.20	4.48	3.89	3.55	3.35
尼日尔	1.31	2.14	1.38	1.77	—	2.22	2.47	2.45
尼日利亚	0.58	0.50	0.47	0.41	0.42	0.43	0.43	0.51
卢旺达	1.16	1.09	1.08	1.13	1.25	1.28	1.28	1.23
圣多美和普林西比	—	—	—	—	—	—	—	—
塞内加尔	1.60	1.38	1.59	1.57	1.57	2.07	1.89	1.85
塞舌尔	0.86	0.94	1.04	2.43	1.50	1.87	1.48	1.44
塞拉利昂	0.87	0.78	0.64	0.97	0.92	1.14	1.11	0.80
索马里	—	—	—	—	—	—	—	—
南非	1.10	1.13	1.12	1.11	1.10	1.08	1.04	0.98
苏丹	—	—	—	2.80	2.96	3.91	2.28
南苏丹	6.09	8.77	6.57	8.62	10.56	4.60	2.35	1.33
斯威士兰	2.15	1.86	1.87	1.81	1.69	1.73	1.80	1.50
坦桑尼亚	0.92	0.93	1.00	1.05	1.13	1.14	1.18	1.21
多哥	1.57	1.61	1.68	1.80	1.68	1.85	1.89	1.97
突尼斯	1.56	1.51	1.64	1.91	2.27	2.35	2.13	2.09
乌干达	2.88	1.44	1.16	1.17	1.21	1.26	1.29	1.43
赞比亚	1.32	1.36	1.36	1.63	1.75	1.42	1.31	1.40
津巴布韦	1.64	2.26	2.34	2.32	2.34	2.22	1.93	2.17

资料来源：世界银行数据库，http://data.worldbank.org/（数据为2020年7月获取）（整理人：欧玉芳）。